MTK-AT8
마이크로프로세서 트레이닝키트를 이용한

마이크로프로세서 프로그램 실습 ATmega128

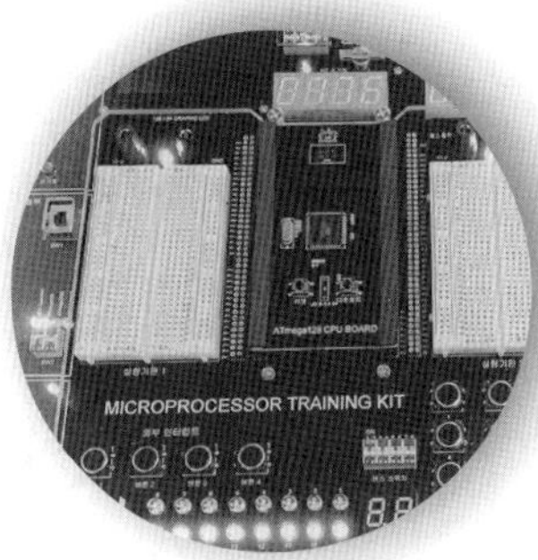

이창주 · 박군종 · 정성순 · 전봉신 지음

생능출판

MTK-AT8 마이크로프로세서 트레이닝키트를 이용한

마이크로프로세서 프로그램 실습 ATmega128

초판인쇄 2017년 1월 3일
초판발행 2017년 1월 10일

지은이 이창주, 박군종, 정성순, 전봉신
펴낸이 김승기
펴낸곳 (주)생능출판사 / **주소** 경기도 파주시 광인사길 143
출판사 등록일 2005년 1월 21일 / **신고번호** 제406-2005-000002호
대표전화 (031)955-0761 / **팩스** (031)955-0768
홈페이지 www.booksr.co.kr

책임편집 신성민 / **편집** 최일연, 손정희, 김민보, 정하승 / **디자인** 유준범
마케팅 백승욱, 최복락, 김민수, 심수경, 백수정, 최태웅, 김범용, 김민정
인쇄 새한문화사 / **제본** 은정문화사

ISBN 978-89-7050-885-6 93000
정가 28,000원

- 이 도서의 국립중앙도서관 출판예정도서목록(CIP)은 서지정보유통지원시스템 홈페이지(http://seoji.nl.go.kr)와 국가자료공동목록시스템(http://www.nl.go.kr/kolisnet)에서 이용하실 수 있습니다. (CIP제어번호: 2016026009)

머리말

마이크로프로세서는 산업 현장에서 사용되는 제어장치에 널리 쓰이고 있는 반도체 소자 중의 하나이다. 이 책은 세계적으로 많이 사용되고 있는 Atmel社(Atmel Corporation, http://www.atmel.com)의 마이크로프로세서 ATmega128을 사용하여 시스템을 개발하고자 하는 엔지니어를 위한 참고서로, 대학에서 마이크로프로세서 실습을 위한 교재로 사용하기에 적합하도록 구성되어 있다.

이 책은 Atmel사가 제공한, 아래의 데이터시트 내용을 바탕으로 기술하였으며 필자가 다년간 산업체에서 연구개발 업무를 하면서 경험했던 프로그램 내용과 유의해야 할 사항 등을 가미하였으며 엔지니어 간에 통용되는 용어를 사용하여 프로그램 입문자들이 쉽게 이해할 수 있도록 노력하였다.

ATmega128 : 8-bit Atmel Microcontroller 128Kbytes In-System Programmable Flash

이 책은 마이크로프로세서 이론 강의와 함께 1학기 또는 2학기 동안 프로그램 실습을 할 수 있도록 구성하였다. 각 장마다 실습 목적을 설정하고 실습에 필요한 마이크로프로세서의 기능을 설명한 후 학습자가 프로그램을 작성하고 트레이닝키트에 다운로드하여 동작을 확인할 수 있도록 하였다. 각 장은 〈define.h〉, main() 함수가 기본적으로 포함되어 있고 main() 함수에는 그 장에 필요한 인터럽트 처리 루틴, ISR()을 위치시켰다. 그러므로 각 장의 예시 프로그램은 전체 프로그램의 틀을 갖추고 있어서 프로그램을 설계할 때 기본 구조로 사용할 수 있다. 이 책의 실습에 사용하는 트레이닝키트는 저자가 직접 설계, 제작한 MTK-AT8을 사용하였으며, 각 장의 내용은 다음과 같다.

1장 AVR ATmega128 개요 및 트레이닝키트(MTK-AT8) 사용 방법

2장 WinAVR/AVR Studio 설치 및 사용 방법

3장 다운로드프로그램(AVR Studio4) 사용 방법

4장 입출력 포트를 사용한 LED 제어

5장 4자리 FND 표시

6장 2열-16캐릭터 LCD 모듈 제어

7장 4x4 키스캔(Key Scan)

8장 DIP 스위치 상태검출 및 외부 인터럽트 제어

9장 RS232/USB 통신

10장 RS485 통신

11장 TWI 통신을 이용한 EEPROM 제어

12장 ADC 기능 구현

13장 부저음 발생

14장 워치독 타이머 응용

15장 CRC 코드

16장 ATmega128을 사용한 부트로더 프로그램 설계

개발자가 프로그램을 개발할 때 우선 편집기, 컴파일러, 다운로드프로그램 등의 개발도구 사용 방법을 익힐 필요가 있다. 그 중에서 컴파일러의 사용 방법은 반드시 숙지하여야 프로그램 코딩을 순조롭게 할 수 있다. 부록1에서는 WinAVR에서 제공하는 〈iom128.h〉에 대해 설명하였다. 또한 부록2에서는 IAR Embedded Workbench IDE에서 제공하는 〈iom128.h〉에 대해 설명하였다. 개발자는 프로그램을 배우는 초기에 반드시 입출력을 정의한 파일을 읽어볼 것을 권한다. 부록3에서는 이 책에서 회로설계에 사용한 주요 칩의 데이터시트를 첨부하였다. 개발자는 프로그램 코딩을 하기 위해 칩의 동작을 이해할 필요가 있을 때 편리하게 참조할 수 있다.

이 책은 필자가 오랫동안 연구개발을 통해 습득한 경험을 바탕으로 이해하기 쉽게 설명하고 각 기능 구현에 맞는 회로도와 많은 샘플프로그램을 제공하여 개발자들에게 직접적인 도움을 주려고 노력하였다. 그러나 제공되는 프로그램은 독자가 참고할 수 있는 프로그램으로 절대적인 것은 아니다. 프로그래머는 좀 더 이해하기 쉽고 간단히 구현할 수 있는 방법을 끊임없이 추구해야 할 것이다.

2016년 12월

저자 일동

강의 계획안

이 책은 대학에서 마이크로프로세서 과목이나 정보통신기기 개발을 위한 펌웨어 프로그래밍 학습을 위해 사용하기 편하도록 구성되어 있다. 1학기 분량으로 강의할 경우, 다음과 같이 강의 계획을 세워 사용할 수 있다. 중간평가와 기말평가 주간을 끼워 넣기 위해서는 15주차와 16주차의 내용을 생략할 수 있다.

주	해당 장	주요 내용
1	1장	• ATmega128 구성 이해, 프로그램 개발 환경 갖추기 • 트레이닝키트의 구성, 사용 방법, 실습 교재의 전체 구성 이해
2	2장	• 프로그램 개발도구인 WinAVR/AVR Studio의 설치 방법 • WinAVR/AVR Studio를 사용하여 간단한 프로그램 편집, 컴파일, 다운로드 방법 익히기
3	3장	• AVR Studio4를 사용하여 실행파일 다운로드 하기 • 마이크로프로세서 휴즈 설정
4	4장	• 프로그램 설계 절차 • 마이크로프로세서의 기본 기능인 입출력 포트 제어
5	5장	• 타이머 기능 익히기 • FND 구성 이해 및 4자리 FND 켜는 방법
6	6장	• 캐릭터 LCD 모듈의 종류와 구조 이해 • LCD 기능 파악, 초기화, 제어 방법
7	7장	• 매트릭스 구조로 된 키의 검출 방법 • 타이머 인터럽트에서 주기적으로 체크하는 방법, 바운싱(채터링) 이해
8	8장	• 버스 스위치 상태 검출 방법 • 외부 인터럽트 처리, 응용 방법
9	9장	• 직렬통신의 대표적인 통신 방법인 RS232/USB 통신 방법 • RS232/USB 드라이버 IC
10	10장	• RS485 통신을 위한 회로구성 방법 • RS485 드라이버 IC
11	11장	• TWI 구조와 통신 방법 • TWI 연결이 가능한 EEPROM의 이해
12	12장	• ADC 회로 구성 이해 • 가변저항, 온도센서를 이용한 ADC 프로그램 설계
13	13장	• 부저의 종류, 소리 발생 원리와 회로 설계 • 타이머, 내부 인터럽트를 이용한 부저음 발생 방법
14	14장	• 워치독 타이머 구조 및 용도 • 프로그램에서 워치독 리셋 기능 추가
15	15장	• 장비간 통신에 사용하는 CRC 코드 이해 • CRC 코드를 이용하여 에러 검출 알고리즘 설계
16	16장	• 플래시 메모리의 부트로더 영역 이해 • 부트로더 프로그램 설계

차례

약어 설명

다음은 이 책에서 사용하는 약어에 대한 설명이다.

- ADC: Analog to Digital Conversion
- ALU: Arithmetic Logic Unit
- BIOS: Basic Input Output System
- BOD: Brown-Out Detect
- CISC: Complex Instruction Set Computer
- CPU: Central Processing Unit
- DRAM: Dynamic RAM(Random Access Memory)
- EEPROM: Electrically Erasable Programmable Read-Only Memory
- ELPM/SPM: Extended Load Program Memory / Store Program Memory
- IIC(I2C): Inter Integrated Circuit
- ISP: In System Programming
- JTAG: Joint Test Access Group
- LPM: Load Program memory
- LSB: Last Significant Bit
- MCU: Micro Controller(Computer) Unit
- MIPS: Microprocessor without Interlocked Pipeline Storage
- MMIO: Memory-Mapped Input/Output
- MSB: Most Significant Bit
- PMIO: Port-Mapped Input/Output
- PWM: Pulse Width Modulation
- RAM: Random Access Memory
- RISC: Reduced Instruction Set Computer
- ROM: Read-Only Memory
- SPI: Serial Peripheral Interface

- SPM: Store Program Memory
- SRAM: Static RAM(Random Access Memory)
- TWI: Two-Wire serial Interface
- USART: Universal Synchronous and Asynchronous serial Receiver and Transmitter

CHAPTER 01

AVR ATmega128 개요 및 트레이닝키트 (MTK-AT8) 사용 방법

contents

01 AVR ATmega128 개요 및 트레이닝키트(MTK-AT8) 사용 방법

1-1 실습 목표

1. AVR ATmega128의 구성에 대해 배운다.
2. 마이크로프로세서를 이용하여 제품을 개발할 때, 프로그램 개발환경 갖추기, 프로그램 개발과정을 학습하여 기본적인 프로그램 개발능력을 습득한다.
3. 본 실습시간에 사용하는 트레이닝 키트(MTK-AT8)의 구성과 사용 방법에 대해 배운다.
4. 트레이닝키트(MTK-AT8)의 회로 구성을 이해한다.
5. 앞으로 실습할 각 장의 핵심 내용을 종합적으로 연결하여 이해한다.

– 실험번호 선택: 1

1-2 이론

1. 프로그램 개발 환경 갖추기

마이크로프로세서를 사용하여 제품을 개발하는 프로그래머는 개발 업무를 주어진 시간 내에 성공적으로 완수하기 위해서 치밀한 개발계획을 세워야 한다. 프로그램 개발 결과는 제품의 성능을 좌우하고 회사의 이해(利害)관계에 막중한 영향을 미칠 수 있으므로 철저히 준비하여 다음의 절차에 따라 개발을 실행하여야 한다.

(1) 프로그램 개발 과정

프로그래머가 가장 먼저 할 일은 하드웨어 설계자와 긴밀히 협의하여 제품의 요구사항을 분석하는 일이다. 그 다음 제품의 기능을 블록별로 나누고 블록의 상세 회로를 설계한 후 블록간 인터페이스를 설계한다. 하드웨어 개발자가 상세 설계를 할 때, 프로그래머는 각 블록을 프로그램으로 구현하는 방법을 구상하고 설계된 하드웨어로 구현할 수 있는지 확인한다. 만일 프로그램을 설계하기 위해서 하드웨어의 변경이나 보완이 필요하다고 판단되면 하드웨어 개발자와 협의하여 설계에 반영하여야 한다.

기본적인 하드웨어 설계가 끝나면 프로그래머는 기능 구현에 적정한 마이크로프로세서를 선정하고 선정한 마이크로프로세서로 프로그램을 개발하기 위한 환경을 구축한다. 응용 프로그램 개발을 위해서 프로그램 편집기(Program Editor), 컴파일러(Compiler), 다운로드프로그램(Code Programmer) 등이 필요하다. 프로그램을 개발할 수 있는 환경이 구축되면 그림 1-1과 같은 절차로 개발 작업을 진행한다.

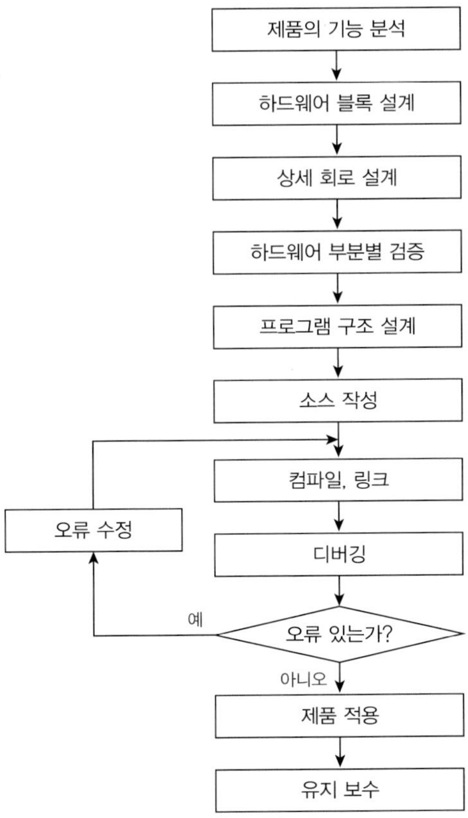

그림 1-1 프로그램 개발 절차

(2) 프로그램 편집기(Program Editor)

프로그램 개발자는 소스 작성(Coding)을 하기 위해 프로그램 편집기가 필요하다. 프로그래머는 사용하는 마이크로프로세서와는 관계없이 본인이 익숙하게 다룰 수 있는 편집기를 사용하면 된다. 최근 프로그램(펌웨어) 개발자가 주로 사용하는 프로그램 편집기는 다음과 같다.

- Source Insight (www.sourceinsight.com)
- Ultraedit (www. ultraedit.com)
- IAR Embedded Workbench (www.iar.com/kr)
- WinAVR

(3) 컴파일러(Compiler)

컴파일러는 소스파일을 작성한 후 보드에 다운로드할 수 있는 기계어(hex code)를 생성하는데 필요하다. 주로 사용하는 컴파일러는 아래와 같다.

- IAR Embedded Workbench (www.iar.com/kr)
- WinAVR
- Code Vision AVR
- EWAVR

(4) 코드 프로그래머 AVR Studio4(Code Programmer AVR Studio4)

AVR Studio4는 AVR 소스파일을 컴파일하여 실행파일(filename.HEX)을 만들고 개발보드에 다운로드할 수 있는 AVR 개발프로그램이다. AVR Studio4 기능 중 ISP 인터페이스로 AVR 칩에 프로그래밍하는 기능을 부록01에서 설명하기로 한다.

2. AVR ATmega128

AVR(Atmel AVR)은 1996년 ATMEL사에서 개발된 하버드 구조로 수정한 8비트 RISC 단일칩 마이크로컨트롤러이다. AVR은 프로그램을 저장하기 위해 이용한 메모리 방식을 다른 마이크로컨트롤러처럼 ROM, EPROM 또는 EEPROM을 사용하지 않고, 단일칩 플래시 메모리를 사용한 마이크로컨트롤러이다. 내부에 플래시 메모리가 구비되어 있어서 개발되는 제품의 크기를 줄일 수 있고 저가로 개발이 가능하다.

AVR은 1개의 시스템 클럭 사이클에 1개의 명령어를 처리할 수 있는 구조이며 동작전압 범위는 1.8V ~ 5.5V이다.

이 책에서 실습할 ATmega128은 AVR 구조를 가진 8비트 CMOS 마이크로컨트롤러로서 최적화된 전력 소모 구조를 가지고 있어서 다른 마이크로컨트롤러에 비해 전력 소모가 적고 처리 속도도 빠르다.

ATmega128이 제공하는 기능들은 표 1-1과 같다.

표 1-1 ATmega128의 기능

구분	ATmega128
프로그램 메모리(Kbytes)	128
EEPROM(Bytes)	4096
SRAM(Bytes)	4096
8비트 타이머	2
16비트 타이머	2
SPI	1
TWI	YES
외부 인터럽트	8
USART	2
10비트 ADC	8
PWM	2
Real Time Counter	YES
최대 I/O 핀	53
동작전압	2.7~5.5V (ATmega128L)
	4.5~5.5 (ATmega128)
처리 속도	0~8MHz (ATmega128L)
	0~16MHz (ATmega128)
패키지	64-lead TQFP 64-pad QFN/MLF

■ AVR ATmega128

Atmel社의 ATmega128은 RISC 구조를 가진 저전력 CMOS 8비트 마이크로컨트롤러로서 1MHz당 1MIPS까지 성능을 낼 수 있으며 고성능 응용 분야에 널리 사용되고 있다. AVR 코어는 32개의 범용레지스터를 활용한 강력한 명령어를 가지고 있다. 32개의 레지스터는 ALU에 직접 연결할 수 있어 기존의 CISC 마이크로컨트롤러에 비해 명령어 실행 시간이 대단히 빠르다.

ATmega128은 다음과 같은 기능을 제공한다.

- 고성능, 저전력의 AVR 8비트 마이크로컨트롤러
- 향상된 RISC 구조
  - 단일 클럭 주기에서 실행되는 133개의 강력한 명령어
  - 32개의 범용 레지스터
  - 16MHz 외부 클럭을 사용할 때 16MIPS까지 처리 가능
  - 2-사이클 내에서 실행되는 곱셈기 내장
- 프로그램 메모리와 데이터 메모리 용량
  - 128K 바이트 프로그램 메모리(Flash Memory)
  - 4K 바이트 EEPROM
  - 4K 바이트 내부 데이터 메모리(SRAM)
  - 플래시/EEPROM 쓰기/지우기 수명: 플래시 10,000회 / EEPROM 100,000회
  - 부트프로그램 저장용 부트로더 영역 할당 가능(최대 4K 워드(words) : 0x1E000 ~ 0x1FFFF)
  - 코드 복사 방지를 위한 락비트(Lock Bits)
  - 외부 메모리 공간을 64K까지 확장 가능
  - ISP 인터페이스
- JTAG(IEEE std. 1149.1 호환) 인터페이스
  - JTAG 표준에 따른 Boundary-scan 수용
  - 온-칩 디버깅 지원
  - JTAG 인터페이스를 통해 플래시, EEPROM, 휴즈, 락비트 프로그래밍
- 다양한 기능들
  - 프리스케일러와 비교모드를 가지는 2개의 8비트 타이머/카운터

- 프리스케일러, 비교모드와 캡처모드를 가지는 2개의 16비트 타이머/카운터
- 외부 오실레이터를 사용하는 실시간 카운터
- 2개의 8비트 PWM 채널
- 2~16비트까지 조정 가능한 6개의 PWM 채널
- 출력비교 변조기
- 8개의 10비트 A/D 변환기(8개의 단일 입력 채널, 7개의 차동 입력 채널, 1x, 10x, 100x의 이득 조정 가능한 2개의 차동 입력 채널)
- TWI (I^2C 통신)
- 2개의 USART
- 마스터/슬레이브 SPI 직렬 인터페이스
- 오실레이터 내장형 워치독 타이머
- 아날로그 비교기 내장

• 특수 기능
  - 파워-온(Power-On) 리셋과 브라운아웃(Brown-out) 전압 검출
  - RC 오실레이터 내장
  - 6개의 슬립모드(Idle, A/D 변환기 잡음 제거, 파워-세이브(Power-save), 파워-다운(Power-down), 대기(Standby) 및 확장 대기(Extended Standby))
  - 소프트웨어로 선택 가능한 클럭주파수
  - 퓨즈 비트로 ATmega103 호환 모드 선택

• 입출력 핀과 패키지
  - 53개의 입출력 핀
  - 패키지 형태: TQFP, QFN/MLF

• 동작 전압
  - ATmega128L: 2.7 ~ 5.5V
  - ATmega128: 4.5 ~ 5.5V

• 동작 속도
  - ATmega128L: 0 ~ 8MHz
  - ATmega128: 0 ~ 16MHz

ATmega128은 64개의 핀으로 구성되어 있다. 포트A ~ 포트G까지 53개의 핀은 일반 입출력 포트로 사용하거나 특수 기능으로 사용할 수 있다. 나머지 핀들은 전원(VCC, AVCC), 접지(GND), 클럭(XTAL1, XTAL2), A/D 변환기용 기준전압(AREF), 리셋(/RESET), /PEN핀이다. 그림 1-2에서 Pxn(x=A~G, n=0~7)은 일반 핀으로 사용할 때 포트 이름, ()안은 특수 기능을 행할 때 포트 이름이다.

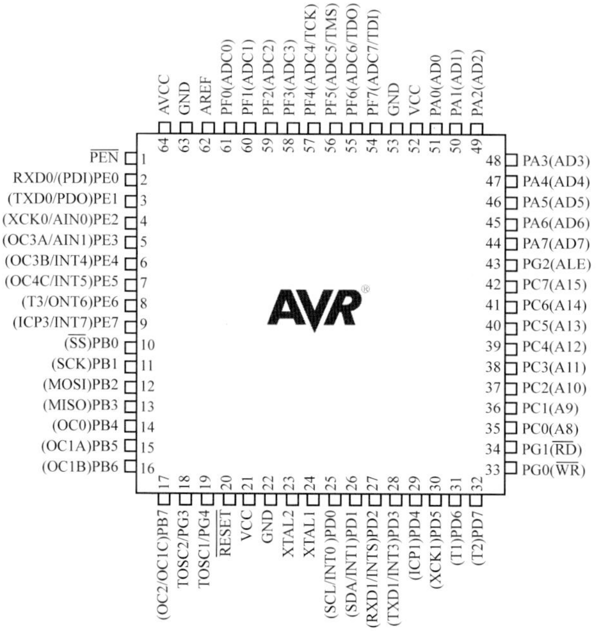

그림 1-2 ATmega128 핀

표 1-2 ATmega128 핀 설명

핀 이름	핀 번호	기능
VCC	21,52	전원
GND	22,53,63	접지
포트A(PA7…PA0)	44~51	양방향 입출력 포트, 외부 메모리 인터페이스의 어드레스/데이터
포트B(PB7…PB0)	17~10	양방향 입출력 포트, PB7:OC2OC1C, PB6:OC1B, PB5:OC1A, PB4:OC0, PB3:MISO, PB2:MOSI, PB1:SCK, PB0:/SS

포트C(PC7…PC0)	42~35	양방향 입출력 포트, 외부 메모리 인터페이스 상위 어드레스
포트D(PD7…PD0)	32~25	양방향 입출력 포트, PD7:T2, PD6:T1, PD5:XCK1, PD4:ICP1, PD3:INT3/TXD1, PD2:INT2/RXD1, PD1:INT1/SDA, PD0:INT0/SCL
포트E(PE7…PE0)	9~2	양방향 입출력 포트, PE7:INT7/ICP3, PE6:INT6/T3, PE5:INT5/OC3C, PE4:INT4/OC3B, PE3:AIN1/OC3A, PE2:AIN0/XCK0, PE1:PDO/TXD0, PE0:PDI/RXD0
포트F(PF7…PF0)	54~61	양방향 입출력 포트, PF7:ADC7/TDI, PF6:ADC6/TDO, PF5:ADC5/TMS, PF4:ADC4/TCK, PF3:ADC3, PF2:ADC2, PF1:ADC1, PF0:ADC0
포트G(PG4…PG0)	19,18,43,34,33	양방향 입출력 포트, PG4:TOSC1, PG3:TOSC2, PG2:ALE, PG1:/RD, PG0:/WR
/RESET	20	리셋 입력핀
XTAL1	24	내부 클럭 동작회로 입력
XTAL2	23	클럭 출력
AVCC	64	A/D 변환기 전원. ADC를 사용하지 않을 때는 Vcc에 연결한다.
AREF	62	A/D 변환기의 기준전압 입력
/PEN	1	SPI로 프로그래밍할 때 인에이블 핀(Active Low)
ALE	43	외부메모리 연결할 때 Address Latch Enable
/WR	33	외부메모리 연결할 때 Write(Active Low)
/RD	34	외부메모리 연결할 때 Read(Active Low)

ATmega128은 AVR RISC 구조를 가진 저전력 CMOS 8비트 마이크로컨트롤러이다. 단일 클럭 내에서 하나의 명령어를 실행함으로써 1MHz당 1MIPS의 성능을 낼 수 있다.

AVR 코어는 32개의 범용 레지스터의 조합으로 많은 명령어를 갖추고 있다. 32개의 레지스터는 ALU에 직접 연결되어 있어서 1클럭 사이클 내에 하나의 명령어로 두 개의 레지스터를 엑세스할 수 있다. 이러한 구조는 기존의 CISC 마이크로컨트롤러에 비해 약 10배 정도 효율적이라 할 수 있다. 그림 1-3은 ATmega128의 내부 블록도이다.

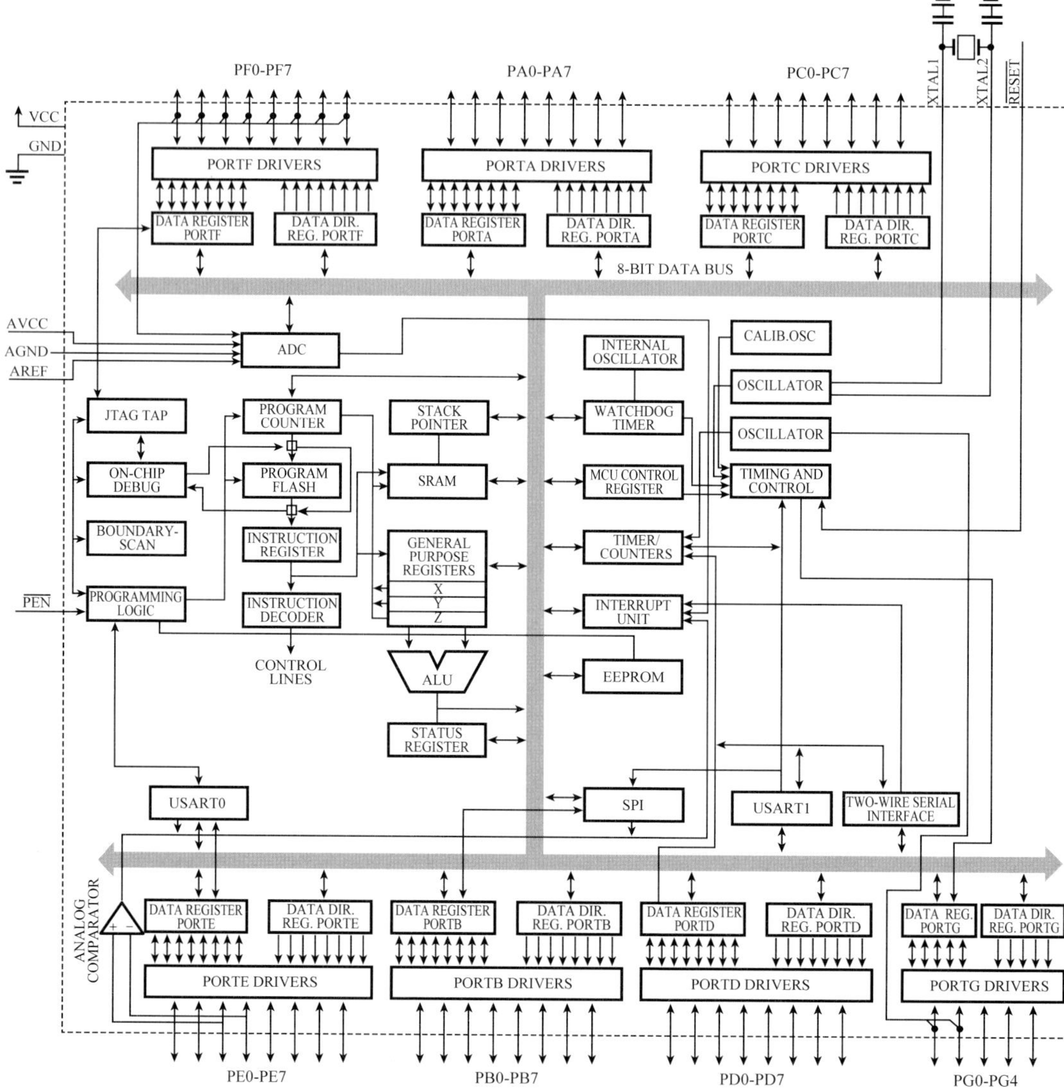

그림 1-3 ATmega128의 내부 블록도

1-3 트레이닝 키트(MTK-AT8)의 구성품

(1) 메인보드

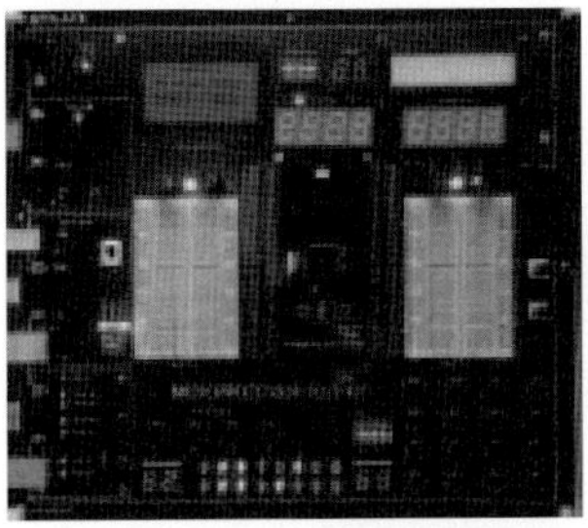

(2) RS232 케이블

(3) DSUB9 케이블

(4) USB 케이블

(5) ISP 다운로드 모듈

(6) 어댑터

(7) RS485 케이블

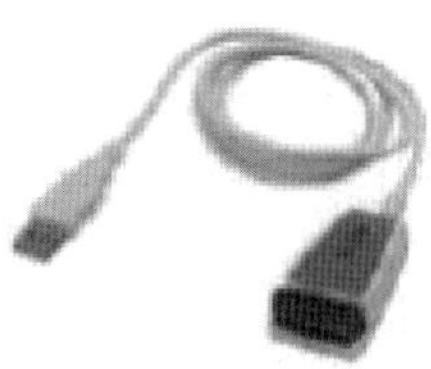

(8) RJ45 케이블(CAN 통신용)

1-4 각 부분의 명칭과 기능

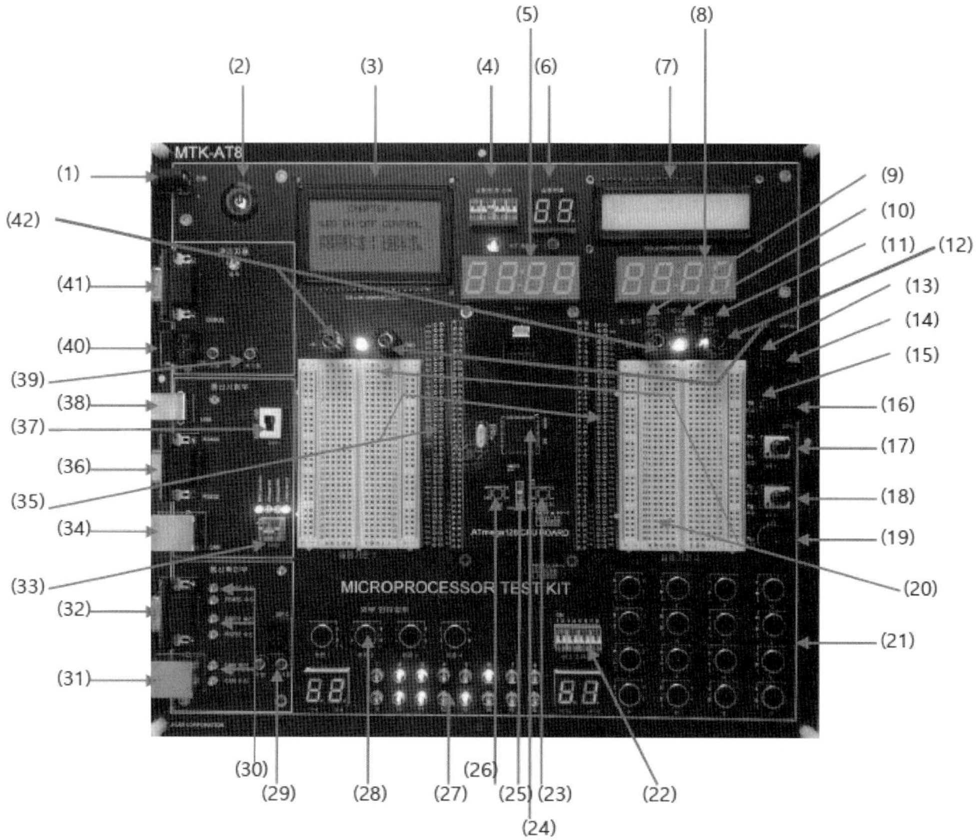

(1) 어댑터 잭

키트에 전원을 인가하기 위해 어댑터를 연결하는 잭(Jack)이다. 어댑터는 키트와 함께 제공하는 7.5V/2A 정격의 어댑터를 사용한다.

(2) 전원 스위치

어댑터를 연결하고 스위치를 누르면 키트에 전원이 공급되고 스위치의 LED가 켜진다.

(3) 그래픽 LCD 모듈

128x64 도트 크기의 LCD 모듈이다. 실험번호 설정스위치(4)에 따라 실험항목과 실험에 사용하는 포트 등 주요 내용이 표시된다.

(4) 실험번호 설정스위치

실험번호를 설정하는 스위치이다. 실험번호를 선택하면 실험항목이 그래픽 LCD모듈(3)에 표시되고 내부의 관리용 컨트롤러에서 프로그래머가 사용할 수 있는 포트와 각 소자를 연결해 준다.

(5), (8) 4디지트 FND

4자리 숫자를 표시할 수 있는 FND(Flat Numeric Display)이며 공통애노드(Common Anode)형이다.

(6) 실험번호 표시기

실험번호 설정스위치(4)로 선택한 실험번호가 표시된다.

(7) 캐릭터 LCD

2열 16캐릭터로 숫자나 영문자를 표시할 수 있다. 제어핀은 R/W, RS, E, DB7~DB0의 11핀으로 구성되고 백라이트(Backlight)는 항상 켜져 있다.

(9), (10), (11) 펄스출력 포트(1Hz, 10Hz, 1KHz)

프로그래머가 키트의 실험기판(20)을 사용하여 회로를 구성하고 실험할 때, 입력신호로 사용할 수 있도록 3종류의 펄스출력을 제공한다.

(12) 접지 단자

키트의 접지단자이다. 실험기판에 +5V 전원을 공급할 때 접지단자로 사용한다.

(13) JTAG(Joint Test Access Group) 컨넥터

프로그램을 다운로드하거나 다운로드한 프로그램을 디버깅할 때 사용하는 컨넥터이다. TMS, TCK, TDI, TDO의 4핀을 사용하고, 그 외 리셋, 전원(+5V), 접지가 연결된다.

(14) ISP 10핀 컨넥터

ISP(In System Programming) 다운로드할 때 사용하는 10핀 컨넥터이다.

(15) 온도센서

ADC 시험을 할 때 사용하기 위한 온도센서(TMP36, ANALOG DEVICES)이다. 12장(ADC 기능 구현)을 실험할 때 PF2의 전압값을 검출하여 온도값을 알아낸다.

(16) ISP 6핀 컨넥터

ISP(In System Programming) 다운로드할 때 사용하는 6핀 컨넥터이다.

(17), (18) 가변저항

ADC 시험을 할 때 사용하기 위한 가변저항이다. 12장(ADC 기능 구현)을 실험할 때 PF0, PF1의 전압값을 검출함으로써 프로그램이 올바르게 설계되었는지 확인한다.

(19) 부저

주파수를 조절하여 소리를 발생할 수 있는 출력소자이다. 부저는 음성주파수대의 펄스신호를 입력하면 해당 주파수 소리를 출력한다.

(20) 실험기판(Breadboard)

키트에서 제공하는 회로 외의 회로를 프로그래머가 설계하고 프로그램과 연동하여 시험하기 위해 키트의 실험기판을 사용한다.

(21) 4x4 버튼

4열 4행으로 구성된 16개의 버튼으로 키스캔(7장) 함수로 검출한다.

(22) 버스스위치

데이터입력이나 모드설정 등의 입력신호로 사용되는 스위치이다.

(23) 다운로드스위치

마이크로프로세서 모듈에 있는 스위치로써 정상동작 모드로 진행할건지, 아니면 다운로드 모드로 진입할건지를 결정하기 위해 사용한다. 통상적으로, 마이크로프로세서가 리셋되어 초기화할 때 스위치가 눌러져 있지 않으면 정상동작으로, 눌러져 있으면 부트로더 영역으로 진입하도록 프로그래밍한다.

(24) 마이크로프로세서 모듈

착탈이 쉽게 모듈화된 마이크로프로세서이다. 이 키트에는 ATmega128 모듈이 장착되어 있다.

(25) 동작 LED 연결스위치

마이크로프로세서의 PG0와 모듈 내부에 있는 LED를 연결하거나 끊는데 사용한다.

(26) 리셋버튼

마이크로프로세서 모듈의 리셋스위치

(27) LED

LED 제어에 사용하는 16개 LED이다. LED1~8은 PB7~PB0에, LED9~16은 PD7~PD0에 연결된다.

(28) 외부 인터럽트(EXT. Interrupt) 실험버튼

외부 인터럽트 신호를 발생하는 버튼이다. 4개의 버튼이 PE4~PE7에 연결된다.

(29) 통신확인부 리셋버튼

통신확인부 회로의 리셋버튼이다. 리셋버튼을 누르면 통신확인부만 리셋된다.

(30) 통신확인 LED

통신확인부의 RS232/RS485/CAN 통신 확인 LED이다. 데이터 송수신시 깜박거린다.

(31) CAN 통신 포트(통신확인부)

CAN 통신 시험을 하기 위해 연결하는 포트이다.

(32) RS232/RS485 통신 포트(통신확인부)

RS232/RS485 통신 시험을 하기 위해 연결하는 포트이다.

(33) 마이크로프로세서 선택스위치

키트에 장착되어 있는 마이크로프로세서 모듈을 선택하는 스위치이다. 왼쪽 첫 번째 스위치는 마이크로프로세서 동작 여부를 선택한다.

(34) CAN 통신 포트

AT90CAN128 마이크로프로세서 모듈(24)을 장착하고 CAN 통신 시험을 할 때 사용하는 포트이다.

(35) 마이크로프로세서 입출력 핀

마이크로프로세서의 입출력 포트를 연결할 수 있는 핀들이다. DMM이나 오실로스코우프로 포트상태를 체크할 때 사용하거나 실험기판에 입출력 포트를 연결할 때 사용한다.

(36) RS232/RS485 통신 포트

RS232/RS485 통신 시험을 하기 위한 포트로 마이크로프로세서에 연결되어 있다.

(37) RS232/USB 선택스위치

RS232 통신/USB 통신을 선택하는 스위치이다. USB 통신을 선택하면 USB 포트(38)를 통해서 직렬통신을 할 수 있다.

(38) USB 통신 포트

RS232/USB 통신 선택스위치를 USB 통신으로 선택하면 이 포트를 사용하여 직렬통신을 할 수 있다. USB-UART 브릿지 칩은 CP2102 IC를 사용하였다.

(39) 리셋버튼(메인보드 컨트롤러)

메인컨트롤러 회로의 리셋버튼이다. 리셋버튼을 누르면 메인컨트롤러만 리셋된다.

(40) ISP 6핀 콘넥터(메인보드 컨트롤러)

메인컨트롤러의 프로그램 코드를 ISP(In System Programming) 다운로드할 때 사용하는 6핀 컨넥터이다. 키트를 이용하여 프로그램하는 실험자는 사용하지 않는다.

(41) RS232 통신 포트(메인보드 컨트롤러)

관리자를 위한 메인컨트롤러의 RS232 통신용 포트이다. 키트를 이용하여 프로그램하는 실험자는 사용하지 않는다.

(42) 전원(+5V) 단자

실험기판에 +5V 전원을 공급할 때 사용하는 전원단자이다.

1-5 각 장에서 사용하는 부분과 핀 할당(각 장의 설계 규격 참조)

실험번호 설정스위치(4)로 실험번호를 선택하면 실험항목이 그래픽 LCD 모듈(3)에 표시되고 내부의 관리용 컨트롤러에서는 프로그래머가 사용할 수 있는 입출력 포트와 주변 소자를 자동으로 연결해 준다. 또한 사용할 입출력 포트가 LCD 모듈(3)에 표시되어 프로그래머는 표시된 포트를 사용하여 프로그램을 설계한다. 기존의 대부분의 트레이닝 키트들은 사용자가 케이블을 하나하나 연결해 주어야 하는 불편함이 있었고 케이블을 잘못 연결하였을 경우 키트가 고장나는 위험성이 있었다. 본 장비는 이러한 불편함과 위험성을 제거하였다.

사용 포트의 예를 들면, 4장의 〈입출력 포트를 사용한 LED 제어〉에서는 PB7~PB0(LED8~LED1)와 PD7~PD0(LED16~LED9)를 사용하고 7장의 〈4x4 키스캔〉에서는 PC3~PC0(키스캔 입력)과 PC7~PC4(키스캔 출력)를 사용한다. 프로그래머는 각 장의 설계규격에 나타낸 사용 포트를 참조하여 설계하기 바란다. 각 장에서 기능 구현을 위해 앞 장에서 사용한 포트가 다시 사용될 때는 그 포트들을 조합하여 사용하면 된다. 각 장에서 사용하는 포트는 다음과 같다.

- 4장: 입출력 포트를 사용한 LED 제어
  사용 포트: PB7~PB0(LED8~LED1), PD7~PD0(LED16~LED9)
- 5장: 4자리 FND 표시하기
  사용 포트: 1. PB0~PB3: FND1의 COM1~COM4
  2. PA0~PA7: FND1의 7-세그먼트 데이터(a~g)
  3. PB4~PB7: FND2의 COM1~COM4
  4. PC0~PC7: FND2의 7-세그먼트 데이터(a~g)

- 6장: 2열-16캐릭터 LCD 모듈 제어
  사용 포트: RS:PF3, RW:PF4, E:PF5, DB7~DB0:PA7~PA0
- 7장: 4x4 키스캔(Key Scan)
  사용 포트: PC3~PC0(키스캔 입력), PC7~PC4(키스캔 출력)
- 8장: DIP 스위치 상태검출 및 외부 인터럽트 제어
  사용 포트: PE4(INT4), PE5(INT5), PE6(INT6), PE7(INT7), PC0~PC7(버스스위치 상태)
- 9장: RS232/USB 통신
  사용 포트: PE0(RXD0), PE1(TXD0)
- 10장: RS485 통신
  사용 포트: PD2(RXD1), PD3(TXD1), PD4(TX_RX)
- 11장: TWI 통신을 이용한 EEPROM 제어
  사용 포트: PD0(SCL), PD1(SDA)
- 12장: ADC 기능 구현
  사용 포트: PF0(ADC0)-가변저항, PF1(ADC1)-가변저항, PF2(ADC2)-온도센서(TMP36)
- 13장: 부저음 발생
  사용 포트: PG0
- 14장: 워치독 타이머 응용
  사용 포트: 9장의 RS232/USB 통신 프로그램을 사용
- 15장: CRC 코드
  사용 포트: 9장의 RS232/USB 통신 프로그램을 사용

CHAPTER 02

WinAVR/AVR Studio 설치 및 사용 방법

contents

02 WinAVR/AVR Studio 설치 및 사용 방법

2-1 실습 목표

1. ATMEL AVR 마이크로프로세서를 사용하여 프로그램을 개발하기 위한 개발환경을 구축하는 방법을 배운다.
2. ATMEL AVR 시리즈의 오픈소스 소프트웨어 개발도구인 WinAVR의 사용 방법을 배운다.
3. WinAVR와 AVR Studio를 연동하여 활용하는 방법을 배운다.

– 실험번호 선택: 2

2-2 이론

마이크로프로세서를 사용하여 프로그램을 설계하기 위해서는 기본적으로 프로그램 편집기(Program Editor), 컴파일러(Compiler)와 디버거(Debugger), 다운로드프로그램(Code Programmer) 등이 필요하다. 비용을 들이지 않고 이러한 개발환경을 갖추기 위한 좋은 방법은 오픈 소스 소프트웨어 개발도구인 WinAVR을 사용하는 것이다. WinAVR은 컴파일러 avr-gcc, 편집기 avrdude, 디버거 avr-gdb 등을 포함하고 다른 많은 오픈소스 도구들과 호환된다.

1. WinAVR 설치

http://sourceforge.net/projects/winavr을 접속하여 설치프로그램인 WinAVR-20100110-install.exe(2016년 5월 현재)를 내려받은 후 다음과 같은 순서로 설치한다.

(1) 설치프로그램을 시작하면 아래와 같은 화면이 나온다. [Korean]을 선택하고 [OK] 버튼을 누른다.

(2) WinAVR 설치시작 화면이 나타나면 [다음] 버튼을 눌러 설치를 시작한다.

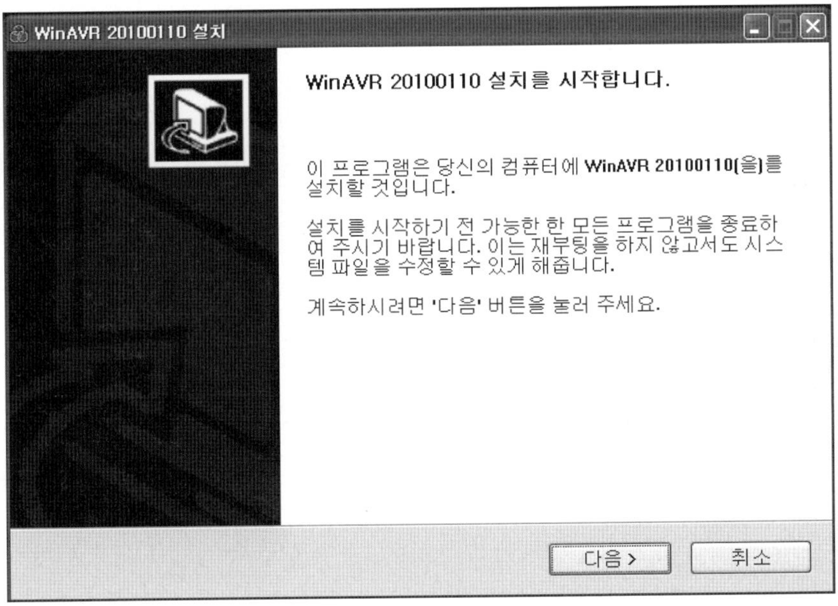

(3) WinAVR은 오픈소스 개발도구이다. 그러므로 누구나 WinAVR을 설치하여 사용할 수 있음을 아래와 같이 알려준다. [동의함]을 눌러서 설치를 계속한다.

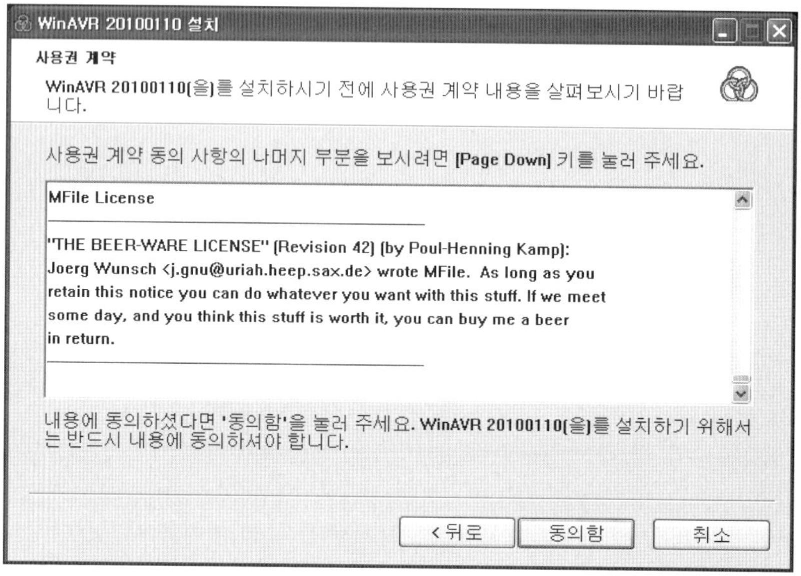

(4) WinAVR을 설치할 폴더를 정하고 [다음] 버튼을 눌러 설치를 계속한다. 컴퓨터의 OS를 재설치하거나 데이터의 백업(Backup) 등을 감안하여, 가능하면 C:\ 드라이버를 제외한 디스크 공간에 설치하는 것이 좋다.

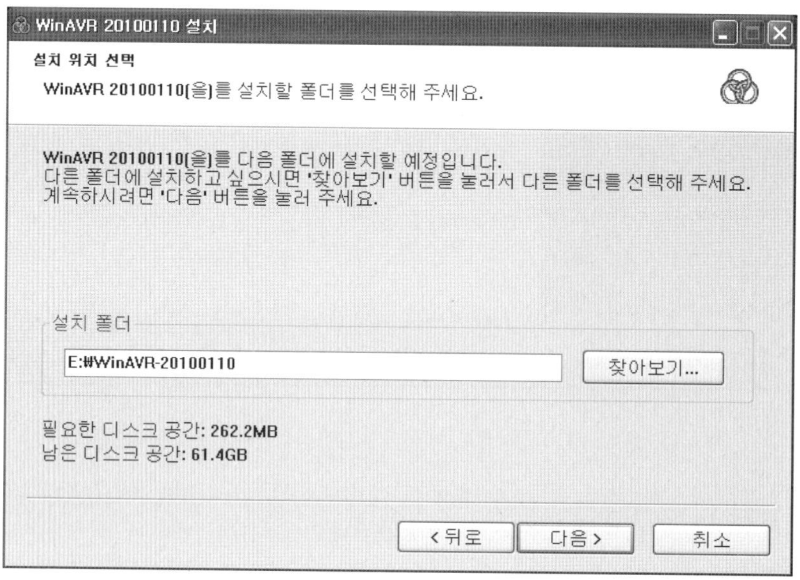

(5) 구성요소 화면이 나타나면, 설치하려는 구성요소 선택이 전부 체크된 상태에서 [설치] 버튼을 누른다.

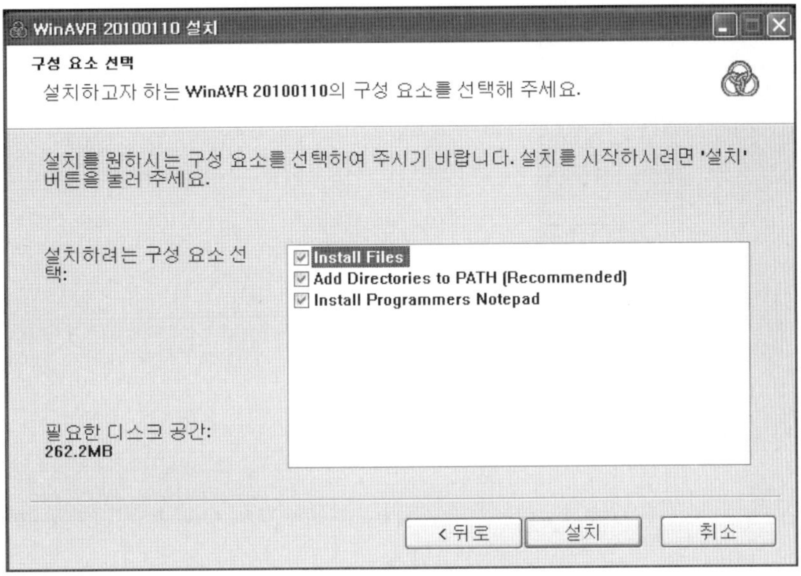

(6) 설치를 하는 동안 다음과 같은 화면으로 진행 상황을 나타낸다. [자세히 보기] 버튼을 누르면 아래와 같이 설치하는 과정을 보여준다.

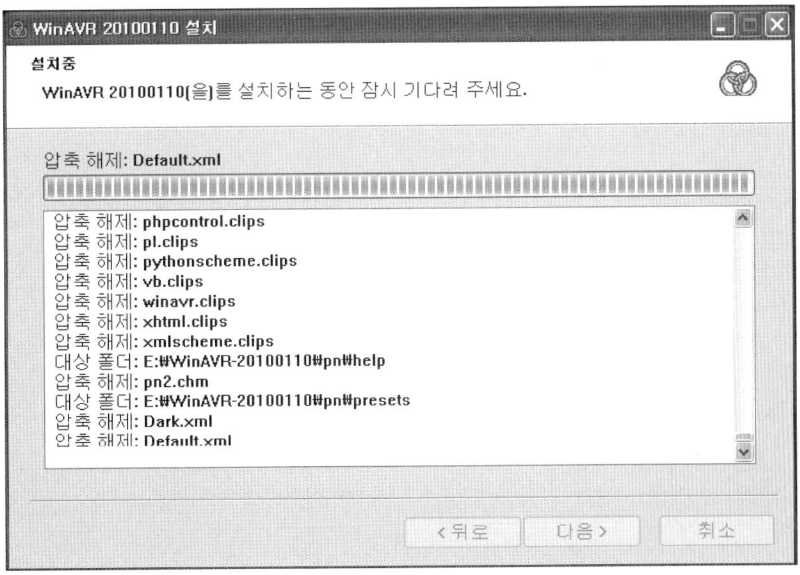

(7) 설치가 끝나고 설치완료 화면이 나타나면 [마침] 버튼을 눌러서 설치를 끝낸다.

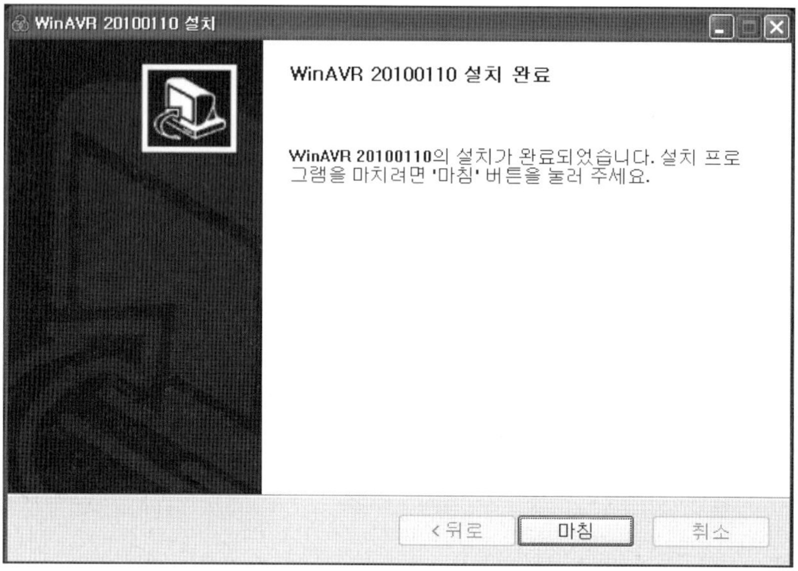

(8) 설치가 끝나면 다음과 같이 WinAVR 사용자 매뉴얼 화면이 나타난다. 사용 방법을 신속히 습득하기 위해 개발도구의 전체적인 구성 등을 파악하여 놓는 것이 좋다.

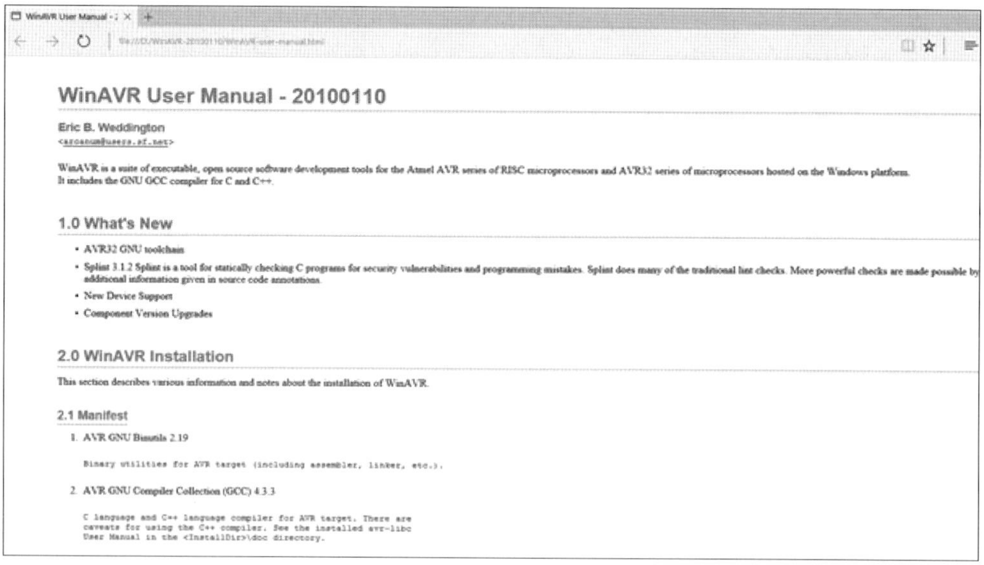

2. AVR Studio 설치

http://www.atmel.com/Images/AvrStudio4Setup.exe 설치프로그램을 내려받아 설치한다. 이 책에서는 시뮬레이터 기능이 있는 AVR Studio 버전4.19를 설치하여 사용한다. 다음의 순서에 따라 AVR Studio를 설치한다.

(1) AvrStudio4Setup.exe 설치프로그램을 실행하여 아래의 화면이 나타나면 [Next] 버튼을 누른다.

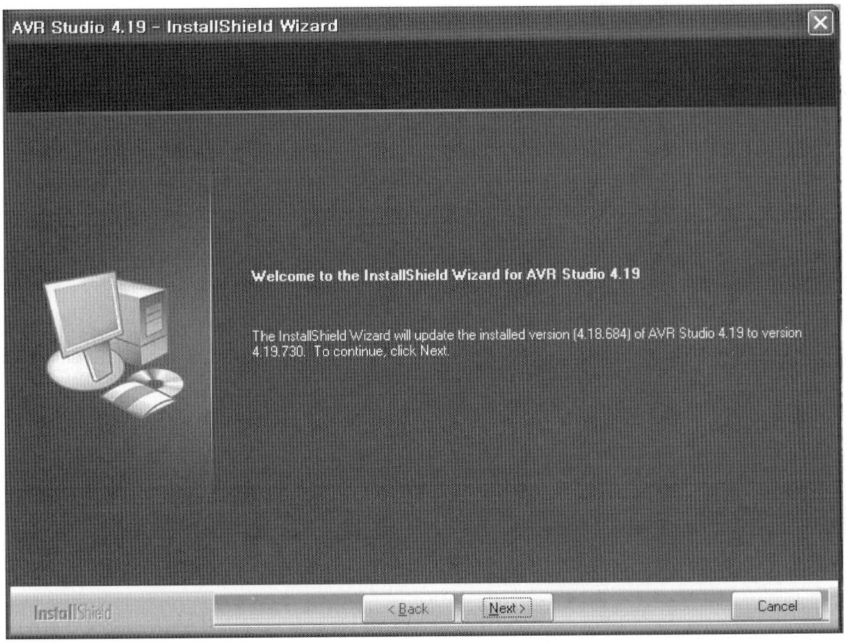

(2) 라이선스에 대한 동의를 묻는 창이 열리면 '라이선스에 동의함'을 선택하고 [Next] 버튼을 누른다.

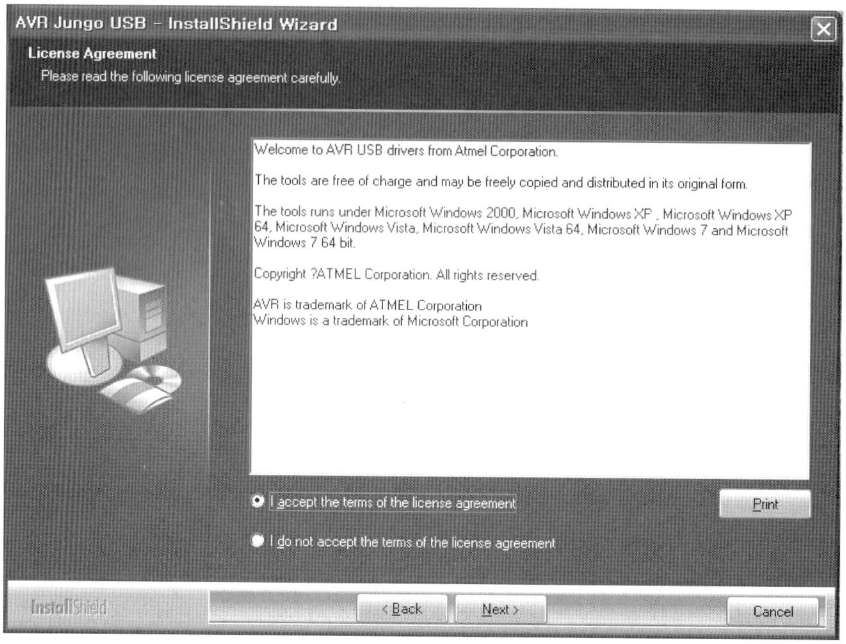

(3) 설치할 폴더를 정하고 [Next] 버튼을 눌러 설치를 계속한다. 컴퓨터의 OS를 재설치하거나 데이터의 백업(Backup) 등을 감안하여, WinAVR이 설치된 디스크 공간에 설치하는 것이 좋다.

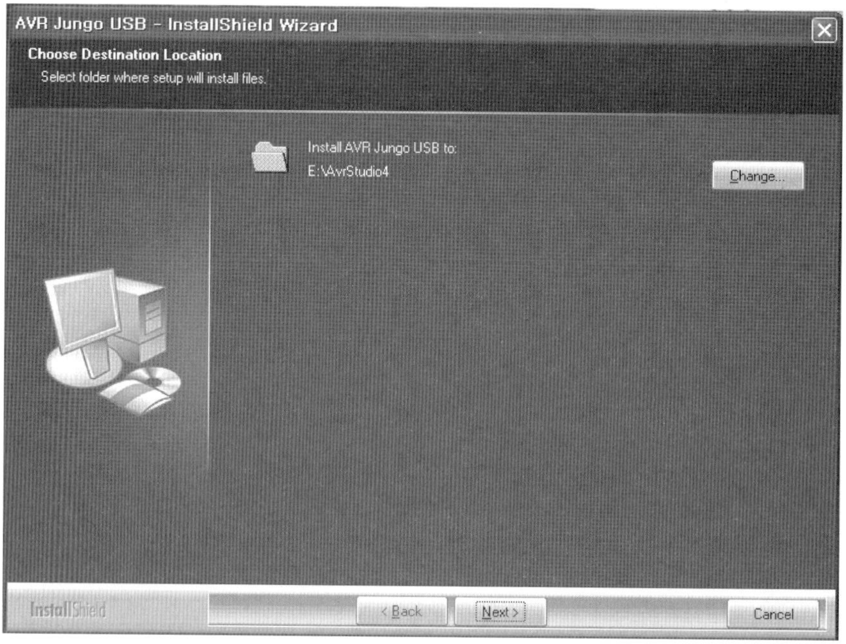

(4) '설치 시작'을 묻는 창이 열리면 [Install] 버튼을 눌러 설치를 시작한다.

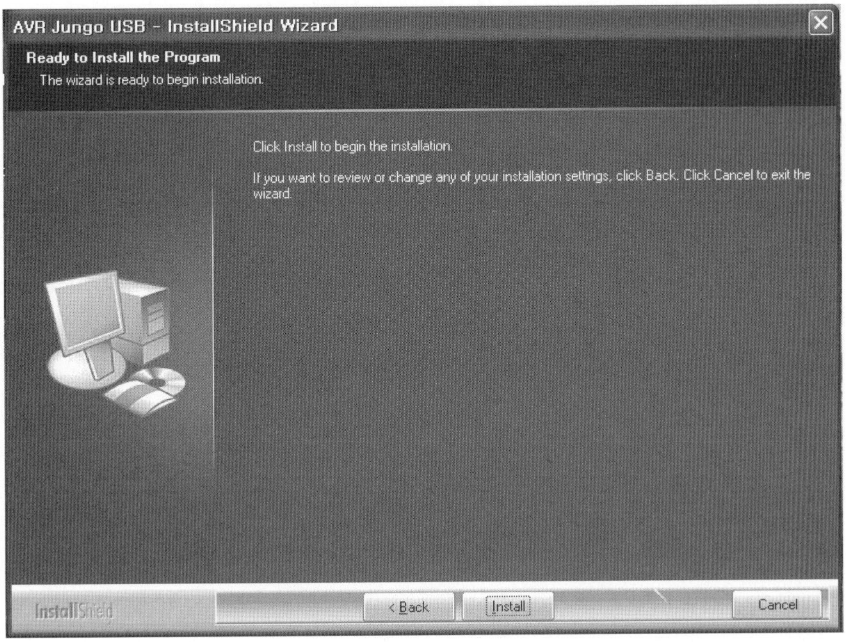

(5) 설치가 끝나면 아래와 같이 설치완료 화면이 나타나고, [Finish] 버튼을 누르면 설치가 모두 끝난다.

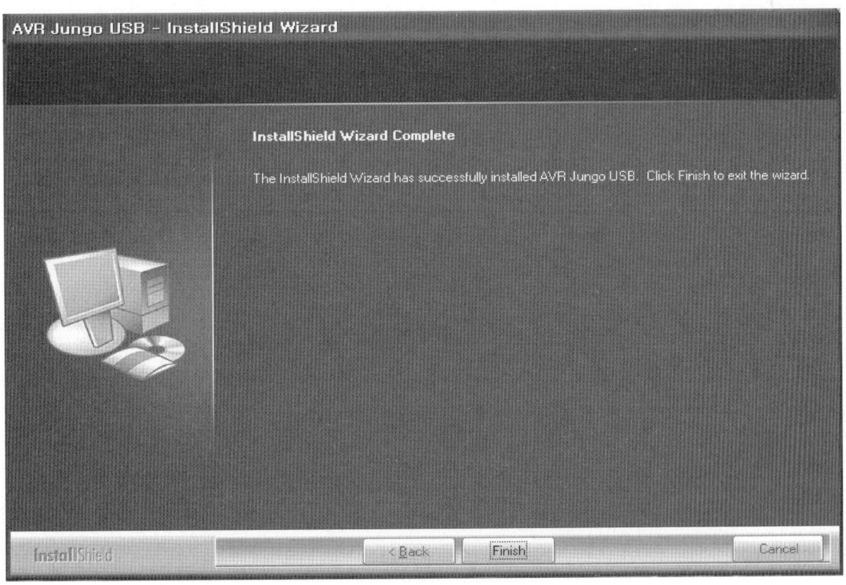

3. WinAVR의 기본 기능 사용 방법

WinAVR과 AVR Studio를 설치하면 프로그램을 설계할 수 있는 개발환경이 갖추어진 것이다. 이제 두 프로그램을 사용하여 간단한 프로그램을 설계하여 보자.

(1) 프로그램 편집기로는 AVR Studio를 사용한다. AVRStudio.exe 프로그램을 실행하여 [New Project] 버튼을 누르면 다음과 같은 화면이 나타난다.

프로젝트형식(Project type)을 AVR GCC로 선택하고 프로젝트이름(Project name)에 ch02_test라고 적는다. 폴더생성(Create Folder)을 체크하면 ch02_test라는 폴더가 생긴다. 초기파일생성(Create Initial File)이 체크되어 있으면 앞에서 프로젝트이름을 입력할 때 초기파일(Initial file)에 프로젝트와 똑같은 이름의 .c 파일이 등록되고 [Next] 버튼을 누르면 해당 폴더와 초기파일(ch02_test.c)이 생성된다.

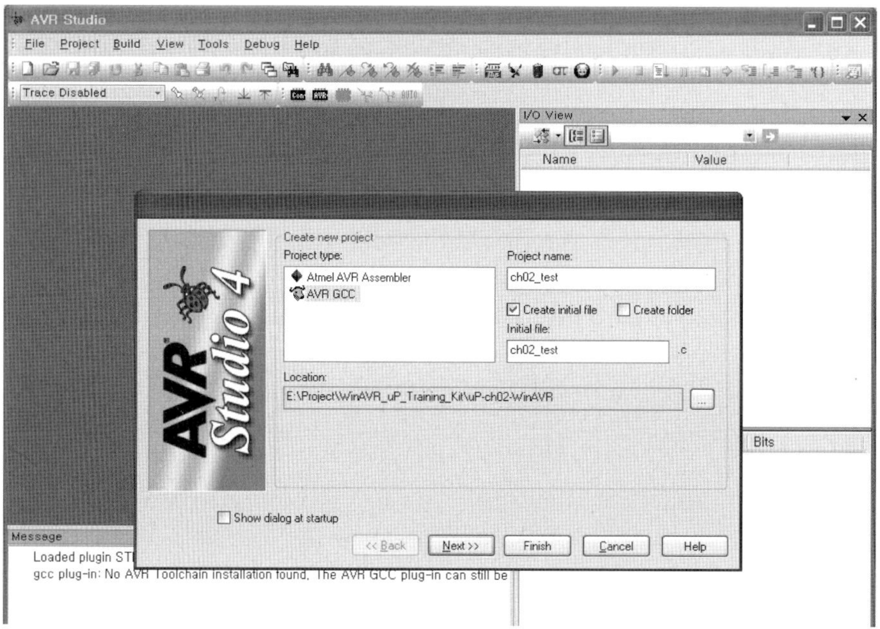

(2) (1)에서 [Next] 버튼을 누르면 디버그 플랫폼과 디바이스 선택창이 나타난다. 디버그 플랫폼에 [AVR Simulator]를, 디바이스 창에 ATmega128(키트에 장착된 마이크로프로세서가 ATmega128일 경우)을 선택한다.

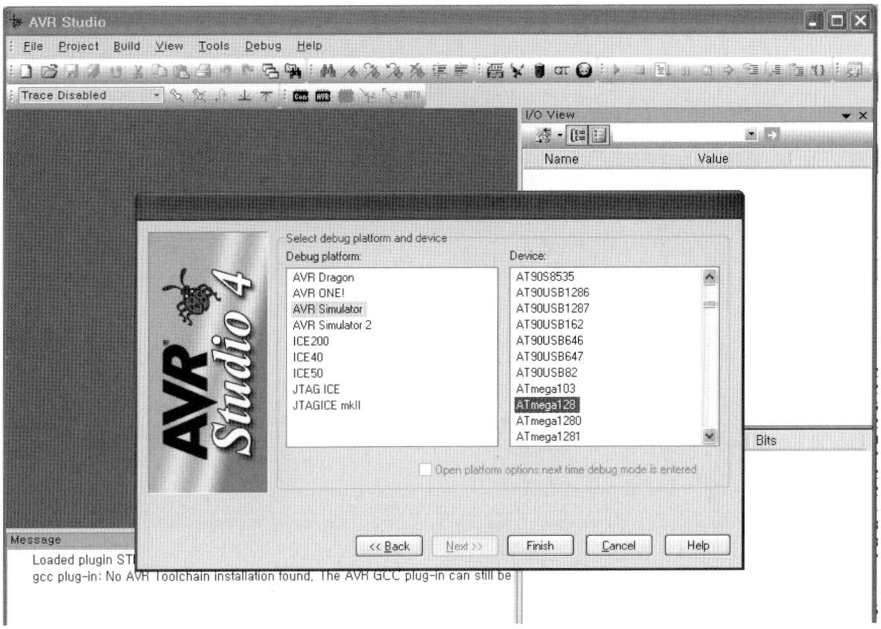

(3) [Finish] 버튼을 누르면 다음과 같이 프로그램 작업을 할 수 있는 화면이 나타난다. 왼쪽 AVR GCC 파일정보란의 Source Files 아래에 ch02_test.c가 생성되어 있는 것을 확인할 수 있다.

화면 중앙의 편집창에 C프로그램 작업을 수행한다. 샘플프로그램에서는 PORTB, PORTD를 출력 포트로 설정하고 일정시간 간격으로 High(1), Low(0)를 반복하여 출력한다. DDRB, DDRD 레지스터는 포트B, D의 입출력을 설정하는 레지스터로써 0xFF이면 출력 포트로, 0x00이면 입력 포트로 동작한다. 프로그램 입력이 끝나면 [Build](또는 [Build] 아이콘)를 누르거나 [F7] 기능키를 눌러 컴파일과 링크를 실행한다.

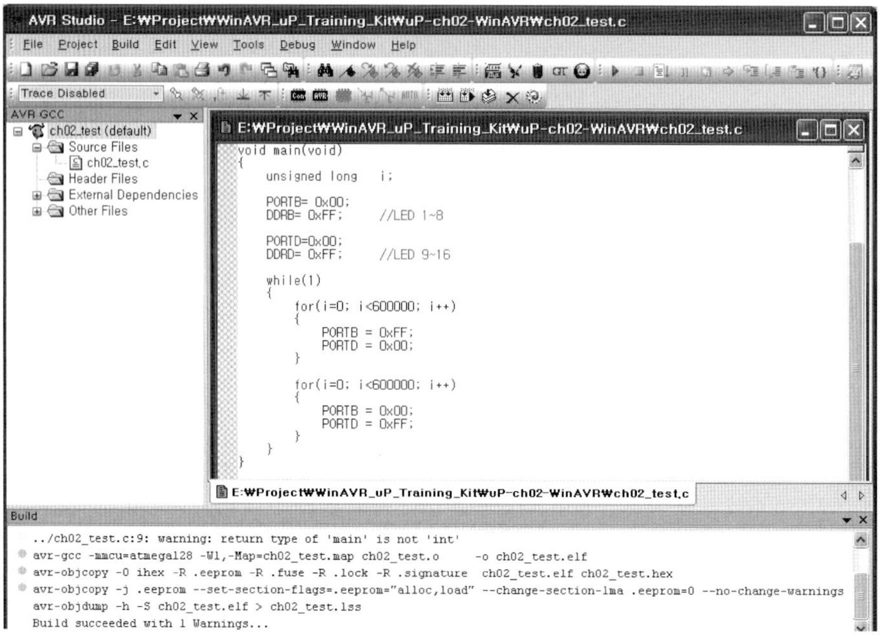

(4) 개발도구(WinAVR과 AVR Studio)를 설치하고 맨 처음 컴파일할 때 다음과 같은 에러메시지가 뜨는 경우가 있다.

avr-objcopy: '프로젝트명(ch02_test).elf': No such file
make: ***[프로젝트명.hex] Error 1

이런 경우에 다음과 같은 방법으로 해결한다.

① Project〉Configuration Options에 들어가서 왼쪽의 Custom Options를 선택한다.
② 아래 부분의 External Tools에서 'Use AVR Toolchains' 체크를 해제한다.
③ avr-gcc에 c:\WinAVR-20100110\bin\avr-gcc.exe 경로를 입력한다.
④ make에 c:\WinAVR-20100110\utils\bin\make.exe 경로를 입력한다.
⑤ 컴파일을 재실행한다.

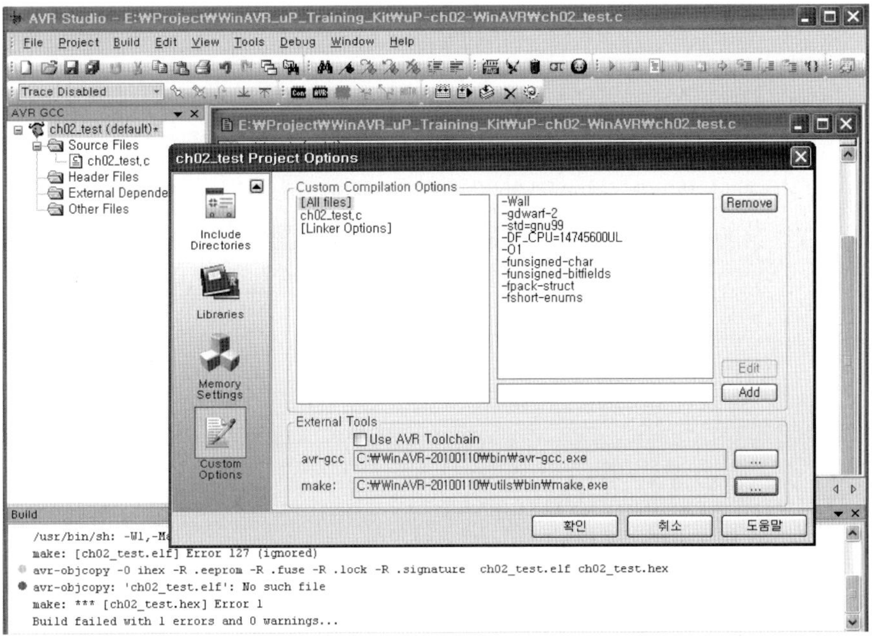

(5) [AVR] 아이콘을 누르면 다음과 같은 화면이 나타난다. [Main] 태그의 디바이스를 키트에 장착된 마이크로프로세서 모듈(ATmega128)을 선택한다.

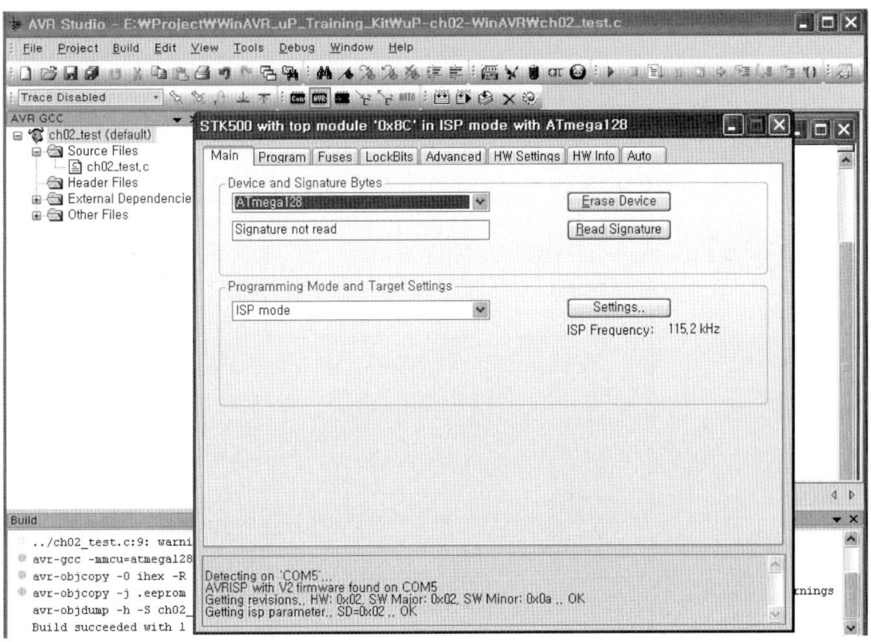

(6) [Fuses] 태그에서 휴즈 옵션을 선택하고 프로그래밍한다. 휴즈 옵션 프로그래밍 방법은 3장에서 자세히 설명하기로 한다.

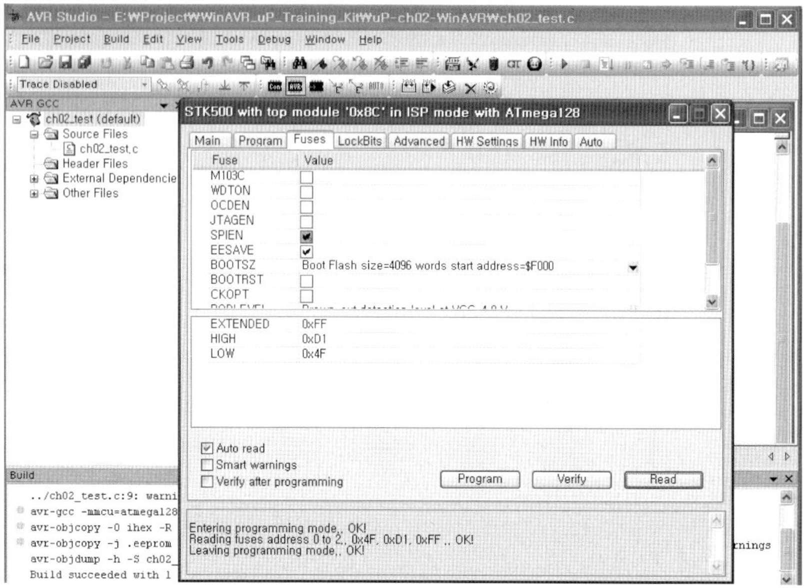

(7) [Program] 태그에서 〈Flash〉 영역에 '프로그램명(ch02_test).hex'를 가지고 와서 〈Program〉 버튼을 눌러 플래시 프로그래밍을 실행한다.

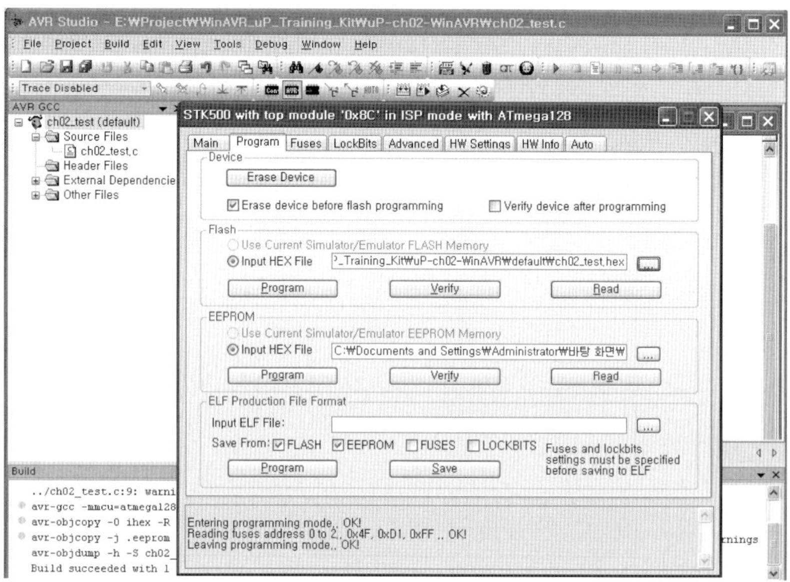

ATmega128을 사용하여 프로그램 코딩(Coding)을 하고 컴파일, 링크를 실행한 후 AVR Studio로 키트에 다운로드하여 검증하는 과정을 간단히 설명하였다. AVR Studio의 시뮬레이션 기능은 마이크로프로세서로 제작한 하드웨어 없이 프로그램을 확인할 수 있어서 프로그램 개발이나 학습에 많은 도움이 된다. 또한, AVR Studio는 JTAG로 타킷 보드와 연결하면 에뮬레이션도 쉽게 할 수 있다.

4. WinAVR 버전과 IAR 버전 소스프로그램의 변환

WinAVR과 AVR Studio는 무료로 다운받아 설치할 수 있기 때문에 학교나 개인적으로 학습하는 프로그램 입문자가 주로 사용한다. 그러나 기업체에서는 다양한 편집기능이 있어 개발자가 쉽게 사용할 수 있는 IAR embedded Workbench 컴파일러를 사용하는 경우가 대부분이다. 아래에는 WinAVR 버전과 IAR 버전 소스프로그램의 다른 부분들을 요약하여 본다.

표 2-1 WinAVR 버전과 IAR 버전 소스프로그램의 주요 차이점

기능, 매크로, 커맨드	WinAVR 버전	IAR 버전
#include	#include 〈avr/io.h〉 #include 〈avr/interrupt.h〉 #include 〈avr/pgmspace.h〉	#include 〈iom128.h〉 #include 〈ina90.h〉 #include 〈stdio.h〉
상수 변수를 프로그램메모리(플래시 메모리)에 저장하고 읽어내기	#include 〈avr/pgmspace.h〉 const 〈데이터형〉 〈변수명〉 PROGMEM = 〈상수값〉 예) const char Table[] PROGMEM = {1,2,3,4,5}; PORTA = pgm_read_byte(&Table[0]);	#include 〈iom128.h〉 __flash 〈데이터형〉 〈변수명〉 = 〈상수값〉 예) __flash char Table[] = {1,2,3,4,5}; PORTA = Table[0];
main 함수의 첫 부분	int main(void) {	void main(void) { ......

<table>
<tr><td>부트로더 프로그램에서
main 함수의 첫 부분
(부트로더 영역이
0x1E000~0x1FFFF일
때)</td><td>BOOTLOADER_SECTION int
main(void)
{
....

*부트로더 영역은 컴파일러의
“Memory Settings”에서 시작
번지를 지정한다.
예) Flash.text 0xf000</td><td>void main(void)
{
......

*부트로더 영역은 .xcl 파일에서 아
래와 같이 지정한다.
예) -Z(CODE) INTVEC,FAR_
F,SWITCH,CODE=1E000-_..X_
FLASH_END</td></tr>
<tr><td>마스터인터럽트
인에이블/디스에이블</td><td>cli();
sei();</td><td>_CLI();
_SEI();</td></tr>
<tr><td>인터럽트 벡터의 매크로</td><td>#include 〈avr/interrupt.h〉

ISR(매크로)
{
......
}
예) ISR(TIMER0_OVF_vect)
{</td><td>#pragma vector = 매크로
__interrupt void 〈함수명〉
{
......
}
예) #pragma vector = TIMER0_
OVF_vect
__interrupt void TMR0_OVF_
SRV(void)
{</td></tr>
<tr><td>비트제어</td><td>#define BIT2 0x04

예) PORTB |= BIT2;
PORTB &= ~BIT2;</td><td>#include에 비트제어가 정의되어
있다.

예) PORTB_Bit2 = 1;
PORTB_Bit2 = 0;</td></tr>
<tr><td>부트로더 프로그램에서
BUSY check</td><td>#include 〈avr/boot.h〉

boot_spm_busy_wait();</td><td>while(SPMCSR&(1〈〈SPMEN));</td></tr>
<tr><td>부트로더 프로그램에서
RWW enable</td><td>#include 〈avr/boot.h〉

boot_rww_enable();</td><td>__DataToR0ByteToSPMCR_
SPM(0x00, 0x11);</td></tr>
<tr><td>부트로더 프로그램에서
PAGE ERASE</td><td>#include 〈avr/boot.h〉

boot_page_erase(address);</td><td>_SPM_ERASE(address);</td></tr>
</table>

부트로더 프로그램에서 PAGE FILL	#include <avr/boot.h> boot_page_ fill(address,data);	_SPM_ FILLTEMP(address,data);
부트로더 프로그램에서 PAGE WRITE	#include <avr/boot.h> boot_page_write(address);	_SPM_PAGEWRITE(address);

5. WinAVR에서 프로그램 실행코드의 최적화

프로그래머가 어떤 일을 수행하는 프로그램을 작성할 때, 코딩방법이나 숙련도에 따라 프로그램의 크기가 달라진다. 또한 소스프로그램을 기계어로 바꾸는 컴파일 방법에 따라 실행코드(HEX코드)와 속도가 달라진다. WinAVR 컴파일러에는 프로그래머가 컴파일 방법을 선택할 수 있도록 최적화 옵션(Optimization Option)을 제공한다. 컴파일 하기 전에 'Edit Current Configuration Options' 창에서 'General-->Optimization' 옵션을 선택한다.

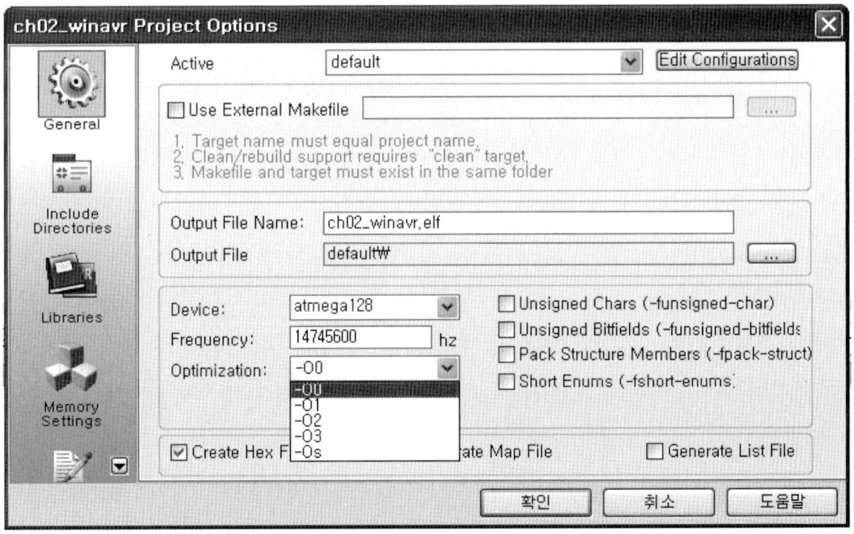

최적화 옵션은 다음과 같이 5가지가 있다.

- O0: 최적화 과정을 수행하지 않는다. 컴파일 시간이 짧고 프로그램을 디버깅할 때 적합하다.

- O1: 코드크기와 실행속도를 줄이도록 최적화를 수행한다. 컴파일 시간은 조금 더 걸릴 수 있다.
- O2: 실행속도를 줄이도록 최적화를 수행한다.
- O3: O2 옵션보다 더 최적화를 수행한다.
- Os(Optimize for size): 코드 크기를 줄이는 것을 최우선으로 하여 컴파일을 수행한다. 코드 크기를 반드시 줄여야만 하는 상황일 때 사용한다.

최적화를 수행한 실행코드는 최적화 과정을 수행하지 않은 O0 옵션에 의해 생성된 코드보다 크기가 작고 실행속도가 빠르다. 최적화 옵션을 선택할 때는 프로그래머가 우선시하는 기준에 맞게 선택하여야 한다. 코드크기를 우선으로 하여 컴파일하면 실행속도에 관계없이 적은 실행코드를 생성하고 실행속도를 우선으로 하여 컴파일하면 코드크기에 관계없이 빠른 실행속도를 갖는 실행코드를 생성한다.

프로그래머는 최적화하지 않은 코드를 생성하여 주로 디버깅할 때 사용하고 디버깅을 하고나면 실행속도 및 코드크기를 감안하여 최적화된 코드를 만들어 낸다. 그런데 '최적화 옵션'을 바꿔줌에 따라서 생시지 않았던 오류가 발생하는 경우가 있다. 주로 나타나는 오류는 다음과 같다.

(1) 시간지연(Time Delay) 오류

시간지연함수에 초기값을 주고 루프를 돌리는 경우를 생각해 보자. 여기서 루프를 돌리는 시간은 최적화 방법에 따라 달라진다. 최적화를 수행한 실행코드의 시간지연은 최적화를 하지 않은 코드보다 시간지연이 짧아진다. 그 결과, 이 시간지연함수를 사용한 곳에서 동작에 영향을 미칠 수 있다. LED 온오프 동작과 같이 약간의 시간지연이 동작에 그다지 심각한 영향을 주지 않을 수도 있지만, LCD 제어나 직렬통신의 클럭을 발생하는 경우에는 약간의 시간지연 차이로 인해 오동작을 일으킬 수 있다. 이런 경우에는 부가적인 시간지연을 주어 해결한다.

(2) 변수 초기화 오류

최적화 옵션 O0을 선택하여 최적화하지 않은 실행코드에서는 초기화하지 않은 변수도 내부적으로 0으로 초기화하여 사용된다. 그러나 최적화하여 생성된 실행코드에서는 0으로 초기화하지 않아서 임의의 값으로 가지고 실행되어 오동작을 일으킬 수 있다. 이런 경우에는 모든 변수를 원하는 값으로 초기화함으로써 해결할 수 있다.

(3) 변수의 인터럽트함수와 일반함수 연동 오류

외부 정적(static) 변수를 지정한 다음 인터럽트 처리루틴에서 값을 변하게 하고 메인함수에서 그 변수값을 판단하는 프로그램을 생각하여 보자. 최적화 하도록 옵션을 선택하면, 컴파일러는 메인함수에서 그 값을 변하게 하지 않기 때문에 최초에 그 값을 한 번만 판단하고 이후에는 사용하지 않도록 컴파일한다. 그러므로 인터럽트 처리루틴에서 그 변수 값이 변하지만 메인함수에서는 판단할 때 반영되지 않는다. 이 문제를 해결하기 위해서 volatile 키워드를 사용한다. volatile 키워드는 지정된 정적변수가 외부요인에 의해, 즉 메인함수에서나 인터럽트 처리루틴에서 변수가 변할 수 있음을 컴파일러에 알려서 최적화 과정에서 제거하지 않게 한다.

```
static unsigned char    var_example;
static volatile unsigned char    var_example;
```

할당된 외부변수가 인터럽트 처리루틴과 메인루틴과 같은 일반함수에서 공통으로 사용될 때는 변수를 volatile 키워드를 포함하여 지정하는 것이 좋다.

CHAPTER 03

다운로드프로그램(AVR Studio4) 사용 방법

contents

03 다운로드프로그램(AVR Studio4) 사용 방법

3-1 실습 목표

1. AVR 소스파일을 컴파일하여 실행파일(filename.HEX)을 만들고 디버깅및 보드에 다운로드할 때 사용하는 프로그램인 AVR Studio4의 사용 방법을 익힌다.
2. 제공된 HEX 코드를 키트에 다운로드하여 동작 상태를 확인한다.

– 실험번호 선택: 3

3-2 이론

AVR Studio4는 AVR 소스파일을 컴파일하여 실행파일(filename.HEX)을 만들고 디버깅 및 보드에 다운로드할 수 있는 AVR 개발프로그램이다. AVR 컴파일러는 WinAVR, CodeVisionAVR, EWAVR등이 있는데, 프로그래머는 본인에게 익숙한 컴파일러를 따로 사용하는 경우가 대부분이어서 본 교재에서는 AVR Studio4 기능 중 ISP 인터페이스로 AVR 칩에 프로그래밍하는 기능만 설명하기로 한다.

ISP(In-System Programming) 기능은 직렬통신(UART)으로 AVR의 플래시 메모리에 실행프로그램(filename.HEX)을 다운로드하는 방법으로 에뮬레이터나 롬라이터를 사용하는 방법에 비해 매우 편리한 방법이다. ISP 기능을 사용하기 위해서는 ISP용 케이블이 필요한데 PC의 직렬포트, 병렬포트 또는 USB 포트를 사용하는 제품들이 있다. 요즈음

판매되는 PC는 USB 포트만 지원하는 경우가 많아서 USB 포트를 이용할 수 있는 다운로드 케이블을 구입하여 사용하면 편리하다.

1. AVR Studio4 프로그램 열기

AVR 실행파일(filename.HEX)을 보드에 다운로드하여 동작시키기 위해서는 먼저 보드에 전원을 인가하고 PC와 보드를 ISP용 케이블로 연결한다.

보드에 전원을 인가하는 방법은 2가지가 있다. 첫째 방법은, PC의 USB 포트 전원을 사용하는 방법이다. 대부분의 다운로드 케이블은 USB 전원과 외부(EXT) 전원을 선택하여 사용할 수 있도록 선택 스위치가 구비되어 있다. USB 전원을 사용하도록 설정 스위치를 선택하면 PC의 USB 전원이 케이블을 통하여 보드에 공급된다. 이 때 주의할 점은 보드의 소비전류가 USB 포트에서 공급할 수 있는 전류를 넘지 않아야 한다는 것이다. 둘째 방법은, 보드에 별도의 전원을 공급해 주는 방법이다. 이 경우에는 설정 스위치를 외부(EXT)로 선택한다.

2. AVR 보드 연결

보드를 연결하고 실행파일을 연 다음 메인 메뉴에서 [Tools] → [Program AVR] → [Auto Connect]를 클릭하거나 [AVR] 버튼을 클릭한다. AVR Studio4와 보드가 정상적으로 연결된 경우 다음과 같은 화면이 나타난다.

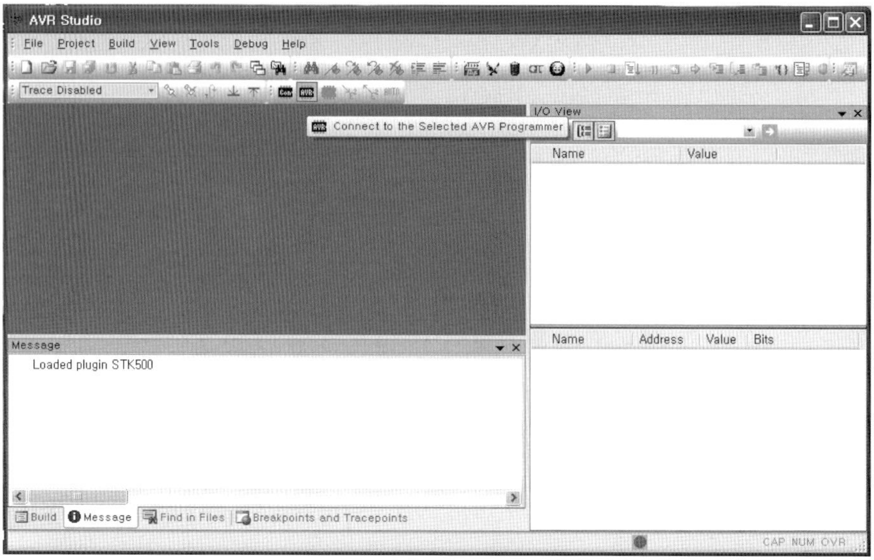

3. AVR Studio4 – Main

[Main]탭을 클릭하면 Device and Signature Bytes와 Programming Mode and Target Settings가 나타난다.

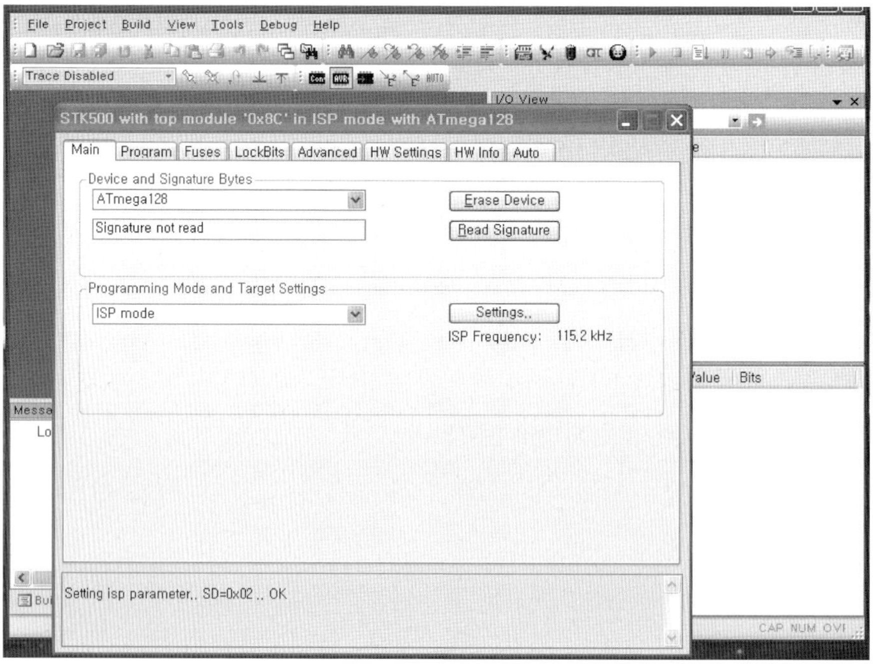

■ Device and Signature Bytes

보드에 사용하는 디바이스를 선택한다. 위의 그림에서는 ATmega128을 선택하는 것을 보여준다.

- Erase Device: 플래시 메모리의 내용을 "FF"로 모두 지운다.

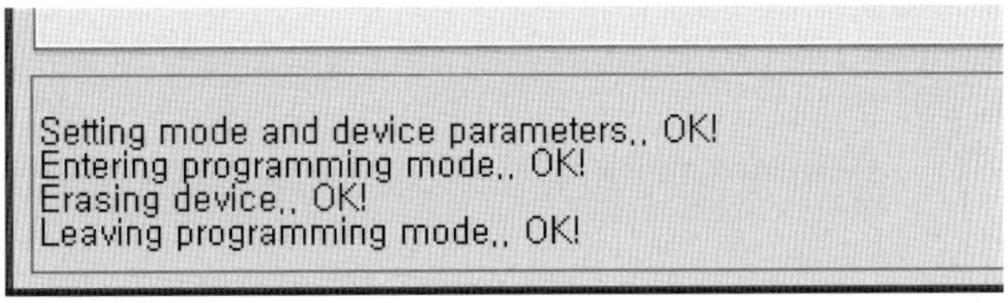

- Read Signature: 선택한 디바이스에 대한 고유한 코드로써 제조업체에서 생산 및 관리를 위한 것이다.

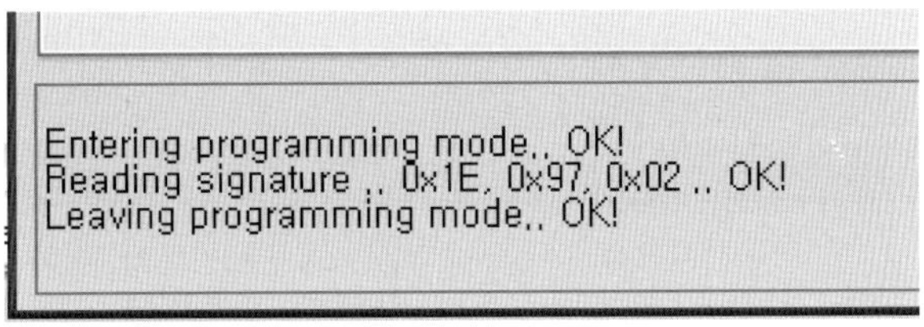

■ Programming Mode and Target Settings

- ISP mode: 6핀 또는 10핀 케이블을 사용하는 ISP 모드이다. MOSI, MISO, SCK, RESET, VCC, GND를 연결해서 READ/WRITE 하게 된다.
- Settings: 업로드/다운로드하기 위한 ISP 클럭주파수이며 보드의 시스템 클럭보다 1/4 이하여야 한다. 예를 들어, 보드에서 사용하는 클럭주파수가 7.3728MHz이면 ISP 주파수는 1.8432MHz보다 작아야 한다. 간혹 시스템 클럭의 1/4 이하인데도 접속이 되지 않는 경우에는 좀 더 낮추어서 접속해 보기 바란다.

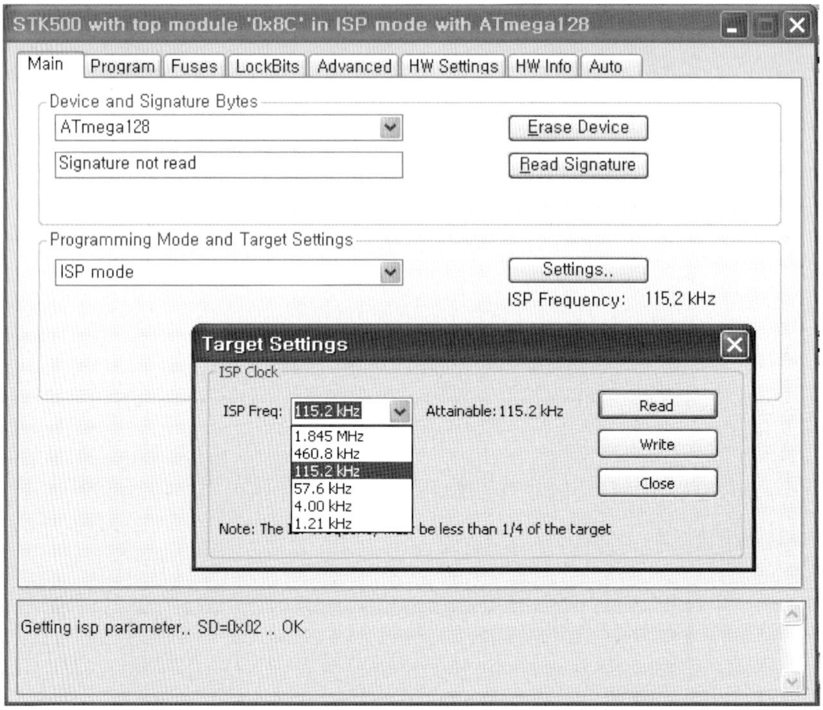

4. AVR Studio4 – Program

■ Device

• Erase Device: 플래시 메모리의 내용을 "FF"로 모두 지운다.

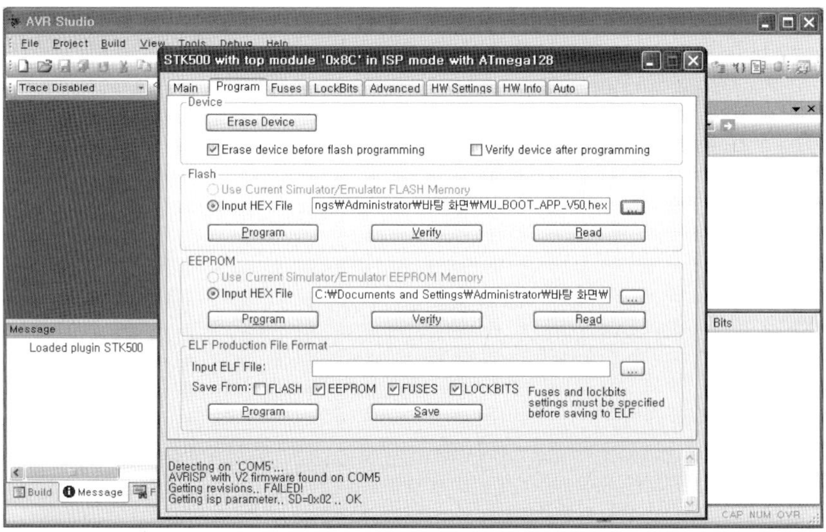

- Erase device before flash programming: 이 항목을 체크(√)하면 플래시 메모리에 프로그래밍하기 전에 디바이스를 지운다. 그러므로 이미 프로그래밍되어 있는 플래시에 다운로드하기 위해서는 반드시 이 항목을 체크(√)해 주어야 한다.
- Verify device after programming: 이 항목을 체크(√)하면 플래시 메모리에 프로그래밍한 후 플래시 메모리를 다시 읽어서 입력파일과 비교하여 입력파일이 제대로 프로그래밍되었는지 검증한다. 다시 한 번 검증하는 이점이 있는 반면 다운로드하는 시간이 많이 걸린다.

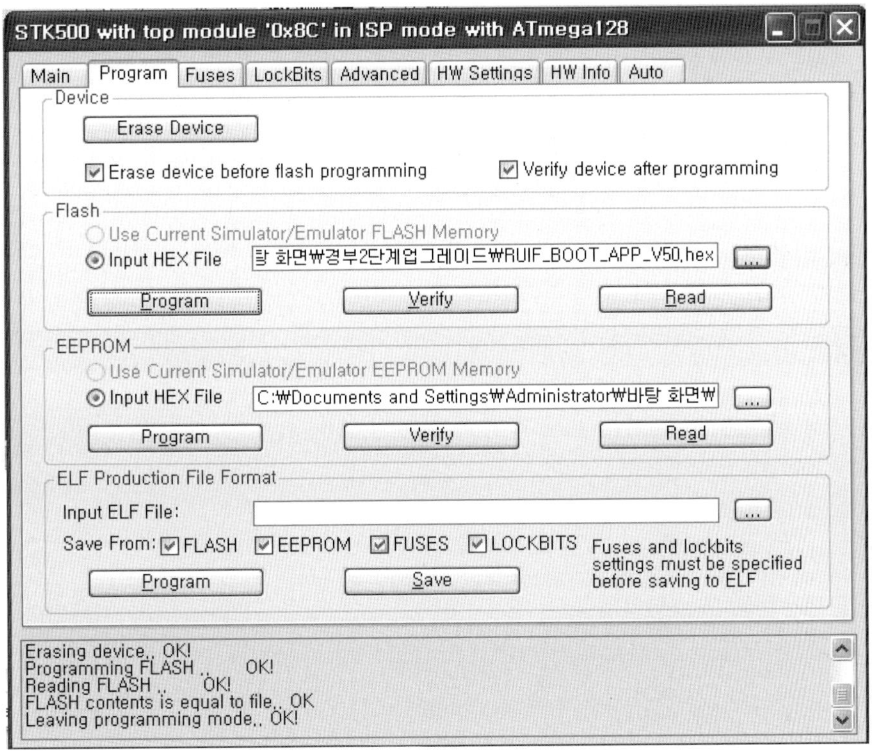

■ Flash

- Program: 위에서 선택한 Input HEX File을 디바이스에 다운로드한다.
- Verify: Input HEX File과 플래시 메모리의 내용이 같은지 검증한다.
- Read: 플래시 메모리의 내용을 읽어서 PC의 하드디스크나 USB 메모리 등에 저장한다.

■ EEPROM

- Program: 위에서 선택한 Input HEX File을 디바이스의 EEPROM 영역에 프로그램한다.
- Verify: Input HEX File과 EEPROM 메모리의 내용이 같은지 검증한다.
- Read: EEPROM 메모리의 내용을 읽어서 PC의 하드디스크나 USB 메모리 등에 저장한다.

■ ELF Production File Format

플래시 메모리, EEPROM, FUSE BITS, LOCKBITS를 모두 하나로 묶거나, 또는 원하는 항목을 묶어서 저장(Save)할 때나, 저장된 ELF 파일을 디바이스에 한꺼번에 다운로드(Program)할 때 사용한다. 보드를 대량 생산할 때 유용하게 사용할 수 있다.

5. AVR Studio4 – Fuses

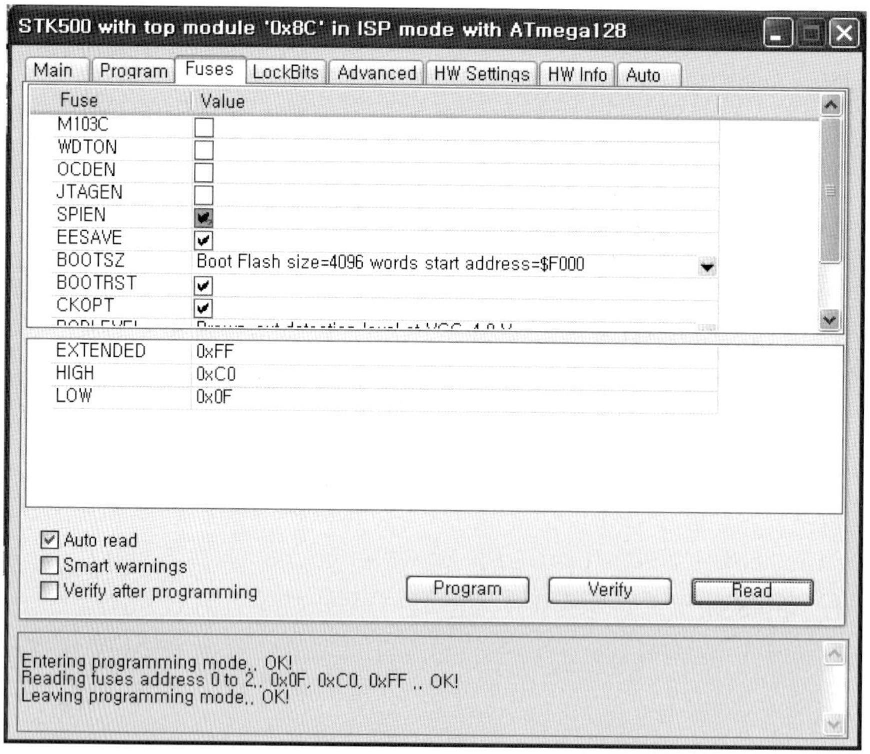

- ATmega103 Compatibility Model[M103C]
  기본적으로 체크되어 있으며 ATmega128로 사용하고자 할 적엔 체크하지 않는다. 이것은 Mega128이 Mega103의 후속 모델로 나왔기 때문이며, Mega162, Mega8515, Mega8535 등은 각각 161,8515, 8535와 호환 모드를 갖는다.

- Watchdog Timer always on [WDTON]
  워치독 타이머를 하드웨어적으로 ON시킨다.

- On-Chip Debug Enabled [OCDEN]
  JTAG을 사용하여 Debug할 때 Enable한다. ISP에서는 체크하지 않는다.

- JTAG Interface Enabled [JTAGEN]
  JTAG을 사용해 Debug나 Writing을 할 때 체크한다. JTAG ICE을 사용하지 않는다면 체크하지 않는다.

- Serial program downloading (SPI) enabled [SPIEN]
  ISP 기능을 사용할 때 체크한다. 기본적으로 체크되어 있으며, 이 비트가 지워질 경우 ISP로 다운로드가 되지 않으므로 주의하여야 한다.

- Preserve EEPROM memory through the Chip Erase cycle [EESAVE]
  Device의 메모리를 Erase할 때 EEPROM을 지우지 않는다. Device를 Erase할 때에 Flash와 EEPROM을 모두 지우므로, EEPROM에 저장되어 있는 데이터를 보존하고 싶을 때 사용한다.

- Boot Flash section size=512 words Boot start address=$FE00 [BOOTSZ]
- Boot Reset vector Enabled (default address=$0000) [BOOTRST]
  Self Programming을 사용할 때 Boot Loader가 들어갈 Flash 메모리의 크기와 리셋 번지를 설정한다. 만약, Self Programming을 사용하지 않는다면 Boot Flash section의 크기는 어느 것이든 상관없으며 Boot Reset vector Enable에는 체크하지 않는다.

- CKOPT fuse(operation dependent of CKSEL fuses) [CKOPT]
  Clock의 Swing 레벨을 Small에서 Full Swing하게 한다. Ext. Crystal/Resonator를 사용할 때 8MHz보다 클 경우 반드시 체크해 주어야 하며, XTAL2로 다른 디바이스에 클럭을 주고자 할 때에도 사용한다.

- Brown-out detection level an VCC=4.0V [BODLEVEL]
- Brown-out detection level an VCC=2.7V [BODLEVEL] default value
- Brown-out detection enabled [BODEN]

  Brown-out detection 기능을 사용할 때 체크한다. Brown-out detection 기능은 VCC가 위에 설정된 레벨 이하로 떨어질 경우 시스템적으로 Reset을 해 주는 기능이다. Brown-out detection enabled를 체크하지 않으면 레벨은 상관이 없다.

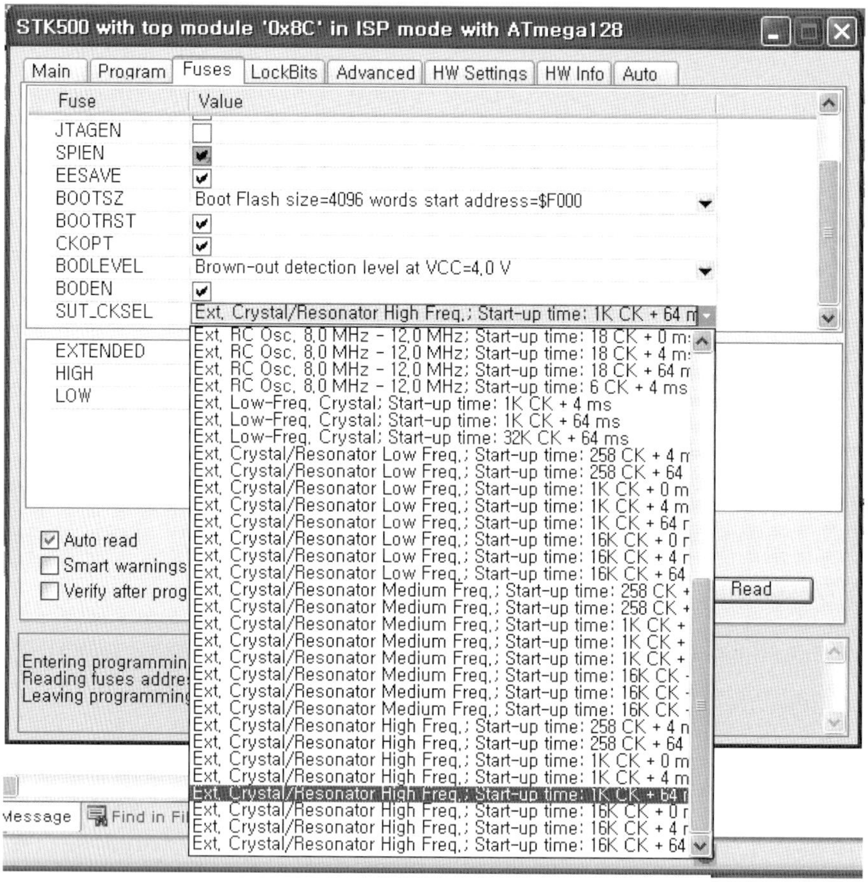

- Ext. Clock; Start-up time: 6 CK + 0 ms [CKSEL, SUT]

  XTAL1 핀으로 외부에서 클럭을 공급 받을 때 사용한다. 오실레이터를 사용할 때 사용한다. 만약 XTAL/Resonator 사용 시 실수로 이 클럭 옵션을 선택하게 되면 발진을 하지 않아 ISP 기능을 사용할 수 없다. 이럴 경우 오실레이터를 연결하거나, 함수발생기

(Function Generator)로 XTAL1에 클럭을 공급해 주면서 ISP로 클럭 옵션을 바꿔 주어야 한다.

- Int. RC Osc. 1MHz; Start-up time: 6 CK + 0 ms [CKSEL=0001 SUT=00]
- Int. RC Osc. 2MHz; Start-up time: 6 CK + 0 ms [CKSEL=0010 SUT=00]
- Int. RC Osc. 4MHz; Start-up time: 6 CK + 0 ms [CKSEL=0011 SUT=00]
- Int. RC Osc. 8MHz; Start-up time: 6 CK + 0 ms [CKSEL=0100 SUT=00]

  내부 RC 발진기를 사용할 때 체크한다. 1~8MHz까지 선택할 수 있으며, 1MHz를 제외한 2, 4, 8 MHz일 경우, 외부 롬라이터(ROM Writer)에서 Calibration Byte를 읽어서 OSCCAL 레지스터에 써 넣어 주어야 한다.

- Ext. RC Osc. – 0.9 MHz Start-up time: 18CK + 0 ms [CKSEL=0101 SUT=00]
- Ext. RC Osc. 0.9 MHz – 3.0MHz Start-up time: 18CK + 0 ms [CKSEL=0110 SUT=00]
- Ext. RC Osc. 3.0 MHz – 8. MHz Start-up time: 18CK + 0 ms [CKSEL=0111 SUT=00]
- Ext. RC Osc. 8.0 MHz – 12.0MHz Start-up time: 18CK + 0 ms [CKSEL=1000 SUT=00]

  외부 RC 발진기를 사용할 때 체크한다.

- Ext. Low-Freq. Crystal; Start-up tie : 1K CK + 4 ms; [CKSEL= 1001 SUT=00]

  32.768KHz의 시계 클럭을 사용할 때 체크한다.

- Ext. RC Osc. – 0.9 MHz; Start-up time: 18CK + 0 ms [CKSEL=0101 SUT=00]
- Ext. RC Osc. 0.9 MHz – 3.0MHz Start-up time: 18CK + 0 ms [CKSEL=0110 SUT=00]
- Ext. RC Osc. 3.0 MHz – 8.0MHz Start-up time: 18CK + 0 ms [CKSEL=0111 SUT=00]
- Ext. RC Osc. 8.0 MHz – 12.0MHz Start-up time: 18CK + 0 ms [CKSEL=1000 SUT=00]

  외부 RC 발진기를 사용할 때 체크한다.

- Ext. Crystal/Resonator Low Freq. Start-up time: 258 CK + 4 ms [CKSEL=1010 SUT=00]
  외부 Crystal이나 Resonator를 사용할 때 사용한다(Clock Freq : 9 ~ 16MHz).

※ Start-up time : xx CK + yy ms는 시스템이 리셋 되었을 경우 다시 온 되기까지의 리셋 지연시간이다. 각 클럭 옵션마다 SUT 값에 따라 각각 다른 리셋 지연시간이 있다. 해당 비트를 체크(√)하면 '0'이므로 이 부분을 주의해야 한다.

6. AVR Studio4 – LockBits

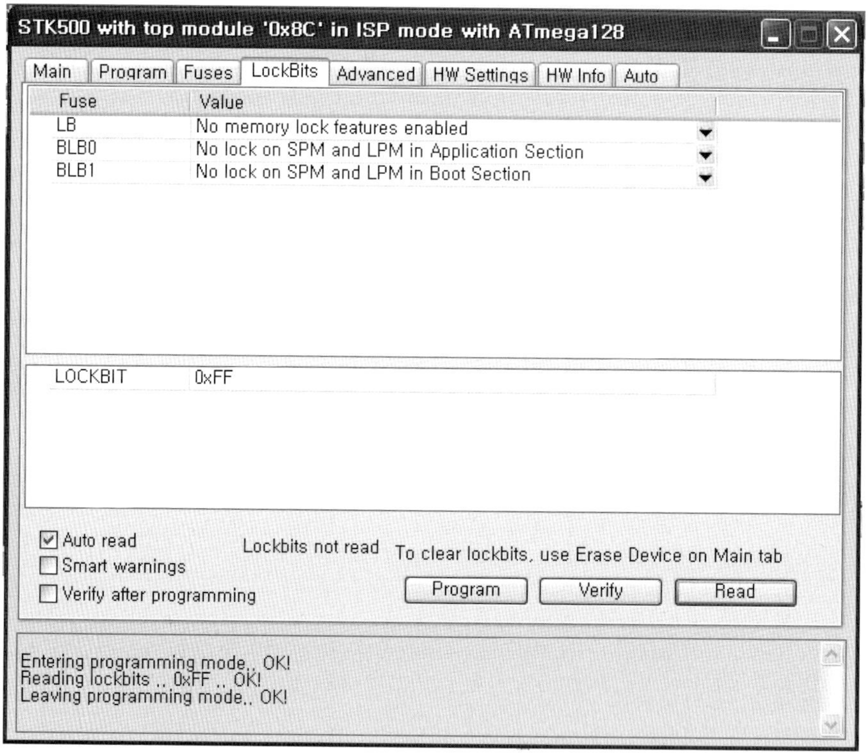

- LB
  - Further programming and verification disabled: 플래시 메모리에 프로그래밍하고 나면 더 이상 다운로드나 비교, 검증할 수 없다.

– Further programming disabled: 플래시 메모리에 프로그래밍하고 나면 더 이상 다운로드할 수 없다. 소스프로그램 코드와 플래시 메모리의 내용을 비교, 검증하는 것은 가능하다.

– No memory lock features enabled: LOCK이 해제된 상태이다. 플래시 메모리의 READ/WRITE가 가능하다.

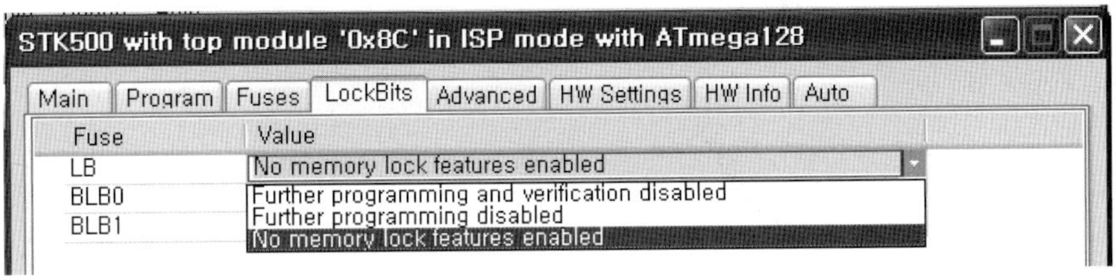

LOCK 비트를 해제하려면 [Main]탭이나 [Program]탭에서 [Device Erase]를 해야 한다. [Device Erase]를 하면 LOCK 비트와 플래시 메모리의 내용이 모두 지워진다.

• BLB0

– LPM and SPM prohibited in Application Section: 플래시 메모리의 응용프로그램 영역에서 SPM(Store Program Memory)이 금지되고 부트프로그램 영역에서 응용프로그램 영역의 LPM(Load Program Memory)이 금지된다.

– LPM prohibited in Application Section: 플래시 메모리의 부트프로그램 영역에서 응용프로그램 영역의 LPM이 금지된다.

– SPM prohibited in Application Section: 플래시 메모리 응용프로그램 영역의 SPM이 금지된다.

– No lock on SPM and LPM in Application Section: 플래시 메모리 응용프로그램 영역의 SPM, LPM이 가능하다. 즉, 플래시 메모리의 응용프로그램 영역에서 SPM, 부트프로그램 영역에서 응용프로그램 영역의 LPM이 가능하다.

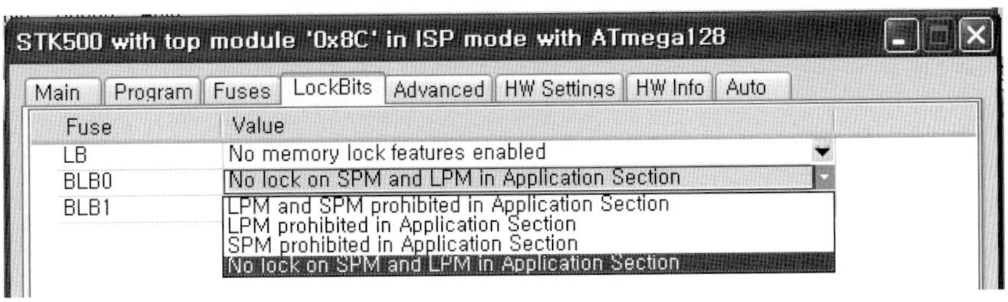

LOCK 비트를 해제하려면 [Main]탭이나 [Program]탭에서 [Device Erase]를 해야 한다. [Device Erase]를 하면 LOCK 비트와 플래시 메모리의 내용이 모두 지워진다.

- BLB1
  - LPM and SPM prohibited in Boot Section: 플래시 메모리의 부트프로그램 영역에서 SPM(Store Program Memory)이 금지되고 응용프로그램 영역에서 부트프로그램 영역의 LPM(Load Program Memory)이 금지된다.
  - LPM prohibited in Boot Section: 플래시 메모리의 응용프로그램 영역에서 부트프로그램 영역의 LPM이 금지된다.
  - SPM prohibited in Boot Section: 플래시 메모리 부트프로그램 영역의 SPM이 금지된다.
  - No lock on SPM and LPM in Boot Section: 플래시 메모리 부트프로그램 영역의 SPM, LPM이 가능하다. 즉, 플래시 메모리의 부트프로그램 영역에서 SPM, 응용프로그램 영역에서 부트프로그램 영역의 LPM이 가능하다.

LOCK 비트를 해제하려면 [Main]탭이나 [Program]탭에서 [Device Erase]를 해야 한다. [Device Erase]를 하면 LOCK 비트와 플래시 메모리의 내용이 모두 지워진다.

CHAPTER 04

입출력 포트를 사용한 LED 제어

contents

04 입출력 포트를 사용한 LED 제어

4-1 실습 목표

1. 마이크로프로세서의 기본적인 기능인 입출력 포트의 제어에 대해 배운다.
2. 입출력 포트의 종류와 포트 제어에 관련된 레지스터의 설정 방법에 대해 알아본다.
3. LED 제어 회로 구성에 대해 알아본다.
4. 가장 간단한 프로그램 설계 방법에 대해 배운다.
5. 프로그램을 코딩, 컴파일하여 생성된 HEX 코드를 키트에 다운로드하여 동작 상태를 확인한다.
6. LED 제어 프로그램을 변경해 가면서 원하는 대로 동작하는지 키트에 다운로드하여 동작 상태를 확인한다.
7. BCD-to-7SEGMENT 변환 IC인 74LS47과 7-세그먼트 LED에 대해 배운다.

4-2 이론

1. 입출력 포트 기능

ATmega128은 7개의 범용 입출력 포트를 가지고 있다. PORTA ~ PORTF는 8비트(Px7~Px0), PORTG는 5비트(PG4~PG0)로 구성되어 있다. 각 비트들은 입력 포트 또는 출력 포트로 자유로이 설정하여 사용할 수 있고 입력 포트로 사용할 경우에는 내부의 풀업 저항 사용/미사용을 설정할 수 있다. 또한 출력 포트로 사용할 때는 핀에서 직접 LED를 켤 수 있을 만큼 충분한 전류를 흐르게 할 수 있다.

모든 입출력 핀들은 그림 4-1과 같이 과전압 입력 방지를 위해 Vcc와 GND 사이에 포트 보호용 다이오드가 달려 있다.

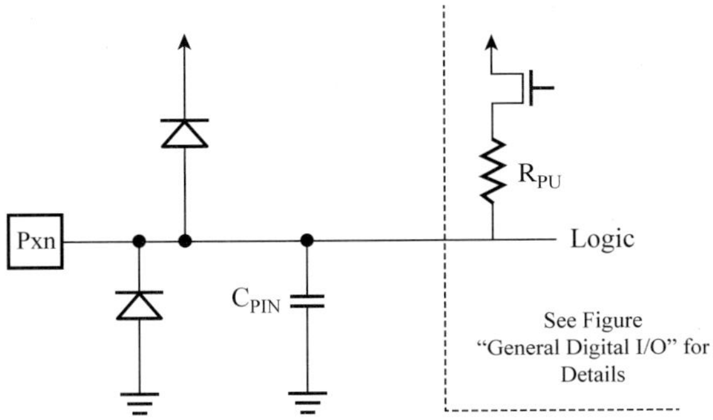

그림 4-1 입출력 핀 등가회로

범용 입출력 포트와 관계된 레지스터는 데이터 레지스터(PORTx), 데이터 방향설정 레지스터(DDRx), 포트 입력상태 레지스터(PINx)의 3종류가 있다. 그림 4-2는 일반적인 입출력 포트의 내부 구조이다.

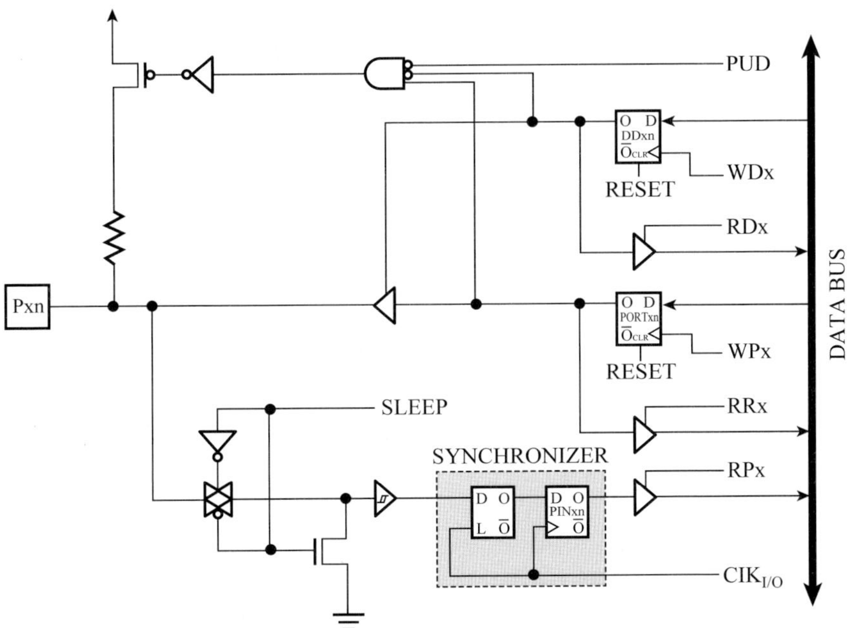

PUD:	PULLUP DISABLE	WDx:	WRITE DDRx
SLEEP:	SLEEP CONTROL	RDx:	READ DDRx
$clk_{I/O}$:	I/O CLOCK	WPx:	WRITE PORTx
		RRx:	READ PORTx REGISTER
		RPx:	READ PORTx PIN

그림 4-2 일반적인 디지털 입출력

모든 포트는 풀업 저항을 연결할 수 있고 특수기능입출력 레지스터(SFIOR)의 PUD 비트를 1로 설정하면 모든 포트의 풀업 저항을 '미사용'으로 설정할 수 있다. 표 4-1에 포트 입출력 기능 설정 및 PUD 설정의 관계를 나타내었다.

표 4-1 포트 입출력 설정 및 PUD 설정 관계

DDxn	PORTxn	PUD (SFIOR 레지스터)	입출력	풀업 상태	비고
0	0	x	입력	–	3상태(Hi-Z)
0	1	0	입력	풀업	내부 풀업 저항 연결
0	1	1	입력	–	3상태(Hi-Z)
1	0	x	출력	–	0 출력(Sink)
1	1	x	출력	–	1 출력(Source)

특수기능 입출력 레지스터: SFIOR(Special Function I/O Register)

입출력 포트 핀의 내부 풀업 저항의 사용/미사용을 설정하기 위해 SFIOR 레지스터의 PUD 비트를 사용한다.

Bit	7	6	5	4	3	2	1	0	
	TSM	-	-	-	ACME	PUD	PSR0	PSR321	SFIOR
Read/Write	R/W	R	R	R	R/W	R/W	R/W	R/W	
Initial Value	0	0	0	0	0	0	0	0	

● 비트2 PUD: Pull-Up Disable

초기값은 0으로 풀업 저항을 사용한다. PUD=1로 하면 내부에 있는 모든 입출력 포트의 풀업 저항을 사용하지 않는다.

PUD=0으로 되어 있더라도 각 입력 포트의 풀업 저항을 사용하기 위해서는 PORTx 레지스터의 PORTxn 비트를 1로 설정해야 한다. 포트를 출력으로 사용하면 풀업 저항과 무관하게 된다.

방향설정 레지스터: DDR(Data Direction Register)

입출력 포트를 입력으로 사용할지, 출력으로 사용할지 설정하는 레지스터이다. DDRx 레지스터의 비트를 1로 설정하면 출력 포트로, 0으로 설정하면 입력 포트로 동작한다.

Bit	7	6	5	4	3	2	1	0	
	DDA7	DDA6	DDA5	DDA4	DDA3	DDA2	DDA1	DDA0	DDRA
Read/Write	R/W	R/W	R/W	R/W	R/W	R/W	R/W	R/W	
Initial Value	0	0	0	0	0	0	0	0	

포트 레지스터: PORTxn(Port Register)

입출력 포트에 데이터를 출력하기 위해 사용한다. PORTx 레지스터에 데이터를 출력하기 위해서는 DDRx 레지스터의 해당 비트를 출력으로 설정해야 한다. PORTx 레지스터는 읽기, 쓰기가 가능하다. 한 가지 유의할 점은 PORTx 레지스터의 내용은 현재 포트의 상태가 아니라 PORTx 레지스터에 쓴 데이터가 저장되어 있다는 점이다. 현재 포트의 상태를 알기 위해서는 PINx 레지스터를 읽어야 한다.

Bit	7	6	5	4	3	2	1	0	
	PORTA7	PORTA6	PORTA5	PORTA4	PORTA3	PORTA2	PORTA1	PORTA0	PORTA
Read/Write	R/W	R/W	R/W	R/W	R/W	R/W	R/W	R/W	
Initial Value	0	0	0	0	0	0	0	0	

포트 입력 핀 레지스터: PINx(Port x Input Pin Register)

PIN 레지스터는 입력 포트의 상태를 읽기 위해 사용한다. PIN 레지스터는 입력 포트 읽기 전용이므로 DDRx 레지스터의 해당 비트를 입력으로 설정해야 한다.

Bit	7	6	5	4	3	2	1	0	
	PINA7	PINA6	PINA5	PINA4	PINA3	PINA2	PINA1	PINA0	PINA
Read/Write	R	R	R	R	R	R	R	R	
Initial Value	N/A	N/A	N/A	N/A	N/A	N/A	N/A	N/A	

2. LED 온/오프 제어

PN 접합 소자가 순방향 바이어스되면 전자는 N형 물질로부터 PN 접합을 넘어 P형 물질의 정공과 재결합한다. 재결합되는 전자들은 빛과 열 형태로 에너지를 방출한다. 방출되는 빛의 파장을 정하기 위해 도핑 과정에서 여러 불순물을 첨가한다. LED에서 방출되는 파장은 빛의 색을 결정하고 가시광인지 또는 적외선인지를 결정한다.

LED 양단의 순방향전압은 실리콘다이오드의 경우보다 훨씬 큰 1.2V~3V 정도이다. 그러므로 LED를 온/오프하는 회로를 구성할 때는 반드시 수백Ω에서 수KΩ의 값을 가진 저항과 직렬로 연결하여 전원에 연결하여야 한다. LED는 순방향으로 충분한 전류가 흐를 때 빛을 방출한다. 순방향전류가 클수록 밝은 빛을 방출한다. LED에 대한 역항복전압은 실리콘다이오드의 경우보다 훨씬 적은 3V~16V 정도의 값을 가진다.

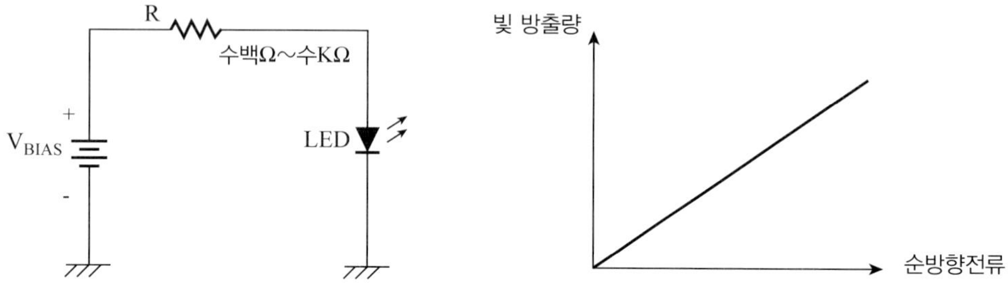

(a) 순방향 바이어스 동작

(b) 순방향전류에 따른 빛 방출량

그림 4-3 LED의 기본 동작

4-3 설계 규격

(1) 사용포트: PB7~PB0(LED8~LED1), PD7~PD0(LED16~LED9)

(2) LED 동작

1. LED8~LED5, LED16~LED13: 1초 간격으로 0~7 카운터 표시
2. LED4~LED1, LED12~LED9: 1초 간격으로 링카운터 동작

(3) 1초 시간지연(Time Delay)은 명령어 수행시간을 계산하여 맞춘다.

(4) 인터럽트는 사용하지 않는다.

(5) 키트에서 사용하는 마이크로프로세서의 클럭주파수는 14.7456MHz이다.

4-4 회로도

– 실험번호 선택: 4

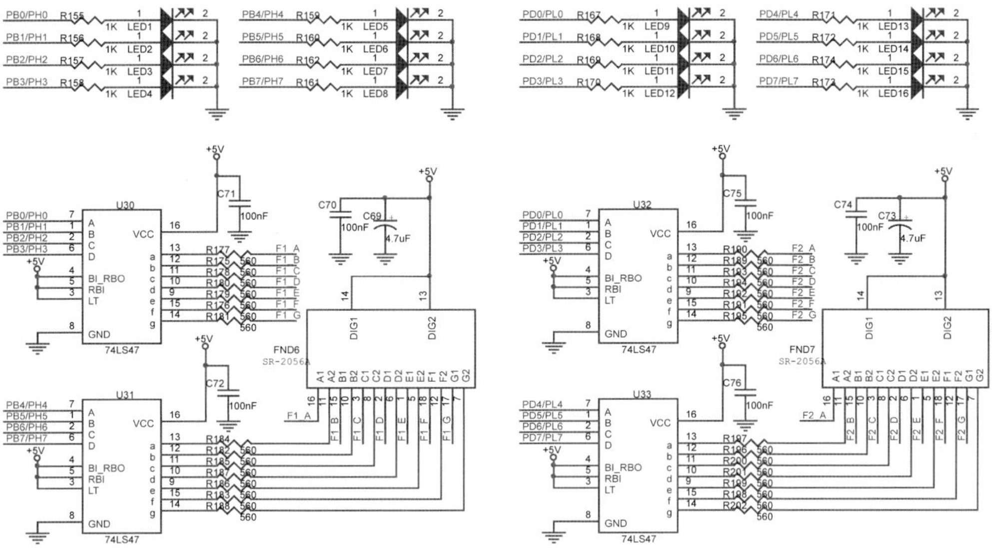

4-5 핀 할당

프로세서명	핀 이름	핀 번호	I/O	기능
ATmega128 / AT90CAN128	PB0	10	O	LED ON/OFF 제어
	PB1	11	O	LED ON/OFF 제어
	PB2	12	O	LED ON/OFF 제어
	PB3	13	O	LED ON/OFF 제어
	PB4	14	O	LED ON/OFF 제어
	PB5	15	O	LED ON/OFF 제어
	PB6	16	O	LED ON/OFF 제어
	PB7	17	O	LED ON/OFF 제어
	PD0	25	O	LED ON/OFF 제어
	PD1	26	O	LED ON/OFF 제어
	PD2	27	O	LED ON/OFF 제어
	PD3	28	O	LED ON/OFF 제어
	PD4	29	O	LED ON/OFF 제어
	PD5	30	O	LED ON/OFF 제어
	PD6	31	O	LED ON/OFF 제어
	PD7	32	O	LED ON/OFF 제어

프로세서명	핀 이름	핀 번호	I/O	기능
ATmega2560	PH0	12	O	LED ON/OFF 제어
	PH1	13	O	LED ON/OFF 제어
	PH2	14	O	LED ON/OFF 제어
	PH3	15	O	LED ON/OFF 제어
	PH4	16	O	LED ON/OFF 제어
	PH5	17	O	LED ON/OFF 제어
	PH6	18	O	LED ON/OFF 제어
	PH7	27	O	LED ON/OFF 제어
	PL0	25	O	LED ON/OFF 제어
	PL1	26	O	LED ON/OFF 제어
	PL2	27	O	LED ON/OFF 제어
	PL3	28	O	LED ON/OFF 제어
	PL4	29	O	LED ON/OFF 제어
	PL5	30	O	LED ON/OFF 제어
	PL6	31	O	LED ON/OFF 제어
	PL7	32	O	LED ON/OFF 제어

4-6 소스 프로그램

define.h

```
#define   BYTE          unsigned char
#define   WORD          unsigned int
#define   LONG          unsigned long
#define   L_LONG        unsigned long long

#define   SBYTE         signed char
#define   SWORD         signed int
#define   SLONG         signed long
#define   SL_LONG       signed long long

////////////////////////////////////////////////////////////////////////////////

#define   BIT0          0x01        //00000001
```

```
#define  BIT1       0x02      //00000010
#define  BIT2       0x04      //00000100
#define  BIT3       0x08      //00001000
#define  BIT4       0x10      //00010000
#define  BIT5       0x20      //00100000
#define  BIT6       0x40      //01000000
#define  BIT7       0x80      //10000000

////////////////////////////////////////////////////////////////////////////////
```

main.c

```
////////////////////////////////////////////////////////////////////////////////
// Project Name     : MTK-AT8
// Function         : CHAPTER4 : LED ON/OFF control
// File Name        : main.c
// Version / Date : 1.0 / 2016.9.5
////////////////////////////////////////////////////////////////////////////////
#include <avr/io.h>
#include <avr/interrupt.h>
#include <avr/pgmspace.h>
#include "define.h"

/*=======================================================*/
/*   VARIABLE DEFINE
/*=======================================================*/

BYTE ring_johnson_counter;

/*=======================================================*/
/*   FUNCTION DEFINE
/*=======================================================*/

void InitPort(void);
void Delay_us(WORD time_us);
void Delay_ms(unsigned int time_ms);

void rj_operation0(void);
void rj_operation1(void);
```

```
void rj_operation2(void);
void rj_operation3(void);
void rj_operation4(void);
void rj_operation5(void);
void rj_operation6(void);
void rj_operation7(void);

////////////////////////////////////////////////////////////////////////////////
//    LED operation
////////////////////////////////////////////////////////////////////////////////
//
// PB7~PB4 : LED on/off by ring_counter
// PB3~PB0 : counter display (0~7)
// PD7~PD4 : LED on/off by johnson_counter
// PD3~PD0 : counter display (0~7)
//
////////////////////////////////////////////////////////////////////////////////

int main(void)
{
  SPH = 0x10;
  SPL = 0xff;   // Stack Poniter Setting.

  InitPort();

  while(1)
  {
     ring_johnson_counter++;
     ring_johnson_counter &= 0x07; //count 0 ~ 7

     switch(ring_johnson_counter)
     {
       case  0:     rj_operation0(); break;
       case  1:     rj_operation1(); break;
       case  2:     rj_operation2(); break;
       case  3:     rj_operation3(); break;
       case  4:     rj_operation4(); break;
       case  5:     rj_operation5(); break;
       case  6:     rj_operation6(); break;
```

```
        case  7:     rj_operation7(); break;
        default :    break;
      }
      Delay_ms(1000);        //delay for 1sec
   }
}

void rj_operation0(void)
{
  PORTB = (PORTB&0xF0)|ring_johnson_counter;     //ring counter display (0)
  PORTB = (PORTB&0x0F)|BIT7;                     //LED on/off by ring_counter (1000)

  PORTD = (PORTD&0xF0)|ring_johnson_counter;     //johnson counter display (0)
  PORTD = (PORTD&0x0F)|BIT7;                     //LED on/off by johnson_counter (1000)
}

void rj_operation1(void)
{
  PORTB = (PORTB&0xF0)|ring_johnson_counter;     //ring counter display (1)
  PORTB = (PORTB&0x0F)|BIT6;                     //LED on/off by ring_counter (0100)

  PORTD = (PORTD&0xF0)|ring_johnson_counter;     //johnson counter display (1)
  PORTD = (PORTD&0x0F)|(BIT7|BIT6);              //LED on/off by johnson_counter (1100)
}

void rj_operation2(void)
{
  PORTB = (PORTB&0xF0)|ring_johnson_counter;     //ring counter display (2)
  PORTB = (PORTB&0x0F)|BIT5;                     //LED on/off by ring_counter (0010)

  PORTD = (PORTD&0xF0)|ring_johnson_counter;     //johnson counter display (2)
  PORTD = (PORTD&0x0F)|(BIT7|BIT6|BIT5);         //LED on/off by johnson_counter (1110)
}

void rj_operation3(void)
{
  PORTB = (PORTB&0xF0)|ring_johnson_counter;     //ring counter display (3)
  PORTB = (PORTB&0x0F)|BIT4;                     //LED on/off by ring_counter (0001)
```

```
    PORTD = (PORTD&0xF0)|ring_johnson_counter;      //johnson counter display (3)
    PORTD = (PORTD&0x0F)|(BIT7|BIT6|BIT5|BIT4);//LED on/off by johnson_counter (1111)
}

void rj_operation4(void)
{
    PORTB = (PORTB&0xF0)|ring_johnson_counter;      //ring counter display (4)
    PORTB = (PORTB&0x0F)|BIT7;                      //LED on/off by ring_counter (1000)

    PORTD = (PORTD&0xF0)|ring_johnson_counter;      //johnson counter display (4)
    PORTD = (PORTD&0x0F)|(BIT6|BIT5|BIT4);          //LED on/off by johnson_counter (0111)
}

void rj_operation5(void)
{
    PORTB = (PORTB&0xF0)|ring_johnson_counter;      //ring counter display (5)
    PORTB = (PORTB&0x0F)|BIT6;                      //LED on/off by ring_counter (0100)

    PORTD = (PORTD&0xF0)|ring_johnson_counter;      //johnson counter display (5)
    PORTD = (PORTD&0x0F)|(BIT5|BIT4);               //LED on/off by johnson_counter (0011)
}

void rj_operation6(void)
{
    PORTB = (PORTB&0xF0)|ring_johnson_counter;      //ring counter display (6)
    PORTB = (PORTB&0x0F)|BIT5;                      //LED on/off by ring_counter (0010)

    PORTD = (PORTD&0xF0)|ring_johnson_counter;      //johnson counter display (6)
    PORTD = (PORTD&0x0F)|BIT4;                      //LED on/off by johnson_counter (0001)
}

void rj_operation7(void)
{
    PORTB = (PORTB&0xF0)|ring_johnson_counter;      //ring counter display (7)
    PORTB = (PORTB&0x0F)|BIT4;                      //LED on/off by ring_counter (0001)

    PORTD = (PORTD&0xF0)|ring_johnson_counter;      //johnson counter display (7)
    PORTD = (PORTD&0x0F);                           //LED on/off by johnson_counter (0000)
}
```

```
/*=======================================================*/
/*   FUNCTIONS
/*=======================================================*/

void InitPort(void)
{
  PORTA= 0x00;
  DDRA= 0xFF;        //16x2 LCD data

  PORTB= 0x00;
  DDRB= 0xFF;        //LED 1~8

  PORTC= 0xFF;
  DDRC= 0x00;

  PORTD=0x00;
  DDRD= 0xFF;        //LED 9~16

  PORTE= 0xFF;
  DDRE = 0x00;

  PORTF = 0xC0;
  DDRF = 0xF8;       //16x2 LCD control : PF5=E, PF4=RW, PF3=RS

  PORTG = 0xFF;      //Pull Up
  DDRG = 0x00;       //input mode
}

/////////////////////////////////////////////////////////////////////////////////

void Delay_us(WORD time_us) //measured by oscilloscope
{
  WORD i;

  for(i=0; i<time_us; i++)  //4Cycle +
  {
     asm("PUSH R0");  //2Cycle +
      asm("NOP");     //1Cycle +
```

```
        asm("NOP");     //1Cycle +
        asm("NOP");     //1Cycle +
        asm("NOP");     //1Cycle +
        asm("NOP");     //1Cycle +
        asm("POP R0");  //2Cycle = 13Cycle = 1us for 14.7456MHz
    }
}

//////////////////////////////////////////////////////////////////////////////

void Delay_ms(unsigned int time_ms) //Time Delay for ms
{
  register unsigned int i;

  for( i=0; i<time_ms; i++)
  {
     Delay_us(250);
     Delay_us(250);
     Delay_us(250);
     Delay_us(250);
  }
}

//////////////////////////////////////////////////////////////////////////////
```

| 실습결과 검토 및 연습문제 |

1 0x80~0x01 대신에 BIT7~BIT0으로 정의(define)하여 프로그램하는 이유는 무엇인가?

2 LED 양단의 전압강하는 몇 볼트 정도인가?

3 프로그램을 설계할 때 프로그램의 시작점에서 가장 먼저 MCU의 각 포트를 초기화하는 이유는 무엇인가?

4 1초 간격으로 동작하는 LED를 0.1초/0.25초/0.5초 등으로 바꿔가면서 동작시켜 보시오.

5 링카운터로 동작하는 LED를 존슨카운터로 동작하도록 바꿔 보시오.

6 컨트롤러 보드를 설계할 때 하드웨어 설계자는 보드에 전원이 인가되어 MCU가 동작하고 있는지를 확인할 수 있는 LED를 준비하는 습관을 가져야 한다. 그 뿐만 아니라 장비간 통신상태 등,보드의 핵심적인 동작은 눈으로 확인할 수 있도록 LED를 추가하여 설계하는 것이 중요하다.

7 포트A를 모두 출력으로 설정한 후 0x29(0b00101001)를 포트 핀에 출력하려고 한다. 아래의 프로그램에서 빈칸을 채우시오.

```
DDRA = ______________________________ // 포트A의 비트7~0을 출력으로 설정한다.
PORTA=______________________________ // 비트5,3,0을 1로, 나머지 비트를 0으로 출력한다.
```

8 포트B의 비트7~4를 출력으로, 비트3~0을 입력으로 설정한 후 비트7~4에 1을 출력하고 비트 3~0에는 풀업 저항을 연결하려고 한다. 아래의 프로그램에서 빈칸을 채우시오.

```
DDRB = ______________________________
PORTB=______________________________
```

9 포트C의 비트7~0을 입력으로 설정한 후 풀업 저항을 연결하고 포트C로부터 데이터를 읽어 내려고 한다. 아래의 프로그램에서 빈칸을 채우시오.

```
unsigned char  portc_value;
DDRC = ______________________________ // 포트C의 비트7~0을 입력으로 설정한다.
PORTC = _____________________________ // 비트7~0에 풀업 저항을 연결한다.
portc_value=_________________________ // 포트C의 값을 읽어서 변수에 저장한다.
```

10 ATmega128에 64K 바이트의 외부 데이터 메모리(SRAM)를 연결하려고 한다. 아래의 프로그램에서 빈칸을 채우시오. (단, 상위 섹터(0x1100-0xFFFF)만 사용한다.)

```
MCUCR = ______________________________
XMCRA = ______________________________
XMCRB = ______________________________
DDRC = _______________________________
PORTC = ______________________________
```

11 포트D의 PD0에 저항(560Ω)을 통하여 LED의 애노드(Anode)가 연결되고 캐소드(Cathode)는 접지(GND)에 연결되어 있다. LED를 0.1초 간격으로 점멸하는 프로그램을 작성하시오.

CHAPTER 05
4자리 FND 표시

contents

05 4자리 FND 표시

5-1 실습 목표

1. FND(Flat Numeric Display) 종류와 표시 방법에 대해 배운다.
2. 공통 애너드 FND, 공통 캐소드 FND 설계 방법에 대해 알아본다.
3. 4자리 FND 표시를 위한 타이머 사용 방법에 대해 배운다.
4. 프로그램을 코딩, 컴파일하여 생성된 HEX 코드를 키트에 다운로드하여 동작 상태를 확인한다.

5-2 이론

1. 7-세그먼트 LED 동작

7-세그먼트 LED 표시기는 8개의 LED로 구성되어 있으며 7개는 숫자 표시를 위해, 나머지 1개는 도트(DOT)를 표시하기 위해 사용된다. 7-세그먼트 LED 표시기는 공통 캐소드형(Common Cathode Type)과 공통 애노드형(Common Anode Type)의 2가지 종류가 있다.

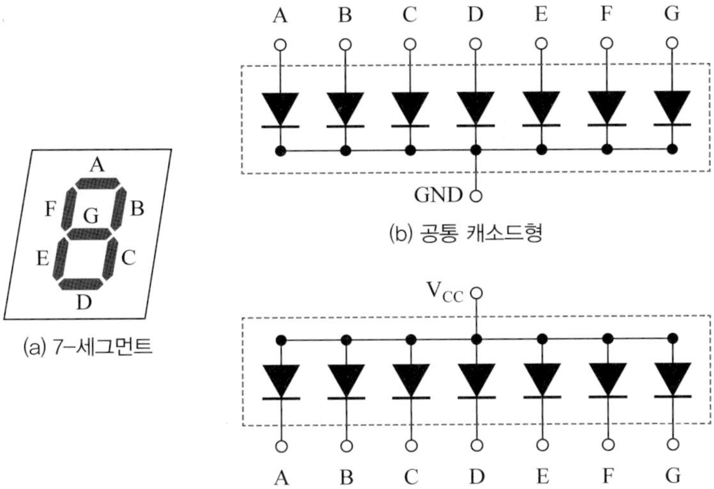

(a) 7-세그먼트

(b) 공통 캐소드형

(c) 공통 애노드형

그림 5-1 LED의 기본 동작

그림 5-1의 (a)는 7-세그먼트의 외형을, (b)와 (c)는 공통 캐소드형(Common Cathode Type), 공통 애노드형(Common Anode Type)의 2가지 종류를 나타낸 것이다. (b)는 7개 다이오드의 캐소드가 공통으로 연결되어 있다. 이 세그먼트는 공통 캐소드를 접지에 연결하고 각각의 애노드에 저항을 통해 논리 1(HIGH)을 공급하면 해당 세그먼트가 켜진다. (c)는 7개 다이오드의 애노드가 공통으로 연결되어 있다. 이 세그먼트는 공통 애노드를 전원(+5V)에 연결하고 각각의 캐소드에 저항을 통해 논리 0(LOW)을 공급하면 해당 세그먼트가 켜진다.

BCD 코드를 7-세그먼트 코드로 변환하는 디코더(Decoder)는 LED 표시기의 종류에 맞게 선정하여 사용하여야 한다. 공통 애노드형은 7447 디코더를, 공통 캐소드형은 7448 디코더를 연결하여 사용한다.

2. 74LS47 동작

74LS47은 BCD 코드를 입력받아서 7-세그먼트 코드로 변환한 후 그 코드의 보수를 출력한다. 세그먼트의 각 출력은 최대 24mA의 전류가 흐른다. 출력신호가 보수로 출력되기 때문에 출력단에 공통 애노드형(Common Anode Type) 7-세그먼트 LED를 연결하여 원하는 숫자를 표시한다. 이 7-세그먼트의 공통 애노드 단자에 전원(+5V)을 연결하고 각각의 캐소드에 저항을 통해 연결하면 해당되는 세그먼트가 켜진다.

표 5-1 74LS47 진리표

Truth Table														
Decimal or Function	Inputs							Outputs						
	$\overline{\text{LT}}$	$\overline{\text{RBI}}$	A3	A2	A1	A0	$\overline{\text{BI}}/\overline{\text{RBO}}$	$\overline{a}$	$\overline{b}$	$\overline{c}$	$\overline{d}$	$\overline{e}$	$\overline{f}$	$\overline{g}$
0	H	H	L	L	L	L	H	L	L	L	L	L	L	H
1	H	X	L	L	L	H	H	H	L	L	H	H	H	H
2	H	X	L	L	H	L	H	L	L	H	L	L	H	L
3	H	X	L	L	H	H	H	L	L	L	L	H	H	L
4	H	X	L	H	L	L	H	H	L	L	H	H	L	L
5	H	X	L	H	L	H	H	L	H	L	L	H	L	L
6	H	X	L	H	H	L	H	H	H	L	L	L	L	L
7	H	X	L	H	H	H	H	L	L	L	H	H	H	H
8	H	X	H	L	L	L	H	L	L	L	L	L	L	L
9	H	X	H	L	L	H	H	L	L	L	H	H	L	L
10	H	X	H	L	H	L	H	H	H	H	L	L	H	L
11	H	X	H	L	H	H	H	H	H	L	L	H	H	L
12	H	X	H	H	L	L	H	H	L	H	H	H	L	L
13	H	X	H	H	L	H	H	L	H	H	L	H	L	L
14	H	X	H	H	H	L	H	H	H	H	L	L	L	L
15	H	X	H	H	H	H	H	H	H	H	H	H	H	H
$\overline{\text{BI}}$	X	X	X	X	X	X	L	H	H	H	H	H	H	H
$\overline{\text{RBI}}$	H	L	L	L	L	L	L	H	H	H	H	H	H	H
$\overline{\text{LT}}$	L	X	X	X	X	X	H	L	L	L	L	L	L	L

3. 하나의 7-세그먼트로 여러 디지트를 동시에 표시하는 방법

FND의 디지트 1개를 켜기 위해서는 도트(DOT)를 포함해서 8개의 제어핀이 필요하다. 4디지트를 켜기 위해서는 32개의 제어핀이 필요한데, 4디지트의 7-세그먼트를 켜기 위해 32개 입출력 포트를 할당한다는 것은 제한된 제어핀 수를 감안하면 대단히 비효율적이다. 그래서 핀 수를 줄이는 방법의 한 가지로, 각 디지트의 공통 애노드에 전원을(또는 공통 캐소드에 접지를) 순차적으로 연결하면서 8개의 제어핀을 4디지트에 공용으로 사용하는 방법을 많이 사용한다. 이렇게 설계하면 4개의 디지트 전원(또는 접지) 온/오프 핀과 8개의 제어핀을 합하여 12핀으로 4자리 표시가 가능하다. 전원이나 접지를 온/오프할 때 통상 10msec 이내로 반복하면 각 디지트의 깜박거림을 사람이 거의 느끼지 못한다.

그림 5-2는 공통 애노드형의 FND에 표시하는 디지트의 위치를 지정하는 핀 COM1~COM4의 출력 파형을 나타낸 것이다. 예를 들어 숫자 1357을 표시하려면 COM1~COM4에 아래와 같은 파형을 출력하고 디지트1=1, 디지트2=3, 디지트3=5, 디지트4=7을 번갈아 가면서 제어핀에 출력한다. 숫자를 반복하여 출력하는 시간이 10msec 보다 커지면 커질수록 숫자의 깜박거림을 사람이 점점 쉽게 느끼게 된다.

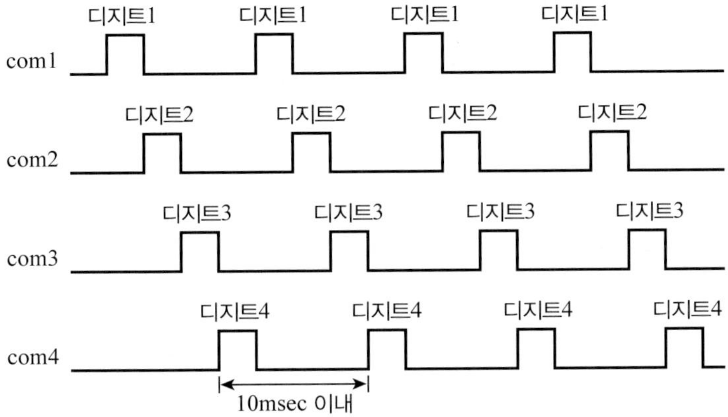

그림 5-2 FND 공통 단자 제어 파형

5-3 설계 규격

(1) 7-세그먼트 FND1, FND2 제어포트

1. PB0~PB3: FND1의 COM1~COM4
2. PA0~PA7: FND1의 7-세그먼트 데이터(a~g)
3. PB4~PB7: FND2의 COM1~COM4
4. PC0~PC7: FND2의 7-세그먼트 데이터(a~g)

(2) 타이머인터럽트는 타이머1을 사용하여 매 2msec마다 인터럽트가 걸리도록 조정한다.

(3) FND1, FND2의 디지트는 2msec마다 번갈아가며 표시한다.
(한 디지트는 매 8msec마다 표시한다.)

(4) FND1의 초기값은 '1234', FND2의 초기값은 '5678'로 하고 매 1초마다 1씩 증가시키면서 표시한다.

(5) 키트에서 사용하는 마이크로프로세서의 클럭주파수는 14.7456MHz이다.

5-4 회로도

– 실험번호 선택: 5

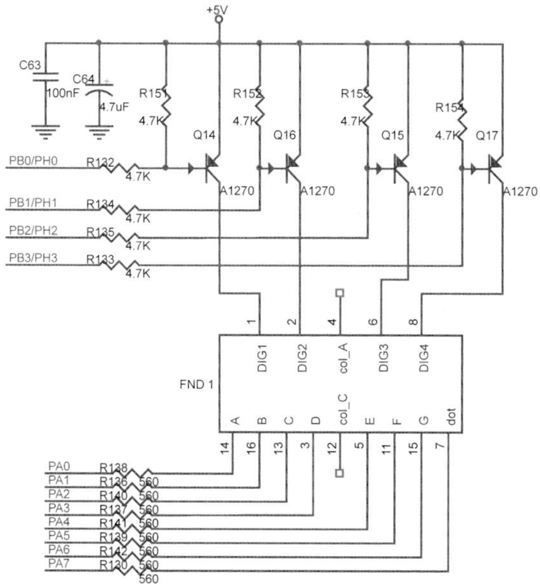

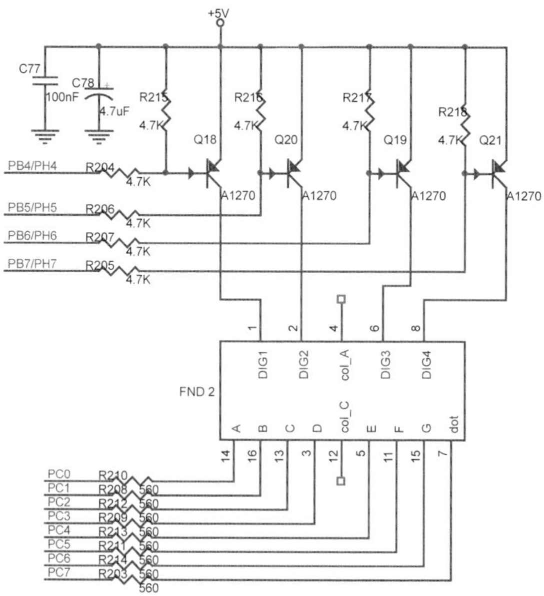

5-5 핀 할당

프로세서명	핀 이름	핀 번호	I/O	기능
ATmega128 / AT90CAN128	PB0	10	O	FND1 DIGIT1 COM
	PB1	11	O	FND1 DIGIT2 COM
	PB2	12	O	FND1 DIGIT3 COM
	PB3	13	O	FND1 DIGIT4 COM
	PA0	51	O	FND1 7-SEG A
	PA1	50	O	FND1 7-SEG B
	PA2	49	O	FND1 7-SEG C
	PA3	48	O	FND1 7-SEG D
	PA4	47	O	FND1 7-SEG E
	PA5	46	O	FND1 7-SEG F
	PA6	45	O	FND1 7-SEG G
	PA7	44	O	FND1 7-SEG dot
	PB4	14	O	FND2 DIGIT1 COM
	PB5	15	O	FND2 DIGIT2 COM
	PB6	16	O	FND2 DIGIT3 COM
	PB7	17	O	FND2 DIGIT4 COM
	PC0	35	O	FND2 7-SEG A
	PC1	36	O	FND2 7-SEG B
	PC2	37	O	FND2 7-SEG C
	PC3	38	O	FND2 7-SEG D
	PC4	39	O	FND2 7-SEG E
	PC5	40	O	FND2 7-SEG F
	PC6	41	O	FND2 7-SEG G
	PC7	42	O	FND2 7-SEG dot

프로세서명	핀 이름	핀 번호	I/O	기능
ATmega2560	PH0	12	O	FND1 DIGIT1 COM
	PH1	13	O	FND1 DIGIT2 COM
	PH2	14	O	FND1 DIGIT3 COM
	PH3	15	O	FND1 DIGIT4 COM
	PA0	78	O	FND1 7-SEG A
	PA1	77	O	FND1 7-SEG B
	PA2	76	O	FND1 7-SEG C
	PA3	75	O	FND1 7-SEG D
	PA4	74	O	FND1 7-SEG E
	PA5	73	O	FND1 7-SEG F
	PA6	72	O	FND1 7-SEG G
	PA7	71	O	FND1 7-SEG dot
	PH4	16	O	FND2 DIGIT1 COM
	PH5	17	O	FND2 DIGIT2 COM
	PH6	18	O	FND2 DIGIT3 COM
	PH7	27	O	FND2 DIGIT4 COM
	PC0	53	O	FND2 7-SEG A
	PC1	54	O	FND2 7-SEG B
	PC2	55	O	FND2 7-SEG C
	PC3	56	O	FND2 7-SEG D
	PC4	57	O	FND2 7-SEG E
	PC5	58	O	FND2 7-SEG F
	PC6	59	O	FND2 7-SEG G
	PC7	60	O	FND2 7-SEG dot

5-6 소스 프로그램

define.h

```
#define   BYTE          unsigned char
#define   WORD          unsigned int
#define   LONG          unsigned long
#define   L_LONG        unsigned long long

#define   SBYTE         signed char
#define   SWORD         signed int
#define   SLONG         signed long
#define   SL_LONG       signed long long

////////////////////////////////////////////////////////////////////////////////

#define  BIT0           0x01        //00000001
#define  BIT1           0x02        //00000010
#define  BIT2           0x04        //00000100
#define  BIT3           0x08        //00001000
#define  BIT4           0x10        //00010000
#define  BIT5           0x20        //00100000
#define  BIT6           0x40        //01000000
#define  BIT7           0x80        //10000000

////////////////////////////////////////////////////////////////////////////////

#define   SEG71_COM1    BIT0        //
#define   SEG71_COM2    BIT1        //
#define   SEG71_COM3    BIT2        //
#define   SEG71_COM4    BIT3        //

#define   SEG72_COM1    BIT4        //
#define   SEG72_COM2    BIT5        //
#define   SEG72_COM3    BIT6        //
#define   SEG72_COM4    BIT7        //

////////////////////////////////////////////////////////////////////////////////
```

main.c

```
//////////////////////////////////////////////////////////////////////////////
// Project Name     : MTK-AT8
// Function         : 4-digit FND Display
// File Name    : main.c
// Version / Date : 1.0 / 2016.5.2
//////////////////////////////////////////////////////////////////////////////

#include <avr/io.h>
#include <avr/interrupt.h>
#include <avr/pgmspace.h>
#include "define.h"

/*=====================================================*/
/*    VARIABLE DEFINE
/*=====================================================*/

BYTE FND_DpyFlag;
BYTE ring_johnson_counter;
BYTE fnd1_dpy_order,fnd2_dpy_order;
BYTE fnd1_digit3,fnd1_digit2,fnd1_digit1,fnd1_digit0;
BYTE fnd2_digit3,fnd2_digit2,fnd2_digit1,fnd2_digit0;

WORD fnd1_data,fnd2_data;

WORD timer_2ms_base;
BYTE timer_1sec_flag;

/*=====================================================*/
/*    FUNCTION DEFINE
/*=====================================================*/

void InitPort(void);
void InitTimer1(void);

void FND1_Display(void);
void fnd1_display_digit3(void);
void fnd1_display_digit2(void);
```

```
void fnd1_display_digit1(void);
void fnd1_display_digit0(void);

void FND2_Display(void);
void fnd2_display_digit3(void);
void fnd2_display_digit2(void);
void fnd2_display_digit1(void);
void fnd2_display_digit0(void);

///////////////////////////////////////////////////////////////////////////////

const BYTE seg7_font[] PROGMEM =
          {0xC0,0xF9,0xA4,0xB0,0x99,
           0x92,0x82,0xF8,0x80,0x90,
           0x88,0x83,0xA7,0xA1,0x86,
           0xFF};

///////////////////////////////////////////////////////////////////////////////

int main(void)
{
  SPH = 0x10;
  SPL = 0xff;             // Stack Poniter Setting.

  InitPort();
  InitTimer1();

  fnd1_data = 1234;
  fnd2_data = 5678;

  sei();                  //Interrupt Enabled (I bit of SREG is set)

  while(1)
  {
     if(FND_DpyFlag)      //job EXE every 2 msec
     {
       FND1_Display();
       FND2_Display();
```

```
        FND_DpyFlag = 0;
      }

      if(timer_1sec_flag)   //job EXE every 1sec
      {
        fnd1_data++;
        fnd2_data++;

        timer_1sec_flag = 0;
      }
  }
}

/*=====================================================*/
/*   FUNCTIONS
/*=====================================================*/

void InitPort(void)
{
   PORTA= 0xFF;
   DDRA= 0xFF;        //FND1 7-segment data

   PORTB= 0xFF;
   DDRB= 0xFF;        //FND1,2 COM1~COM4

   PORTC= 0xFF;
   DDRC= 0xFF;        //FND2 7-segment data

   PORTD=0xFF;
   DDRD= 0xFF;

   PORTE= 0xFF;
   DDRE = 0x00;

   PORTF = 0xC0;
   DDRF = 0xF8; //16x2 LCD control : PF5=E, PF4=RW, PF3=RS

   PORTG = 0xFF;      //Pull Up
   DDRG = 0x00;       //input mode
```

```
}

////////////////////////////////////////////////////////////////////////////////
//    INIT Timer1 Interrupt
////////////////////////////////////////////////////////////////////////////////

void InitTimer1(void)
{
   TCNT1 = (65536-29);     //2msec

   TCCR1B = 0x05;          // Trigger => Fclock/1024
   TIMSK = 0x04;           // Timer1 Interrupt Enable Mask Register
}

////////////////////////////////////////////////////////////////////////////////
//    FND1 DISPLAY
////////////////////////////////////////////////////////////////////////////////

void FND1_Display(void)
{
  fnd1_dpy_order++;
  fnd1_dpy_order &= 0x03;

  PORTB |= 0x0F;           //COM1~4 : HIGH

  switch(fnd1_dpy_order)
  {
     case 0 : fnd1_display_digit3();       break;
     case 1 : fnd1_display_digit2();       break;
     case 2 : fnd1_display_digit1();       break;
     case 3 : fnd1_display_digit0();       break;
      default :     break;
  }
}

void fnd1_display_digit3(void)
{
     fnd1_digit3 = fnd1_data/1000;
```

```
        PORTA = pgm_read_byte(&seg7_font[fnd1_digit3]);  //display 1000's digit
        PORTB &= ~SEG71_COM1;
}

void fnd1_display_digit2(void)
{
        fnd1_digit2 = (fnd1_data%1000)/100;

        PORTA = pgm_read_byte(&seg7_font[fnd1_digit2]);  //display 100's digit
        PORTB &= ~SEG71_COM2;
}

void fnd1_display_digit1(void)
{
        fnd1_digit1 = (fnd1_data%100)/10;

        PORTA = pgm_read_byte(&seg7_font[fnd1_digit1]);  //display 10's digit
        PORTB &= ~SEG71_COM3;
}

void fnd1_display_digit0(void)
{
        fnd1_digit0 = (fnd1_data%10);

        PORTA = pgm_read_byte(&seg7_font[fnd1_digit0]);  //display 1's digit
        PORTB &= ~SEG71_COM4;
}

/////////////////////////////////////////////////////////////////////////////////

void FND2_Display(void)
{
   fnd2_dpy_order++;
   fnd2_dpy_order &= 0x03;

   PORTB |= 0xF0;              //COM1~4 : HIGH

   switch(fnd2_dpy_order)
   {
```

```
        case 0 : fnd2_display_digit3();         break;
        case 1 : fnd2_display_digit2();         break;
        case 2 : fnd2_display_digit1();         break;
        case 3 : fnd2_display_digit0();         break;
        default :     break;
    }
}

void fnd2_display_digit3(void)
{
    fnd2_digit3 = fnd2_data/1000;

    PORTC = pgm_read_byte(&seg7_font[fnd2_digit3]);  //display 1000's digit
    PORTB &= ~SEG72_COM1;
}

void fnd2_display_digit2(void)
{
    fnd2_digit2 = (fnd2_data%1000)/100;

    PORTC = pgm_read_byte(&seg7_font[fnd2_digit2]);  //display 100's digit
    PORTB &= ~SEG72_COM2;
}

void fnd2_display_digit1(void)
{
    fnd2_digit1 = (fnd2_data%100)/10;

    PORTC = pgm_read_byte(&seg7_font[fnd2_digit1]);  //display 10's digit
    PORTB &= ~SEG72_COM3;
}

void fnd2_display_digit0(void)
{
    fnd2_digit0 = (fnd2_data%10);

    PORTC = pgm_read_byte(&seg7_font[fnd2_digit0]);  //display 1's digit
    PORTB &= ~SEG72_COM4;
}
```

```
////////////////////////////////////////////////////////////////////////////////
//    TIMER1 INTERRUPT SERVICE ROUTINE
////////////////////////////////////////////////////////////////////////////////

ISR(TIMER1_OVF_vect)
{
    TCNT1 = (65536-29);                //2msec base

    FND_DpyFlag = 1;

    timer_2ms_base++;
    if(timer_2ms_base>500)             //2msec x 500 = 1sec
    {
        timer_2ms_base = 0;
        timer_1sec_flag = 1;
    }
}

////////////////////////////////////////////////////////////////////////////////
```

| 실습결과 검토 및 연습문제 |

1 공통 캐소드형(Common Cathode Type)과 공통 애노드형(Common Anode Type)의 7-세그먼트 LED에 대해 설명하시오.

2 7-세그먼트에 COM 핀을 두는 이유는 무엇인가?

3 프로그램 규격에서 2msec 주기로 번갈아 가면서 켜던 것을 5msec, 10msec, 15msec로 늘려 가면 어떤 문제가 생기는지 생각해 보시오.

4 여러 디지트를 가진 7-세그먼트 LED를 켜기 위해서는 주기적인 타이머가 반드시 필요하다. 주기적으로 7-세그먼트 LED를 켜면서 메인루틴에서도 필요한 일(main task)을 수행해야 하기 때문에 7-세그먼트 동작은 타이머인터럽트 루틴에서 수행하는 것이 좋다. 물론, 타이머 인터럽트에서 이벤트 플래그를 발생하고, 그 플래그에 의해 메인루틴에서 수행할 수도 있지만, 그렇게 되면 메인루틴에서 시간지연(Time Delay)과 같은 함수를 수행할 때 7-세그먼트 LED가 순간적으로 꺼지는 일 이 발생한다. 주기적인 일의 수행은 타이머인터럽트에서 수행해야 한다는 것을 꼭 기억하자.

5 타이머1의 인터럽트 주기를 1msec로 줄여서 실행하여 보자. 인터럽트 주기를 줄이면 줄일수록 어떤 위험요소가 있을까?

6 다음의 회로에서 아래의 조건을 만족하는 '스톱워치 프로그램'을 작성하시오.

- X1: 시작 버튼, X2: 정지 버튼, X3: 계속 버튼, X4:초기화 버튼
- 각 '버튼 누름'을 체크할 때는 2msec마다 체크하여 10회 이상 눌러져 있으면 버튼을 누른 것으로 간주한다.
- FND 회로에 2msec 간격으로 숫자를 출력한다.
- FND 숫자는 초단위로 증가하도록 표시한다.
- 타이머/카운터0을 사용하고 2msec마다 인터럽트가 발생하게 한다.
- FND는 공통 애노드(Common Anode) 형이다.

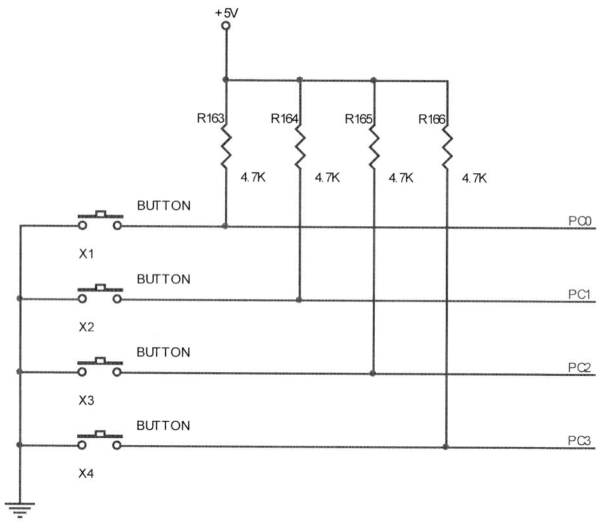
+5V
R163
R164
R165
R166
4.7K
4.7K
4.7K
4.7K
BUTTON
X1
BUTTON
X2
BUTTON
X3
BUTTON
X4
PC0
PC1
PC2
PC3

CHAPTER 06

2열-16캐릭터 LCD 모듈 제어

contents

06 2열-16캐릭터 LCD 모듈 제어

6-1 실습 목표

1. 캐릭터 LCD 모듈의 종류와 구조를 이해한다.
2. 캐릭터 LCD의 기능을 파악하고 초기화 방법, 명령어 이해, 제어 방법을 익힌다.
3. 캐릭터 LCD 제어를 위한 관련 레지스터 설정 방법을 익힌다.
4. 프로그램을 코딩, 컴파일하여 생성된 HEX 코드를 키트에 다운로드하여 동작 상태를 확인한다.

6-2 이론

1. LCD(Liquid Crystal Display) 모듈

LCD는 액정의 투과도 변화를 이용해 정보를 표시하는 디스플레이 소자이다. 이 장에서는 흔히 쓰이고 있는 16x2(2열 16캐릭터) 캐릭터 LCD 모듈을 제어해서 여러 가지 정보를 표시하는 방법을 배운다. 키트에 장착된 LCD 모듈에는 컨트롤러, S6A0069(KS066U)가 내장되어 있는데, 사용자는 이 컨트롤러의 제어 방법을 숙지하여야 한다. LCD 모듈의 블록도는 그림 6-1과 같다.

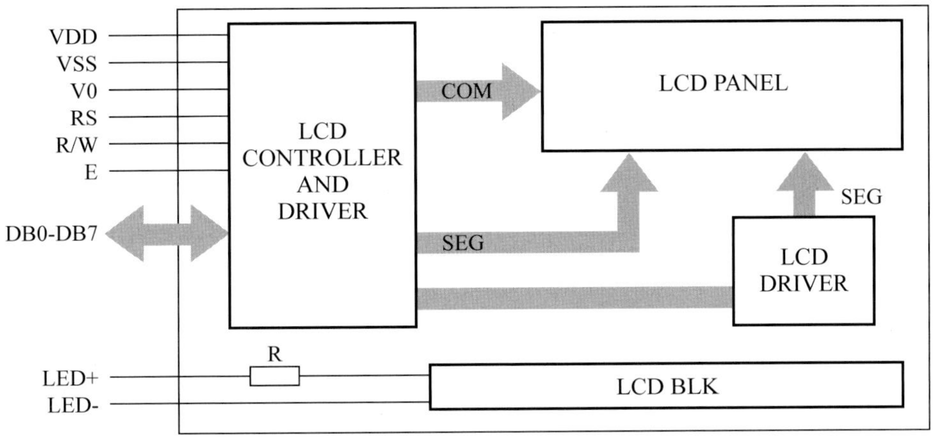

그림 6-1 LCD 모듈 블록도

2. LCD 모듈 제어

LCD 모듈의 제어는 표 6-1과 같이 RS, RW, E, DB7~DB0의 11핀을 통해서 이루어진다. 이 장의 실험에서는 백라이트 제어(핀15, 16)는 제외하기로 한다.

표 6-1 LCD 모듈 핀 인터페이스

Pin no.	Symbol	External connection	Function
1	V_{SS}	Power supply	Signal ground for LCM
2	V_{DD}		Power supply for logic for LCM
3	V_0		Contrast adjust
4	RS	MPU	Register select signal
5	R/W	MPU	Read/write select signal
6	E	MPU	Operation(data read/write) enable signal
7~10	DB0~DB3	MPU	Four low order bi-directional three-state data bus lines. Used for data transfer vetween the MPU and the LCM. These four are not used during 4-bit operation.
11~14	DB4~DB7	MPU	Four high order bi-directional three-state data bus lines. Used for data transfer between the MPU
15	LED+	LED BKL power supply	Power supply for BKL
16	LED−		Power supply for BKL

LCD 모듈을 제어하여 정보를 표시하기 위해서는 각 제어핀을 동작타이밍에 맞게 읽기/쓰기를 실행해야 한다. 쓰기모드와 읽기모드의 동작 타이밍도를 그림 6-2, 그림 6-3에 나타내었다.

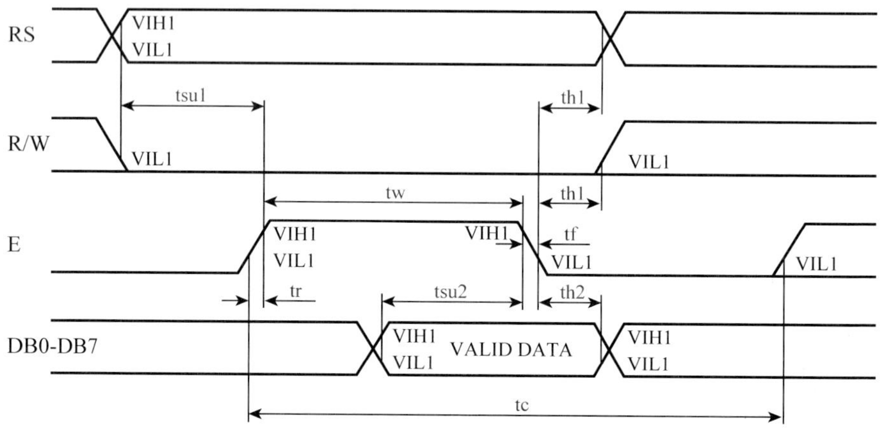

그림 6-2 쓰기모드 타이밍도

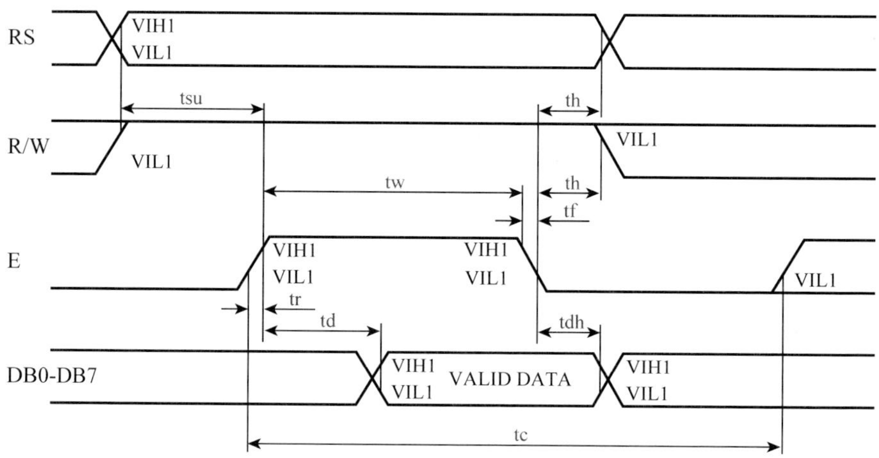

그림 6-3 읽기모드 타이밍도

LCD 모듈을 제어하기 위해 알아야 할 사항들, 즉 컨트롤러의 내부 RAM, 내부 ROM, 명령어, 기본적인 캐릭터 패턴 등은 별도로 첨부된 데이터시트를 참조하기 바란다.

3. 제어 명령어

표 6-2는 LCD 모듈을 제어하기 위한 명령어들이다. 이 명령어들은 DB7~DB0, RS, R/W로 구성되고, 커맨드를 내보낼 때는 RS=0, CGRAM이나 DDRAM의 데이터를 읽기/쓰기 할 때는 RS=1이다. R/W는 데이터를 읽을 때 1, 커맨드나 데이터를 쓸 때 0이다.

CGRAM(Chractor Generator RAM) 사용자가 캐릭터 패턴을 만들어서 저장할 수 있는 공간으로 64개의 8비트 RAM 영역이다. 5x7 도트를 사용할 때는 최대 8개의 캐릭터 패턴을 저장할 수 있다. CGRAM의 패턴을 DDRAM으로 가져다 쓸 때, CGRAM의 주소는 0x00~0x07이다. 사용하지 않는 CGRAM 영역은 일반 용도의 RAM으로 사용할 수 있다.

CGRAM 영역은 사용자가 별로 사용하지 않는 영역이다. 굳이 사용하고자 한다면, CGRAM 영역에 캐릭터 패턴을 프로그래밍하는 방법은 사용하는 LCD 모듈에 따라 다르므로 LCD 모듈의 데이터시트를 숙지하여 사용하여야 한다.

DDRAM(Display Data RAM) DDRAM은 LCD 모듈 사용자가 표시하고자 하는 캐릭터가 저장되는 공간이다. 본 키트에 장착된 2x16(2열 16캐릭터) 모듈에 표시되는 캐릭터가 저장되는 곳이다.

DDRAM 주소를 설정하는 커맨드의 비트7이 1이므로, 1열의 16개 캐릭터 주소는 0x80~0x8F, 2열의 16개 캐릭터 주소는 0xC0~0xCF이다.

표 6-2 LCD 모듈 제어 명령어

Instruction	Instruction Code										Description	Execution time(fsoc=270kHz)
	RS	R/W	DB7	DB6	DB5	DB4	DB3	DB2	DB1	DB0		
Clear Display	0	0	0	0	0	0	0	0	0	1	Write "20H" to DDRAM and set DDRAM address to "00H" from AC	1.53ms
Return Home	0	0	0	0	0	0	0	0	1	··	Set DDRAM address to "00H" from AC and return cursor to its original position if shifted. The contents of DDRAM are not changed.	1.53ms

Entry Mode Set	0	0	0	0	0	0	0	1	I/D	SH	Assign cursor moving direction and enable the shift of entire display	39μs
Display ON/OFF Control	0	0	0	0	0	0	1	D	C	B	Set display(D), cursor(C), and blinking of cursor(B) on/off control bit.	39μs
Cursor or Display Shift	0	0	0	0	0	1	S/C	R/L	· ·	· ·	Set cursor moving and display shift control bit, and the direction, without changing DDRAM data.	39μs
Function Set	0	0	0	0	1	DL	N	F	· ·	· ·	Set interface data length (DL:4-bit/8-bit), numbers of display line(N:1-line/2-line), display font type(F:5×8 dots/ 5×11 dots)	39μs
Set CGRAM Address	0	0	0	1	AC5	AC4	AC3	AC2	AC1	AC0	Set CGRAM address in address counter.	39μs
Set DDRAM Address	0	0	1	AC6	AC5	AC4	AC3	AC2	AC1	AC0	Set DDRAM address in address counter.	39μs
Read Busy Flag and Address	0	1	BF	AC6	AC5	AC4	AC3	AC2	AC1	AC0	Whether during internal operation or not can be known by reading BF. The contents of address counter can also be read.	0μs
Write Data to RAM	1	0	D7	D6	D5	D4	D3	D2	D1	D0	Write data into internal RAM(DDRAM/CGRAM).	43μs
Read Data from RAM	1	1	D7	D6	D5	D4	D3	D2	D1	D0	Read data from internal RAM(DDRAM/CGRAM).	43μs

4. 초기화

LCD 모듈에 전원을 인가하면 다음과 같이 초기화시켜야 한다. 통상적으로 마이크로프로세서와 LCD 모듈에 동시에 전원이 인가되므로 마이크로프로세서를 초기화할 때 LCD 모듈을 초기화하는 과정을 거치게 된다.

Power on

↓

Wait for more than 30msec After V_{DD} rises to 4.5V

↓

Function Set										
RS	R/W	DB7	DB6	DB5	DB4	DB3	DB2	DB1	DB0	
0	0	0	0	1	1	1	0	×	×	0x38H

↓

Wait for more than 39usec

↓

Display OFF Control										
RS	R/W	DB7	DB6	DB5	DB4	DB3	DB2	DB1	DB0	
0	0	0	0	0	0	1	D=0	C=0	B=0	0x08H

D=0 : Display OFF
C=0 : Cursor OFF
B=0 : Blink OFF

↓

Wait for more than 39usec

↓

Display Clear										
S	R/W	DB7	DB6	DB5	DB4	DB3	DB2	DB1	DB0	
0	0	0	0	0	0	0	0	0	1	0x01H

↓

Wait for more than 1.53msec

↓

Display On Control										
RS	R/W	DB7	DB6	DB5	DB4	DB3	DB2	DB1	DB0	
0	0	0	0	0	0	1	D=0	C=0	B=0	0x0CH

D=0 : Display OFF
C=0 : Cursor OFF
B=0 : Blink OFF

↓

Wait for more than 39usec

↓

Entry Mode SetSet										
RS	R/W	DB7	DB6	DB5	DB4	DB3	DB2	DB1	DB0	
0	0	0	0	0	0	0	1	I/D=1	SH=0	0x06H

I/D=1 : +1(Increment Mode)
SH=0 : No Display Shift operation

↓

End of Initialization

그림 6-4 초기화 순서도

5. DDRAM의 주소 쓰기

DDRAM의 주소를 설정하는 명령어는 아래와 같다. 각 열에 16캐릭터까지 설정할 수 있으므로, 1열의 주소는 0x80~0x8F, 2열의 주소는 0xC0~0xCF이다.

Set DD RAM Address									
RS	R/W	DB7	DB6	DB5	DB4	DB3	DB2	DB1	DB0
0	0	1	AC6	AC5	AC4	AC3	AC2	AC1	AC0

그림 6-5 DD RAM 주소 설정

6. CGRAM/DDRAM에 데이터 쓰기

DDRAM에 데이터를 쓰는 명령어는 아래와 같다. DDRAM의 주소는 이전 명령어에 의해 설정되어 있고, 데이터를 쓰고 나면 〈Entry Mode〉의 설정에 의해 주소가 1만큼 증가하거나 감소한다. 실제로 프로그램할 때는 주소가 어느 번지를 가리키고 있는지 명확하게 알고 있지 못하므로 데이터를 쓸 주소를 매번 먼저 설정하고 난 다음 데이터를 쓰는 것이 실수를 줄일 수 있는 방법이다.

Write Data CG or DD RAM									
RS	R/W	DB7	DB6	DB5	DB4	DB3	DB2	DB1	DB0
1	0	D7	D6	D5	D4	D3	D2	D1	D0

그림 6-6 DDRAM에 데이터 쓰기

7. CGROM 캐릭터코드

내부의 CGROM에 저장된 캐릭터 코드는 표 6-3과 같다. 가로의 상위 4비트, 세로의 하위 4비트 조합으로 8비트의 주소를 가리킨다. 표에서 보는 바와 같이 특수문자, 숫자, 알파벳 대소문자의 ASCII 코드와 일본어의 가타가나 문자들이 저장되어 있다.

CGROM(Chractor Generator ROM) 8비트의 캐릭터 코드에 의해 5x7도트 캐릭터 패턴을 만들어 낸다. 5x7도트를 사용하면 192개(0x20~0x7F, 0xA0~0xFF)의 캐릭터 패턴을 만들어낼 수 있다.

표 6-3 LCD 모듈 내부의 CGROM 캐릭터코드

Upper 4 Bits / Lower 4 Bits	0000	0001	0010	0011	0100	0101	0110	0111	1000	1001	1010	1011	1100	1101	1110	1111
xxxx0000	CG RAM (1)			0	@	P	`	p				ー	タ	ミ	α	p
xxxx0001	(2)		!	1	A	Q	a	q			。	ア	チ	ム	ä	q
xxxx0010	(3)		"	2	B	R	b	r			「	イ	ツ	メ	β	θ
xxxx0011	(4)		#	3	C	S	c	s			」	ウ	テ	モ	ε	∞
xxxx0100	(5)		$	4	D	T	d	t			、	エ	ト	ヤ	μ	Ω
xxxx0101	(6)		%	5	E	U	e	u			・	オ	ナ	ユ	σ	ü
xxxx0110	(7)		&	6	F	V	f	v			ヲ	カ	ニ	ヨ	ρ	Σ
xxxx0111	(8)		'	7	G	W	g	w			ァ	キ	ヌ	ラ	g	π
xxxx1000	(1)		(	8	H	X	h	x			ィ	ク	ネ	リ	√	x̄
xxxx1001	(2)		)	9	I	Y	i	y			ゥ	ケ	ノ	ル	⁻¹	y
xxxx1010	(3)		*	:	J	Z	j	z			ェ	コ	ハ	レ	j	千
xxxx1011	(4)		+	;	K	[	k	{			ォ	サ	ヒ	ロ	×	万
xxxx1100	(5)		,	<	L	¥	l	|			ャ	シ	フ	ワ	¢	円
xxxx1101	(6)		-	=	M	]	m	}			ュ	ス	ヘ	ン	£	÷
xxxx1110	(7)		.	>	N	^	n	→			ョ	セ	ホ	゛	ñ	
xxxx1111	(8)		/	?	O	_	o	←			ッ	ソ	マ	゜	ö	█

6-3 설계 규격

(1) 제어포트

RS : PF3, R/W : PF4, E : PF5, DB7~DB0 : PA7~PA0

(2) 타이머인터럽트는 타이머0을 사용하여 매 10msec마다 인터럽트가 걸리도록 조정한다.

(3) 1초마다 증가하는 카운터를 만들고 그 값을 LCD 모듈의 두 번째 줄에 표시한다.

(4) 키트에서 사용하는 마이크로프로세서의 클럭주파수는 14.7456MHz이다.

6-4 회로도

– 실험번호 선택: 6

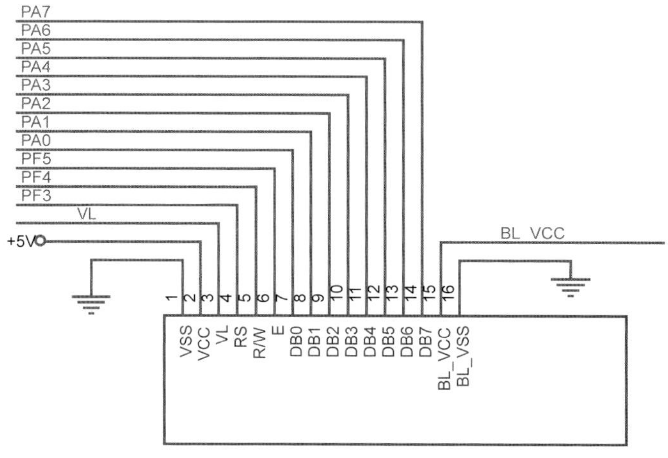

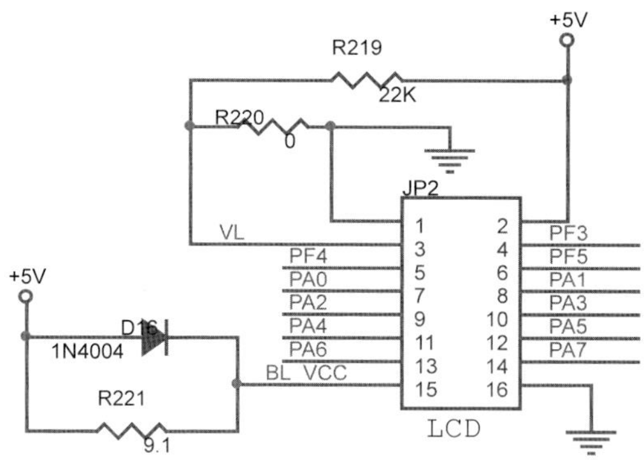

6-5 핀 할당

프로세서명	핀 이름	핀 번호	I/O	기능
ATmega128 / AT90CAN128	PF3	58	O	RS
	PF4	57	O	R/W
	PF5	56	O	E
	PA0	51	O	DB0
	PA1	50	O	DB1
	PA2	49	O	DB2
	PA3	48	O	DB3
	PA4	47	O	DB4
	PA5	46	O	DB5
	PA6	45	O	DB6
	PA7	44	O	DB7

프로세서명	핀 이름	핀 번호	I/O	기능
ATmega2560	PF3	94	O	RS
	PF4	93	O	R/W
	PF5	92	O	E
	PA0	78	O	DB0
	PA1	77	O	DB1
	PA2	76	O	DB2
	PA3	75	O	DB3
	PA4	74	O	DB4
	PA5	73	O	DB5
	PA6	72	O	DB6
	PA7	71	O	DB7

6-6 소스 프로그램

define.h

```
#define  BYTE       unsigned char
#define  WORD       unsigned int
#define  LONG       unsigned long
#define  L_LONG     unsigned long long

#define  SBYTE      signed char
#define  SWORD      signed int
#define  SLONG      signed long
#define  SL_LONG    signed long long

///////////////////////////////////////////////////////////////////////////
/* Bit Flag */
#define  BIT0       0x01     //00000001
#define  BIT1       0x02     //00000010
#define  BIT2       0x04     //00000100
#define  BIT3       0x08     //00001000
#define  BIT4       0x10     //00010000
#define  BIT5       0x20     //00100000
#define  BIT6       0x40     //01000000
#define  BIT7       0x80     //10000000

///////////////////////////////////////////////////////////////////////////

#define  LCD_RS      BIT3     //
#define  LCD_RW      BIT4     //
#define  LCD_EN      BIT5     //

#define  LCD_DATA  PORTA      //

#define  LINE1_HEAD  0x80     //Line1 start address
#define  LINE2_HEAD  0xC0     //Line2 start address

///////////////////////////////////////////////////////////////////////////
```

main.c

```
/////////////////////////////////////////////////////////////////////////
// Project Name      : MTK-AT8
// Function          : 16x2 Charactor LCD Display
// File Name     : main.c
// Version / Date : 1.0 / 2016.5.2
/////////////////////////////////////////////////////////////////////////

#include <avr/io.h>
#include <avr/interrupt.h>
#include <avr/pgmspace.h>
#include "define.h"

/*=====================================================*/
/*    VARIABLE DEFINE
/*=====================================================*/

WORD Timer1Cnt;
BYTE Timer1Flag;

BYTE lcd_test_count;

/*=====================================================*/
/*    FUNCTION DEFINE
/*=====================================================*/

void InitPort(void);
void InitTimer0(void);

void Delay(unsigned long delay);
void Delay_us(WORD time_us);
void Delay_ms(unsigned int time_ms);

void InitLCD(void);
void WriteLcdCmd(BYTE cmd);
void WriteLcdData(BYTE loc, BYTE data);

void Init_Display(void);
```

```
void sputsLcdLine1(unsigned char *str);
void sputsLcdLine2(unsigned char *str);

////////////////////////////////////////////////////////////////////////////////

const BYTE hexdigit[] PROGMEM = "0123456789ABCDEF";

////////////////////////////////////////////////////////////////////////////////

int main(void)
{
  SPH = 0x10;
  SPL = 0xff;          // Stack Poniter Setting.

  InitPort();
  InitTimer0();        //Init Timer0, Init Register

  Delay_ms(100);       //Wait for more than 30msec
  InitLCD();

  sei();               //Interrupt Enabled (I bit of SREG is set)

  Init_Display();
  lcd_test_count = 0;

  while(1)
  {
     if(Timer1Flag)         //job EXE every 1 sec
     {
       lcd_test_count++;
       if(lcd_test_count>=100)  lcd_test_count=0;     //count 00~99

       WriteLcdData(0xCD,pgm_read_byte(&hexdigit[lcd_test_count/10]));
       WriteLcdData(0xCE,pgm_read_byte(&hexdigit[lcd_test_count%10]));

       Timer1Flag = 0;
     }
  }
}
```

```
///////////////////////////////////////////////////////////////////////////////
//    TIMER0 INTERRUPT SERVICE ROUTINE
///////////////////////////////////////////////////////////////////////////////

ISR(TIMER0_OVF_vect)
{
  TCNT0 = 112;            //TCNT =184 ->(1024/14.7456MHz)*(256-112)=10msec

  Timer1Cnt++;
  if(Timer1Cnt >= 100)    //10 x 100 = 1 sec
  {
     Timer1Cnt = 0;
     Timer1Flag = 1;

  }
}

/*=====================================================*/
/*   FUNCTIONS
/*=====================================================*/

void InitPort(void)
{
     PORTA= 0x00;
     DDRA= 0xFF;     //LCD data

     PORTB= 0xFF;
     DDRB= 0xFF;     //FND1,2 COM1~COM4

     PORTC= 0xFF;
     DDRC= 0xFF;     //FND2 7-segment data

     PORTD=0x00;
     DDRD= 0xFF;

     PORTE= 0xFF;
     DDRE = 0x00;
```

```
    PORTF = 0xC0;
    DDRF = 0xF8;    //16x2 LCD control : PF5=E, PF4=RW, PF3=RS

    PORTG = 0xFF;   //Pull Up
    DDRG = 0x00;    //input mode
}

////////////////////////////////////////////////////////////////////////////////
//    INIT Timer0 Interrupt
////////////////////////////////////////////////////////////////////////////////

void InitTimer0(void)
{
  TCCR0 = 0x07;      // Trigger => Fclock/1024
  TCNT0 = 0x00;      // clear Timer Counter Register
  TIMSK = 0x01;      // Timer0 Interrupt Enable Mask Register
}

////////////////////////////////////////////////////////////////////////////////

void Delay(unsigned long delay)
{
  while(delay--)    asm("nop");
}

////////////////////////////////////////////////////////////////////////////////

void Delay_us(WORD time_us) //measured by oscilloscope
{
  WORD i;

  for(i=0; i<time_us; i++)  //4Cycle +
  {
     asm("PUSH R0");       //2Cycle +
     asm("NOP");             //1Cycle +
     asm("NOP");             //1Cycle +
     asm("NOP");             //1Cycle +
     asm("NOP");             //1Cycle +
     asm("NOP");             //1Cycle +
```

```
      asm("POP R0");     //2Cycle = 13Cycle = 1us for 14.7456MHz
   }
}

//////////////////////////////////////////////////////////////////////////////

void Delay_ms(unsigned int time_ms) //Time Delay for ms
{
  WORD i;

  for( i=0; i<time_ms; i++)
  {
      Delay_us(250);
      Delay_us(250);
      Delay_us(250);
      Delay_us(250);
  }
}

/*---------------------------------------------------*/
// 16x2 LCD Module Control Routines !!
/*---------------------------------------------------*/

void InitLCD(void)
{
      WriteLcdCmd(0x38);  //CMD 38H
      Delay(100);
      WriteLcdCmd(0x08);  //CMD 08H
      Delay(100);
      WriteLcdCmd(0x01);  //CMD 01H
      Delay(2000);
      WriteLcdCmd(0x0C);  //CMD 0CH
      Delay(100);
      WriteLcdCmd(0x06);  //CMD 06H
}

void WriteLcdCmd(BYTE cmd)
{
      PORTF &= ~LCD_RS;    //RS,RW = 0,0 (WRITE CMD)
```

```
    PORTF &= ~LCD_RW;
    Delay(10);

    PORTF |= LCD_EN;      //E = 1
    Delay(10);

    LCD_DATA = cmd;       //CMD
    Delay(10);

    PORTF &= ~LCD_EN;     //E = 0
    Delay(10);

    PORTF &= 0xC7;        //E,RS,RW = 0,0,0
    Delay(10);
}

void WriteLcdData(BYTE loc, BYTE data)
{
    WriteLcdCmd(loc);     //set location

    PORTF |= LCD_RS;      //RS,RW = 1,0 (WRITE DATA)
    PORTF &= ~LCD_RW;
    Delay(10);

    PORTF |= LCD_EN;      //E = 1
    Delay(10);

    LCD_DATA = data;      //CMD
    Delay(10);

    PORTF &= ~LCD_EN;     //E = 0
    Delay(10);

    PORTF &= 0xC7;        //E,RS,RW = 0,0,0
    Delay(10);
}

/*---------------------------------------------------*/
void Init_Display(void)
```

```
{
    sputsLcdLine1("TEST KIT:MTK-AT8");
    sputsLcdLine2(" test count= .. ");
}

/*--------------------------------------------------*/
void sputsLcdLine1(unsigned char *str)
{
    int i;

    for(i=0; *(str+i)!=0; i++)       WriteLcdData(0x80+i,*(str+i));
}

void sputsLcdLine2(unsigned char *str)
{
    int i;

    for(i=0; *(str+i)!=0; i++)       WriteLcdData(0xC0+i,*(str+i));
}

////////////////////////////////////////////////////////////////////////////////
```

| 실습결과 검토 및 연습문제 |

1 캐릭터 LCD 모듈을 선정할 때는 몇 열(Line)이 필요한가, 각 열에 몇 개의 캐릭터를 쓸 수 있는가를 먼저 생각하여야 한다. 보통 2~3열, 각 열에 16 또는 20 캐릭터의 LCD 모듈은 흔하게 찾을 수 있다. 그 이상의 LCD 모듈이 필요하면 그래픽 LCD 모듈을 선정하여 폰트를 모듈에 저장하고 캐릭터 LCD 모듈처럼 사용하기도 한다. 또한, 캐릭터 LCD 모듈을 선정하면, 내장된 LCD 드라이버가 모듈마다 약간씩 다른 경우가 있으므로 데이터시트에 설명된 초기화 방법, 커맨드 종류 등을 면밀히 살펴보아야 한다.

2 샘플 프로그램에서는 캐릭터를 쓸 때 DDRAM 영역의 주소를 먼저 쓰고 데이터를 쓰는 방식을 택했다. 'ENTRY MODE SET' 커맨드의 I/D 비트를 이용하여 DDRAM 영역의 주소를 자동 증가시켜 데이터를 쓰는 함수를 작성하여 보시오.

3 LCD 모듈의 1열, 2열에 원하는 메시지를 표시하여 보자. 각 열에는 최대 16캐릭터까지 쓸 수 있다.

4 LCD 모듈의 특정 위치에 내가 원하는 값을 주기적으로 표시할 수 있는 프로그램을 설계하여 보시오.

CHAPTER 07
4x4 키스캔(Key Scan)

contents

07 4x4 키스캔(Key Scan)

7-1 실습 목표

1. 매트릭스 구조로 구성된 키 데이터 검출 방법에 대해 배운다.
2. 사용되는 포트와 관련된 레지스터의 설정 방법에 대해 알아본다.
3. 타이머를 사용하여 주기적으로 체크하는 방법과 바운싱(Bouncing)이 무엇인지 알아본다.
4. 메인프로그램과 타이머 인터럽트의 상호 관계에 대해 배운다.
5. 프로그램을 코딩, 컴파일하여 생성된 HEX 코드를 키트에 다운로드하여 동작 상태를 확인한다.

7-2 이론

1. 4x4 키스캔 방법

대부분의 제품들에는 사용자 인터페이스를 위해 많은 키(버튼)들을 두고 있다. 제품에 내장된 컨트롤러는 이 키들의 누름을 감지하여 기능을 수행한다. 컨트롤러가 키의 누름을 감지하기 위해서는 키의 개수만큼 입력 포트가 필요하다. 예를 들어, 16개의 키를 따로따로 감지하기 위해서 16개의 입력 포트가 필요하다. 그러나 컨트롤러는 사용할 수 있는 포트의 수가 제한적이어서 적은 포트로 많은 키들을 감지할 수 있는 방법을 생각하여야 한다. 그 중의 한 가지 방법이 매트릭스 구조를 갖는 키감지 회로를 사용하는 것이다. 앞으로 설명할 키스캔은 4x4 매트릭스 구조의 키를 감지하는 것이다. 4x4 구조는 8개의 입출력 포트로 16개의 키를 감지할 수 있다. 4개의 입력 포트와 4개의 출력 포트를 설정하고 입력 포트에는 풀업저항을 연결한다. 출력 포트에 [1110], [1101], [1011], [0111] 신호를 순차적으로 내보내고 입력 포트의 상태를 감지하여 출력 데이터와 입력 데이터의 조합으로 어떤 키가 눌러졌는지를 판단한다.

2. 키바운싱 걸러내기

키스캔 함수에서 키를 누를 때 이상적인 키스캔 입력신호는 그림 7-1(a)와 같이 나와야 되지만 실제에서는 키의 기계적인 진동이나 떨림 때문에 그림 7-1(b)와 같이 나온다. 이와 같이 키를 누를 때 초기에 나오는 펄스 형태의 신호를 바운싱(bouncing) 또는 채터링(chattering)이라 부른다. 이 바운싱은 키데이터를 검출할 때 오동작을 일으킬 수 있으므로 걸러주어야 한다. 프로그램으로 걸러주는 방법으로는, 키스캔 입력신호를 여러 번 검사하여 정해진 횟수만큼 같은 데이터가 검출되면 키데이터로 검출한다. 예를 들면, 키바운싱 시간을 40msec로 정하고 매 10msec마다 키스캔을 수행한다면 키스캔 입력신호가 네 번 똑같을 때 키데이터로 검출한다.

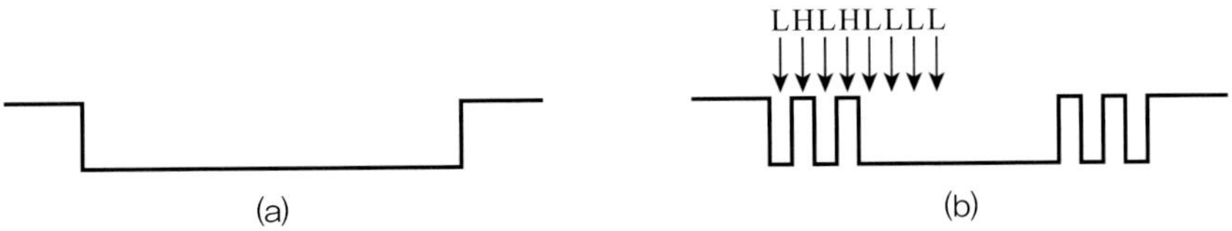

그림 7-1 키스캔 입력신호

3. 키스캔 흐름도

다음의 그림 7-2는 4x4 키스캔 흐름도이다. 키를 두 개 이상 누르면 무시하기로 하고, 키를 계속 누르고 있으면 한 번 누른 것으로 간주하여 키데이터 처리를 하고 모든 키에서 손을 뗄 때까지 키스캔을 하지 않는다. 키스캔 출력신호는 [1110],[1101],[1011],[0111] 순서로 출력하고 키스캔 입력신호를 검출하여 어떤 키가 눌러졌는지 판단한다. 자세한 순서는 그림 7-2의 흐름도에서 설명한다.

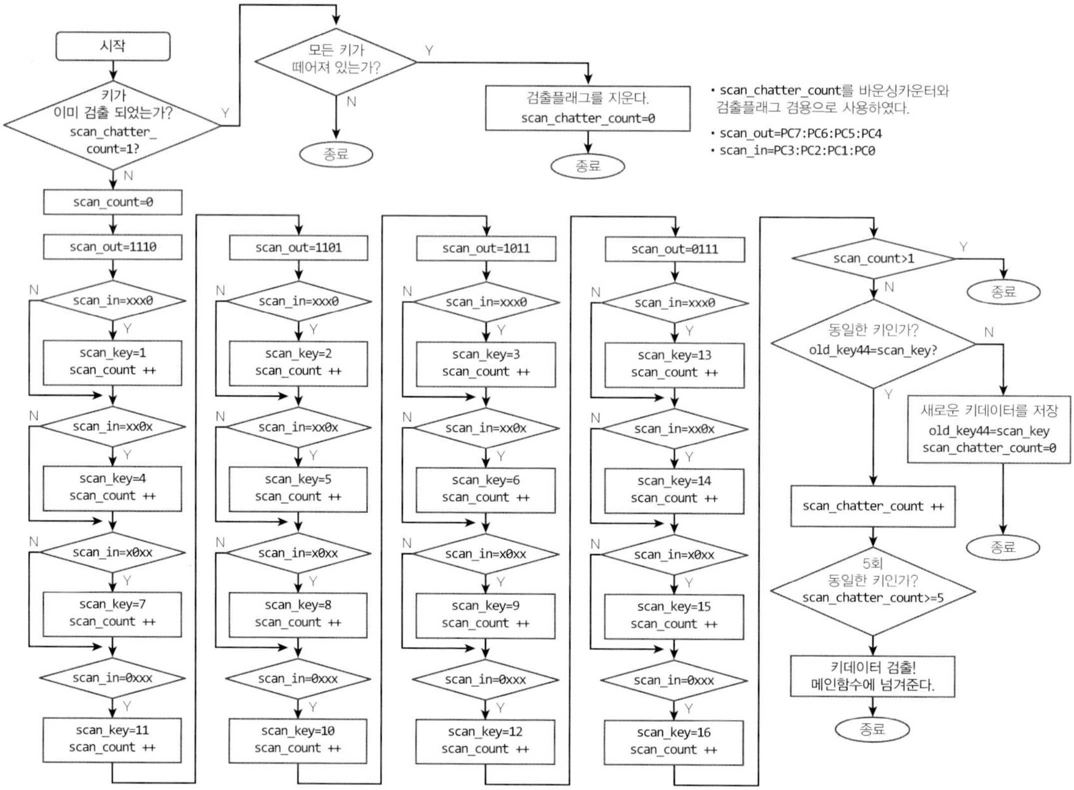

그림 7-2 4x4 키스캔 흐름도

4. 입출력 포트 설정

방향설정 레지스터: DDR(Data Direction Register)

입출력 포트를 입력으로 사용할지, 출력으로 사용할지 설정하는 레지스터이다. DDRC 레지스터의 비트를 0으로 설정하면 입력 포트로 동작한다.

Bit	7	6	5	4	3	2	1	0	
	DDC7	DDC6	DDC5	DDC4	DDC3	DDC2	DDC1	DDC0	DDRC
Read/Write	R/W	R/W	R/W	R/W	R/W	R/W	R/W	R/W	
Initial Value	0	0	0	0	0	0	0	0	

포트 입력 핀 레지스터: PINC(Port C Input Pin Register)

PIN 레지스터는 입력 포트의 상태를 읽기위해 사용한다. PIN 레지스터는 입력 포트 읽기 전용이므로 DDRC 레지스터의 해당 비트를 입력으로 설정해야 한다.

Bit	7	6	5	4	3	2	1	0	
	PINC7	PINC6	PINC5	PINC4	PINC3	PINC2	PINC1	PINC0	PINC
Read/Write	R	R	R	R	R	R	R	R	
Initial Value	N/A	N/A	N/A	N/A	N/A	N/A	N/A	N/A	

포트 레지스터: PORTCn(Port Register)

입출력 포트에 데이터를 출력하기 위해 사용한다. PORTC 레지스터에 데이터를 출력하기 위해서는 DDRC 레지스터의 해당 비트를 출력으로 설정해야 한다. PORTC 레지스터는 읽기, 쓰기가 가능하다. 한 가지 유의할 점은 PORTC 레지스터의 내용은 현재 포트의 상태가 아니라 PORTC 레지스터에 쓴 데이터가 저장되어 있다는 점이다. 현재 포트의 상태를 알기 위해서는 PINC 레지스터를 읽어야 한다.

Bit	7	6	5	4	3	2	1	0	
	PINC7	PINC6	PINC5	PINC4	PINC3	PINC2	PINC1	PINC0	PINC
Read/Write	R	R	R	R	R	R	R	R	
Initial Value	N/A	N/A	N/A	N/A	N/A	N/A	N/A	N/A	

7-3 설계 규격

(1) 사용포트: PC3~PC0(키스캔 입력), PC7~PC4(키스캔 출력)

(2) 키스캔은 매 10msec마다 실행하고 5회(키바운싱 시간이 50msec) 같은 데이터가 검출되면 키스캔 데이터를 출력한다.

(3) 버튼을 계속 누르고 있는 경우(long key) 한 번 누른 것으로 간주한다.

(4) 키스캔 데이터를 LCD모듈에 표시한다. (6장의 소스프로그램을 사용한다.)

예) 키스캔 데이터가 '7'일 때

LCD 모듈의 첫 번째 열에 'TEST KIT:MTK-AT8'

LCD 모듈의 두 번째 열에 'KEY data = 07'

(5) 타이머인터럽트는 타이머0을 사용하여 매 10msec마다 인터럽트가 걸리도록 조정한다.

(6) 키트에서 사용하는 마이크로프로세서의 클럭주파수는 14.7456MHz이다.

7-4 회로도

– 실험번호 선택: 7

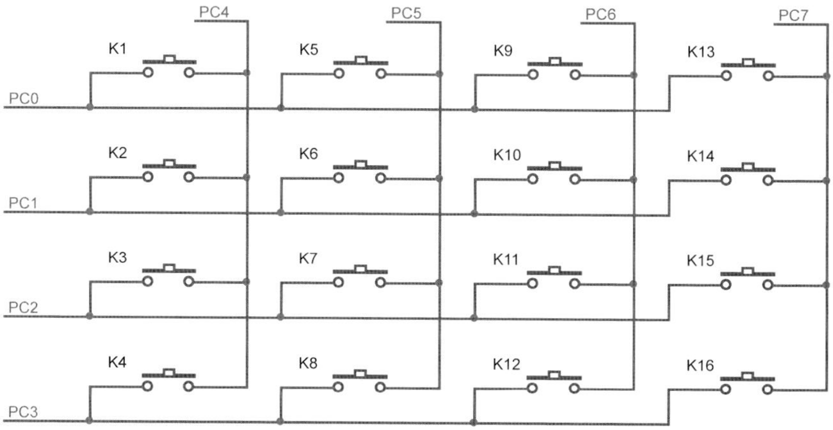

7-5 핀 할당

프로세서명	핀 이름	핀 번호	I/O	기능
ATmega128 / AT90CAN128	PC0	35	I	키스캔 입력
	PC1	36	I	키스캔 입력
	PC2	37	I	키스캔 입력
	PC3	38	I	키스캔 입력
	PC4	39	O	키스캔 출력
	PC5	40	O	키스캔 출력
	PC6	41	O	키스캔 출력
	PC7	42	O	키스캔 출력

프로세서명	핀 이름	핀 번호	I/O	기능
ATmega2560	PH0	53	I	키스캔 입력
	PH1	54	I	키스캔 입력
	PH2	55	I	키스캔 입력
	PH3	56	I	키스캔 입력
	PH4	57	O	키스캔 출력
	PH5	58	O	키스캔 출력
	PH6	59	O	키스캔 출력
	PH7	60	O	키스캔 출력

7-6 소스 프로그램

define.h

```
#define  BYTE        unsigned char
#define  WORD        unsigned int
#define  LONG        unsigned long
#define  L_LONG      unsigned long long

#define  SBYTE       signed char
#define  SWORD       signed int
#define  SLONG       signed long
#define  SL_LONG     signed long long

////////////////////////////////////////////////////////////////////////////////
/* Bit Flag */
#define  BIT0        0x01      //00000001
#define  BIT1        0x02      //00000010
#define  BIT2        0x04      //00000100
#define  BIT3        0x08      //00001000
#define  BIT4        0x10      //00010000
#define  BIT5        0x20      //00100000
#define  BIT6        0x40      //01000000
#define  BIT7        0x80      //10000000

////////////////////////////////////////////////////////////////////////////////
```

```
#define   SEG71_COM1     BIT0        //
#define   SEG71_COM2     BIT1        //
#define   SEG71_COM3     BIT2        //
#define   SEG71_COM4     BIT3        //

#define   SEG72_COM1     BIT4        //
#define   SEG72_COM2     BIT5        //
#define   SEG72_COM3     BIT6        //
#define   SEG72_COM4     BIT7        //

//////////////////////////////////////////////////////////////////////////////

#define   LCD_RS         BIT3        //
#define   LCD_RW         BIT4        //
#define   LCD_EN         BIT5        //

#define   LCD_DATA  PORTA            //

#define   LINE1_HEAD     0x80        //Line1 start address
#define   LINE2_HEAD     0xC0        //Line2 start address


//////////////////////////////////////////////////////////////////////////////

#define   CHAT_COUNT     5  //4x4 KEY chattering count

//////////////////////////////////////////////////////////////////////////////
```

main.c

```
//////////////////////////////////////////////////////////////////////////////
// Project Name       : MTK-AT8
// Function           : 4x4 KEY_SCAN
// File Name    : main.c
// Version / Date : 1.0 / 2016.5.2
//////////////////////////////////////////////////////////////////////////////
```

```
#include <avr/io.h>
#include <avr/interrupt.h>
#include <avr/pgmspace.h>
#include "define.h"

/*======================================================*/
/*    VARIABLE DEFINE
/*======================================================*/

BYTE TimerFlag;
WORD Timer1Cnt;
BYTE Timer1Flag;

BYTE scan_key,old_key44,Key44_Data,scan_chatt_count,key44_event;

/*======================================================*/
/*    FUNCTION DEFINE
/*======================================================*/

void InitPort(void);
void InitTimer0(void);

void Delay(unsigned long delay);
void Delay_us(WORD time_us);
void Delay_ms(unsigned int time_ms);

void InitLCD(void);
void WriteLcdCmd(BYTE cmd);
void WriteLcdData(BYTE loc, BYTE data);

void Init_Display(void);
void sputsLcdLine1(unsigned char *str);
void sputsLcdLine2(unsigned char *str);

void Key44_Scan(void);
void Key44_Job_Exe(void);
void Key44_0_9(void);
void Key44_nop(void);
```

```
///////////////////////////////////////////////////////////////////////////

const BYTE hexdigit[] PROGMEM = "0123456789ABCDEF";

///////////////////////////////////////////////////////////////////////////

int main(void)
{
  SPH = 0x10;
  SPL = 0xff;          // Stack Poniter Setting.

  InitPort();
  InitTimer0();        //Init Timer0, Init Register

  Delay_ms(100);       //Wait for more than 30msec
  InitLCD();

  sei();               //Interrupt Enabled (I bit of SREG is set)

  Init_Display();

  while(1)
  {
     if(TimerFlag)          //job EXE every 10 msec
     {
              Key44_Scan();
          TimerFlag = 0;  //Clear 10msec EVT flag
     }

     if(Timer1Flag)          //job EXE every 1 sec
     {

          Timer1Flag = 0;    //Clear 1sec EVT flag
     }

     if(key44_event == 1)
     {
          Key44_Job_Exe();
```

```
            key44_event = 0; //Clear KEY EVT flag
        }
    }
}

////////////////////////////////////////////////////////////////////////////////
//    TIMER0 INTERRUPT SERVICE ROUTINE
////////////////////////////////////////////////////////////////////////////////
ISR(TIMER0_OVF_vect)
{
  TCNT0 = 112;            //TCNT =184 ->(1024/14.7456MHz)*(256-112)=10msec

  TimerFlag = 1;          //Set 10msec EVT flag ! (EXE @ main routine)

  Timer1Cnt++;
  if(Timer1Cnt >= 100)    //10 x 100 = 1 sec
  {
     Timer1Cnt = 0;
     Timer1Flag = 1;      //Set 1sec EVT flag ! (EXE @ main routine)
  }
}

/*====================================================*/
/*    FUNCTIONS
/*====================================================*/
void InitPort(void)
{
      PORTA= 0xFF;
      DDRA= 0xFF;     //LCD data

      PORTB= 0xFF;
      DDRB= 0xFF;     //FND1,2 COM1~COM4

      PORTC= 0xFF;
      DDRC= 0xF0;     //4x4 KEY_SCAN

      PORTD=0x00;
      DDRD= 0xFF;
```

```
    PORTE= 0xFF;
    DDRE = 0x00;

    PORTF = 0xC0;
    DDRF = 0xF8;    //16x2 LCD control : PF5=E, PF4=RW, PF3=RS

    PORTG = 0xFF;   //Pull Up
    DDRG = 0x00;    //input mode
}

//////////////////////////////////////////////////////////////////////////////
//    INIT Timer0 Interrupt
//////////////////////////////////////////////////////////////////////////////

void InitTimer0(void)
{
    TCCR0 = 0x07;   // Trigger => Fclock/1024
    TCNT0 = 0x00;   // clear Timer Counter Register
    TIMSK = 0x01;   // Timer0 Interrupt Enable Mask Register
}

//////////////////////////////////////////////////////////////////////////////

void Delay(unsigned long delay)
{
    while(delay--) asm("nop");
}

//////////////////////////////////////////////////////////////////////////////

void Delay_us(WORD time_us) //measured by oscilloscope
{
  WORD i;

  for(i=0; i<time_us; i++)//4Cycle +
  {
    asm("PUSH R0"); //2Cycle +
    asm("NOP");     //1Cycle +
    asm("NOP");     //1Cycle +
```

```
        asm("NOP");     //1Cycle +
        asm("NOP");     //1Cycle +
        asm("NOP");     //1Cycle +
        asm("POP R0"); //2Cycle = 13Cycle = 1us for 14.7456MHz
    }
}

////////////////////////////////////////////////////////////////////////////////

void Delay_ms(unsigned int time_ms) //Time Delay for ms
{
    WORD i;

    for( i=0; i<time_ms; i++)
    {
        Delay_us(250);
        Delay_us(250);
        Delay_us(250);
        Delay_us(250);
    }
}

/*----------------------------------------------------*/
// 16x2 LCD Module Control Routines !!
/*----------------------------------------------------*/

void InitLCD(void)
{
        WriteLcdCmd(0x38);  //CMD 38H
        Delay(100);
        WriteLcdCmd(0x08);  //CMD 08H
        Delay(100);
        WriteLcdCmd(0x01);  //CMD 01H
        Delay(2000);
        WriteLcdCmd(0x0C);  //CMD 0CH
        Delay(100);
        WriteLcdCmd(0x06);  //CMD 06H
}
```

```
void WriteLcdCmd(BYTE cmd)
{
    PORTF &= ~LCD_RS;    //RS,RW = 0,0 (WRITE CMD)
    PORTF &= ~LCD_RW;
    Delay(10);

    PORTF |= LCD_EN;     //E = 1
    Delay(10);

    LCD_DATA = cmd;      //CMD
    Delay(10);

    PORTF &= ~LCD_EN;    //E = 0
    Delay(10);

    PORTF &= 0xC7;       //E,RS,RW = 0,0,0
    Delay(10);
}

void WriteLcdData(BYTE loc, BYTE data)
{
    WriteLcdCmd(loc);    //set location

    PORTF |= LCD_RS;     //RS,RW = 1,0 (WRITE DATA)
    PORTF &= ~LCD_RW;
    Delay(10);

    PORTF |= LCD_EN;     //E = 1
    Delay(10);

    LCD_DATA = data;     //CMD
    Delay(10);

    PORTF &= ~LCD_EN;    //E = 0
    Delay(10);

    PORTF &= 0xC7;       //E,RS,RW = 0,0,0
    Delay(10);
}
```

```
/*---------------------------------------------------*/
void Init_Display(void)
{
     sputsLcdLine1("TEST KIT:MTK-AT8");
     sputsLcdLine2(" KEY data = ..  ");
}

/*---------------------------------------------------*/
void sputsLcdLine1(unsigned char *str)
{
     int i;

     for(i=0; *(str+i)!=0; i++)       WriteLcdData(0x80+i,*(str+i));
}

void sputsLcdLine2(unsigned char *str)
{
     int i;

     for(i=0; *(str+i)!=0; i++)       WriteLcdData(0xC0+i,*(str+i));
}

///////////////////////////////////////////////////////////////////////////////
//          4x4 KEY SCAN ROUTINE
///////////////////////////////////////////////////////////////////////////////

void Key44_Scan(void)
{
  BYTE   scan_count;

  if(scan_chatt_count>=CHAT_COUNT)
  {
     PORTC = 0x0F;
     Delay(10);
     if((PINC&0x0F) == 0x0F)          scan_chatt_count = 0;
  }
  else
  {
```

```
scan_count = 0;

PORTC = 0xEF;   //scan_out 1110
Delay(10);
if((PINC&BIT0) == 0) {scan_key=1;scan_count++;}
if((PINC&BIT1) == 0) {scan_key=4;scan_count++;}
if((PINC&BIT2) == 0) {scan_key=7;scan_count++;}
if((PINC&BIT3) == 0) {scan_key=11;scan_count++;}

PORTC = 0xDF;   //scan_out 1101
Delay(10);
if((PINC&BIT0) == 0) {scan_key=2;scan_count++;}
if((PINC&BIT1) == 0) {scan_key=5;scan_count++;}
if((PINC&BIT2) == 0) {scan_key=8;scan_count++;}
if((PINC&BIT3) == 0) {scan_key=10;scan_count++;}

PORTC = 0xBF;   //scan_out 1011
Delay(10);
if((PINC&BIT0) == 0) {scan_key=3;scan_count++;}
if((PINC&BIT1) == 0) {scan_key=6;scan_count++;}
if((PINC&BIT2) == 0) {scan_key=9;scan_count++;}
if((PINC&BIT3) == 0) {scan_key=12;scan_count++;}

PORTC = 0x7F;   //scan_out 0111
Delay(10);
if((PINC&BIT0) == 0) {scan_key=13;scan_count++;}
if((PINC&BIT1) == 0) {scan_key=14;scan_count++;}
if((PINC&BIT2) == 0) {scan_key=15;scan_count++;}
if((PINC&BIT3) == 0) {scan_key=16;scan_count++;}

PORTC = 0xFF;

if(scan_count != 1)  return;     //if double key or no key, return
if(scan_key != old_key44)
{
    old_key44 = scan_key;
    scan_chatt_count = 0;
}
else
```

```
        {
            scan_chatt_count++;
            if(scan_chatt_count>=CHAT_COUNT)
            {
              Key44_Data = old_key44;
              old_key44 = 0;

              key44_event = 1;          //Set KEY EVT flag ! (EXE @ main routine)
            }
        }
    }
}

///////////////////////////////////////////////////////////////////////////////
//          KEY_DATA_EXE
///////////////////////////////////////////////////////////////////////////////

void Key44_Job_Exe(void)
{
        WriteLcdData(0xCC,pgm_read_byte(&hexdigit[Key44_Data/10]));
        WriteLcdData(0xCD,pgm_read_byte(&hexdigit[Key44_Data%10]));

        switch(Key44_Data)
        {
        case  1   :     Key44_0_9();      break;
        case  2   :     Key44_0_9();      break;
        case  3   :     Key44_0_9();      break;
        case  4   :     Key44_0_9();      break;
        case  5   :     Key44_0_9();      break;
        case  6   :     Key44_0_9();      break;
        case  7   :     Key44_0_9();      break;
        case  8   :     Key44_0_9();      break;
        case  9   :     Key44_0_9();      break;
        case  10  :     Key44_0_9();      break;

        case  11  :     Key44_nop();      break;
        case  12  :     Key44_nop();      break;
        case  13  :     Key44_nop();      break;
        case  14  :     Key44_nop();      break;
```

```
    case 15  :   Key44_nop();   break;
    case 16  :   Key44_nop();   break;
    default  :   break;
    }
}

void Key44_0_9(void)
{

}

void Key44_nop(void)
{

}

////////////////////////////////////////////////////////////////////////////////////
```

| 실습결과 검토 및 연습문제 |

1 키스캔 주기와 키바운싱 횟수를 변경시켜 가면서 키스캔 프로그램을 작성하여 보자. 우리가 사용하는 제품에는 키를 둔하게 감지하도록 설계해야 하는 제품도 있고, 아주 빠르고 예민하게 감지하도록 설계해야 하는 제품도 있다. 이런 경우, 키스캔 주기와 키바운싱 횟수를 적절히 조절하여 제품의 요구사항을 만족시킬 수 있다.

2 샘플프로그램에서 사용한 타이머0 대신에 16비트 타이머인 타이머1을 사용하여 키스캔 프로그램을 작성하여 보시오.

3 ATmega128에서 제공하는 타이머/카운터1, 3의 4가지 동작모드에 대해 설명하시오.

CHAPTER 08

DIP 스위치 상태검출 및 외부 인터럽트 제어

contents

08 DIP 스위치 상태검출 및 외부 인터럽트 제어

8-1 실습 목표

1. DIP 스위치 상태 검출 방법에 대해 알아본다.
2. 사용되는 입력 포트에 관련된 레지스터의 설정 방법에 대해 알아본다.
3. 마이크로프로세서가 제공하는 외부 인터럽트의 사용 방법에 대해 배운다.
4. 외부 인터럽트와 관련된 레지스터의 설정 방법에 대해 알아본다.
5. 프로그램을 코딩, 컴파일하여 생성된 HEX 코드를 키트에 다운로드하여 동작 상태를 확인한다.

8-2 이론

1. 입력 포트 설정

방향설정 레지스터: DDR(Data Direction Register)

입출력 포트를 입력으로 사용할지, 출력으로 사용할지 설정하는 레지스터이다. DDRx 레지스터의 비트를 0으로 설정하면 입력 포트로 동작한다.

Bit	7	6	5	4	3	2	1	0	
	DDA7	DDA6	DDA5	DDA4	DDA3	DDA2	DDA1	DDA0	DDRA
Read/Write	R/W	R/W	R/W	R/W	R/W	R/W	R/W	R/W	
Initial Value	0	0	0	0	0	0	0	0	

포트 입력 핀 레지스터: PINx(Port x Input Pin Register)

PIN 레지스터는 입력 포트의 상태를 읽기 위해 사용한다. PIN 레지스터는 입력 포트 읽기 전용이므로 DDRx 레지스터의 해당 비트를 입력으로 설정해야 한다.

Bit	7	6	5	4	3	2	1	0	
	PINA7	PINA6	PINA5	PINA4	PINA3	PINA2	PINA1	PINA0	PINA
Read/Write	R	R	R	R	R	R	R	R	
Initial Value	N/A	N/A	N/A	N/A	N/A	N/A	N/A	N/A	

2. 외부 인터럽트

외부 인터럽트는 INT7:0 핀에 의해 발생된다. 인터럽트가 허용(ENABLED)되어 있다면 이 핀들이 출력 핀으로 설정되어 있더라도 인터럽트는 발생된다. 인터럽트 동작 모드는 레벨 모드, 하강 에지 모드, 상승 에지 모드가 있다. 각 모드는 제어레지스터 EICRA(INT3:0)와 EICRB(INT7:4)에 설정한다.

■ 외부 인터럽트 제어레지스터 A – EICRA

Bit	7	6	5	4	3	2	1	0	
	ISC31	ISC30	ISC21	ISC20	ISC11	ISC10	ISC01	ISC00	EICRA
Read/Write	R/W	R/W	R/W	R/W	R/W	R/W	R/W	R/W	
Initial Value	0	0	0	0	0	0	0	0	

EICRA 레지스터는 INT3~INT0(핀28~25)의 동작 모드를 선택하는 레지스터이다. ISCn[1:0]이 '00'이면 외부 인터럽트 신호가 로우(0) 레벨, '10'이면 하강 에지, '11'이면 상승 에지가 될 때 '외부 인터럽트 요청'을 발생한다. '01'은 사용하지 않는다.

표 8-1 외부 인터럽트 INT3:0 감지 제어

ISCn1	ISCn0	동작 설명
0	0	INTn 핀이 로우(0) 레벨일 때 '인터럽트 요청'을 발생한다.
0	1	–
1	0	INTn 핀의 하강 에지에서 '인터럽트 요청'을 발생한다.
1	1	INTn 핀의 상승 에지에서 '인터럽트 요청'을 발생한다.

■ 외부 인터럽트 제어레지스터 B – EICRB

Bit	7	6	5	4	3	2	1	0	
	ISC71	ISC70	ISC61	ISC60	ISC51	ISC50	ISC41	ISC40	EICRB
Read/Write	R/W	R/W	R/W	R/W	R/W	R/W	R/W	R/W	
Initial Value	0	0	0	0	0	0	0	0	

EICRB 레지스터는 INT7~INT4(핀9~6)의 동작 모드를 선택하는 레지스터이다. ISCn[1:0]이 '00'이면 외부 인터럽트 신호가 로우 레벨, '10'이면 하강 에지, '11'이면 상승 에지가 될 때 외부 인터럽트 발생을 감지한다. ISCn[1:0]이 '01'이면 상승 에지나 하강 에지에서 모두 외부 인터럽트 발생을 감지한다.

표 8-2 외부 인터럽트 INT7:4 감지 제어

ISCn1	ISCn0	동작 설명
0	0	INTn 핀이 로우(0) 레벨일 때 '인터럽트 요청'을 발생한다.
0	1	INTn 핀의 샘플링된 두 데이터가 1->0 이나 0->1 이면 '인터럽트 요청'을 발생한다.
1	0	INTn 핀의 샘플링된 두 데이터가 1->0 이면 '인터럽트 요청'을 발생한다.
1	1	INTn 핀의 샘플링된 두 데이터가 0->1 이면 '인터럽트 요청'을 발생한다.

■ 외부 인터럽트 마스크레지스터 – EIMSK

Bit	7	6	5	4	3	2	1	0	
	INT7	INT6	INT5	INT4	INT3	INT2	INT1	IINT0	EIMSK
Read/Write	R/W	R/W	R/W	R/W	R/W	R/W	R/W	R/W	
Initial Value	0	0	0	0	0	0	0	0	

EIMSK 레지스터는 8개의 외부 인터럽트 INT7~INT0을 허용(UNMASK) 또는 금지(MASK)시키는 레지스터이다. 레지스터의 각 비트가 1로 설정되면 해당되는 인터럽트를 허용하게 되고 0으로 설정되면 인터럽트가 금지되어 인터럽트 처리 루틴을 실행하지 않는다.

■ 외부 인터럽트 플래그 레지스터 – EIFR

Bit	7	6	5	4	3	2	1	0	
	INTF7	INTF6	INTF5	INTF4	INTF3	INTF2	INTF1	IINTF0	EIFR
Read/Write	R/W	R/W	R/W	R/W	R/W	R/W	R/W	R/W	
Initial Value	0	0	0	0	0	0	0	0	

EIFR 레지스터는 8개의 외부 인터럽트 INT7~INT0 중에서 인터럽트가 발생하면 해당되는 비트가 1로 설정된다. SREG 레지스터의 I-비트가 1로 설정되어 있고, EIMSK의 해당되는 외부 인터럽트가 허용되어 있다면 MCU는 인터럽트 벡터로 점프하여 인터럽트 처리 루틴을 실행하면서 EIFR의 해당되는 비트를 지운다. 프로그램으로 이 플래그를 지우기 위해서는 해당되는 비트를 '1'로 써주어야 한다.

3. 인터럽트 처리 과정

인터럽트가 발생하면 인터럽트 처리 루틴은 다음과 같은 과정으로 실행된다.

(1) 해당하는 인터럽트의 플래그 레지스터가 1로 설정된다.
(2) 실행중인 메인프로그램의 프로그램 카운터(PC) 값을 스택에 저장한다.
(3) 인터럽트 벡터 테이블에 위치한 주소로 점프하여 인터럽트 처리 루틴을 실행한다.
(4) 인터럽트 처리 루틴을 실행한 후에 스택에 저장된 프로그램 카운터의 값을 프로그램 카운터에 다시 가져와서 원래의 프로그램 지점으로 복귀하고, 메인프로그램을 다시 정상적으로 실행한다.

4. 외부 인터럽트 벡터

ATmega128의 외부 인터럽트 종류와 벡터는 다음과 같다.

표 8-3 외부 인터럽트 벡터

벡터 번호	프로그램 주소	인터럽트 소스	인터럽트 정의
2	0x0002	INT0	외부 인터럽트 요청 0
3	0x0004	INT1	외부 인터럽트 요청 1

4	0x0006	INT2	외부 인터럽트 요청 2
5	0x0008	INT3	외부 인터럽트 요청 3
6	0x000A	INT4	외부 인터럽트 요청 4
7	0x000C	INT5	외부 인터럽트 요청 5
8	0x000E	INT6	외부 인터럽트 요청 6
9	0x0010	INT7	외부 인터럽트 요청 7

8-3 설계 규격

(1) 사용포트: PE4(INT4), PE5(INT5), PE6(INT6), PE7(INT7), PC0~PC7(버스스위치 상태)

(2) 사용하는 외부 인터럽트: INT4 ~ INT7

(3) 외부 인터럽트 동작모드: 하강 에지

(4) 외부 인터럽트 발생시 동작

  1. INT4: 발생할 때마다 LED12(PD4), LED16(PD0) 온/오프 토글링(toggling)
  2. INT5: 발생할 때마다 LED11(PD4), LED15(PD0) 온/오프 토글링(toggling)
  3. INT6: 발생할 때마다 LED10(PD4), LED14(PD0) 온/오프 토글링(toggling)
  4. INT7: 발생할 때마다 LED9(PD4), LED13(PD0) 온/오프 토글링(toggling)

(5) 버스스위치 상태를 LCD 모듈에 표시한다. (6장의 소스프로그램을 사용한다.)

  예) 버스스위치 상태가 ON,OFF,OFF,OFF,ON,ON,OFF,ON일 때

    LCD 모듈의 첫 번째 열에 'TEST KIT:MTK-AT8'

    LCD 모듈의 두 번째 열에 'BUS_SW= 10001101'

(6) 타이머인터럽트는 타이머0을 사용하여 매 10msec마다 인터럽트가 걸리도록 조정한다.

(7) 키트에서 사용하는 마이크로프로세서의 클럭주파수는 14.7456MHz이다.

※ Tip 인터럽트를 많이 사용하라. 강력한 프로그램을 설계할 수 있다.

8-4 회로도

– 실험번호 선택: 8

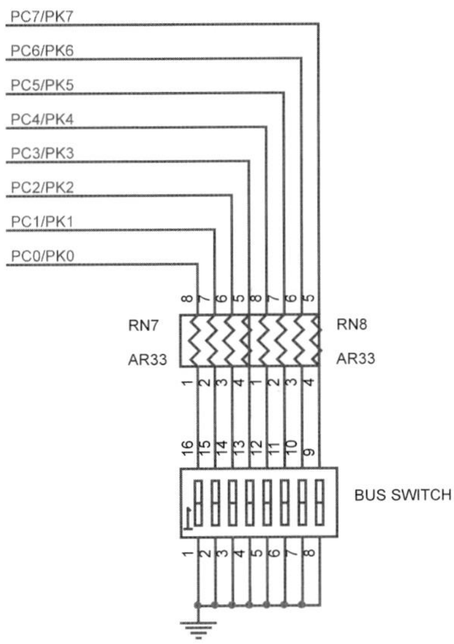

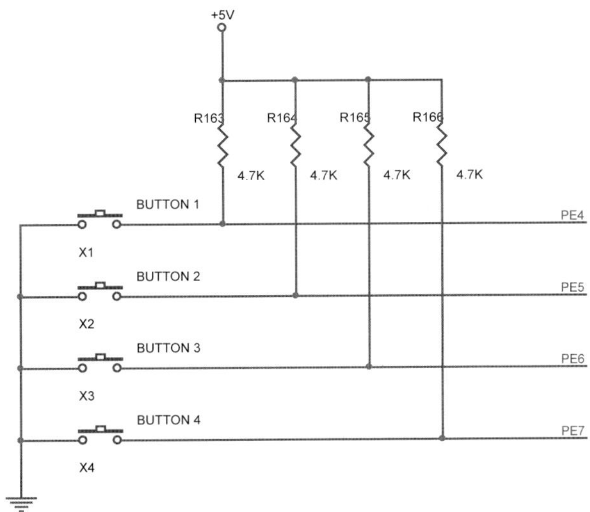

8-5 핀 할당

프로세서명	핀 이름	핀 번호	I/O	기능
ATmega128 / AT90CAN128	PC0	35	I	버스스위치 1 상태 검출
	PC1	36	I	버스스위치 2 상태 검출
	PC2	37	I	버스스위치 3 상태 검출
	PC3	38	I	버스스위치 4 상태 검출
	PC4	39	I	버스스위치 5 상태 검출
	PC5	40	I	버스스위치 6 상태 검출
	PC6	41	I	버스스위치 7 상태 검출
	PC7	42	I	버스스위치 8 상태 검출
	PE4	6	I	외부 인터럽트 INT4 입력
	PE5	7	I	외부 인터럽트 INT5 입력
	PE6	8	I	외부 인터럽트 INT6 입력
	PE7	9	I	외부 인터럽트 INT7 입력

프로세서명	핀 이름	핀 번호	I/O	기능
ATmega2560	PK0	89	I	버스스위치 1 상태 검출
	PK1	88	I	버스스위치 2 상태 검출
	PK2	87	I	버스스위치 3 상태 검출
	PK3	86	I	버스스위치 4 상태 검출
	PK4	85	I	버스스위치 5 상태 검출
	PK5	84	I	버스스위치 6 상태 검출
	PK6	83	I	버스스위치 7 상태 검출
	PK7	82	I	버스스위치 8 상태 검출
	PE4	6	I	외부 인터럽트 INT4 입력
	PE5	7	I	외부 인터럽트 INT5 입력
	PE6	8	I	외부 인터럽트 INT6 입력
	PE7	9	I	외부 인터럽트 INT7 입력

프로세서명	핀 이름	핀 번호	I/O	기능
ATmega128 / AT90CAN128	PD0	25	O	LED ON/OFF 제어
	PD1	26	O	LED ON/OFF 제어
	PD2	27	O	LED ON/OFF 제어
	PD3	28	O	LED ON/OFF 제어
	PD4	29	O	LED ON/OFF 제어
	PD5	30	O	LED ON/OFF 제어
	PD6	31	O	LED ON/OFF 제어
	PD7	32	O	LED ON/OFF 제어

8-6 소스 프로그램

define.h

```
#define  BYTE        unsigned char
#define  WORD        unsigned int
#define  LONG        unsigned long
#define  L_LONG      unsigned long long

#define  SBYTE       signed char
#define  SWORD       signed int
#define  SLONG       signed long
#define  SL_LONG     signed long long

//////////////////////////////////////////////////////////////////////////////
/* Bit Flag */
#define  BIT0        0x01      //00000001
#define  BIT1        0x02      //00000010
#define  BIT2        0x04      //00000100
#define  BIT3        0x08      //00001000
#define  BIT4        0x10      //00010000
#define  BIT5        0x20      //00100000
#define  BIT6        0x40      //01000000
#define  BIT7        0x80      //10000000

//////////////////////////////////////////////////////////////////////////////
```

```
#define   LED9          BIT0      //PORTD
#define   LED10         BIT1      // "
#define   LED11         BIT2      // "
#define   LED12         BIT3      // "

#define   LED13         BIT4      // "
#define   LED14         BIT5      // "
#define   LED15         BIT6      // "
#define   LED16         BIT7      // "

//////////////////////////////////////////////////////////////////////////////

#define   LCD_RS        BIT3      //
#define   LCD_RW        BIT4      //
#define   LCD_EN        BIT5      //

#define   LCD_DATA  PORTA         //

#define   LINE1_HEAD    0x80      //Line1 start address
#define   LINE2_HEAD    0xC0      //Line2 start address

//////////////////////////////////////////////////////////////////////////////

main.c

/////////////////////////////////////////////////////////////////////////////
// Project Name     : MTK-AT8
// Function         : DIP_SW Detect & EXT_INTR operation
// File Name        : main.c
// Version / Date : 1.0 / 2016.5.2
/////////////////////////////////////////////////////////////////////////////

#include <avr/io.h>
#include <avr/interrupt.h>
#include <avr/pgmspace.h>
#include "define.h"
```

```
/*======================================================*/
/*    VARIABLE DEFINE
/*======================================================*/

WORD Timer1Cnt;
BYTE Timer1Flag;

BYTE dip_sw;

/*======================================================*/
/*                                  FUNCTION DEFINE
/*======================================================*/

void InitPort(void);
void InitTimer0(void);
void InitExtIntr(void);

void Delay(unsigned long delay);
void Delay_us(WORD time_us);
void Delay_ms(unsigned int time_ms);

void InitLCD(void);
void WriteLcdCmd(BYTE cmd);
void WriteLcdData(BYTE loc, BYTE data);

void Init_Display(void);
void sputsLcdLine1(unsigned char *str);
void sputsLcdLine2(unsigned char *str);

////////////////////////////////////////////////////////////////////////////////

const BYTE hexdigit[] PROGMEM = "0123456789ABCDEF";

////////////////////////////////////////////////////////////////////////////////

int main(void)
{
  SPH = 0x10;
  SPL = 0xff;         // Stack Poniter Setting.
```

```
InitPort();
InitTimer0();           //Init Timer0, Init Register
InitExtIntr();          // EXT INT 4~7 used !!

Delay_ms(100);          //Wait for more than 30msec
InitLCD();

sei();                  //Interrupt Enabled (I bit of SREG is set)

Init_Display();

while(1)
{
   if(Timer1Flag)                  //job EXE every 1 sec
   {
     PORTB = (PINC^0xFF);          //READ BUS SWITCH & OUT to PORTB
     dip_sw = (PINC^0xFF);         //READ BUS SWITCH & OUT to PORTB

     if((dip_sw&BIT7)==BIT7)       WriteLcdData(LINE2_HEAD+8,'1');
     else                          WriteLcdData(LINE2_HEAD+8,'0');

     if((dip_sw&BIT6)==BIT6)       WriteLcdData(LINE2_HEAD+9,'1');
     else                          WriteLcdData(LINE2_HEAD+9,'0');

     if((dip_sw&BIT5)==BIT5)       WriteLcdData(LINE2_HEAD+10,'1');
     else                          WriteLcdData(LINE2_HEAD+10,'0');

     if((dip_sw&BIT4)==BIT4)       WriteLcdData(LINE2_HEAD+11,'1');
     else                          WriteLcdData(LINE2_HEAD+11,'0');

     if((dip_sw&BIT3)==BIT3)       WriteLcdData(LINE2_HEAD+12,'1');
     else                          WriteLcdData(LINE2_HEAD+12,'0');

     if((dip_sw&BIT2)==BIT2)       WriteLcdData(LINE2_HEAD+13,'1');
     else                          WriteLcdData(LINE2_HEAD+13,'0');

     if((dip_sw&BIT1)==BIT1)       WriteLcdData(LINE2_HEAD+14,'1');
     else                          WriteLcdData(LINE2_HEAD+14,'0');
```

```
        if((dip_sw&BIT0)==BIT0)       WriteLcdData(LINE2_HEAD+15,'1');
        else                          WriteLcdData(LINE2_HEAD+15,'0');

        Timer1Flag = 0;
      }
  }
}

///////////////////////////////////////////////////////////////////////////////
//    TIMER0 INTERRUPT SERVICE ROUTINE
///////////////////////////////////////////////////////////////////////////////

ISR(TIMER0_OVF_vect)
{
  TCNT0 = 112;              //TCNT =184 ->(1024/14.7456MHz)*(256-112)=10msec

  Timer1Cnt++;
  if(Timer1Cnt >= 100)    //10 x 100 = 1 sec
  {
     Timer1Cnt = 0;
     Timer1Flag = 1;

  }
}

///////////////////////////////////////////////////////////////////////////////
//    EXT INT4 INTERRUPT SERVICE ROUTINE
///////////////////////////////////////////////////////////////////////////////

ISR(INT4_vect)
{
     PORTD ^= LED9;
     PORTD ^= LED13;
}

///////////////////////////////////////////////////////////////////////////////
//    EXT INT5 INTERRUPT SERVICE ROUTINE
///////////////////////////////////////////////////////////////////////////////
```

```
ISR(INT5_vect)
{
     PORTD ^= LED10;
     PORTD ^= LED14;
}

////////////////////////////////////////////////////////////////////////////////
//    EXT INT6 INTERRUPT SERVICE ROUTINE
////////////////////////////////////////////////////////////////////////////////

ISR(INT6_vect)
{
     PORTD ^= LED11;
     PORTD ^= LED15;
}

////////////////////////////////////////////////////////////////////////////////
//    EXT INT7 INTERRUPT SERVICE ROUTINE
////////////////////////////////////////////////////////////////////////////////

ISR(INT7_vect)
{
     PORTD ^= LED12;
     PORTD ^= LED16;
}

/*====================================================*/
/*    FUNCTIONS
/*====================================================*/

void InitPort(void)
{
     PORTA= 0x00;
     DDRA= 0xFF;     //LCD data

     PORTB= 0xFF;
     DDRB= 0xFF;     //FND1,2 COM1~COM4
```

```
	PORTC= 0xFF;
	DDRC= 0x00;	//BUS_SW check

	PORTD=0x00;
	DDRD= 0xFF;

	PORTE= 0xFF;	//Pull Up (active low intr)
	DDRE = 0x00;	//INT B1~B4

	PORTF = 0xC0;
	DDRF = 0xF8;	//16x2 LCD control : PF5=E, PF4=RW, PF3=RS

	PORTG = 0xFF;	//Pull Up
	DDRG = 0x00;	//input mode
}

////////////////////////////////////////////////////////////////////////////////
// INIT Timer0 Interrupt
////////////////////////////////////////////////////////////////////////////////

void InitTimer0(void)
{
	TCCR0 = 0x07;	// Trigger => Fclock/1024
	TCNT0 = 0x00;	// clear Timer Counter Register
	TIMSK = 0x01;	// Timer0 Interrupt Enable Mask Register
}

////////////////////////////////////////////////////////////////////////////////
//	Enable External Interrupt
////////////////////////////////////////////////////////////////////////////////

void InitExtIntr(void)
{
	EICRA=0x00;	// INT0~3 disabled
	EICRB=0xAA;	// falling edge intr(10, 10, 10, 10)
	EIMSK=0xF0;	// INT4~7 enabled
	EIFR=0xF0;	// cleared by writing a logical one to it.
}
```

```
////////////////////////////////////////////////////////////////////////////////

void Delay(unsigned long delay)
{
     while(delay--) asm("nop");
}

////////////////////////////////////////////////////////////////////////////////

void Delay_us(WORD time_us) //measured by oscilloscope
{
  WORD i;

  for(i=0; i<time_us; i++)//4Cycle +
  {
     asm("PUSH R0"); //2Cycle +
     asm("NOP");     //1Cycle +
     asm("NOP");     //1Cycle +
     asm("NOP");     //1Cycle +
     asm("NOP");     //1Cycle +
     asm("NOP");     //1Cycle +
     asm("POP R0");  //2Cycle = 13Cycle = 1us for 14.7456MHz
  }
}

////////////////////////////////////////////////////////////////////////////////

void Delay_ms(unsigned int time_ms) //Time Delay for ms
{
  WORD i;

  for( i=0; i<time_ms; i++)
  {
     Delay_us(250);
     Delay_us(250);
     Delay_us(250);
     Delay_us(250);
  }
}
```

```
/*---------------------------------------------------*/
// 16x2 LCD Module Control Routines !!
/*---------------------------------------------------*/

void InitLCD(void)
{
     WriteLcdCmd(0x38);  //CMD 38H
     Delay(100);
     WriteLcdCmd(0x08);  //CMD 08H
     Delay(100);
     WriteLcdCmd(0x01);  //CMD 01H
     Delay(2000);
     WriteLcdCmd(0x0C);  //CMD 0CH
     Delay(100);
     WriteLcdCmd(0x06);  //CMD 06H
}

void WriteLcdCmd(BYTE cmd)
{
     PORTF &= ~LCD_RS;     //RS,RW = 0,0 (WRITE CMD)
     PORTF &= ~LCD_RW;
     Delay(10);

     PORTF |= LCD_EN;      //E = 1
     Delay(10);

     LCD_DATA = cmd;       //CMD
     Delay(10);

     PORTF &= ~LCD_EN;     //E = 0
     Delay(10);

     PORTF &= 0xC7;        //E,RS,RW = 0,0,0
     Delay(10);

     LCD_DATA = 0xFF;//all high
}
```

```
void WriteLcdData(BYTE loc, BYTE data)
{
    WriteLcdCmd(loc);    //set location

    PORTF |= LCD_RS;     //RS,RW = 1,0 (WRITE DATA)
    PORTF &= ~LCD_RW;
    Delay(10);

    PORTF |= LCD_EN;     //E = 1
    Delay(10);

    LCD_DATA = data;     //CMD
    Delay(10);

    PORTF &= ~LCD_EN;    //E = 0
    Delay(10);

    PORTF &= 0xC7;       //E,RS,RW = 0,0,0
    Delay(10);

    LCD_DATA = 0xFF;     //all high
}

/*--------------------------------------------------*/
void Init_Display(void)
{
    sputsLcdLine1("TEST KIT:MTK-AT8");
    sputsLcdLine2("BUS_SW= ........");
}

/*--------------------------------------------------*/
void sputsLcdLine1(unsigned char *str)
{
    int i;

    for(i=0; *(str+i)!=0; i++)      WriteLcdData(LINE1_HEAD+i,*(str+i));
}

void sputsLcdLine2(unsigned char *str)
```

```
{
    int i;

    for(i=0; *(str+i)!=0; i++)      WriteLcdData(LINE2_HEAD+i,*(str+i));
}

////////////////////////////////////////////////////////////////////////////////
```

| 실습결과 검토 및 연습문제 |

1 DIP 스위치(버스스위치)는 제품의 동작 옵션을 정할 때 주로 사용한다. 스위치 상태를 읽기 위해 포트를 입력상태로 설정하고 하이(1)를 출력하여 풀업저항을 연결한 것처럼 만들어 놓는다. 동작 옵션, 즉 임의의 기능을 동작시킬 것인가, 중지시킬 것인가를 결정하는 것이므로 전원 인가시 한 번만 체크하여 옵션 상태를 정하고 그 후로는 스위치 상태변화를 체크하지 않는다. 물론 메인루틴에서 옵션상태를 주기적으로 체크할 수도 있는데, 이 경우에는 동작중에 옵션상태를 변화시키는 것이므로 오동작을 일으키지 않도록 주의해야 한다.

2 ATmega128에서 인터럽트가 발생하였을 때 인터럽트 처리 루틴이 실행되는 과정을 설명하시오.

3 외부 인터럽트 INT7:0의 허용/금지를 설정하는 레지스터는 무엇인가?

4 ATmega128에서 제공되는 외부 인터럽트, INT7:0을 모두 사용하고, INT7:4는 상승 에지에서, INT3:0은 하강 에지에서 외부 인터럽트가 발생하도록 EICRA, EICRB, EIMSK 레지스터를 설정하시오.

```
EICRA=______________________________;
EICRB=______________________________;
EIMSK=______________________________;
```

5 인터럽트 벡터의 의미에 대해 설명하시오.

6 외부 인터럽트 벡터 처리 루틴을 표 8-1을 참조하여 쓰시오.

7 다음과 같은 조건을 만족하는 회로를 설계하고 프로그램을 설계하시오.

1) INT7 핀에 연결된 SW1을 누르면 PB0에 연결된 LED가 0.5초 간격으로 깜박거린다.
2) INT6 핀에 연결된 SW2를 누르면 PB0에 연결된 LED가 꺼진다.
3) 0.5초 간격으로 깜박거리는 기능은 메인루틴(main())에서 수행하거나 타이머0 인터럽트 루틴(TIMER0_OVF_vect)에서 수행하도록 한다.

CHAPTER 09
RS232/USB 통신

contents

09 RS232/USB 통신

9-1 실습 목표

1. 직렬통신의 대표적인 통신 방법인 RS232/USB 통신 방법을 배운다.
2. PC의 하이퍼터미널을 연결하여 ATmega128의 USART 비동기통신으로 RS232/USB 통신을 학습한다.
3. USART 통신을 위한 관련 레지스터 설정 방법을 익힌다.
4. RS232 드라이버 IC, USB 드라이버 IC에 대해 배운다.
5. 프로그램을 코딩, 컴파일하여 생성된 HEX 코드를 키트에 다운로드하여 동작 상태를 확인한다.

9-2 이론

1. USART 개요

USART(Universal Synchronous and Asynchronous Receiver and Transmitter)는 통신장치 간의 직렬통신에 많이 사용되는 장치로서 클럭발생부, 송신부, 수신부로 구성되고 주요 기능은 다음과 같다.

- 양방향 전송 방식(Full Duplex Operation)
- 동기식 또는 비동기식 동작(Synchronous or Asynchronous Operation)
- 마스터 또는 슬레이브 클럭 동기 동작
- 고분해능 전송속도 발생기
- 5~9비트의 데이터 비트, 1~2비트의 정지비트

- 홀수 또는 짝수 패리티 발생
- 데이터 오버 런, 프레임 에러 검출
- 3개의 분리된 인터럽트 소스(송신완료, 전송 데이터 비어 있음, 수신완료)
- 멀티-프로세서 통신 모드
- 2배속 비동기 통신 모드

ATmega128은 2개의 USART, 즉 USART0, USART1이 있고 각각 별도의 입출력 레지스터를 가지고 있다. 클럭발생부는 전송속도 발생기와 클럭동기회로로 이루어진다. 전송부는 송신 버퍼(UDR), 송신 시프트레지스터, 패리티 발생기 등으로 구성되며 수신부는 수신버퍼(UDR), 수신 시프트레지스터, 패리티검사기 등으로 구성된다.

2. USART 초기화

USART는 통신을 시작하기 전에 전송속도, 프레임 포맷, 송수신 동작 허용, 인터럽트 허용 여부 등의 설정을 위해 제어 및 상태레지스터(UCSRnA, UCSRnB, UCSRnC), 전송속도 레지스터(UBRRnH, UBRRnL)를 필요한 값으로 초기화해야 한다. 데이터 송수신을 인터럽트 처리 방식으로 동작하도록 초기화할 때는 전영역 인터럽트 허용 플래그(global interrupt flag)를 지워서 인터럽트 발생을 금지시킨 상태에서 초기화해야 한다.

USART가 동작 중인 상태에서 전송속도나 프레임 포맷 등을 변경하기 위해 레지스터 값을 바꿀 때에는 현재 전송중인 데이터가 있는지 없는지를 반드시 확인해야 한다. UCSRnA 레지스터의 TXCn, RXCn 플래그가 모두 0이 된 것을 확인하고 제어 및 상태레지스터(UCSRnA, UCSRnB, UCSRnC) 값을 변경한다.

3. USART 송신

USART 송신은 UCSRB 레지스터의 TXEN 비트를 1로 설정하면 동작이 허용되어 TXD 핀은 입출력 포트가 아닌 전송단자로 사용된다. USART로 동작하기 위해서는 전송동작 전에 전송속도, 동작모드, 프레임 포맷 등을 미리 설정하여야 한다. 동기 동작에서는 전송클럭으로 XCK핀으로 입력되는 클럭이 사용된다.

데이터 전송은 전송 버퍼에 보낼 데이터를 쓰는 것으로 시작된다. CPU는 이 데이터를 UDR 입출력 장소에 옮겨 넣는다. 옮겨진 데이터는 출력 핀으로 내보낼 수 있는 준비가 되면 시프트레지스터로 이동한다. 시프트레지스터의 데이터는 비동기 전송에서는 정해진 전송속도로, 동기 전송에서는 XCK 클럭에 의해 TXD핀으로 내보내진다.

전송 플래그와 인터럽트 데이터 전송과 관련된 플래그는 데이터가 비어있음을 알리는 UDRE, 전송이 완료되었음을 알리는 TXC가 있다. 이 두 플래그는 인터럽트를 발생하는데 사용되기도 한다.

UDRE는 전송 버퍼가 새로운 데이터를 받을 준비가 되어 있음을 나타낸다. UDRE가 1이면 전송 버퍼가 비어 있음을, 0이면 쉬프트 레지스터로 옮길 데이터가 아직 남아 있음을 나타낸다.

UCSRB 레지스터의 UDRIE를 1로 설정하면 SREG 레지스터의 I=1, UDRE=1일 때 '데이터 없음 인터럽트'가 발생한다. UDR 레지스터에 데이터를 쓰면 UDRE는 자동으로 지워진다. 인터럽트에 의한 전송방식을 사용할 경우에는 인터럽트 처리 루틴에서 UDR 레지스터에 새로운 데이터를 쓰거나 해당 인터럽트를 금지시켜 UDRE를 지워야 한다. UDRE를 지우지 않으면 인터럽트 처리 루틴을 빠져나왔을 때 다시 인터럽트가 걸리게 된다.

TXC는 전송 시프트레지스터에 있는 데이터가 모두 나가고 전송 버퍼에 더 이상 보낼 데이터가 없으면 1이 된다. TXC는 전송 완료 인터럽트 루틴이 실행되거나 그 비트에 1을 쓰면 0으로 지워진다. TXC는 송신완료 후에 즉시 수신모드와 전환해야 하는, RS485 통신과 같은 단방향 통신에서 유용하게 사용할 수 있다.

UCSRB 레지스터의 TXCIE를 1로 설정하면 SREG 레지스터의 I=1, TXC=1일 때 '송신 종료 인터럽트'가 발생한다. 인터럽트 처리를 위해 인터럽트 벡터로 점프하면 TXC는 자동으로 지워진다.

패리티 발생기 패리티 발생기는 데이터를 직렬로 보내면서 패리티 비트를 계산한다. UPM1=1이면 전송 제어부에서 데이터의 맨 마지막 비트와 첫 번째 정지비트 사이에 패리티 비트를 끼워넣는다.

전송 금지 데이터 전송 중에는 TXEN을 0으로 설정하더라고 보내고 있는 데이터는 전부 다 내보낸다. TXEN을 0으로 하여 전송 금지가 되면 TxD핀은 더 이상 역할을 하지 않는다.

4. USART 수신

UART 수신을 허용하기 위해서는 UCSRB 레지스터의 RXEN을 1로 설정한다. 수신이 허용되면 RxD핀은 전송단자 동작하여 직렬 입력값을 받아들인다. USART로 동작하기 위해서는 전송동작 전에 전송속도, 동작모드, 프레임 포맷 등을 미리 설정하여야 한다. 동기 동작에서는 전송 클럭으로 XCK핀으로 입력되는 클럭이 사용된다.

데이터 수신은 유효한 시작 비트를 검출하는 것으로 시작된다. 시작비트 다음에 오는 비트들은 비동기 전송에서는 정해진 전송속도로, 동기 전송에서는 XCK 클럭에 의해 샘플링되어 첫 번째 정지비트를 수신할 때까지 수신 시프트레지스터에 보내진다. 두 번째 정지비트는 무시된다. 첫 번째 정지비트가 수신되면 시프트레지스터에 데이터가 수신 버퍼로 옮겨진다. 그렇게 되면 UDR 레지스터를 읽어 수신 데이터를 읽어낸다.

수신완료 플래그와 인터럽트 데이터 전송과 관련된 플래그는 데이터가 비어있음을 알리는 UDRE, 전송이 완료되었음을 알리는 TXC가 있다. 이 두 플래그는 인터럽트를 발생하는데 사용되기도 한다.

수신완료 플래그 RXC는 수신 버퍼에 아직 읽어내지 않은 데이터가 있음을 나타낸다. 이 플래그는 수신 버퍼 데이터를 읽어내어 버퍼가 비게 되면 0이 된다. 수신이 금지되어 있으면(RXEN=0) 수신 버퍼의 데이터는 버려지고 RXC는 0으로 지워진다.

UCSRB 레지스터의 RXCIE를 1로 설정하면 SREG 레지스터의 I=1, RXC=1일 때 '수신완료 인터럽트'가 발생한다. 인터럽트에 의한 전송방식을 사용할 경우에는 인터럽트 처리 루틴에서 UDR 레지스터의 데이터를 읽어서 RXC를 지워야 한다. 데이터를 읽어내지 않으면 인터럽트 처리 루틴을 빠져나왔을 때 다시 인터럽트가 걸리게 된다.

수신 오류 플래그 수신 오류 플래그는 프레임 오류(FE), 데이터 넘침(DOR), 패리티 오류(PE)의 3종류가 UCSRA 레지스터에 있다. UCSRA의 오류 플래그들은 수신 버퍼, UDR을 읽기 전에 검사하여야 한다. UDR을 읽으면 오류 플래그의 상태가 변하기 때문이다. UCSRA 레지스터에 데이터를 쓸 때 이 비트들은 반드시 0을 쓴다.

- 프레임 오류(FE) : 수신 버퍼에서 읽어낼 데이터의 첫 번째 정지비트의 상태를 나타낸다. 정지비트가 정상(1)이면 0, 비정상(0)이면 1이 된다. FE는 첫 번째 정지비트의 상태

를 나타내기 때문에 UCSRC 레지스터의 USBS 비트의 설정에는 영향을 받지 않는다.

- 데이터 넘침(DOR) : 수신 버퍼에 데이터가 가득 차서 데이터 손실이 있음을 나타낸다. 이 플래그가 1이면 한 바이트 이상의 프레임 손실이 발생한 것이다. DOR은 수신된 프레임이 시프트레지스터에서 수신 버퍼로 성공적으로 옮겨지면 지워진다.
- 패리티 오류(PE) : UPE 비트는 읽어내려는 수신 버퍼의 데이터에 패리티 오류가 있을 때 1이 된다. 패리티 검사가 금지되어 있으면 UPE는 항상 0이다.

패리티 검출기 UPM1=1이면 패리티 발생기가 동작한다. 홀수패리티인지 짝수패리티인지는 UPM0 비트에 의해 선택된다. 패리티 발생기가 동작하면 들어오는 프레임으로 패리티 비트를 계산하여 결과값이 수신데이터, 정지비트와 함께 수신 버퍼에 저장된다.

패리티 오류 발생여부는 UPE 플래그를 읽으면 알 수 있다. UPE 비트는 읽어내려는 수신 버퍼의 데이터에 패리티 오류가 있을 때 1이 된다. 이 비트는 UDR 레지스터를 읽을 때까지 1을 유지한다.

수신 금지 송신기와는 반대로 RXEN=0으로 설정하면 수신은 즉시 멈추고 받고 있던 데이터는 잃어버린다. RXEN을 0으로 하여 수신 금지가 되면 RxD핀은 더 이상 역할을 하지 않으며 수신 버퍼 FIFO 데이터는 버려진다.

수신 버퍼 버리기 RXEN=1이 되어 수신이 금지되면 수신 버퍼 FIFO 데이터는 버린다. 정상동작 중에 버퍼를 비우려면 RXC 플래그가 0이 될 때까지 UDR을 계속 읽어내야 한다.

5. USART 레지스터

(1) UDRn(USARTn I/O Data Register)

UDRn은 USARTn의 송수신 데이터 버퍼 레지스터이다. 송신 UDRn과 수신 UDRn은 같은 번지에 위치하지만 내부적으로 서로 다른 레지스터로서, UDRn 레지스터에 데이터를 쓰면 송신레지스터(TXBn)에 저장되고 UDRn 레지스터에서 데이터를 읽으면 수신레지스터(RXBn)에서 데이터를 읽는다. 7~5비트 통신을 할 때는 사용하지 않는 상위비트는 송수신시 0으로 처리된다.

송신 버퍼인 TXBn에는 UCSRAn 레지스터의 UDREn 비트가 1일 때만 쓸 수 있다. 만약

UDREn 비트가 0일 때 데이터를 쓰면 무시된다.

Bit	7	6	5	4	3	2	1	0	
	RXBn[7:0]								UDRn(Read)
	TXBn[7:0]								UDRn(Write)
Read/Write	R/W	R/W	R/W	R/W	R/W	R/W	R/W	R/W	
Initial Value	0	0	0	0	0	0	0	0	

(2) UCSRnA(USART Control and Status Register A)

Bit	7	6	5	4	3	2	1	0	
	RXCn	TXCn	UDREn	FEn	DORn	UPEn	U2Xn	MPCMn	UCSRnA
Read/Write	R	R/W	R	R	R	R	R/W	R/W	
Initial Value	0	0	1	0	0	0	0	0	

● 비트7 – RXCn : USART Receive Complete

수신완료 상태임을 나타내는 플래그로 수신 버퍼에 새로운 데이터가 들어오면 1이 된다. RXCn이 1일 때 수신완료 인터럽트가 발생하고, 인터럽트 처리 루틴에서 UDRn 데이터를 읽으면 RXCn이 0으로 지워진다.

● 비트6 – TXCn : USART Transmit Complete

송신완료 상태임을 나타내는 플래그로 송신 시프트레지스터에서 데이터가 모두 전송되어 송신 버퍼가 비어 있는 상태가 되면 1이 된다. TXCn이 1이 되면 송신완료 인터럽트가 발생하고 인터럽트 처리 루틴이 실행되면 자동으로 0으로 지워진다. 강제로 지우고 싶으면 1을 쓰면 된다.

● 비트5 – UDREn : USART Data Register Empty

송신 버퍼인 UDRn(TXBn)가 새로운 데이터를 받을 준비가 되어 있으면 1이 된다. 즉 UDRn(TXBn)이 비어 있으면 1이 된다. UDRn이 1이 되면 UDRIEn 비트가 1인 경우 인터럽트가 발생한다. UDRn에 새로운 데이터를 쓰면 0으로 지워진다.

● 비트4 – FEn : Frame Error

데이터를 수신하는 동안 프레임 에러가 발생하였음을 나타내는 플래그로 수신 데이터의 첫 번째 정지비트(Stop Bit)가 0일 때 발생한다. FEn은 UDRn을 읽을 때까지 유효하며 UCSRnA 레지스터에 데이터를 쓰면 0으로 지워진다.

● 비트3 - DORn : Data OverRun

데이터를 수신할 때 오버런 에러를 나타내는 플래그이다. 오버런 에러는 UDRn에 아직 읽지 않은 수신 데이터가 있는 상태에서 수신 시프트레지스터에 새로운 데이터 수신이 완료되고 그 다음 수신 데이터의 시작 비트(Start Bit)가 검출될 때 발생한다. DORn은 UDRn을 읽을 때까지 유효하며 UCSRnA에 데이터를 쓰면 0으로 지워진다.

● 비트2 - UPEn : Parity Error

수신 데이터에서 패리티 에러가 발생하면 1이 된다. UPEn은 UDRn을 읽을 때까지 유효하며 UCSRnA에 데이터를 쓰면 0으로 지워진다.

● 비트1 U2Xn : Double the USART Transmission Speed

비동기 모드에서만 사용 가능한 비트이며 U2Xn이 1이면 클럭 분주비를 16분주에서 8분주로 낮추어 통신속도가 2배로 빨라진다.

● 비트0 - MPCMn : Multi-Processor Communication Mode

USARTn의 동작 모드를 멀티-프로세서 통신모드로 설정하기 위해 사용한다. 이 비트가 1로 설정되면 수신부를 통해 들어온 데이터가 어드레스 정보를 포함하지 않는 경우에는 모두 무시된다.

(3) UCSRnB(USART Control and Status Register B)

Bit	7	6	5	4	3	2	1	0	
	RXCIEn	TXCIEn	UDRIEn	RXENn	TXENn	UCSZn2	RXB8n	TXB8n	UCSRnB
Read/Write	R/W	R/W	R/W	R/W	R/W	R/W	R	R/W	
Initial Value	0	0	0	0	0	0	0	0	

● 비트7 - RXCIEn: RX Complete Interrupt Enable

수신완료 인터럽트 허용 비트이다. SREG 레지스터의 I=1, RXCIEn=1로 설정되어 있을 때 UCSRnA 레지스터의 RXCn=1이면 수신완료 인터럽트가 발생하여 인터럽트 처리 루틴이 실행된다.

● 비트6 - TXCIEn: TX Complete Interrupt Enable

송신완료 인터럽트 허용 비트이다. SREG 레지스터의 I=1, TXCIEn=1로 설정되어 있을 때 UCSRnA 레지스터의 TXCn=1이면 송신완료 인터럽트가 발생하여 인터럽트 처리 루틴이 실행된다.

● 비트5 – UDRIEn: USART Data Register Empty Interrupt Enable

데이터 레지스터가 비어 있음을 알리는 인터럽트 허용 비트이다. SREG 레지스터의 I=1, UDRIEn=1로 설정되어 있을 때 UCSRnA 레지스터의 UDREn=1이면 인터럽트가 발생하여 인터럽트 처리 루틴이 실행된다.

● 비트4 – RXENn: Receiver Enable

USARTn 수신부가 동작하도록 허용하는 비트이다. RXENn=1이면 RXDn핀이 일반 입출력 포트가 아닌 데이터 수신 핀으로 동작한다.

● 비트3 – TXENn: Transmitter Enable

USARTn 송신부가 동작하도록 허용하는 비트이다. TXENn=1이면 TXDn핀이 일반 입출력 포트가 아닌 데이터 송신 핀으로 동작한다.

● 비트2 – UCSZn2: Character Size

통신 데이터의 비트 크기를 설정하는 비트이다. 표 12-3과 같이 UCSRnC 레지스터의 UCSZn1:0와 함께 송수신 데이터의 비트수를 결정한다.

● 비트1 – RXB8n: Receive Data Bit 8

통신 데이터를 9비트로 사용할 때 9번째 수신 비트이다. UDRn을 읽기 전에 반드시 RXB8n을 먼저 읽어내야 한다.

● 비트0 – TXB8n: Transmit Data Bit 8

통신 데이터를 9비트로 사용할 때 9번째 송신 비트이다. UDRn을 쓰기 전에 반드시 TXB8n을 먼저 써넣어야 한다.

(4) UCSRnC(USART Control and Status Register C)

Bit	7	6	5	4	3	2	1	0	
	-	UMSELn	UPMn1	UPMn0	USBSn	UCSZn1	UCSZn0	UCPOLn	UCSRnC
Read/Write	R/W	R/W	R/W	R/W	R/W	R/W	R/W	R/W	
Initial Value	0	0	0	0	0	1	1	0	

● 비트6 – UMSELn: USART Mode Select

통신 모드를 비동기 방식으로 할지 동기 방식으로 할지 결정하는 비트이다. 0이면 비동기 방식, 1이면 동기 방식으로 동작한다.

● 비트5:4 – UPMn1:0 : Parity Mode

패리티 모드를 설정하는 비트이다. 패리티 모드 설정은 표 9-1과 같다.

표 9-1 패리티 모드 설정

UPMn1	UPMn0	패리티 모드
0	0	사용하지 않음
0	1	–
1	0	짝수(Even) 패리티
1	1	홀수(Odd) 패리티

● 비트3 – USBSn: Stop Bit Select

정지비트(Stop Bit) 수를 설정하는 비트이다. 0이면 1비트, 1이면 2비트로 설정된다.

● 비트2:1 – UCSZn1:0 : Character Size

통신 데이터의 비트 크기를 설정하는 비트이다. 표 9-2와 같이 UCSRnB 레지스터의 UCSZn2와 함께 3비트로 구성되어 송수신 데이터의 비트 크기를 설정하는데 사용된다.

표 9-2 통신 데이터 비트 크기 설정

UCSZn2	UCSZn1	UCSZn0	비트 크기
0	0	0	5비트
0	0	1	6비트
0	1	0	7비트
0	1	1	8비트
1	0	0	–
1	0	1	–
1	1	0	–
1	1	1	9비트

● 비트0 – UCPOLn: Clock Polarity

동기 방식 통신에서만 사용되고 비동기 방식에서는 0으로 설정한다. 동기 방식에서 UCPOLn=0이면 송신 데이터는 클럭의 상승 에지(Rising Edge)에서 TXDn핀으로 출력되고 수신 데이터는 클럭의 하강 에지(Falling Edge)에서 RXDn핀으로 받아들인다. 반대로 UCPOLn=1이면 송신 데이터는 클럭의 하강 에지(Falling Edge)에서 TXDn핀으로 출력되고 수신 데이터는 클럭의 상승 에지(Rising Edge)에서 RXDn핀으로 받아들인다.

(5) UBRRnL and UBRRnH(USART Baud rate Registers)

Bit	15	14	13	12	11	10	9	8	
	-	-	-	-	UBRRn[11:8]				UBRRnH
	UBRRn[7:0]								UBRRnL
	7	6	5	4	3	2	1	0	
Read/Write	R	R	R	R	R/W	R/W	R/W	R/W	
	R/W	R/W	R/W	R/W	R/W	R/W	R/W	R/W	
Initial Value	0	0	0	0	0	0	0	0	
	0	0	0	0	0	0	0	0	

● 비트15:12 – Reserved Bits

사용하지 않으며 반드시 0으로 써야 한다.

● 비트11:0 – UBRRn11:0 – USARTn Baud Rate Registers

USARTn의 전송속도를 설정하는 레지스터이며 12비트를 사용한다. UBRRnH, UBRRnL에 값을 쓸 때 항상 UBRRnH에 값을 먼저 쓴 후에 UBRRnL에 값을 써야 한다.

6. RS232/USB 드라이버 IC: MAX232/CP2102

■ MAX232

RS232 통신은 TTL 레벨(+5V)의 데이터를 ±12V로 높여서 비교적 먼 거리(15m~20m)의 통신을 가능하게 한다. TTL 레벨로 통신을 하게 되면 선로에 약간의 잡음만 섞여도 데이터가 깨진다. 이러한 문제를 해결하기 위해 데이터의 레벨을 높여준다. RS232 통신은 보통 2400bps ~ 115200bps의 속도로 통신을 하며 통신속도가 높을수록 거리가 짧아지고 낮을수록 먼 거리까지 통신이 가능하다.

RS232 통신은 9핀으로 구성되고 그중 TXD, RXD, GND의 3핀으로 통신을 수행한다. 나머지 핀들은 통신절차를 위한 입출력 신호를 주고받는데 사용한다.

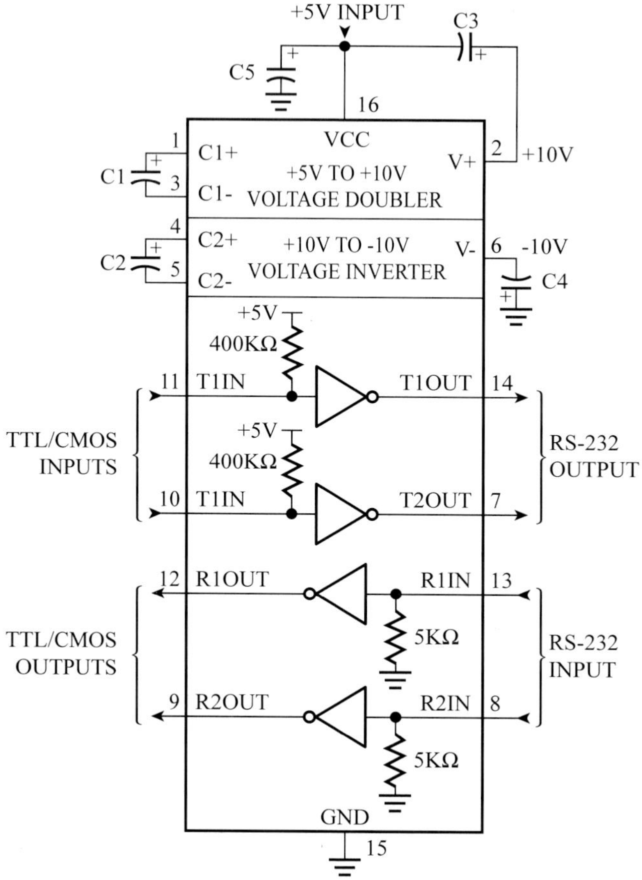

그림 9-1 MAX232 동작회로

USB 컨트롤러 CP2102는 USB 2.0을 지원하고 USB와 UART 사이의 데이터 전송을 관리한다. UART 인터페이스는 송신(TX), 수신(RX) 데이터 신호와 RTS, CTS, DSR, DTR, DCD, RI 제어신호로 구성되고, RTS/CTS, DSR/DTR, X-On/X-Off 핸드셰이킹을 지원한다. UART 기능에서는 여러 가지 데이터 형태와 전송속도를 설정할 수 있다.

CP2102의 주요기능은 다음과 같다.

- USB 신호를 UART 데이터로 변환하여 전송한다.

- USB 2.0 지원, 최고속도 12Mbps
- UART 전송속도: 300bps ~ 1Mbits
- USB 버스 파워 범위: 4V ~ 5.25V
- 5V를 3.3V로 변환시키는 정전압기(Voltage Regulator)가 내장되어 있고 V_{DD}핀(핀6)으로 출력된다. 최대 출력전류는 100mA이다.

9-3 설계 규격

(1) 사용포트: PE0(RXD0), PE1(TXD0)

(2) 통신확인 프로그램: 하이퍼터미널

(3) 통신속도: 115,200bps

(4) 포트설정: data 8bit, No parity, 1stop, 하드웨어 없음

(5) 7장에서 설계한 4x4 키스캔 프로그램을 사용한다.

(6) LCD 모듈에 검출된 키데이터를 표시한다.

(7) 하이퍼터미널에서 수신한 데이터는 그대로 리턴(return)시킨다.

(8) 키트에서 사용하는 마이크로프로세서의 클럭주파수는 14.7456MHz이다.

9-4 회로도

- 실험번호 선택: 9

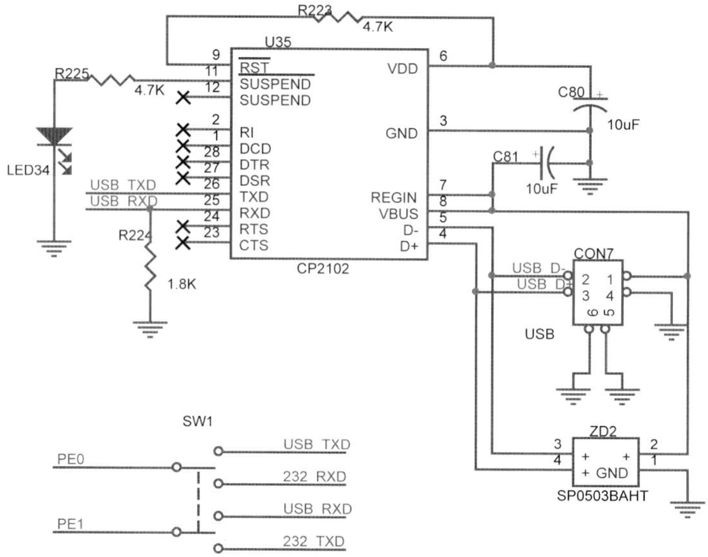

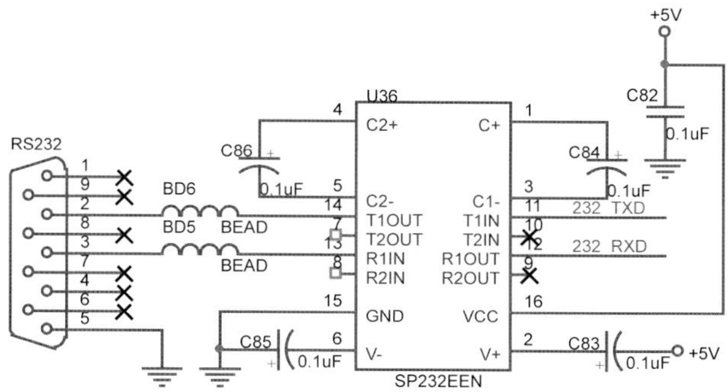

9-5 핀 할당

프로세서명	핀 이름	핀 번호	I/O	기능
ATmega128 / AT90CAN128	PE0	2	I	RXD0
	PE1	3	O	TXD0

프로세서명	핀 이름	핀 번호	I/O	기능
ATmega2560	PE0	2	I	RXD0
	PE1	3	O	TXD0

9-6 소스 프로그램

define.h

```
#define   BYTE          unsigned char
#define   WORD          unsigned int
#define   LONG          unsigned long
#define   L_LONG        unsigned long long

#define   SBYTE         signed char
#define   SWORD         signed int
#define   SLONG         signed long
#define   SL_LONG       signed long long

//////////////////////////////////////////////////////////////////////////////////
/* Bit Flag */
#define  BIT0           0x01        //00000001
#define  BIT1           0x02        //00000010
#define  BIT2           0x04        //00000100
#define  BIT3           0x08        //00001000
#define  BIT4           0x10        //00010000
#define  BIT5           0x20        //00100000
#define  BIT6           0x40        //01000000
#define  BIT7           0x80        //10000000

//////////////////////////////////////////////////////////////////////////////////

#define   LCD_RS        BIT3        //
#define   LCD_RW        BIT4        //
#define   LCD_EN        BIT5        //

#define   LCD_DATA  PORTA           //

#define   LINE1_HEAD    0x80        //Line1 start address
#define   LINE2_HEAD    0xC0        //Line2 start address

//////////////////////////////////////////////////////////////////////////////////

#define   CHAT_COUNT    5 //4x4 KEY chattering count
```

```
////////////////////////////////////////////////////////////////////////////////

#define   BAUD_RATE0       115200   //UART0 baudrate
#define   COMM_DATA_MAX    128      //BUF SIZE

#define   ESC       0x1b
#define   CR        0x0d
#define   LF        0x0a
#define   BS        0x08
#define   BELL      0x07
#define   DEL       0x7f

////////////////////////////////////////////////////////////////////////////////
```

main.c

```
////////////////////////////////////////////////////////////////////////////////
// Project Name      : MTK-AT8
// Function          : RS232/USB data comm.
// File Name    : main.c
// Version / Date : 1.0 / 2016.5.2
////////////////////////////////////////////////////////////////////////////////

#include <avr/io.h>
#include <avr/interrupt.h>
#include <avr/pgmspace.h>
#include "define.h"

/*=====================================================*/
/*    VARIABLE DEFINE
/*=====================================================*/

WORD Comm0Head=0;
WORD Comm0Tail=0;
BYTE Comm0Buf[COMM_DATA_MAX]={0};

BYTE TimerFlag;
WORD Timer1Cnt;
```

```
BYTE Timer1Flag;

BYTE scan_key,old_key44,Key44_Data,scan_chatt_count,key44_event;

/*=====================================================*/
/*    FUNCTION DEFINE
/*=====================================================*/

void InitPort(void);
void InitTimer0(void);
void InitUart0(void);

void Delay(unsigned long delay);
void Delay_us(WORD time_us);
void Delay_ms(unsigned int time_ms);

void InitLCD(void);
void WriteLcdCmd(BYTE cmd);
void WriteLcdData(BYTE loc, BYTE data);

void Init_Display(void);
void sputsLcdLine1(unsigned char *str);
void sputsLcdLine2(unsigned char *str);

void Key44_Scan(void);
void Key44_Job_Exe(void);
void Key44_0_9(void);
void Key44_nop(void);

void Get0Packet(void);
void sputc(BYTE ch);

////////////////////////////////////////////////////////////////////////////////

const BYTE hexdigit[] PROGMEM = "0123456789ABCDEF";

////////////////////////////////////////////////////////////////////////////////

int main(void)
```

```
{
  SPH = 0x10;
  SPL = 0xff;          // Stack Poniter Setting.

  InitPort();
  InitTimer0();        //Init Timer0, Init Register
  InitUart0();         //Init Uart0 (115200 bps)

  Delay_ms(100);       //Wait for more than 30msec
  InitLCD();

  sei();               //Interrupt Enabled (I bit of SREG is set)

  Init_Display();

  while(1)
  {
     if(TimerFlag)          //job EXE every 10 msec
     {
        Key44_Scan();
       TimerFlag = 0;       //Clear 10msec EVT flag
     }

     if(Timer1Flag)         //job EXE every 1 sec
     {

       Timer1Flag = 0;      //Clear 1sec EVT flag
     }

     if(key44_event == 1)
     {
       Key44_Job_Exe();
       key44_event = 0;   //Clear KEY EVT flag
     }

     if(Comm0Head != Comm0Tail)     Get0Packet();      //data Comm GUI
  }
}
```

```
void Get0Packet(void)
{
	BYTE Packet0Data = 0;

	Packet0Data = Comm0Buf[Comm0Tail++];
	if(Comm0Tail >= COMM_DATA_MAX)		Comm0Tail = 0;

	sputc(Packet0Data);
}

/////////////////////////////////////////////////////////////////////////////////////////////////////////////////////////

void sputc(BYTE ch)
{
	if(ch != '\n' && ch != 0)
	{
		while(!(UCSR0A&0x20));
		UDR0 = ch;
		UCSR0A |= 0x20;
	}
	else
	{
		while(!(UCSR0A&0x20));
		UDR0 = CR;
		UCSR0A |= 0x20;
		while(!(UCSR0A&0x20));
		UDR0 = LF;
		UCSR0A |= 0x20;
	}
}

////////////////////////////////////////////////////////////////////////////////
//	TIMER0 INTERRUPT SERVICE ROUTINE
////////////////////////////////////////////////////////////////////////////////

ISR(TIMER0_OVF_vect)
{
  TCNT0 = 112;  //TCNT =184 ->(1024/14.7456MHz)*(256-112)=10msec
```

```
  TimerFlag = 1;          //Set 10msec EVT flag ! (EXE @ main routine)

  Timer1Cnt++;
  if(Timer1Cnt >= 100)    //10 x 100 = 1 sec
  {
    Timer1Cnt = 0;
    Timer1Flag = 1;       //Set 1sec EVT flag ! (EXE @ main routine)
  }
}

////////////////////////////////////////////////////////////////////////////////
//    UART0 RX/TX INTERRUPT SERVICE ROUTINE
////////////////////////////////////////////////////////////////////////////////

ISR(USART0_RX_vect)
{
      Comm0Buf[Comm0Head++] = UDR0;
      if(Comm0Head >= COMM_DATA_MAX)          Comm0Head = 0;
}

ISR(USART0_TX_vect)
{

}

/*=====================================================*/
/*    FUNCTIONS
/*=====================================================*/

void InitPort(void)
{
      PORTA= 0xFF;
      DDRA= 0xFF;      //LCD data

      PORTB= 0xFF;
      DDRB= 0xFF;     //FND1,2 COM1~COM4

      PORTC= 0xFF;
      DDRC= 0xF0;      //4x4 KEY_SCAN
```

```
    PORTD=0x00;
    DDRD= 0xFF;

    PORTE= 0xFF;
    DDRE = 0x00;

    PORTF = 0xC0;
    DDRF = 0xF8;    //16x2 LCD control : PF5=E, PF4=RW, PF3=RS

    PORTG = 0xFF;   //Pull Up
    DDRG = 0x00;    //input mode
}

//////////////////////////////////////////////////////////////////////////////
//    INIT Timer0 Interrupt
//////////////////////////////////////////////////////////////////////////////

void InitTimer0(void)
{
    TCCR0 = 0x07;   // Trigger => Fclock/1024
    TCNT0 = 0x00;   // clear Timer Counter Register
    TIMSK = 0x01;   // Timer0 Interrupt Enable Mask Register
}

//////////////////////////////////////////////////////////////////////////////
// Enable Uart0 Interrupt
//////////////////////////////////////////////////////////////////////////////

void InitUart0(void)
{
  WORD UBRR;
  BYTE UBRH,UBRL;

  if(BAUD_RATE0 == 2400)           UBRR = 383;
  else if(BAUD_RATE0 == 4800)      UBRR = 191;
  else if(BAUD_RATE0 == 9600)      UBRR = 95;
  else if(BAUD_RATE0 == 14400)     UBRR = 63;
  else if(BAUD_RATE0 == 19200)     UBRR = 47;
```

```
    else if(BAUD_RATE0 == 28800)      UBRR = 31;
    else if(BAUD_RATE0 == 38400)      UBRR = 23;
    else if(BAUD_RATE0 == 57600)      UBRR = 15;
    else if(BAUD_RATE0 == 76800)      UBRR = 11;
    else if(BAUD_RATE0 == 115200)     UBRR = 7;

    UBRH = (BYTE)(UBRR >>8);
    UBRL = (BYTE)(UBRR);

    UBRR0H = UBRH;     // UBRR register xxxxUUUU UUUUUUUU( x=reserved, U=use)
    UBRR0L = UBRL;     // for 115200BPS Baud_rate (error rate : @)
                       //Baud_rate=Fosc/(16*(UBRR+1))
    UCSR0B = 0x98;     // uart [Rx(bit7) interrupt enable Rx(bit4)Tx(bit3) enabe]
    UCSR0C = 0x06;     // Async MODE, no parity, stop bit(1bit), data bit(8bit)..
}

//////////////////////////////////////////////////////////////////////////////

void Delay(unsigned long delay)
{
     while(delay--) asm("nop");
}

//////////////////////////////////////////////////////////////////////////////

void Delay_us(WORD time_us) //measured by oscilloscope
{
  WORD i;

  for(i=0; i<time_us; i++)//4Cycle +
  {
     asm("PUSH R0"); //2Cycle +
     asm("NOP");     //1Cycle +
     asm("NOP");     //1Cycle +
     asm("NOP");     //1Cycle +
     asm("NOP");     //1Cycle +
     asm("NOP");     //1Cycle +
     asm("POP R0");  //2Cycle = 13Cycle = 1us for 14.7456MHz
  }
```

```
}

////////////////////////////////////////////////////////////////////////

void Delay_ms(unsigned int time_ms) //Time Delay for ms
{
  WORD i;

  for( i=0; i<time_ms; i++)
  {
     Delay_us(250);
     Delay_us(250);
     Delay_us(250);
     Delay_us(250);
  }
}

/*--------------------------------------------------*/
// 16x2 LCD Module Control Routines !!
/*--------------------------------------------------*/

void InitLCD(void)
{
     WriteLcdCmd(0x38);  //CMD 38H
     Delay(100);
     WriteLcdCmd(0x08);  //CMD 08H
     Delay(100);
     WriteLcdCmd(0x01);  //CMD 01H
     Delay(2000);
     WriteLcdCmd(0x0C);  //CMD 0CH
     Delay(100);
     WriteLcdCmd(0x06);  //CMD 06H
}

void WriteLcdCmd(BYTE cmd)
{
     PORTF &= ~LCD_RS;    //RS,RW = 0,0 (WRITE CMD)
     PORTF &= ~LCD_RW;
     Delay(10);
```

```
    PORTF |= LCD_EN;        //E = 1
    Delay(10);

    LCD_DATA = cmd;         //CMD
    Delay(10);

    PORTF &= ~LCD_EN;       //E = 0
    Delay(10);

    PORTF &= 0xC7;          //E,RS,RW = 0,0,0
    Delay(10);
}

void WriteLcdData(BYTE loc, BYTE data)
{
    WriteLcdCmd(loc);       //set location

    PORTF |= LCD_RS;        //RS,RW = 1,0 (WRITE DATA)
    PORTF &= ~LCD_RW;
    Delay(10);

    PORTF |= LCD_EN;        //E = 1
    Delay(10);

    LCD_DATA = data;        //CMD
    Delay(10);

    PORTF &= ~LCD_EN;       //E = 0
    Delay(10);

    PORTF &= 0xC7;          //E,RS,RW = 0,0,0
    Delay(10);
}

/*-------------------------------------------------*/
void Init_Display(void)
{
    sputsLcdLine1("TEST KIT:MTK-AT8");
```

```
    sputsLcdLine2(" KEY data = .  ");
}

/*--------------------------------------------------*/
void sputsLcdLine1(unsigned char *str)
{
    int i;

    for(i=0; *(str+i)!=0; i++)      WriteLcdData(0x80+i,*(str+i));
}

void sputsLcdLine2(unsigned char *str)
{
    int i;

    for(i=0; *(str+i)!=0; i++)      WriteLcdData(0xC0+i,*(str+i));
}

//////////////////////////////////////////////////////////////////////////////
//          4x4 KEY SCAN ROUTINE
//////////////////////////////////////////////////////////////////////////////

void Key44_Scan(void)
{
  BYTE    scan_count;

  if(scan_chatt_count>=CHAT_COUNT)
  {
    PORTC = 0x0F;
    Delay(10);
    if((PINC&0x0F) == 0x0F)         scan_chatt_count = 0;
  }
  else
  {
    scan_count = 0;

    PORTC = 0xEF;   //scan_out 1110
    Delay(10);
    if((PINC&BIT0) == 0) {scan_key=1;scan_count++;}
```

```
if((PINC&BIT1) == 0) {scan_key=4;scan_count++;}
if((PINC&BIT2) == 0) {scan_key=7;scan_count++;}
if((PINC&BIT3) == 0) {scan_key=11;scan_count++;}

PORTC = 0xDF;   //scan_out 1101
Delay(10);
if((PINC&BIT0) == 0) {scan_key=2;scan_count++;}
if((PINC&BIT1) == 0) {scan_key=5;scan_count++;}
if((PINC&BIT2) == 0) {scan_key=8;scan_count++;}
if((PINC&BIT3) == 0) {scan_key=10;scan_count++;}

PORTC = 0xBF;   //scan_out 1011
Delay(10);
if((PINC&BIT0) == 0) {scan_key=3;scan_count++;}
if((PINC&BIT1) == 0) {scan_key=6;scan_count++;}
if((PINC&BIT2) == 0) {scan_key=9;scan_count++;}
if((PINC&BIT3) == 0) {scan_key=12;scan_count++;}

PORTC = 0x7F;   //scan_out 0111
Delay(10);
if((PINC&BIT0) == 0) {scan_key=13;scan_count++;}
if((PINC&BIT1) == 0) {scan_key=14;scan_count++;}
if((PINC&BIT2) == 0) {scan_key=15;scan_count++;}
if((PINC&BIT3) == 0) {scan_key=16;scan_count++;}

PORTC = 0xFF;

if(scan_count != 1)  return;     //if double key or no key, return

if(scan_key != old_key44)
{
  old_key44 = scan_key;
  scan_chatt_count = 0;
}
else
{
  scan_chatt_count++;
  if(scan_chatt_count>=CHAT_COUNT)
  {
```

```
            Key44_Data = old_key44;
            old_key44 = 0;

            key44_event = 1; //Set KEY EVT flag ! (EXE @ main routine)
        }
      }
  }
}

//////////////////////////////////////////////////////////////////////////////
//          KEY_DATA_EXE
//////////////////////////////////////////////////////////////////////////////

void Key44_Job_Exe(void)
{
  if(Key44_Data==10)        Key44_Data=0;                //cvt 10-->0
  else if(Key44_Data>10) Key44_Data--;                   //cvt 11~16-->10~15

  sputc(pgm_read_byte(&hexdigit[Key44_Data]));          //send to UART0
  WriteLcdData(LINE2_HEAD+12,pgm_read_byte(&hexdigit[Key44_Data]));
  //send to 16x2 charactor LCD

  switch(Key44_Data)
  {
     case 0   :   Key44_0_9();    break;
     case 1   :   Key44_0_9();    break;
     case 2   :   Key44_0_9();    break;
     case 3   :   Key44_0_9();    break;
     case 4   :   Key44_0_9();    break;
     case 5   :   Key44_0_9();    break;
     case 6   :   Key44_0_9();    break;
     case 7   :   Key44_0_9();    break;
     case 8   :   Key44_0_9();    break;
     case 9   :   Key44_0_9();    break;

     case 10  :   Key44_nop();    break;
     case 11  :   Key44_nop();    break;
     case 12  :   Key44_nop();    break;
     case 13  :   Key44_nop();    break;
```

```
    case 14  :   Key44_nop();    break;
    case 15  :   Key44_nop();    break;
    default  :   break;
  }
}

void Key44_0_9(void)
{

}

void Key44_nop(void)
{

}

///////////////////////////////////////////////////////////////////////////////
```

| 실습결과 검토 및 연습문제 |

1 통신속도를 변화시켜 가면서 PC와 키트간 통신시험을 하여 보시오.

2 아래와 같은 조건에서 USART0, USART1을 사용하기 위한 초기화 프로그램을 작성하시오.
(1) 통신 조건: 115,200bps, 8 데이터 비트, 1 정지비트, 패리티 비트 없음
(2) 사용하는 크리스탈 주파수: 14.7456MHz(키트의 MCU에 달려있는 크리스탈 주파수)

3 USARTn 레지스터인 UDRn, UCSRnA, UCSRnB, UCSRnC 레지스터에 대해 설명하시오. (n=0, 1)

4 USART 통신에서 데이터를 송신할 때 인터럽트를 사용할 경우, 사용하지 않고 보내는 경우에 대해 송신 방법을 설명하시오.

5 PC로부터 USART0을 통해 숫자 '1234'를 받았을 때, 아래의 회로에서 FND에 1234를 표시하는 프로그램을 작성하시오.(각 숫자는 2msec마다 표시)

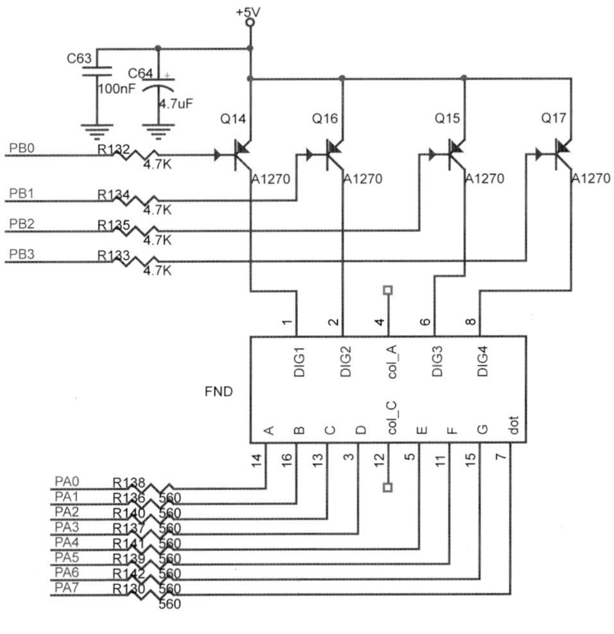

CHAPTER 10
RS485 통신

contents

10 RS485 통신

10-1 실습 목표

1. RS485 통신을 위한 회로구성 방법을 배운다.
2. USART에 RS485 드라이버 IC를 연결하여 통신하는 방법을 배운다.
3. USART 통신을 위한 관련 레지스터 설정 방법을 익힌다.
4. RS485 드라이버 IC에 대해 배운다.
5. 프로그램을 코딩, 컴파일하여 생성된 HEX 코드를 키트에 다운로드하여 동작 상태를 확인한다.

10-2 이론

RS485 통신은 두 가닥의 신호선을 이용하여 서로 역상의 신호를 보냄으로써 통신이 이루어진다. 그러므로 장비간에 RS485 통신을 할 때 서로 접지가 연결되지 않아도 통신할 수 있다. 앞 장에서 설명한 RS232 통신은 장비간의 접지가 연결되어 있어야 한다. RS485 통신의 특징은 다음과 같다.

1. 단방향 통신(half duplex)이다. RS232C 통신이나 RS422 통신의 경우에는 송신과 수신이 서로 분리되어 있어서 양방향 통신(full duplex)이 가능하다. 하지만 RS485 통신의 경우에는 2개의 신호선으로 송신과 수신을 수행한다. 통신선은 단 두 가닥으로, 한 쪽이 송신을 하면 다른 쪽은 수신을 해야 한다.

   RS485 통신은 단방향통신이기 때문에 여러 개의 장비가 데이터의 충돌없이 통신을 하기 위해서는 어느 하나가 마스터(Master)가 되어 폴링하는 방식을 이용해야 한다. 나머지는 모두 슬레이브(Slave)가 되고 슬레이브는 각각 고유번호(ID)를 갖게 된다. 마스터나 슬레이브는 데이터를 보내지 않을 때는 항상 수신모드로 설정되어 데이터를 받을 준비를 하고 있어야 한다.

마스터가 데이터통신을 위해 송신모드로 전환하고 받을 슬레이브의 ID가 포함된 데이터를 보내면 모든 슬레이브는 데이터를 받는다. 슬레이브는 수신한 데이터를 분석하여 내 것이 아니면 데이터를 버리고 내 것이면 데이터를 취하여 데이터의 내용에 맞는 동작을 하게 된다.

데이터통신을 할 때 주의할 것 중 하나는, 슬레이브가 받은 데이터에 대해 응답할 필요가 있을 때에는 마스터에서 데이터를 송신하고 수신상태로 전환하는데 걸리는 시간을 고려하여 보내야 한다는 것이다. 마스터가 수신상태로 전환하기 전에 데이터를 보내버리면 데이터는 사라져 버린다. 통상적으로 이러한 점을 고려하여, 슬레이브에서 데이터를 보낼 때는 약간의 시간지연(time interval) 후에 응답데이터를 보낸다. 그림 10-1에 RS485 통신 구성도를 나타내었다.

2. 종단저항(terminator resistor)이 사용된다. RS422 통신에서와 같이 RS485 통신에서도 종단저항이 사용된다. 이 종단저항은 통신로의 양쪽 끝에 저항을 삽입하여 임피던스를 조정한다. 또한 RS485 통신에 사용되는 회선은 임피던스가 50Ω인 트위스트페어(twist pair)를 사용해야 한다. 이 종단저항은 일반적으로 100Ω 저항을 사용하지만 선로상태에 따라 가감을 해야 하는 경우가 발생하기도 한다.

3. 장거리 통신이 가능하다. 20~30m 정도의 통신거리를 가지는 RS232C 통신에 비해 1.2km의 거리까지 통신이 가능하다. 단, 거리가 길어질수록 통신속도가 떨어진다는 점에 유의해야 한다.

4. 모뎀 등과 같은 전화회선과는 달리 +, -회선이 서로 바뀌면 안 된다. 그러므로 +회선은 +회선끼리, -회선은 -회선끼리 연결되어야 한다. +, -회선이 바뀌면 통신도 되지 않을 뿐만 아니라 RS485 드라이버 칩이 망가지기 쉽다.

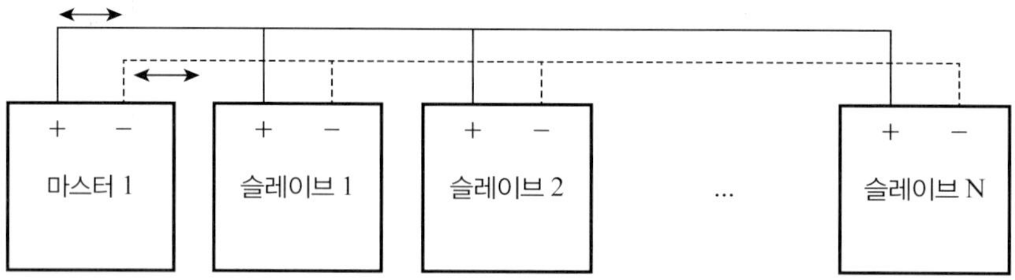

그림 10-1 RS485 통신 구성도

이 장에서는 USART1을 사용하고 RS485 드라이버 IC를 연결하여 통신시험을 한다. ATmega128의 USART(Universal Synchronous and Asynchronous Receiver and Transmitter) 내부구성과 기능은 같으므로 자세한 사항은 9장을 참조하기 바란다.

RS485 드라이버 IC: MAX485

MAX485는 RS485 통신과 RS422 통신에 사용하는 저전력 트랜시버이다. +5V 전원으로 동작하고 부하가 걸려있지 않을 때나 부하가 걸려있더라도 디스에이블(Disable)되어 수신 상태에 있을 때는 120uA ~ 500uA 정도의 전류가 흐른다.

MAX485는 전송속도를 최대 2.5Mbps까지 높일 수 있다. 또한 드라이버 인에이블(DE) 핀과 수신 인에이블(/RE) 핀이 구비되어 있고 양쪽 다 디스에이블(Disable) 상태에서는 드라이버(DI) 핀과 수신출력(RO) 핀은 하이임피던스(high impedence) 상태가 된다. RS485 드라이버는 최대 32개까지 연결하여 사용할 수 있다.

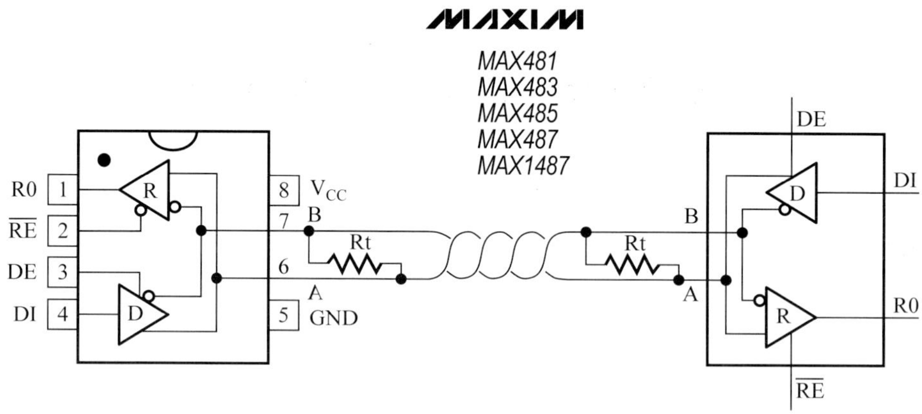

그림 10-2 MAX485 동작회로

10-3 설계 규격

(1) 사용포트: PD2(RXD1), PD3(TXD1), PD4(TX_RX)

(2) 통신확인 프로그램: 하이퍼터미널

(3) 통신속도: 115,200bps

(4) 포트설정: data 8bit, No parity, 1stop, 하드웨어 없음

(5) 7장에서 설계한 4x4 키스캔 프로그램을 사용한다.

(6) LCD 모듈에 검출된 키데이터를 표시한다.

(7) 하이퍼터미널에서 수신한 데이터는 그대로 리턴(return)시킨다.

(8) 키트에서 사용하는 마이크로프로세서의 클럭주파수는 14.7456MHz이다.

10-4 회로도

– 실험번호 선택: 10

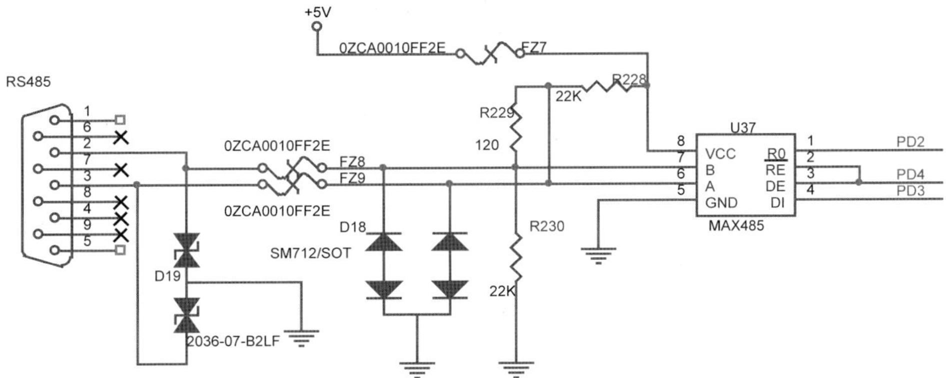

10-5 핀 할당

프로세서명	핀 이름	핀 번호	I/O	기능
ATmega128 / AT90CAN128	PD2	27	I	RXD1
	PD3	28	O	TXD1
	PD4	29	O	TX_RX (TX:1, RX:0)

프로세서명	핀 이름	핀 번호	I/O	기능
ATmega2560	PD2	45	I	RXD1
	PD3	46	O	TXD1
	PD4	47	O	TX_RX (TX:1, RX:0)

10-6 소스 프로그램

define.h

```
#define   BYTE        unsigned char
#define   WORD        unsigned int
#define   LONG        unsigned long
#define   L_LONG      unsigned long long

#define   SBYTE       signed char
#define   SWORD       signed int
#define   SLONG       signed long
#define   SL_LONG     signed long long

////////////////////////////////////////////////////////////////////////////////
/* Bit Flag */
#define   BIT0        0x01     //00000001
#define   BIT1        0x02     //00000010
#define   BIT2        0x04     //00000100
#define   BIT3        0x08     //00001000
#define   BIT4        0x10     //00010000
#define   BIT5        0x20     //00100000
#define   BIT6        0x40     //01000000
#define   BIT7        0x80     //10000000
```

```
////////////////////////////////////////////////////////////////////////////////
/*
#define   HIGH      1
#define   LOW       0

#define   SEG71_COM1     PORTB_Bit0  //
#define   SEG71_COM2     PORTB_Bit1  //
#define   SEG71_COM3     PORTB_Bit2  //
#define   SEG71_COM4     PORTB_Bit3  //

#define   SEG72_COM1     PORTB_Bit4  //
#define   SEG72_COM2     PORTB_Bit5  //
#define   SEG72_COM3     PORTB_Bit6  //
#define   SEG72_COM4     PORTB_Bit7  //

#define   SEG71_COM1     PORTB_Bit0  //
*/
////////////////////////////////////////////////////////////////////////////////

#define   LCD_RS         BIT3       //
#define   LCD_RW         BIT4       //
#define   LCD_EN         BIT5       //

#define   LCD_DATA  PORTA           //

#define   LINE1_HEAD     0x80       //Line1 start address
#define   LINE2_HEAD     0xC0       //Line2 start address

////////////////////////////////////////////////////////////////////////////////

#define   CHAT_COUNT     5  //4x4 KEY chattering count

////////////////////////////////////////////////////////////////////////////////

#define   BAUD_RATE0       115200   //UART0 baudrate
#define   COMM_DATA_MAX    128      //BUF SIZE

#define   ESC       0x1b
```

```
#define  CR        0x0d
#define  LF        0x0a
#define  BS        0x08
#define  BELL      0x07
#define  DEL       0x7f

/////////////////////////////////////////////////////////////////////////////

#define  BAUD_RATE1    115200     //UART1 baudrate
#define  RS485_EN  BIT4           //

/////////////////////////////////////////////////////////////////////////////
```

main.c

```
////////////////////////////////////////////////////////////////////////////
// Project Name     : MTK-AT8
// Function         : RS485 data comm.
// File Name        : main.c
// Version / Date : 1.0 / 2016.5.2
////////////////////////////////////////////////////////////////////////////

#include <avr/io.h>
#include <avr/interrupt.h>
#include <avr/pgmspace.h>
#include "define.h"

/*====================================================*/
/*   VARIABLE DEFINE
/*====================================================*/

WORD Comm0Head=0;
WORD Comm0Tail=0;
BYTE Comm0Buf[COMM_DATA_MAX]={0};

WORD Comm1Head=0;
WORD Comm1Tail=0;
BYTE Comm1Buf[COMM_DATA_MAX]={0};
```

```
BYTE TimerFlag;
WORD Timer1Cnt;
BYTE Timer1Flag;

BYTE scan_key,old_key44,Key44_Data,scan_chatt_count,key44_event;

/*====================================================*/
/*   FUNCTION DEFINE
/*====================================================*/

void InitPort(void);
void InitTimer0(void);
void InitUart0(void);
void InitUart1(void);

void Delay(unsigned long delay);
void Delay_us(WORD time_us);
void Delay_ms(unsigned int time_ms);

void InitLCD(void);
void WriteLcdCmd(BYTE cmd);
void WriteLcdData(BYTE loc, BYTE data);

void Init_Display(void);
void sputsLcdLine1(unsigned char *str);
void sputsLcdLine2(unsigned char *str);

void Key44_Scan(void);
void Key44_Job_Exe(void);
void Key44_0_9(void);
void Key44_nop(void);

void Get0Packet(void);
void Get1Packet(void);
void sputc(BYTE ch);
void sputc1(BYTE ch);

//////////////////////////////////////////////////////////////////////////////
```

```
const BYTE hexdigit[] PROGMEM = "0123456789ABCDEF";

////////////////////////////////////////////////////////////////////////////////

int main(void)
{
  SPH = 0x10;
  SPL = 0xff;         // Stack Poniter Setting.

  InitPort();
  InitTimer0();       //Init Timer0, Init Register
  InitUart0();        //Init Uart0 (RS232, 115200 bps)
  InitUart1();        //Init Uart1 (RS485, 115200 bps)

  Delay_ms(100);      //Wait for more than 30msec
  InitLCD();

  sei();              //Interrupt Enabled (I bit of SREG is set)

  Init_Display();

  while(1)
  {
     if(TimerFlag)       //job EXE every 10 msec
     {
           Key44_Scan();
       TimerFlag = 0;    //Clear 10msec EVT flag
     }

     if(Timer1Flag)      //job EXE every 1 sec
     {

       Timer1Flag = 0;   //Clear 1sec EVT flag
     }

     if(key44_event == 1)
     {
       Key44_Job_Exe();
       key44_event = 0;  //Clear KEY EVT flag
```

```
        }

        if(Comm0Head != Comm0Tail)      Get0Packet();      //data Comm UART0
        if(Comm1Head != Comm1Tail)      Get1Packet();      //data Comm UART0
    }
}

void Get0Packet(void)
{
        BYTE Packet0Data = 0;

        Packet0Data = Comm0Buf[Comm0Tail++];
        if(Comm0Tail >= COMM_DATA_MAX)          Comm0Tail = 0;

        sputc(Packet0Data);
}

void Get1Packet(void)
{
        BYTE Packet1Data = 0;

        Packet1Data = Comm1Buf[Comm1Tail++];
        if(Comm1Tail >= COMM_DATA_MAX)          Comm1Tail = 0;

        PORTD |= RS485_EN;       //TX mode
        Delay_us(100);
        sputc1(Packet1Data);
        Delay_us(100);
        PORTD &= ~RS485_EN;      //RX mode
}

//////////////////////////////////////////////////////////////////////////////////////////////////////////////////////////////

void sputc(BYTE ch)
{
        if(ch != '\n' && ch != 0)
        {
                while(!(UCSR0A&0x20));
                UDR0 = ch;
```

```
        UCSR0A |= 0x20;
    }
    else
    {
        while(!(UCSR0A&0x20));
        UDR0 = CR;
        UCSR0A |= 0x20;
        while(!(UCSR0A&0x20));
        UDR0 = LF;
        UCSR0A |= 0x20;
    }
}

//////////////////////////////////////////////////////////////////////////////////////////////////////////////

void sputc1(BYTE ch)
{
    if(ch != '\n' && ch != 0)
    {
        while(!(UCSR1A&0x20));
        UDR1 = ch;
        UCSR1A |= 0x20;
    }
    else
    {
        while(!(UCSR1A&0x20));
        UDR1 = CR;
        UCSR1A |= 0x20;
        while(!(UCSR1A&0x20));
        UDR1 = LF;
        UCSR1A |= 0x20;
    }
}

////////////////////////////////////////////////////////////////////////
//    TIMER0 INTERRUPT SERVICE ROUTINE
////////////////////////////////////////////////////////////////////////

ISR(TIMER0_OVF_vect)
```

```
{
  TCNT0 = 112;            //TCNT =184 ->(1024/14.7456MHz)*(256-112)=10msec

  TimerFlag = 1;          //Set 10msec EVT flag ! (EXE @ main routine)

  Timer1Cnt++;
  if(Timer1Cnt >= 100)    //10 x 100 = 1 sec
  {
     Timer1Cnt = 0;
     Timer1Flag = 1;      //Set 1sec EVT flag ! (EXE @ main routine)
  }
}

////////////////////////////////////////////////////////////////////////////////
//    UART0 RX/TX INTERRUPT SERVICE ROUTINE
////////////////////////////////////////////////////////////////////////////////

ISR(USART0_RX_vect)
{
     Comm0Buf[Comm0Head++] = UDR0;
     if(Comm0Head >= COMM_DATA_MAX)          Comm0Head = 0;
}

ISR(USART0_TX_vect)
{

}

////////////////////////////////////////////////////////////////////////////////
//    UART1 RX/TX INTERRUPT SERVICE ROUTINE
////////////////////////////////////////////////////////////////////////////////

ISR(USART1_RX_vect)
{
     Comm1Buf[Comm1Head++] = UDR1;
     if(Comm1Head >= COMM_DATA_MAX)          Comm1Head = 0;
}

ISR(USART1_TX_vect)
```

```
{

}

/*======================================================*/
/*   FUNCTIONS
/*======================================================*/

void InitPort(void)
{
     PORTA= 0xFF;
     DDRA= 0xFF;      //LCD data

     PORTB= 0xFF;
     DDRB= 0xFF;      //FND1,2 COM1~COM4

     PORTC= 0xFF;
     DDRC= 0xF0;      //4x4 KEY_SCAN

     PORTD=0x00;      //PD4=0:RX Mode
     DDRD= 0xFF;

     PORTE= 0xFF;
     DDRE = 0x00;

     PORTF = 0xC0;
     DDRF = 0xF8;     //16x2 LCD control : PF5=E, PF4=RW, PF3=RS

     PORTG = 0xFF;    //Pull Up
     DDRG = 0x00;     //input mode
}

//////////////////////////////////////////////////////////////////////////////
//   INIT Timer0 Interrupt
//////////////////////////////////////////////////////////////////////////////

void InitTimer0(void)
{
     TCCR0 = 0x07;  // Trigger => Fclock/1024
```

```
    TCNT0 = 0x00;  // clear Timer Counter Register
    TIMSK = 0x01;  // Timer0 Interrupt Enable Mask Register
}

//////////////////////////////////////////////////////////////////////////////
//    Enable Uart0 Interrupt
//////////////////////////////////////////////////////////////////////////////

void InitUart0(void)
{
   WORD UBRR;
   BYTE UBRH,UBRL;

   if(BAUD_RATE0 == 2400)           UBRR = 383;
   else if(BAUD_RATE0 == 4800)      UBRR = 191;
   else if(BAUD_RATE0 == 9600)      UBRR = 95;
   else if(BAUD_RATE0 == 14400)     UBRR = 63;
   else if(BAUD_RATE0 == 19200)     UBRR = 47;
   else if(BAUD_RATE0 == 28800)     UBRR = 31;
   else if(BAUD_RATE0 == 38400)     UBRR = 23;
   else if(BAUD_RATE0 == 57600)     UBRR = 15;
   else if(BAUD_RATE0 == 76800)     UBRR = 11;
   else if(BAUD_RATE0 == 115200)    UBRR = 7;

   UBRH = (BYTE)(UBRR >>8);
   UBRL = (BYTE)(UBRR);

   UBRR0H = UBRH;    // UBRR register xxxxUUUU UUUUUUUU( x=reserved, U=use)
   UBRR0L = UBRL;    // for 115200BPS Baud_rate (error rate : @)
                     //Baud_rate=Fosc/(16*(UBRR+1))
   UCSR0B = 0x98;    // uart [Rx(bit7) interrupt enable Rx(bit4)Tx(bit3) enabe]
   UCSR0C = 0x06;    // Async MODE, no parity, stop bit(1bit), data bit(8bit)..
}

//////////////////////////////////////////////////////////////////////////////
// Enable Uart1 Interrupt
//////////////////////////////////////////////////////////////////////////////

void InitUart1(void)
```

```
{
   WORD UBRR;
   BYTE UBRH,UBRL;

   if(BAUD_RATE1 == 2400)            UBRR = 383;
   else if(BAUD_RATE1 == 4800)       UBRR = 191;
   else if(BAUD_RATE1 == 9600)       UBRR = 95;
   else if(BAUD_RATE1 == 14400)      UBRR = 63;
   else if(BAUD_RATE1 == 19200)      UBRR = 47;
   else if(BAUD_RATE1 == 28800)      UBRR = 31;
   else if(BAUD_RATE1 == 38400)      UBRR = 23;
   else if(BAUD_RATE1 == 57600)      UBRR = 15;
   else if(BAUD_RATE1 == 76800)      UBRR = 11;
   else if(BAUD_RATE1 == 115200)     UBRR = 7;

   UBRH = (BYTE)(UBRR >>8);
   UBRL = (BYTE)(UBRR);

   UBRR1H = UBRH;  // UBRR register xxxxUUUU UUUUUUUU( x=reserved, U=use)
   UBRR1L = UBRL;  // for 115200BPS Baud_rate (error rate : @)
   UCSR1B = 0x98;  // uart [Rx(bit7) interrupt enable Rx(bit4)Tx(bit3) enabe]
   UCSR1C = 0x06;  // Async MODE, no parity, stop bit(1bit), data bit(8bit)..
}

////////////////////////////////////////////////////////////////////////////////

void Delay(unsigned long delay)
{
     while(delay--) asm("nop");
}

////////////////////////////////////////////////////////////////////////////////

void Delay_us(WORD time_us) //measured by oscilloscope
{
  WORD i;

  for(i=0; i<time_us; i++)//4Cycle +
  {
```

```
        asm("PUSH R0"); //2Cycle +
        asm("NOP");     //1Cycle +
        asm("NOP");     //1Cycle +
        asm("NOP");     //1Cycle +
        asm("NOP");     //1Cycle +
        asm("NOP");     //1Cycle +
        asm("POP R0");  //2Cycle = 13Cycle = 1us for 14.7456MHz
    }
}

////////////////////////////////////////////////////////////////////////////////

void Delay_ms(unsigned int time_ms) //Time Delay for ms
{
    WORD i;

    for( i=0; i<time_ms; i++)
    {
        Delay_us(250);
        Delay_us(250);
        Delay_us(250);
        Delay_us(250);
    }
}

/*--------------------------------------------------*/
// 16x2 LCD Module Control Routines !!
/*--------------------------------------------------*/

void InitLCD(void)
{
        WriteLcdCmd(0x38);  //CMD 38H
        Delay(100);
        WriteLcdCmd(0x08);  //CMD 08H
        Delay(100);
        WriteLcdCmd(0x01);  //CMD 01H
        Delay(2000);
        WriteLcdCmd(0x0C);  //CMD 0CH
        Delay(100);
```

```
	WriteLcdCmd(0x06);  //CMD 06H
}

void WriteLcdCmd(BYTE cmd)
{
	PORTF &= ~LCD_RS;   //RS,RW = 0,0 (WRITE CMD)
	PORTF &= ~LCD_RW;
	Delay(10);

	PORTF |= LCD_EN;    //E = 1
	Delay(10);

	LCD_DATA = cmd;     //CMD
	Delay(10);

	PORTF &= ~LCD_EN;   //E = 0
	Delay(10);

	PORTF &= 0xC7;      //E,RS,RW = 0,0,0
	Delay(10);
}

void WriteLcdData(BYTE loc, BYTE data)
{
	WriteLcdCmd(loc);   //set location

	PORTF |= LCD_RS;    //RS,RW = 1,0 (WRITE DATA)
	PORTF &= ~LCD_RW;
	Delay(10);

	PORTF |= LCD_EN;    //E = 1
	Delay(10);

	LCD_DATA = data;    //CMD
	Delay(10);

	PORTF &= ~LCD_EN;   //E = 0
	Delay(10);
```

```
    PORTF &= 0xC7;        //E,RS,RW = 0,0,0
    Delay(10);
}

/*---------------------------------------------------*/
void Init_Display(void)
{
    sputsLcdLine1("TEST KIT:MTK-AT8");
    sputsLcdLine2(" KEY data = .  ");
}

/*---------------------------------------------------*/
void sputsLcdLine1(unsigned char *str)
{
    int i;

    for(i=0; *(str+i)!=0; i++)       WriteLcdData(0x80+i,*(str+i));
}

void sputsLcdLine2(unsigned char *str)
{
    int i;

    for(i=0; *(str+i)!=0; i++)       WriteLcdData(0xC0+i,*(str+i));
}

//////////////////////////////////////////////////////////////////////////////
//    4x4 KEY SCAN ROUTINE
//////////////////////////////////////////////////////////////////////////////

void Key44_Scan(void)
{
  BYTE    scan_count;

  if(scan_chatt_count>=CHAT_COUNT)
  {
    PORTC = 0x0F;
    Delay(10);
    if((PINC&0x0F) == 0x0F)          scan_chatt_count = 0;
```

```
        }
        else
        {
            scan_count = 0;

            PORTC = 0xEF;    //scan_out 1110
            Delay(10);
            if((PINC&BIT0) == 0) {scan_key=1;scan_count++;}
            if((PINC&BIT1) == 0) {scan_key=4;scan_count++;}
            if((PINC&BIT2) == 0) {scan_key=7;scan_count++;}
            if((PINC&BIT3) == 0) {scan_key=11;scan_count++;}

            PORTC = 0xDF;    //scan_out 1101
            Delay(10);
            if((PINC&BIT0) == 0) {scan_key=2;scan_count++;}
            if((PINC&BIT1) == 0) {scan_key=5;scan_count++;}
            if((PINC&BIT2) == 0) {scan_key=8;scan_count++;}
            if((PINC&BIT3) == 0) {scan_key=10;scan_count++;}

            PORTC = 0xBF;    //scan_out 1011
            Delay(10);
            if((PINC&BIT0) == 0) {scan_key=3;scan_count++;}
            if((PINC&BIT1) == 0) {scan_key=6;scan_count++;}
            if((PINC&BIT2) == 0) {scan_key=9;scan_count++;}
            if((PINC&BIT3) == 0) {scan_key=12;scan_count++;}

            PORTC = 0x7F;    //scan_out 0111
            Delay(10);
            if((PINC&BIT0) == 0) {scan_key=13;scan_count++;}
            if((PINC&BIT1) == 0) {scan_key=14;scan_count++;}
            if((PINC&BIT2) == 0) {scan_key=15;scan_count++;}
            if((PINC&BIT3) == 0) {scan_key=16;scan_count++;}

            PORTC = 0xFF;

            if(scan_count != 1)  return;      //if double key or no key, return

            if(scan_key != old_key44)
            {
```

```
        old_key44 = scan_key;
        scan_chatt_count = 0;
      }
      else
      {
        scan_chatt_count++;
        if(scan_chatt_count>=CHAT_COUNT)
        {
          Key44_Data = old_key44;
          old_key44 = 0;

          key44_event = 1;  //Set KEY EVT flag ! (EXE @ main routine)
      }
  }
}

////////////////////////////////////////////////////////////////////////////////
//          KEY_DATA_EXE
////////////////////////////////////////////////////////////////////////////////

void Key44_Job_Exe(void)
{
  if(Key44_Data==10)        Key44_Data=0;                //cvt 10-->0
  else if(Key44_Data>10) Key44_Data--;                   //cvt 11~16-->10~15

  sputc(hexdigit[Key44_Data]);                           //send to UART0

  PORTD |= RS485_EN;                                     //TX mode
  Delay_us(100);
  sputc1(pgm_read_byte(&hexdigit[Key44_Data]));          //send to UART1
  Delay_us(100);
  PORTD &= ~RS485_EN;       //RX mode

  WriteLcdData(LINE2_HEAD+12,pgm_read_byte(&hexdigit[Key44_Data]));
  //send to 16x2 charactor LCD

     switch(Key44_Data)
     {
     case 0    :     Key44_0_9();     break;
```

```
        case 1   :   Key44_0_9();    break;
        case 2   :   Key44_0_9();    break;
        case 3   :   Key44_0_9();    break;
        case 4   :   Key44_0_9();    break;
        case 5   :   Key44_0_9();    break;
        case 6   :   Key44_0_9();    break;
        case 7   :   Key44_0_9();    break;
        case 8   :   Key44_0_9();    break;
        case 9   :   Key44_0_9();    break;

        case 10  :   Key44_nop();    break;
        case 11  :   Key44_nop();    break;
        case 12  :   Key44_nop();    break;
        case 13  :   Key44_nop();    break;
        case 14  :   Key44_nop();    break;
        case 15  :   Key44_nop();    break;

        default  :   break;
        }
}

void Key44_0_9(void)
{

}

void Key44_nop(void)
{

}

////////////////////////////////////////////////////////////////////////////////
```

| 실습결과 검토 및 연습문제 |

1 RS485 통신은 단방향이므로 드라이버 IC를 사용할 때 핀2(/RE)와 핀3(DE)을 묶어 놓는다. 핀2, 3이 하이(1)이면 송신상태, 로우(0)이면 수신상태가 된다. 평상시에는 로우(0) 상태로 만들어서 데이터를 받을 수 있게 한다.

2 RS485 통신용 드라이버를 사용할 때, 열악한 환경에서는 잡음 등의 영향으로 망가지기 쉽다. 그러므로 하드웨어 설계자는 이러한 점을 감안하여 아래와 같이 보호용 부품을 사용하고, 그와 더불어 아래의 회로와 같이 모듈화해서 부품 교체가 쉽도록 설계하여야 한다. 반드시 유념해야 할 점이다.

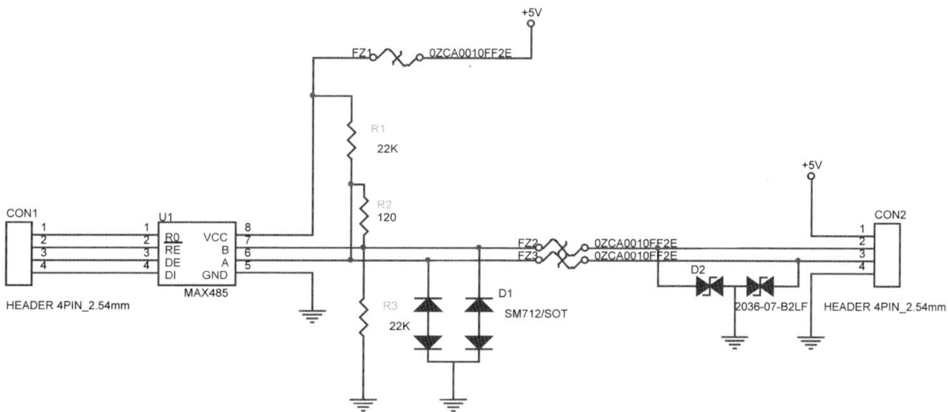

3 RS232C, RS485, RS422의 규격에 대해 비교 설명하여 보시오.

CHAPTER 11

TWI 통신을 이용한 EEPROM 제어

contents

11 TWI 통신을 이용한 EEPROM 제어

11-1 실습 목표

1. TWI(I^2C) 연결이 가능한 EEPROM(M24512, STMicroelectronics)에 대해 이해한다.
2. TWI 구조와 통신 방법에 대해 학습한다.
3. TWI 통신을 위한 관련 레지스터 설정 방법을 익힌다.
4. 프로그램을 코딩, 컴파일하여 생성된 HEX 코드를 키트에 다운로드하여 동작 상태를 확인한다.

11-2 이론

1. TWI 모듈 개요

TWI는 두 개의 양방향 버스선, SCL(Serial CLock)과 SDA(Serial DAta)를 사용하여 최대 128개의 장치와 통신할 수 있다. ATmega128에서는 PD0(SCL)와 PD1(SDA) 핀을 사용한다. 이 핀들은 여러 개의 장치를 연결하기 위해 오픈 컬렉터(TR) 또는 오픈 드레인(FET) 방식으로 되어 있다. 따라서 두 핀에는 반드시 수 kΩ 정도의 풀업 저항을 연결해야 한다.

SDA는 송수신 데이터 신호이며, SCL은 SDA 신호와 동기되는 클럭 신호이다. TWI 통신은 마스터(Master)와 슬레이브(Slave)간에 정해진 통신 규약으로 데이터 통신을 실행한다. 클럭을 발생시켜 양단간의 통신을 관장하는 장치를 마스터라고 하고 마스터에 의해 고유한 주소가 지정되어 동작하는 장치를 슬레이브라고 한다. SCL은 마스터에서 발생시키고, SDA는 마스터와 슬레이브간의 데이터 송수신을 실행한다.

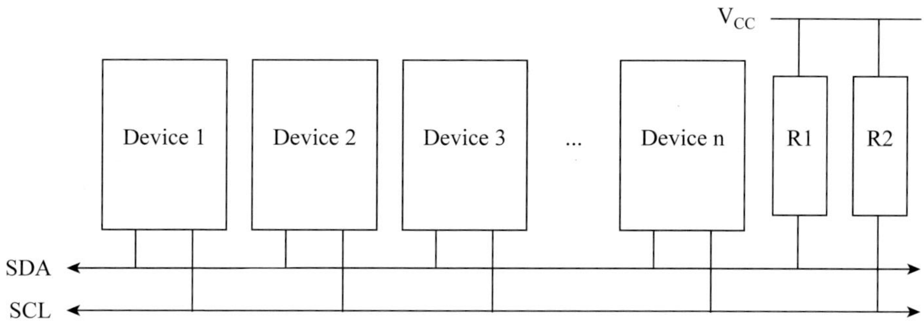

그림 11-1 TWI 버스 연결도

2. 데이터 전송 파형

그림 11-2는 유효한 데이터 전송을 위한 SDA, SCL 파형을 나타낸 것으로, 데이터 전송은 SCL 신호의 상승 에지에서 전송된다. 따라서 SDA 신호는 SCL이 1(high)로 바뀌기 전에 레벨이 변하지 않고 안정되어야 한다. SDA 신호의 안정화에 필요한 시간을 셋업시간(t_{su})이라 부른다. SDA 신호는 SCL 클럭 신호가 0(low)일 때 변경할 수 있다.

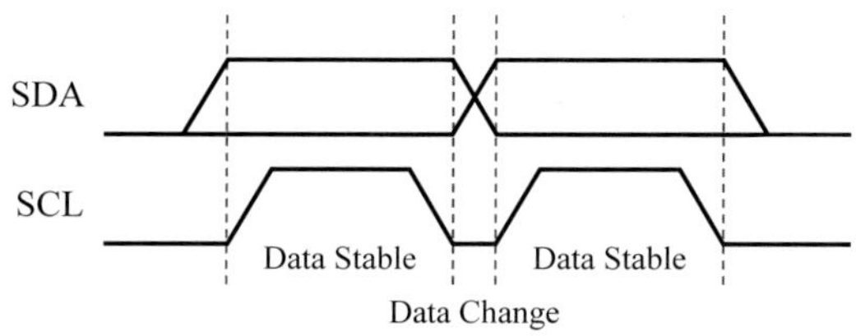

그림 11-2 SDA, SCL의 유효한 파형

(1) 시작(START), 반복시작(REPEATED START), 종료(STOP)

데이터전송은 마스터가 시작조건(START condition), 즉 SCL이 1인 상태에서 SDA로 하강 에지 신호를 만들어 시작하고 종료조건(STOP condition)인 SCL이 1인 상태에서 SDA로 상승 에지 신호를 만들어 종료한다. 시작조건과 종료조건 사이에서 데이터통신이 이루어지는데 그 때 버스는 사용중상태(BUSY state)가 되어 다른 마스터는 버스제어를 할 수 없다. 시작조건과 종료조건 사이에서 시작조건을 발생할 수 있는데 이것을 반복시작조건(REPEATED START condition)이라 하고 이 조건은 데이터를 전송한 후 종료조건을 발생하지 않고 다시 시작조건을 발생하는 것과 같다. 이것은 마스터가 제어권을 가지고 새로운 데이터를 연속적으로 전송할 때 사용한다.

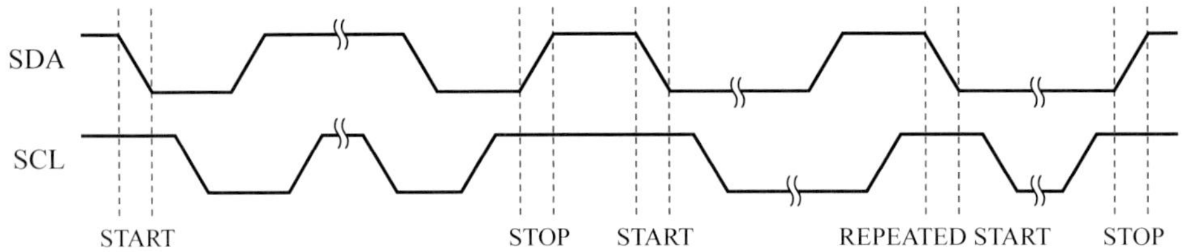

그림 11-3 START, REPEATED START, STOP 파형

TWI 통신에서 마스터와 슬레이브간의 데이터 송수신은 9비트로 주고받는다. 시작조건 후 8비트 데이터와 1비트의 확인(ACK) 비트로 이루어지고 데이터는 최상위 비트(MSB)부터 전송된다. 주소와 데이터를 전송한 후에는 반드시 확인 비트를 체크하여 정상적으로 전송되었는지 확인하여야 한다.

(2) 주소 패킷

주소 패킷은 그림 11-4와 같이 9비트이며 7비트의 주소비트(SLA), 1비트의 읽기/쓰기 비트(R/W)와 1비트의 확인(ACK)비트로 구성된다. 마스터가 슬레이브에 데이터를 쓸 때는 SLA+/W, 슬레이브의 데이터를 읽을 때는 SLA+R 패킷이다. 128개의 주소 중에서 0000 000 주소는 전체호출(General Call)에 사용하며 1111 xxx 주소는 사용하지 않는다. 전체호출은 모든 슬레이브에 동일한 데이터를 쓸 때만 사용한다.

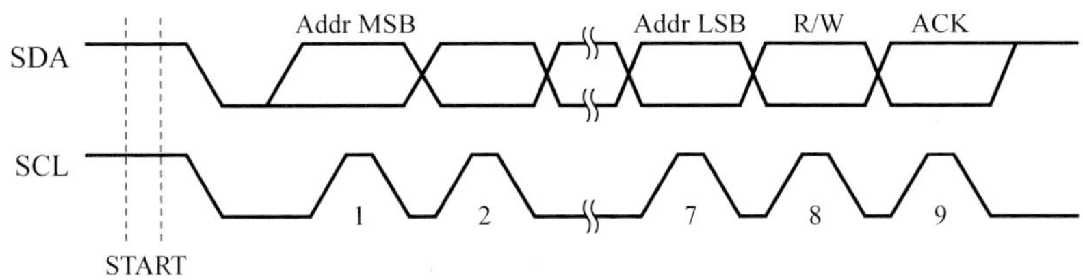

그림 11-4 어드레스 패킷 파형

(3) 데이터 패킷

데이터 패킷은 그림 11-5와 같이 8비트의 데이터비트와 1비트의 확인(ACK)비트로 구성되며 최상위 비트부터 전송된다. 데이터를 주고받을 때 마스터는 클럭, 시작조건(START)과 종료조건(STOP)을 발생하고 슬레이브는 확인신호로 응답한다. 확인신호는 9번째 SCL 클럭이 발생하기 전에 0(low)으로 응답해야 한다. 만일 슬레이브가 어떠한 이유로 마스터 요청을 받아들일 수 없는 상태이면 1(high)로 응답한다. 이때에 마스터는 종료조건을 전송하거나 반복시작조건을 전송하여 새로운 데이터를 전송해야 한다.

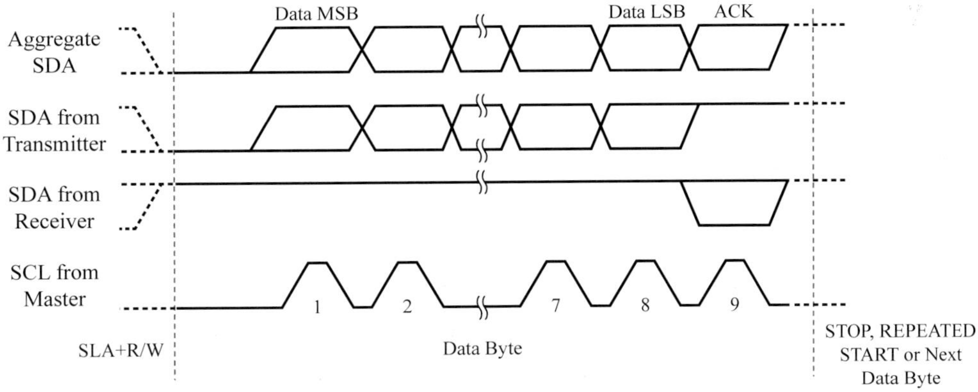

그림 11-5 데이터 패킷 파형

이제 그림 11-6처럼 주소 패킷과 데이터 패킷을 조합한 데이터 송수신 패킷을 생각해 보자. 마스터가 슬레이브에게 데이터를 전송할 때, 먼저 시작조건을 보낸 후 7비트 슬레이브 주소(SLA)를 보내고 '쓰기'를 의미하는 R/W=0을 보내면 지정한 주소를 가진 슬레이브는 확인(ACK) 신호 0을 보낸다. 마스터는 확인신호를 받으면 이어서 보낼 데이터를 연속적으로 보내면서 각 바이트마다 확인신호를 받는다. 데이터 전송이 끝나면 마스터에서 종료조건을 보내 전송을 끝낸다.

마스터가 슬레이브로부터 데이터를 수신할 때는 7비트 슬레이브 주소(SLA)를 보내고 '읽기'를 의미하는 R/W=1을 보내면 슬레이브는 확인(ACK) 신호 0을 보낸다. 마스터는 확인신호를 받으면 수신할 데이터를 연속적으로 읽어들이면서 각 바이트마다 확인신호를 내보낸다. 데이터 수신이 끝나면 마스터에서 종료조건을 보내 데이터 수신을 끝낸다.

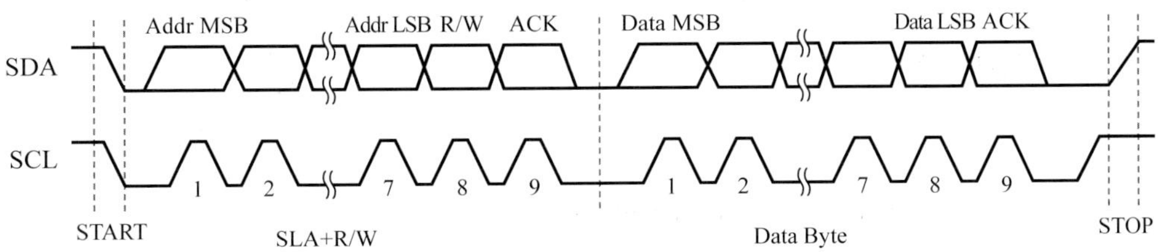

그림 11-6 기본적인 데이터 전송 파형

3. TWI 레지스터

TWI 통신을 위해 사용하는 레지스터는 TWBR, TWCR, TWSR, TWDR, TWAR이 있다.

(1) TWBR(TWI Bit Rate Register)

Bit	7	6	5	4	3	2	1	0	
	TWBR7	TWBR6	TWBR5	TWBR4	TWBR3	TWBR2	TWBR1	TWBR0	TWBR
Read/Write	R/W	R/W	R/W	R/W	R/W	R/W	R/W	R/W	
Initial Value	0	0	0	0	0	0	0	0	

● 비트7~0 : TWI 클럭주파수 분할기이다. 마스터모드에서 SCL 클럭주파수의 분주비를 정한다.

(2) TWCR(TWI Control Register)

Bit	7	6	5	4	3	2	1	0	
	TWINT	TWEA	TWSTA	TWSTO	TWWC	TWEN	-	TWIE	TWCR
Read/Write	R/W	R/W	R/W	R/W	R	R/W	R	R/W	
Initial Value	0	0	0	0	0	0	0	0	

● 비트7 : TWINT(TWI Interrupt Flag)

TWI 비트는 현재 실행되고 있는 루틴이 끝나면 하드웨어적으로 1이 된다. SREG의 I비트와 TWCR의 TWIE가 1이 되어 있다면 MCU는 인터럽트 처리 루틴을 실행한다. TWINT가 1인 동안에는 SCL 신호는 0(low) 상태를 유지한다. TWINT는 인터럽트 루틴이 실행되더라도 0으로 지워지지 않기 때문에 프로그래머가 1을 써서 TWINT를 0으로 지워줘야 한다. 여기서 주의할 점은, TWINT를 0으로 지우면 다음 TWI 동작을 계속 실행하기 때문에 이 플래그를 지우기 전에 TWAR, TWSR, TWDR 레지스터를 엑세스(읽기/쓰기)해야 한다.

● 비트6 : TWEA(TWI Enable Acknowledge Bit)

TWEA는 ACK 펄스 발생을 제어한다. TWEA가 1이 되면 다음의 경우에 ACK 펄스를 발생시킨다.

- 슬레이브모드에서 자기 주소를 수신했을 때
- TWAR의 TWGCE 비트가 1로 되어 있고 전체호출을 수신했을 때
- 마스터 수신모드나 슬레이브 수신모드에서 1바이트 데이터를 수신했을 때

TWI에 0을 써서 TWI 버스를 일시적으로 끊을 수 있다. 다시 연결하기 위해서는 1로 써준다.

● 비트5 : TWSTA(TWI START Condition Bit)

마스터로 동작하여 START 파형을 내보낼 때 TWSTA를 1로 만든다. TWSTA가 1이 되면 TWI 버스가 사용 가능한지 체크하여 START 파형을 출력하며, 만일 사용 중이면 STOP 조건이 될 때까지 기다렸다가 START 파형을 출력한다. START 파형이 출력되면 다시 0으로 지워야 한다.

● 비트4 : TWSTO(TWI STOP Condition Bit)

마스터모드에서 TWSTO를 1로 쓰면 STOP 파형을 내보낸 후 자동으로 지워진다. 슬레이브모드에서는 TWI 버스가 에러 상태가 되어 있을 때 TWSTO를 1로 쓰면 에러 상태가 해제되어 SCL, SDA핀이 초기상태(High-Z)로 복구된다.

● 비트3 : TWWC(TWI Write Collision)

TWINT가 0인 상태에서 TWDR에 데이터를 쓰려고 하면 TWWC가 1이 된다. 또한 TWINT가 1인 상태에서 TWDR에 데이터를 쓰면 0으로 지워진다.

● 비트2 : TWEN(TWI Enable Bit)

TWI통신을 하기 위해서는 TWEN을 1로 써주어야 한다. 이 비트를 1로 설정하면 PD0, PD1 핀이SCL, SDA핀으로 동작하고 내부의 슬루-레이트제어기(Slew-rate Control)와 스파이크 필터가 동작한다.

● 비트0 : TWIE(TWI Interrupt Enable)

TWI 인터럽트를 허용하는 비트이다. SREG의 I비트가 1이고 TWIE가 1인 상태에서 TWINT가 1이 되면 TWI 인터럽트가 요청된다.

(3) TWSR(TWI Status Register)

Bit	7	6	5	4	3	2	1	0	
	TWS7	TWS6	TWS5	TWS4	TWS3	-	TWPS1	TWPS0	TWSR
Read/Write	R	R	R	R	R	R	R/W	R/W	
Initial Value	1	1	1	1	1	0	0	0	

● 비트7..3 : TWS(TWI Status)

TWI 동작 상태에 따라 각각 다른 값을 갖게 되어 TWI 동작 상태를 확인할 수 있다.

● 비트1..0 : TWPS(TWI Prescaler Bits)

마스터모드에서 TWI 통신 속도를 결정한다. SCL 클럭 주기는 TWBR 레지스터와 TWSR 레지스터의 TWPS1:0에 의해 결정된다.

표 11-1 TWI 프리스케일러

TWPS1	TWPS0	프리스케일러 값
0	0	1
0	1	4
1	0	16
1	1	64

(4) TWDR(TWI Data Register)

Bit	7	6	5	4	3	2	1	0	
	TWD7	TWD6	TWD5	TWD4	TWD3	TWD2	TWD1	TWD0	TWDR
Read/Write	R/W	R/W	R/W	R/W	R/W	R/W	R/W	R/W	
Initial Value	1	1	1	1	1	1	1	1	

송신모드에서는 다음에 전송할 데이터를 저장하고, 수신모드에서는 마지막으로 수신된 데이터를 나타낸다.

(5) TWAR(TWI (Slave) Address Register)

Bit	7	6	5	4	3	2	1	0	
	TWA6	TWA5	TWA4	TWA3	TWA2	TWA1	TWA0	TWGCE	TWAR
Read/Write	R/W	R/W	R/W	R/W	R/W	R/W	R/W	R/W	
Initial Value	1	1	1	1	1	1	1	0	

● 비트7..1 : TWA(TWI (Slave) Address Register)

슬레이브모드에서 자신의 주소를 나타낸다.

● 비트0 : TWGCE(TWI General Call Recognition Enable Bit)

TWGCE가 1로 되어 있으면 마스터가 주소 0x00으로 전체호출을 할 때 슬레이브가 이를 인식하게 된다.

4. TWI 동작

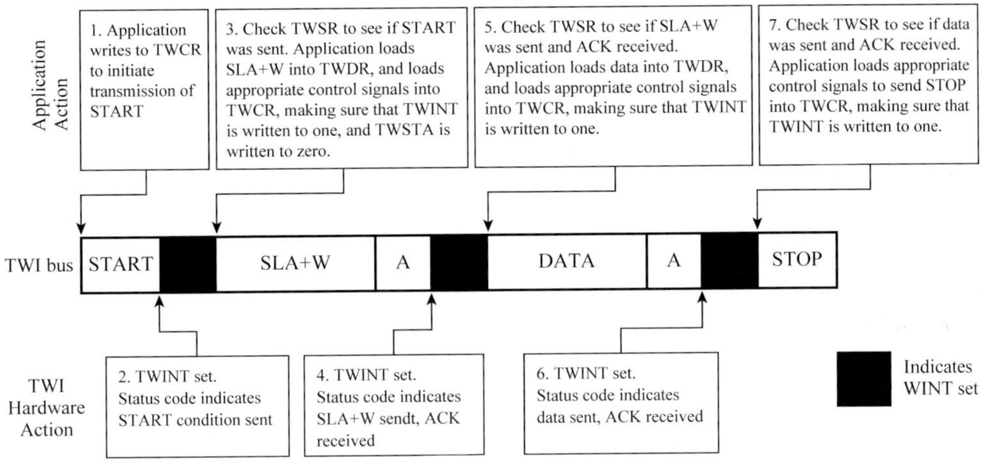

그림 11-7 TWI 데이터 전송 인터페이스

(1) 전송모드

TWI 동작은 마스터송신, 마스터수신, 슬레이브송신, 슬레이브수신 동작모드가 있다. 여기서는 마스터송신, 마스터수신 동작모드에 대해서만 설명하기로 한다. 설명 중에 사용되는 약어는 다음과 같다.

- S: 시작조건(START condition)
- Rs: 반복시작조건(REPEATED START condition)
- R: 읽기비트 (SDA의 비트1)
- W: 쓰기비트 (SDA의 비트0)
- A: ACK비트 (SDA의 비트0)
- /A: NACK비트 (SDA의 비트1)
- Data: 8비트 데이터
- P: 종료조건(STOP condition)
- SLA: 슬레이브 주소

그림 11-9와 그림 11-11에서 원(圓)안의 표시는 TWINT=1인 상태에서 TWSR 레지스터의 상태 코드값을 나타낸다. TWI 전송은 TWINT를 프로그램으로 0으로 지울 때까지 계속

된다. TWINT가 1이면 TWSR 레지스터의 상태코드에 따라 소프트웨어 동작이 결정된다. 상태코드에 대한 소프트웨어 동작과 직렬 전송에 대한 자세한 내용은 표 13-2와 표 13-5에 나타나 있다. 이 표에서 프리스케일러 비트들은 0이다.

(2) 마스터 송신모드

마스터 송신모드는 데이터를 마스터에서 슬레이브로 송신하는 모드이다. 데이터 송신은 시작조건(START condition)을 보낸 것으로 시작된다. 이어서 주소 패킷으로 SLA + /W를 보내면 마스터 송신 모드가 된다. 아래의 설명에서 TWSR 레지스터의 모든 상태코드는 프리스케일러 비트들이 0이거나 0으로 마스크된 것으로 가정한다.

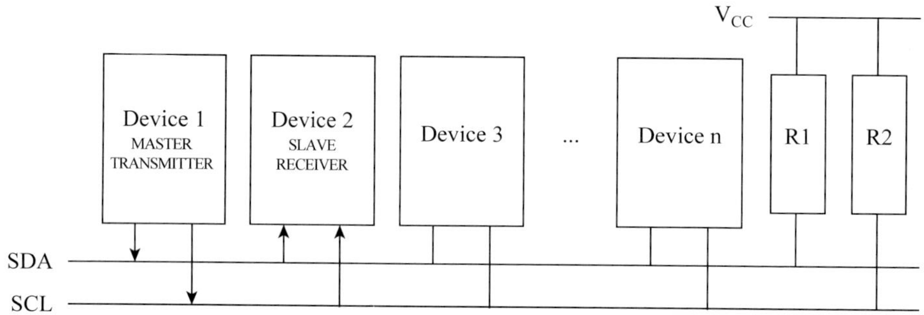

그림 11-8 마스터 송신모드에서 데이터 전송

● TWCR 레지스터에 0xA4를 써서 시작조건(START condition)을 보낸다.

TWCR	TWINT	TWEA	TWSTA	TWSTO	TWWC	TWEN	-	TWIE
value	1	×	1	0	×	1	0	×

- TWEN=1: TWI 직렬통신 허용
- TWSTA=1: 시작조건(START condition) 전송한다.
- TWINT=1: TWINT 플래그를 지운다.

직렬버스가 사용할 수 있는 상태인지 확인한 후 시작조건을 보낸다. 이 신호가 전송되면 TWINT가 1이 되고 TWSR 레지스터의 상태코드는 0x08이 된다.

● TWDR 레지스터에 SLA + /W를 쓰고 TWINT 플래그를 지우기 위해 TWINT=1로 쓴

다. 이를 위해 TWCR 레지스터에 0x84를 쓴다.

TWCR	TWINT	TWEA	TWSTA	TWSTO	TWWC	TWEN	-	TWIE
value	1	×	0	0	×	1	0	×

SLA + /W 전송이 완료되면 슬레이브로부터 확인(ACK)비트가 수신된다. 이 때 TWINT=1이 되면서, TWSR 레지스터의 상태코드는 전송이 성공적으로 완료되어 확인비트가 수신되면 0x18, 수신되지 않으면 0x20이 된다.

●SLA + /W가 전송되고 나면 데이터를 보내야 한다. TWDR 레지스터에 보낼 데이터를 쓰고 TWCR 레지스터에 다음과 같이 0x84를 쓰면 데이터가 보내진다.

TWCR	TWINT	TWEA	TWSTA	TWSTO	TWWC	TWEN	-	TWIE
value	1	×	0	0	×	1	0	×

TWINT=1일 때만 TWDR 레지스터에 데이터를 쓸 수 있다. TWINT=1일 때 데이터를 쓰면 데이터는 써지지 않고 TWCR 레지스터의 TWWC 비트(쓰기 충돌 플래그)가 1이 된다. 따라서 데이터를 연속적으로 보내기 위해서는 TWDR 레지스터에 데이터를 쓰기 전에 먼저 TWINT를 지워야 한다.

●모든 데이터를 보낼 때까지 위의 과정을 반복하고 난 후 종료조건이나 반복시작조건을 보내면 데이터 전송은 끝난다.

TWCR	TWINT	TWEA	TWSTA	TWSTO	TWWC	TWEN	-	TWIE
value	1	×	0	1	×	1	0	×

종료조건을 보내기 위해 TWCR 레지스터에 0x94를 쓴다.

TWCR	TWINT	TWEA	TWSTA	TWSTO	TWWC	TWEN	-	TWIE
value	1	×	1	0	×	1	0	×

반복시작조건을 보내기 위해 TWCR 레지스터에 0xA4를 쓴다. 이 신호를 보내면 상태코드는 0x10이 되어서 종료조건을 보내지 않고서도 같은 슬레이브와 다시 연결하거나 새로운 슬레이브와 연결할 수 있다.

표 11-2 마스터 송신모드의 상태코드

Status Code (TWSR) Prescaler Bits are 0	Status of the Two-wire Serial Bus and Two-wire Serial Interface Hardware	Application Software Response					Next Action Taken by TWI Hardware
		To/from TWDR	To TWCR				
			STA	STO	TWINT	TWEA	
$08	A START condition has been transmitted	Load SLA+W	0	0	1	X	SLA+W will be transmitted; ACK or NOT ACK will be received
$10	A repeated START condition has been transmitted	Load SLA+W or	0	0	1	X	SLA+W will be transmitted; ACK or NOT ACK will be received
		Load SLA+R	0	0	1	X	SLA+R will be transmitted; Logic will switch to master receiver mode
$18	SLA+W has been transmitted; ACK has been received	Load data byte or	0	0	1	X	Data byte will be transmitted and ACK or NOT ACK will be received
		No TWDR action or	1	0	1	X	Repeated START will be transmitted
		No TWDR action or	0	1	1	X	STOP condition will be transmitted and TWSTO flag will be reset
		No TWDR action	1	1	1	X	STOP condition followed by a START condition will be transmitted and TWSTO flag will be reset
$20	SLA+W has been transmitted; NOT ACK has been received	Load data byte or	0	0	1	X	Data byte will be transmitted and ACK or NOT ACK will be received
		No TWDR action or	1	0	1	X	Repeated START will be transmitted
		No TWDR action or	0	1	1	X	STOP condition will be transmitted and TWSTO flag will be reset
		No TWDR action	1	1	1	X	STOP condition followed by a START condition will be transmitted and TWSTO flag will be reset
$28	Data byte has been transmitted; ACK has been received	Load data byte or	0	0	1	X	Data byte will be transmitted and ACK or NOT ACK will be received
		No TWDR action or	1	0	1	X	Repeated START will be transmitted
		No TWDR action or	0	1	1	X	STOP condition will be transmitted and TWSTO flag will be reset
		No TWDR action	1	1	1	X	STOP condition followed by a START condition will be transmitted and TWSTO flag will be reset
$30	Data byte has been transmitted; NOT ACK has been received	Load data byte or	0	0	1	X	Data byte will be transmitted and ACK or NOT ACK will be received
		No TWDR action or	1	0	1	X	Repeated START will be transmitted
		No TWDR action or	0	1	1	X	STOP condition will be transmitted and TWSTO flag will be reset
		No TWDR action	1	1	1	X	STOP condition followed by a START condition will be transmitted and TWSTO flag will be reset
$38	Arbitration lost in SLA+W or data bytes	No TWDR action or	0	0	1	X	Two-wire Serial Bus will be released and not addressed slave mode entered
		No TWDR action	1	0	1	X	A START condition will be transmitted when the bus becomes free

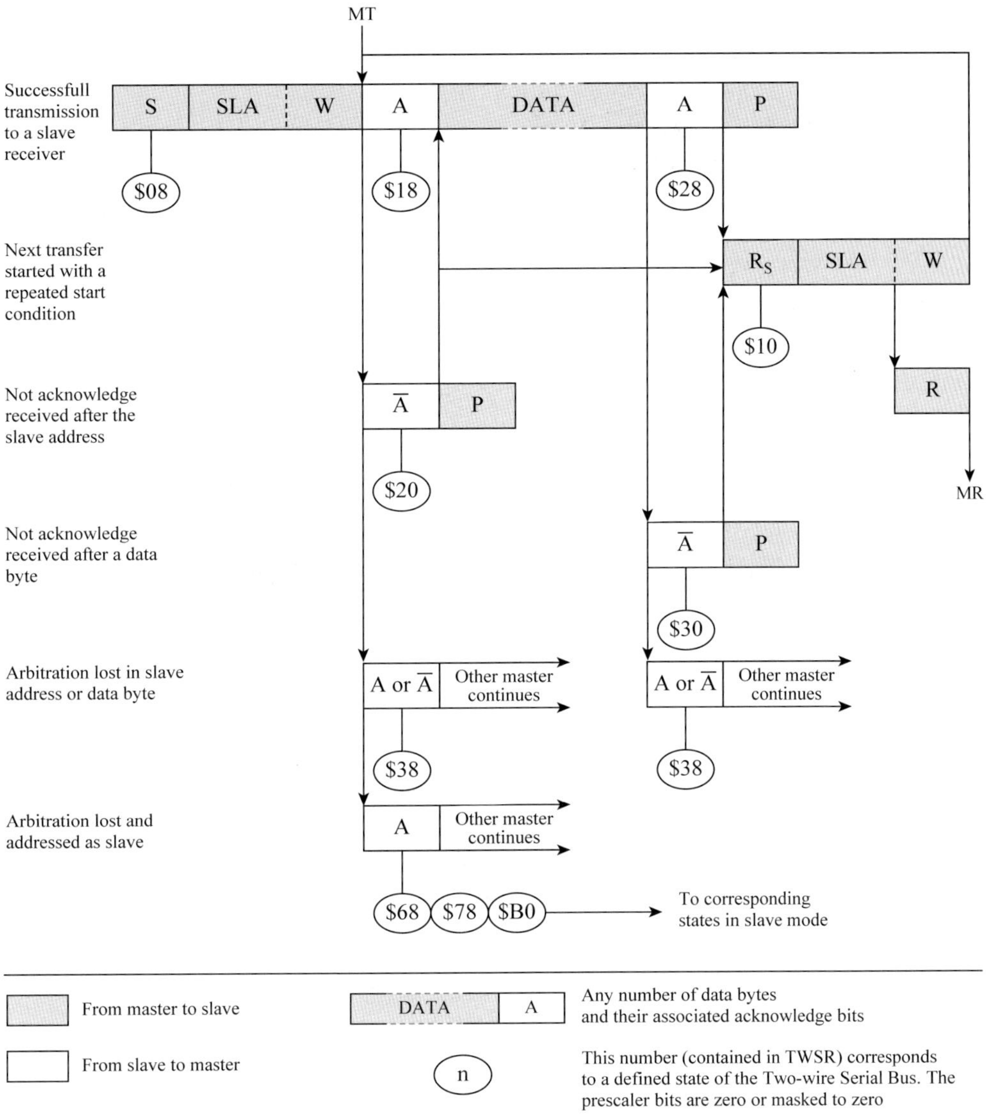

그림 11-9 마스터 송신모드에서 데이터 전송 절차

(3) 마스터 수신모드

마스터 수신모드는 슬레이브의 데이터를 마스터에서 수신하는 모드이다. 데이터 수신은 시작조건(START condition)을 보낸 것으로 시작된다. 이어서 주소 패킷으로 SLA + R를 보내면 마스터 수신 모드가 된다. 아래의 설명에서 TWSR 레지스터의 모든 상태코드는 프리스케일러 비트들이 0이거나 0으로 마스크된 것으로 가정한다.

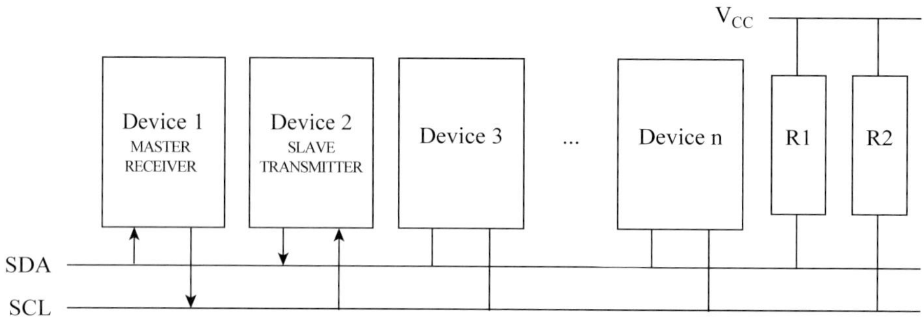

그림 11-10 마스터 수신모드에서 데이터 전송

● TWCR 레지스터에 0xA4를 써서 시작조건(START condition)을 보낸다.

TWCR	TWINT	TWEA	TWSTA	TWSTO	TWWC	TWEN	-	TWIE
value	1	×	1	0	×	1	0	×

- TWEN=1: TWI 직렬통신 허용
- TWSTA=1: 시작조건(START condition) 전송한다.
- TWINT=1: TWINT 플래그를 지운다.

직렬버스가 사용할 수 있는 상태인지 확인한 후 시작조건을 보낸다. 이 신호가 전송되면 TWINT가1이 되고 TWSR 레지스터의 상태코드는 0x08이 된다.

● TWDR 레지스터에 SLA + R를 쓰고 TWINT 플래그를 지우기 위해 TWINT=1로 쓴다. 이를 위해 TWCR 레지스터에 0x84를 쓴다.

TWCR	TWINT	TWEA	TWSTA	TWSTO	TWWC	TWEN	-	TWIE
value	1	×	0	0	×	1	0	×

SLA + R 전송이 완료되면 슬레이브로부터 확인(ACK)비트가 수신된다. 이 때 TWINT=1이 되면서, TWSR 레지스터의 상태코드는 전송이 성공적으로 완료되어 확인비트가 수신되면 0x40, 수신되지 않으면 0x48이 된다.

수신 데이터는 TWINT가 하드웨어에 의해 1로 되면 TWDR 레지스터로부터 읽어낼 수 있다.

● 모든 데이터를 읽어낼 때까지 위의 과정을 반복하고 난 후 종료조건이나 반복시작조건을 보내면 데이터 수신은 끝난다.

TWCR	TWINT	TWEA	TWSTA	TWSTO	TWWC	TWEN	-	TWIE
value	1	×	0	1	×	1	0	×

종료조건을 보내기 위해 TWCR 레지스터에 0x94를 쓴다.

TWCR	TWINT	TWEA	TWSTA	TWSTO	TWWC	TWEN	-	TWIE
value	1	×	1	0	×	1	0	×

반복시작조건을 보내기 위해 TWCR 레지스터에 0xA4를 쓴다. 이 신호를 보내면 상태코드는 0x10이 되어서 종료조건을 보내지 않고서도 같은 슬레이브와 다시 연결하거나 새로운 슬레이브와 연결할 수 있다.

표 13-3 마스터 수신모드의 상태코드

Status Code (TWSR) Prescaler Bits are 0	Status of the Two-wire Serial Bus and Two-wire Serial Interface Hardware	Application Software Response					Next Action Taken by TWI Hardware
		To/from TWDR	To TWCR				
			STA	STO	TWINT	TWEA	
$08	A START condition has been transmitted	Load SLA+R	0	0	1	X	SLA+R will be transmitted ACK or NOT ACK will be received
$10	A repeated START condition has been transmitted	Load SLA+R or	0	0	1	X	SLA+R will be transmitted ACK or NOT ACK will be received
		Load SLA+W	0	0	1	X	SLA+W will be transmitted Logic will switch to master transmitter mode
$38	Arbitration lost in SLA+R or NOT ACK bit	No TWDR action or	0	0	1	X	Two-wire Serial Bus will be released and not addressed slave mode will be entered
		No TWDR action	1	0	1	X	A START condition will be transmitted when the bus becomes free
$40	SLA+R has been transmitted; ACK has been received	No TWDR action or	0	0	1	0	Data byte will be received and NOT ACK will be returned
		No TWDR action	0	0	1	1	Data byte will be received and ACK will be returned
$48	SLA+R has been transmitted; NOT ACK has been received	No TWDR action or	1	0	1	X	Repeated START will be transmitted
		No TWDR action or	0	1	1	X	STOP condition will be transmitted and TWSTO flag will be reset
		No TWDR action	1	1	1	X	STOP condition followed by a START condition will be transmitted and TWSTO flag will be reset

$50	Data byte has been received; ACK has been returned	Read data byte or	0	0	1	0	Data byte will be received and NOT ACK will be returned
		Read data byte	0	0	1	1	Data byte will be received and ACK will be returned
$58	Data byte has been received; NOT ACK has been returned	Read data byte or	1	0	1	X	Repeated START will be transmitted
		Read data byte or	0	1	1	X	STOP condition will be transmitted and TWSTO flag will be reset
		Read data byte	1	1	1	X	STOP condition followed by a START condition will be transmitted and TWSTO flag will be reset

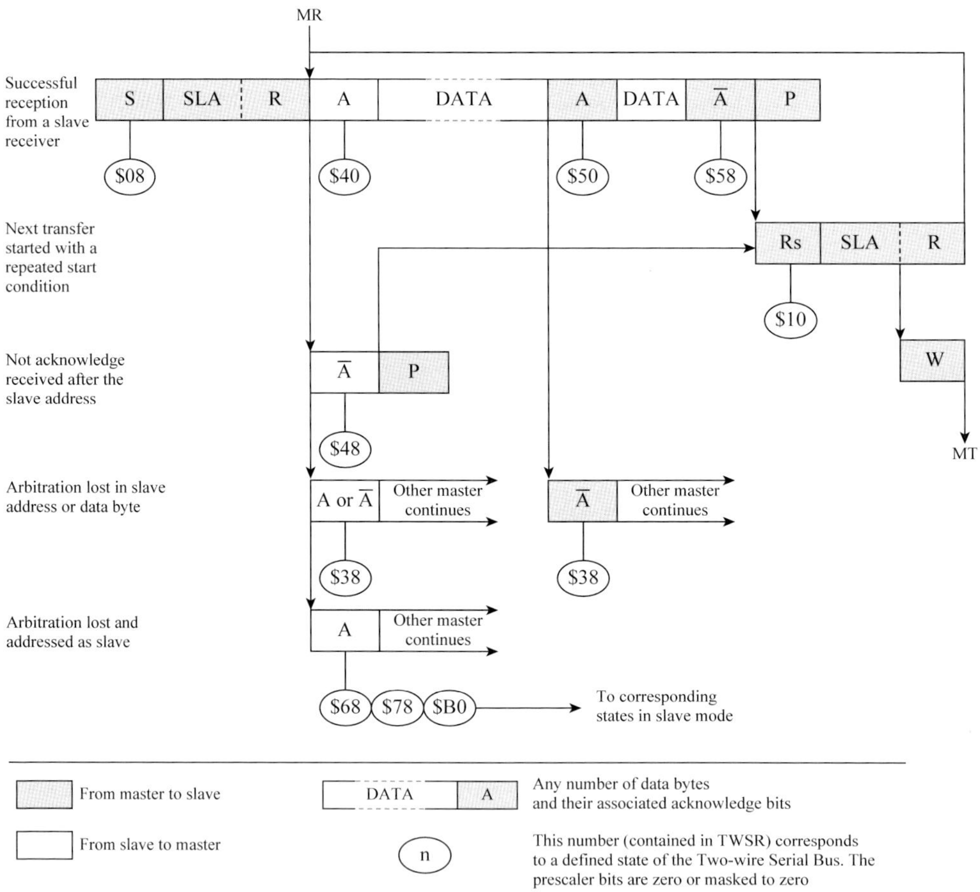

그림 11-11 마스터 수신모드에서 데이터 수신 절차

11-3 설계 규격

(1) 사용포트: PD0(SCL), PD1(SDA)

(2) EEPROM: M24512 (STMicroelectronics)

(3) SCL 클럭은 368.6KHz로 설정한다.

(4) 4x4 버튼을 누르면 EEPROM의 주소를 Key_data*0x1000로, 데이터를 Key_data*0x10로 설정하여 EEPROM에 쓰고 다시 읽는다. LCD 모듈의 열1에 주소를 표시하고 열2에 쓴 데이터와 읽은 데이터를 표시하여 비교한다. (Key_data는 1~16이다.)

(5) 타이머인터럽트는 타이머0을 사용하여 매 10msec마다 인터럽트가 걸리도록 조정한다.

(6) 키트에서 사용하는 마이크로프로세서의 클럭주파수는 14.7456MHz이다.

11-4 회로도

– 실험번호 선택: 11

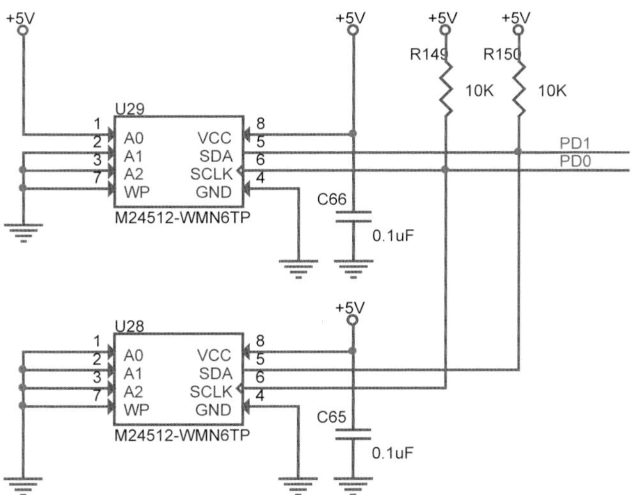

11-5 핀 할당

프로세서명	핀 이름	핀 번호	I/O	기능
ATmega128 / AT90CAN128	PD0	25	O	SCL
	PD1	26	I/O	SDA

프로세서명	핀 이름	핀 번호	I/O	기능
ATmega2560	PD0	43	O	SCL
	PD1	44	I/O	SDA

11-6 소스 프로그램

```
define.h

#define   BYTE          unsigned char
#define   WORD          unsigned int
#define   LONG          unsigned long
#define   L_LONG        unsigned long long

#define   SBYTE         signed char
#define   SWORD         signed int
#define   SLONG         signed long
#define   SL_LONG       signed long long

///////////////////////////////////////////////////////////////////////////////////////
/* Bit Flag */
#define  BIT0           0x01      //00000001
#define  BIT1           0x02      //00000010
#define  BIT2           0x04      //00000100
#define  BIT3           0x08      //00001000
#define  BIT4           0x10      //00010000
#define  BIT5           0x20      //00100000
#define  BIT6           0x40      //01000000
#define  BIT7           0x80      //10000000
```

```
////////////////////////////////////////////////////////////////////////////////

#define   LCD_RS        BIT3       //
#define   LCD_RW        BIT4       //
#define   LCD_EN        BIT5       //

#define   LCD_DATA  PORTA          //

#define   LINE1_HEAD    0x80       //Line1 start address
#define   LINE2_HEAD    0xC0       //Line2 start address

////////////////////////////////////////////////////////////////////////////////

#define   CHAT_COUNT    5          //4x4 KEY chattering count

////////////////////////////////////////////////////////////////////////////////

#define   DEVICE_SLA_W    0xA0
#define   DEVICE_END_ADRS 0x1FFFF
#define DEVICE_END_PAGE   0x1FF80

////////////////////////////////////////////////////////////////////////////////
```

main.c

```
////////////////////////////////////////////////////////////////////////////////
// Project Name     : MTK-AT8
// Function         : TWI
// File Name        : main.c
// Version / Date : 1.0 / 2016.5.2
////////////////////////////////////////////////////////////////////////////////

#include <avr/io.h>
#include <avr/interrupt.h>
#include <avr/pgmspace.h>
#include "define.h"

/*=====================================================*/
```

```
/*    VARIABLE DEFINE
/*=====================================================*/

BYTE TimerFlag;
WORD Timer1Cnt;
BYTE Timer1Flag;

BYTE scan_key,old_key44,Key44_Data,scan_chatt_count,key44_event;

/*=====================================================*/
/*    FUNCTION DEFINE
/*=====================================================*/

void InitPort(void);
void InitTimer0(void);

void Delay(unsigned long delay);
void Delay_us(WORD time_us);
void Delay_ms(unsigned int time_ms);

void InitLCD(void);
void WriteLcdCmd(BYTE cmd);
void WriteLcdData(BYTE loc, BYTE data);

void Init_Display(void);
void sputsLcdLine1(unsigned char *str);
void sputsLcdLine2(unsigned char *str);

void Key44_Scan(void);
void Key44_Job_Exe(void);
void Key44_0_9(void);
void Key44_nop(void);

//////////////////////////////////////////////////////////////////////////////

extern void InitTWI(void);
extern void InitM24512(void);
extern void WriteByteTWI(BYTE device, unsigned long addr, BYTE data);
extern BYTE ReadByteTWI(BYTE device, unsigned long addr);
```

```
////////////////////////////////////////////////////////////////////////////////

const BYTE hexdigit[] PROGMEM = "0123456789ABCDEF";

////////////////////////////////////////////////////////////////////////////////

int main(void)
{
  SPH = 0x10;
  SPL = 0xff;          // Stack Poniter Setting.

  InitPort();
  InitTimer0();        //Init Timer0, Init Register

  InitTWI();           //Init I2C
  InitM24512();        //Init M24512

  Delay_ms(100);       //Wait for more than 30msec
  InitLCD();

  sei();               //Interrupt Enabled (I bit of SREG is set)

  Init_Display();

  while(1)
  {
     if(TimerFlag)          //job EXE every 10 msec
     {
       Key44_Scan();
       TimerFlag = 0;       //Clear 10msec EVT flag
     }

     if(Timer1Flag)         //job EXE every 1 sec
     {

       Timer1Flag = 0;      //Clear 1sec EVT flag
     }
```

```
      if(key44_event == 1)
      {
        Key44_Job_Exe();
        key44_event = 0;   //Clear KEY EVT flag
      }
  }
}

////////////////////////////////////////////////////////////////////////////////
//          TIMER0 INTERRUPT SERVICE ROUTINE
////////////////////////////////////////////////////////////////////////////////

ISR(TIMER0_OVF_vect)
{
  TCNT0 = 112;  //TCNT =184 ->(1024/14.7456MHz)*(256-112)=10msec

  TimerFlag = 1;            //Set 10msec EVT flag ! (EXE @ main routine)

  Timer1Cnt++;
  if(Timer1Cnt >= 100)     //10 x 100 = 1 sec
  {
      Timer1Cnt = 0;
      Timer1Flag = 1;       //Set 1sec EVT flag ! (EXE @ main routine)
  }
}

/*=====================================================*/
/*    FUNCTIONS
/*=====================================================*/

void InitPort(void)
{
      PORTA= 0xFF;
      DDRA= 0xFF;      //LCD data

      PORTB= 0xFF;
      DDRB= 0xFF;     //FND1,2 COM1~COM4

      PORTC= 0xFF;
```

```
    DDRC= 0xF0;     //4x4 KEY_SCAN

    PORTD=0x00;
    DDRD= 0xFF;

    PORTE= 0xFF;
    DDRE = 0x00;

    PORTF = 0xC0;
    DDRF = 0xF8;    //16x2 LCD control : PF5=E, PF4=RW, PF3=RS

    PORTG = 0xFF;   //Pull Up
    DDRG = 0x00;    //input mode
}

//////////////////////////////////////////////////////////////////////////////
// INIT Timer0 Interrupt
//////////////////////////////////////////////////////////////////////////////

void InitTimer0(void)
{
    TCCR0 = 0x07;   // Trigger => Fclock/1024
    TCNT0 = 0x00;   // clear Timer Counter Register
    TIMSK = 0x01;   // Timer0 Interrupt Enable Mask Register
}

//////////////////////////////////////////////////////////////////////////////

void Delay(unsigned long delay)
{
    while(delay--) asm("nop");
}

//////////////////////////////////////////////////////////////////////////////

void Delay_us(WORD time_us) //measured by oscilloscope
{
  WORD i;
```

```
  for(i=0; i<time_us; i++)//4Cycle +
  {
     asm("PUSH R0"); //2Cycle +
     asm("NOP");     //1Cycle +
     asm("NOP");     //1Cycle +
     asm("NOP");     //1Cycle +
     asm("NOP");     //1Cycle +
     asm("NOP");     //1Cycle +
     asm("POP R0");  //2Cycle = 13Cycle = 1us for 14.7456MHz
  }
}

/////////////////////////////////////////////////////////////////////////////

void Delay_ms(unsigned int time_ms) //Time Delay for ms
{
  WORD i;

  for( i=0; i<time_ms; i++)
  {
     Delay_us(250);
     Delay_us(250);
     Delay_us(250);
     Delay_us(250);
  }
}

/*---------------------------------------------------*/
// 16x2 LCD Module Control Routines !!
/*---------------------------------------------------*/

void InitLCD(void)
{
     WriteLcdCmd(0x38);  //CMD 38H
     Delay(100);
     WriteLcdCmd(0x08);  //CMD 08H
     Delay(100);
     WriteLcdCmd(0x01);  //CMD 01H
     Delay(2000);
```

```
    WriteLcdCmd(0x0C);  //CMD 0CH
    Delay(100);
    WriteLcdCmd(0x06);  //CMD 06H
}

void WriteLcdCmd(BYTE cmd)
{
    PORTF &= ~LCD_RS;    //RS,RW = 0,0 (WRITE CMD)
    PORTF &= ~LCD_RW;
    Delay(10);

    PORTF |= LCD_EN;     //E = 1
    Delay(10);

    LCD_DATA = cmd;      //CMD
    Delay(10);

    PORTF &= ~LCD_EN;    //E = 0
    Delay(10);

    PORTF &= 0xC7;       //E,RS,RW = 0,0,0
    Delay(10);
}

void WriteLcdData(BYTE loc, BYTE data)
{
    WriteLcdCmd(loc);    //set location

    PORTF |= LCD_RS;     //RS,RW = 1,0 (WRITE DATA)
    PORTF &= ~LCD_RW;
    Delay(10);

    PORTF |= LCD_EN;     //E = 1
    Delay(10);

    LCD_DATA = data;     //CMD
    Delay(10);

    PORTF &= ~LCD_EN;    //E = 0
```

```
        Delay(10);

        PORTF &= 0xC7;          //E,RS,RW = 0,0,0
        Delay(10);
    }

    /*------------------------------------------------*/
    void Init_Display(void)
    {
        sputsLcdLine1("KEY=.. ADRS=....");
        sputsLcdLine2("Write=.. Read=..");
    }

    /*------------------------------------------------*/
    void sputsLcdLine1(unsigned char *str)
    {
        int i;

        for(i=0; *(str+i)!=0; i++)          WriteLcdData(0x80+i,*(str+i));
    }

    void sputsLcdLine2(unsigned char *str)
    {
        int i;

        for(i=0; *(str+i)!=0; i++)          WriteLcdData(0xC0+i,*(str+i));
    }

    ///////////////////////////////////////////////////////////////////////////////
    //      4x4 KEY SCAN ROUTINE
    ///////////////////////////////////////////////////////////////////////////////

    void Key44_Scan(void)
    {
      BYTE      scan_count;

      if(scan_chatt_count>=CHAT_COUNT)
      {
         PORTC = 0x0F;
```

```
        Delay(10);
        if((PINC&0x0F) == 0x0F)          scan_chatt_count = 0;
    }
    else
    {
        scan_count = 0;

        PORTC = 0xEF;    //scan_out 1110
        Delay(10);
        if((PINC&BIT0) == 0) {scan_key=1;scan_count++;}
        if((PINC&BIT1) == 0) {scan_key=4;scan_count++;}
        if((PINC&BIT2) == 0) {scan_key=7;scan_count++;}
        if((PINC&BIT3) == 0) {scan_key=11;scan_count++;}

        PORTC = 0xDF;    //scan_out 1101
        Delay(10);
        if((PINC&BIT0) == 0) {scan_key=2;scan_count++;}
        if((PINC&BIT1) == 0) {scan_key=5;scan_count++;}
        if((PINC&BIT2) == 0) {scan_key=8;scan_count++;}
        if((PINC&BIT3) == 0) {scan_key=10;scan_count++;}

        PORTC = 0xBF;    //scan_out 1011
        Delay(10);
        if((PINC&BIT0) == 0) {scan_key=3;scan_count++;}
        if((PINC&BIT1) == 0) {scan_key=6;scan_count++;}
        if((PINC&BIT2) == 0) {scan_key=9;scan_count++;}
        if((PINC&BIT3) == 0) {scan_key=12;scan_count++;}

        PORTC = 0x7F;    //scan_out 0111
        Delay(10);
        if((PINC&BIT0) == 0) {scan_key=13;scan_count++;}
        if((PINC&BIT1) == 0) {scan_key=14;scan_count++;}
        if((PINC&BIT2) == 0) {scan_key=15;scan_count++;}
        if((PINC&BIT3) == 0) {scan_key=16;scan_count++;}

        PORTC = 0xFF;

        if(scan_count != 1)  return;              //if double key or no key, return
```

```
      if(scan_key != old_key44)
      {
        old_key44 = scan_key;
        scan_chatt_count = 0;
      }
      else
      {
        scan_chatt_count++;
        if(scan_chatt_count>=CHAT_COUNT)
        {
           Key44_Data = old_key44;
           old_key44 = 0;


           key44_event = 1;            //Set KEY EVT flag ! (EXE @ main routine)

        }
      }
   }
}

/////////////////////////////////////////////////////////////////////////////
//          KEY_DATA_EXE
/////////////////////////////////////////////////////////////////////////////

void Key44_Job_Exe(void)
{
  WORD m24512_address;
  BYTE m24512_data;

  //Display KEY data
  WriteLcdData(LINE1_HEAD+4,pgm_read_byte(&hexdigit[Key44_Data/10]));
  WriteLcdData(LINE1_HEAD+5,pgm_read_byte(&hexdigit[Key44_Data%10]));

  m24512_address = Key44_Data*0x1000;          //save EEPROM address
                                               //(0x1000,0x2000,...,0xF000,0x0000)
  m24512_data = Key44_Data*0x10;    //save EEPROM data (0x10,0x20,...,0xF0,0x00)
                                    //Display EEPROM address
```

```
WriteLcdData(LINE1_HEAD+12,pgm_read_byte(&hexdigit[(m24512_address>>12)&0x000F]));
WriteLcdData(LINE1_HEAD+13,pgm_read_byte(&hexdigit[(m24512_address>>8)&0x000F]));
WriteLcdData(LINE1_HEAD+14,pgm_read_byte(&hexdigit[(m24512_address>>4)&0x000F]));
WriteLcdData(LINE1_HEAD+15,pgm_read_byte(&hexdigit[m24512_address&0x000F]));

     //Display EEPROM data
WriteLcdData(LINE2_HEAD+6,pgm_read_byte(&hexdigit[(m24512_data>>4)&0x0F]));
WriteLcdData(LINE2_HEAD+7,pgm_read_byte(&hexdigit[m24512_data&0x0F]));

//Write data
WriteByteTWI(DEVICE_SLA_W, m24512_address, m24512_data);
//Read data
m24512_data = ReadByteTWI(DEVICE_SLA_W, m24512_address);
//Display data read

WriteLcdData(LINE2_HEAD+14,pgm_read_byte(&hexdigit[(m24512_data>>4)&0x0F]));
WriteLcdData(LINE2_HEAD+15,pgm_read_byte(&hexdigit[m24512_data&0x0F]));

  switch(Key44_Data)
  {
     case 1  :   Key44_0_9();   break;
     case 2  :   Key44_0_9();   break;
     case 3  :   Key44_0_9();   break;
     case 4  :   Key44_0_9();   break;
     case 5  :   Key44_0_9();   break;
     case 6  :   Key44_0_9();   break;
     case 7  :   Key44_0_9();   break;
     case 8  :   Key44_0_9();   break;
     case 9  :   Key44_0_9();   break;
     case 10 :   Key44_0_9();   break;

     case 11 :   Key44_nop();   break;
     case 12 :   Key44_nop();   break;
     case 13 :   Key44_nop();   break;
     case 14 :   Key44_nop();   break;
     case 15 :   Key44_nop();   break;
     case 16 :   Key44_nop();   break;

     default :   break;
```

```
  }
}

void Key44_0_9(void)
{

}

void Key44_nop(void)
{

}

///////////////////////////////////////////////////////////////////////////////
```

M24512.c

```
#include <avr/io.h>
#include <avr/interrupt.h>
#include <avr/pgmspace.h>
#include "define.h"

////////////////////////////////////////////////////////////////////////////////////
//    FUNCTIONS
////////////////////////////////////////////////////////////////////////////////////

void InitTWI(void);
void InitM24512(void);
void WriteByteTWI(BYTE device, unsigned long addr, BYTE data);
BYTE ReadByteTWI(BYTE device, unsigned long addr);
void WritePageTWI(BYTE device, unsigned long addr, BYTE* data);
void ReadPageTWI(BYTE device, unsigned long addr, BYTE* data);

////////////////////////////////////////////////////////////////////////////////////
//    INTERNAL RAM ALLOCATION
////////////////////////////////////////////////////////////////////////////////////

BYTE M24512_Array[128];
```

```
//////////////////////////////////////////////////////////////////////////////////

extern void Delay(unsigned long delay);
extern void Delay_ms(unsigned int time_ms);

//-----------------------------------------------------
//    Initialize I2C Serial Interface
//-----------------------------------------------------

void InitTWI(void)
{
  // Fscl = 14.7456 MHz/(16+2(TWBR x 4^TWPS)) =  368.6 KHz ==> I2C serial clock
  TWBR = 12;      // TWI bit rate, For M24512ClockRate (max 400KHz), TWPS=0
  TWSR = 0x00;    // TWI status register, 4^TWPS = 4^0 = 1
  TWAR = 0x00;    // TWI address in SLAVE MODE
  TWDR = 0x00;    // TWI data register
  TWCR = 0x00;    // TWI control register
}

//-----------------------------------------------------
//    Initialize M24512C Serial I2C bus EEPROM
//-----------------------------------------------------

void InitM24512(void)
{
  unsigned long     i;

  if(ReadByteTWI(DEVICE_SLA_W, DEVICE_END_ADRS) != 'M')
  {
     for(i=0; i<128; i++) M24512_Array[i] = 0;

     for(i=0; i<0x400; i++)
     {
          asm("wdr");      //reset the Watchdog timer
          WritePageTWI(DEVICE_SLA_W, i*128, &M24512_Array[0]);
     }
     WriteByteTWI(DEVICE_SLA_W, DEVICE_END_ADRS, 'M');
  }
```

```
}

//---------------------------------------------------
//    EEPROM Byte Write
//---------------------------------------------------

void WriteByteTWI(BYTE device, unsigned long addr, BYTE data)
{
   TWCR = 0xA4;                  // START condition
   while(((TWCR & 0x80) == 0x00) || ((TWSR & 0xF8) != 0x08)); // START complete ?

   TWDR = device|((addr&0x10000)>>15);           // SLA+W
   TWCR = 0x84;
   while(((TWCR & 0x80) == 0x00) || ((TWSR & 0xF8) != 0x18)); // SLA+W complete ?

   TWDR = (addr>>8) & 0xff;  // High Address
   TWCR = 0x84;
   while(((TWCR & 0x80) == 0x00) || ((TWSR & 0xF8) != 0x28)); // address complete ?

   TWDR = (addr & 0xff);      // Low Address
   TWCR = 0x84;
   while(((TWCR & 0x80) == 0x00) || ((TWSR & 0xF8) != 0x28)); // address complete ?

   TWDR = data;                  // write data
   TWCR = 0x84;
   while(((TWCR & 0x80) == 0x00) || ((TWSR & 0xF8) != 0x28)); // data complete ?

   TWCR = 0x94;                  // STOP condition
   Delay_ms(5);                  //Write Time : max 5msec
}

//---------------------------------------------------
//    EEPROM Page Write
//---------------------------------------------------

void WritePageTWI(BYTE device, unsigned long addr, BYTE* data)
{
   int i=0;
```

```
    TWCR = 0xA4;                                    // START condition
    while(((TWCR & 0x80) == 0x00) || ((TWSR & 0xF8) != 0x08))        asm("wdr");
    // START complete ?

    TWDR = device|((addr&0x10000)>>15);             // SLA+W
    TWCR = 0x84;
    while(((TWCR & 0x80) == 0x00) || ((TWSR & 0xF8) != 0x18))        asm("wdr");
    // SLA+W complete ?

    TWDR = (addr>>8) & 0xff;                        // High Address
    TWCR = 0x84;
    while(((TWCR & 0x80) == 0x00) || ((TWSR & 0xF8) != 0x28))        asm("wdr");
    // address complete ?

    TWDR = (addr & 0xff);                           // Low Address
    TWCR = 0x84;
    while(((TWCR & 0x80) == 0x00) || ((TWSR & 0xF8) != 0x28))        asm("wdr");
    // address complete ?

    // Write Array
    for(i=0; i<128; i++)
    {
       TWDR = *(data+i);          // write data
        TWCR = 0x84;
        while(((TWCR & 0x80) == 0x00) || ((TWSR & 0xF8) != 0x28))    asm("wdr");
       // data complete ?
    }

    TWCR = 0x94;              // STOP condition
    Delay_ms(10);             //Write Time : max 10msec
}

//------------------------------------------------------
//     EEPROM Byte Read
//------------------------------------------------------

BYTE ReadByteTWI(BYTE device, unsigned long addr)
{
    BYTE rd_dat = 0;
```

```
    TWCR = 0xA4;            // START condition
    while(((TWCR & 0x80) == 0x00) || ((TWSR & 0xF8) != 0x08))       asm("wdr");
    // START complete ?

    TWDR = device|((addr&0x10000)>>15);         // SLA+W
    TWCR = 0x84;
    while(((TWCR & 0x80) == 0x00) || ((TWSR & 0xF8) != 0x18))       asm("wdr");
    // SLA+W complete ?

    TWDR = ((addr>>8) & 0xff);          // High Address
    TWCR = 0x84;
    while(((TWCR & 0x80) == 0x00) || ((TWSR & 0xF8) != 0x28))       asm("wdr");
    // address complete ?

    TWDR = (addr & 0xff);     // Low Address
    TWCR = 0x84;
    while(((TWCR & 0x80) == 0x00) || ((TWSR & 0xF8) != 0x28))       asm("wdr");
    // address complete ?

    TWCR = 0xA4;            // REPEATED START condition
    while(((TWCR & 0x80) == 0x00) || ((TWSR & 0xF8) != 0x10))       asm("wdr");
    // START complete ?

    TWDR = (device|0x01)|((addr&0x10000)>>15);          // SLA+W
    TWCR = 0x84;
    while(((TWCR & 0x80) == 0x00) || ((TWSR & 0xF8) != 0x40))       asm("wdr");
    // SLA+R complete ?

    TWCR = 0x84;            // read data with no acknowledge
    while(((TWCR & 0x80) == 0x00) || ((TWSR & 0xF8) != 0x58))       asm("wdr");
    // data complete ?
    rd_dat = TWDR;          // * read data

    TWCR = 0x94;            // STOP condition
    Delay(10);

    return rd_dat;          // return data
}
```

```
//-----------------------------------------------------
//     EEPROM Page Read
//-----------------------------------------------------

void ReadPageTWI(BYTE device, unsigned long addr, BYTE* data)
{
        BYTE i;

   TWCR = 0xA4;              // START condition
   while(((TWCR & 0x80) == 0x00) || ((TWSR & 0xF8) != 0x08))        asm("wdr");
   // START complete ?

   TWDR = device|((addr&0x10000)>>15);           // SLA+W
   TWCR = 0x84;
   while(((TWCR & 0x80) == 0x00) || ((TWSR & 0xF8) != 0x18))        asm("wdr");
   // SLA+W complete ?

   TWDR = ((addr>>8) & 0xff);           // High Address
   TWCR = 0x84;
   while(((TWCR & 0x80) == 0x00) || ((TWSR & 0xF8) != 0x28))        asm("wdr");
   // address complete ?

   TWDR = (addr & 0xff);      // Low Address
   TWCR = 0x84;
   while(((TWCR & 0x80) == 0x00) || ((TWSR & 0xF8) != 0x28))        asm("wdr");
   // address complete ?

   TWCR = 0xA4;              // REPEATED START condition
   while(((TWCR & 0x80) == 0x00) || ((TWSR & 0xF8) != 0x10))        asm("wdr");
   // START complete ?

   TWDR = (device|0x01)|((addr&0x10000)>>15);             // SLA+W
   TWCR = 0x84;
   while(((TWCR & 0x80) == 0x00) || ((TWSR & 0xF8) != 0x40))        asm("wdr");
   // SLA+R complete ?

   // Read Page
   for(i=0; i<127; i++)
```

```
    {
        TWCR = 0xC4;                // read data with acknowledge
        while(((TWCR & 0x80) == 0x00) || ((TWSR & 0xF8) != 0x50))      asm("wdr");
        // data complete ?
        *(data+i) = TWDR;           // read data
    }

    TWCR = 0x84;                    // read data with no acknowledge
    while(((TWCR & 0x80) == 0x00) || ((TWSR & 0xF8) != 0x58)); // data complete ?
    *(data+127) = TWDR;             // read data

    TWCR = 0x94;                    // STOP condition
}

//----------------------------------------------------
//    EEPROM Program Ends!
//----------------------------------------------------
```

| 실습결과 검토 및 연습문제 |

1 SCL 클럭을 변경시켜 가면서 EEPROM(M24512) 읽기/쓰기를 하여 보시오.

2 ATmega128의 TWI(I^2C: Inter-Integrated Circuit) 특징에 대해 기술하시오.

3 TWI 제어레지스터, TWCR(TWI Control Register)의 비트 기능에 대해 설명하시오.

Bit	7	6	5	4	3	2	1	0	
	TWINT	TWEA	TWSTA	TWSTO	TWWC	TWEN	-	TWIE	TWCR
Read/Write	R/W	R/W	R/W	R/W	R	R/W	R	R/W	
Initial Value	0	0	0	0	0	0	0	0	

(1) 비트7 TWINT:
(2) 비트6 TWEN:
(3) 비트5 TWSTA:
(4) 비트4 TWSTO:
(5) 비트3 TWWC:
(6) 비트2 TWEN:
(7) 비트0 TWIE:

4 다음과 같은 조건에서 'TWI 초기화' 프로그램을 작성하시오.

조건 1: 시스템 클럭은 14.7456MHz이다.

조건 2: I^2C 시리얼 클럭을 53KHz로 설정한다.

CHAPTER 12

ADC 기능 구현

contents

12 ADC 기능 구현

12-1 실습 목표

1. ADC 회로 구성을 이해하고 사용 방법을 익힌다.
2. 입력된 전압을 디지털 값으로 바꾸어 캐릭터 LCD 모듈에 표시한다.
3. 온도센서, TMP36를 이용하여 온도를 검출하고 캐릭터 LCD 모듈에 표시한다.
4. ADC 기능을 사용하기 위한 관련 레지스터 설정 방법을 익힌다.
5. 프로그램을 코딩, 컴파일하여 생성된 HEX 코드를 키트에 다운로드하여 동작 상태를 확인한다.

12-2 이론

A/D 변환기(Analog to Digital Converter)는 아날로그 신호를 디지털 데이터로 변환하는 부호기이다. ATmega128은 10비트의 분해능(resolution)을 가진 8개의 입력 채널을 내장하고 있기 때문에 각종 센서로부터 입력되는 아날로그 신호를 디지털 데이터로 변환하여 받아 들여서 원하는 동작을 할 수 있다.

1. A/D 변환기 기능

- 10비트 분해능: 아날로그 신호를 10비트(0~1023)의 디지털 데이터로 표현한다.
- 13~260 usec 변환시간
- 8개의 단극성입력 채널, 22개의 차동 입력 채널
- 0~Vcc 입력 전압 범위(REF 전압을 Vcc로 설정할 경우)
- 기준전압을 2.56V로 선택할 수 있다.

2. A/D 변환기 동작

ADC는 아날로그 입력은 단일입력과 차동입력의 두 종류가 있다. 이 ADC는 10비트 분해능의 연속비교방식(successive approximation) 변환구조이다. 단일 입력에 대한 ADC는 포트F에 8개의 아날로그 입력을 받아들인다. 차동입력에 대한 ADC는 8개의 입력 포트(ADC0~ADC7)중 두 개의 아날로그 입력을 (+)전압과 (−)전압으로 받아서 두 전압의 차이를 디지털값으로 변환하는 것이다.

ADC 앞단에는 샘플/유지(sample and hold)회로가 있어서 ADC가 실행되고 있는 동안에는 입력전압이 일정하게 유지되도록 한다.

ADC는 안정적이고 정확한 변환값을 검출하기 위해 아날로그 전압공급 핀(AVCC)과 기준전원 입력핀(AREF)을 별도로 가지고 있다. AVCC는 V_{CC}에 비해 ±3V를 넘지 않도록 해야 한다.

ADC를 위한 기준 전압으로 내부에 있는 2.56V나 AVCC를 사용한다. 또한 AREF핀으로 공급되는 전압을 기준전압으로 사용하기도 한다.

3. 프리스케일링과 변환시간

ATmega128의 ADC는 연속비교방식(successive approximation) 변환을 사용하고 10비트 변환값을 얻기 위해 50~200KHz의 클럭이 필요하다. 10비트의 분해능을 낮추면 변환속도를 빠르게 하기 위해 입력 클럭주파수를 200KHz 이상으로 높일 수 있다.

ADC 모듈은 프리스케일러가 내장되어 ADC 클럭주파수로 사용할 수 있는, 100KHz 이상의 주파수를 발생한다. 발생 주파수는 ADCSRA 레지스터의 ADPS2~ADPS0 비트로 설정한다. 프리스케일러는 ADEN 비트를 설정하면 동작하기 시작하여 ADEN 비트가 1이 되어 있는 동안에는 동작을 계속한다. ADEN 비트가 0이 되면 프리스케일러는 0으로 리셋된다.

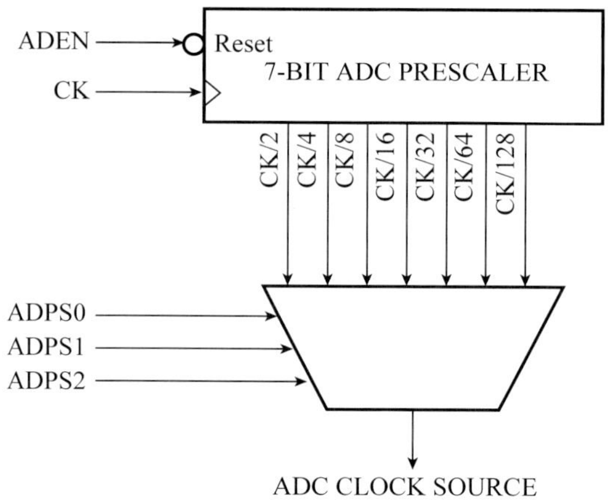

그림 12-1 ADC 프리스케일러

그림 12-2(a)는 ADC의 단일모드 변환일 때 동작 타이밍도이다. ADCSRA 레지스터의 ADEN=1, ADSC= 1로 설정하면 clk_{ADC}의 첫 번째 상승 에지에서 AD 변환이 시작된다. 맨 처음 AD 변환에서는 13.5개 클럭의 샘플/유지 시간을 포함하여 25개 클럭의 시간이 걸린다. 변환이 완료되면 결과값이 ADCH, ADCL에 저장되면서 ADIF=1이 되어 AD 변환 완료 인터럽트가 요청되고 ADSC 비트는 자동으로 지워진다. 결과값을 읽어들인 후 다시 AD 변환을 시작하려면 ADSC를 1로 설정한다. 최초 변환 이후에는 그림 15-3(b)와 같이 1.5개 클럭의 샘플/유지 시간을 포함하여 13 클럭에 AD 변환이 완료된다.

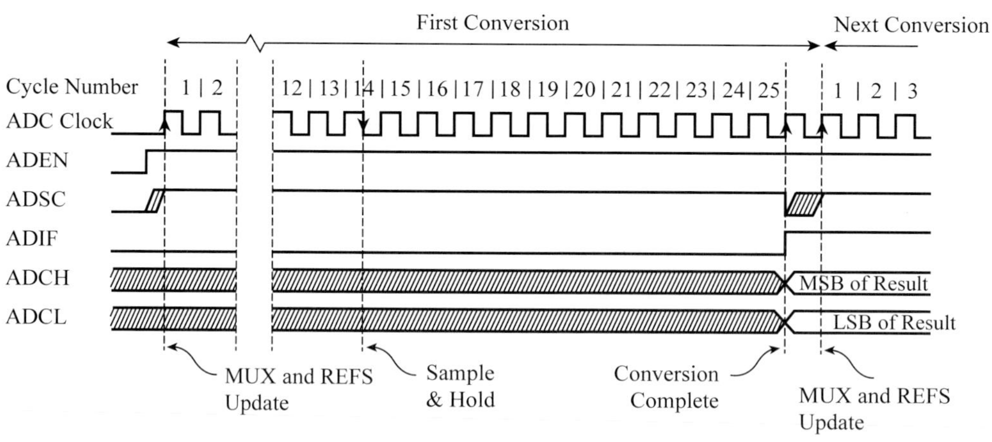

그림 12-2(a) ADEN=1 설정 이후 맨 처음 변환할 때

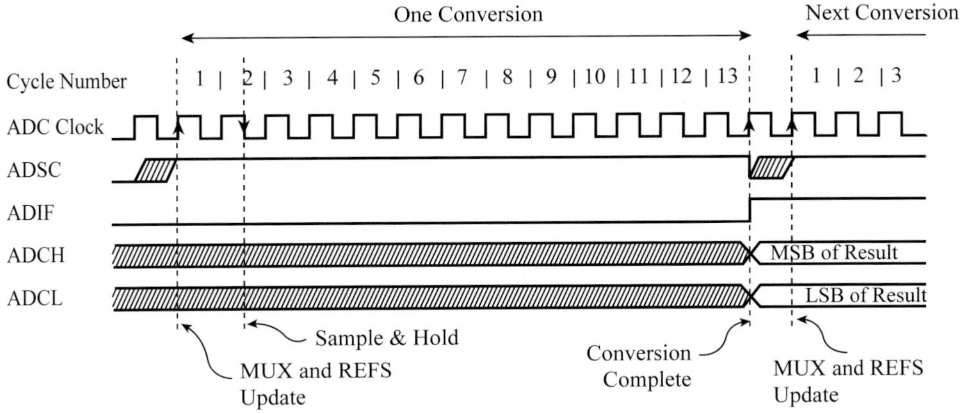

그림 12-2(b) 그 이후 변환할 때

그림 12-3은 ADFR=1로 설정하여 ADC가 프리러닝 모드로 동작할 때의 타이밍도이다. 프리러닝 모드에서는 ADSC 비트를 한번만 1로 설정하면 AD 변환이 반복된다. 프리러닝 모드에서는 1.5개 클럭의 샘플/유지 시간을 포함하여 13 클럭에 AD 변환이 완료되어 ADCH, ADCL에 결과값이 저장되고 AD 변환을 다시 시작한다. ADCH, ADCL 값은 가장 최근에 변환한 결과값이다.

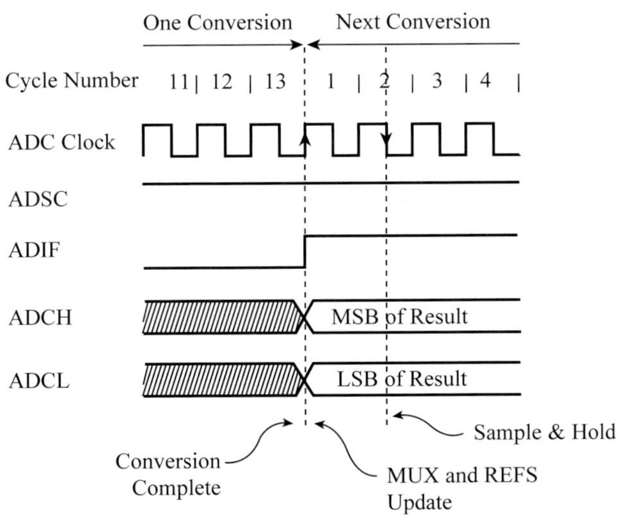

그림 12-3 프리런닝 모드에서 동작 타이밍도

표 12-1 ADC 변환 시간

조건	샘플 1개 추출하는데 걸리는 시간 (변환 시작 후 필요한 사이클)	변환 시간(사이클)
최초 변환	13.5	25
일반 변환(단일 입력)	1.5	13
일반 변환(차동 입력)	1.5/2.5	13/14

ADC의 모든 동작 모드에서는 AD 변환을 시작할 때마다 ADMUX의 REFS1, REFS0 비트와 MUX4~MUX0 비트를 참조하여 가장 최근에 설정된 기준 전압에 의해 아날로그 입력 채널을 변환한다. 그러므로 이 비트들을 변경하려면 AD 변환을 멈추고 변경하는 것이 좋고, REFS1, REFS0 비트로 기준전압을 변경하면 125usec 이후에 AD 변환을 시작해야 한다. 또한 차동입력 채널을 검출할 때 안정된 AD 변환 결과값을 얻기 위해서는 검출할 채널로 바꾸고 최소한 125usec 이후에 결과값을 가져와야 한다.

AD 변환이 끝나면 변환값은 ADC 결과 레지스터인 ADCH, ADCL에 저장된다.

단일 입력의 변환값은 다음과 같다.

$$ADC = (V_{IN} \cdot 1024) / V_{REF}$$

여기서 V_{IN}은 단일 입력 채널의 전압, V_{REF}는 기준 전압이고 변환값은 0~1023 범위의 값이다.

4. A/D 변환기 레지스터

(1) ADMUX(ADC Multiplexer Selection Register)

Bit	7	6	5	4	3	2	1	0	
	REFS1	REFS0	ADLAR	MUX4	MUX3	MUX2	MUX1	MUX0	ADMUX
Read/Write	R/W	R/W	R/W	R/W	R/W	R/W	R/W	R/W	
Initial Value	0	0	0	0	0	0	0	0	

● 비트7:6 – REFS1:0 : Reference Selection Bits

ADC의 기준 전압을 선택하는 비트이며 표 12-2와 같다. 변환 도중에 이 비트값이 바뀌면 현재 진행되고 있는 변환이 끝나고 다음 변환부터 바뀐 기준전압에 의해 변환된다.

표 12-2 ADC의 기준 전압 선택

REFS1	REFS0	기준 전압 선택
0	0	AREF 전압, 내부 V_{ref}는 꺼진다.
0	1	AVCC 전압, AREF핀에 커패시터를 연결한다.
1	0	–
1	1	내부의 2.56V 기준 전압, AREF핀에 커패시터를 연결한다.

● 비트5 – ADLAR: ADC Left Adjust Result

ADC 결과값을 ADCH/ADCL에 쓰는 형식을 지정하는 비트이다.

ADLAR=0: ADCH/ADCL의 하위비트부터 10비트를 채우고 상위 6비트는 사용하지 않는다.

ADLAR=1: ADCH/ADCL의 상위비트부터 10비트를 채우고 하위 6비트는 사용하지 않는다.

● 비트4:0 – MUX4:0 : Analog Channel and Gain Selection Bits

ADC의 아날로그 입력채널을 선택하는 비트이다. 아날로그 입력채널은 8개의 단극성 입력과 22개의 차동입력으로 구분된다.

(2) ADCSRA(ADC Control and Status Register A)

Bit	7	6	5	4	3	2	1	0	
	ADEN	ADSC	ADFR	ADIF	ADIE	ADPS2	ADPS1	ADPS0	ADCSRA
Read/Write	R/W	R/W	R/W	R/W	R/W	R/W	R/W	R/W	
Initial Value	0	0	0	0	0	0	0	0	

● 비트7 – ADEN: ADC Enable

ADC 허용 비트이다. ADEN=1이면 ADC 동작이 이루어지고 ADEN=0이면 ADC 동작이 정지된다.

●비트6 – ADSC: ADC Start Conversion

ADSC=1이면 ADC가 시작된다. 프리러닝모드에서 ADSC가 1이 되면 최초 ADC에서는 25 클럭이 필요하고 다음 변환부터는 매 13클럭마다 ADC를 실행한다. ADSC 도중에 ADSC 비트를 읽으면 1이고 변환이 완료되면 자동적으로 0으로 지워진다.

●비트5 – ADFR: ADC Free Running Select

이 비트를 1로 설정하면 ADC가 프리러닝 모드로 동작한다. 이 모드에서는 ADC를 연속적으로 실행한다.

●비트4 – ADIF : ADC Interrupt Flag

AD 변환이 완료되고 결과값이 갱신되면 1이 된다. 만일 ADIE=1이고 SREG의 I–비트가 1이라면 ADC 완료 인터럽트 처리 루틴을 실행하고 0으로 지워진다. 이 플래그를 강제적으로 0으로 지우려면 1을 쓰면 된다.

●비트3 – ADIE: ADC Interrupt Enable

ADC완료 인터럽트를 허용하는 비트이다. 이 비트와 SREG의 I–비트를 1로 설정하면 AD 완료 인터럽트가 발생될 때 ADC 완료 인터럽트 처리루틴을 실행한다.

●비트2:0 – ADPS2:0: ADC Prescaler Select Bits

ADC 입력 클럭의 분주비를 선택하는 비트이며 분주비는 표 12–3과 같다.

표 12–3 ADC 분주비 선택

ADPS2	ADPS1	ADPS0	분주비
0	0	0	2
0	0	1	2
0	1	0	4
0	1	1	8
1	0	0	16
1	0	1	32
1	1	0	64
1	1	1	128

(3) ADCL and ADCH(The ADC Data Register)

Bit	15	14	13	12	11	10	9	8	
	-	-	-	-	-	-	ADC9	ADC8	ADCH
	ADC7	ADC6	ADC5	ADC4	ADC3	ADC2	ADC1	ADC0	ADCL
	7	6	5	4	3	2	1	0	
Read/Write	R	R	R	R	R	R	R	R	
	R	R	R	R	R	R	R	R	
Initial Value	0	0	0	0	0	0	0	0	
	0	0	0	0	0	0	0	0	

그림 12-4 ADLAR=0일 때

Bit	15	14	13	12	11	10	9	8	
	ADC9	ADC8	ADC7	ADC6	ADC5	ADC4	ADC3	ADC2	ADCH
	ADC1	ADC0	-	-	-	-	-	-	ADCL
	7	6	5	4	3	2	1	0	
Read/Write	R	R	R	R	R	R	R	R	
	R	R	R	R	R	R	R	R	
Initial Value	0	0	0	0	0	0	0	0	
	0	0	0	0	0	0	0	0	

그림 12-5 ADLAR=1일 때

8비트 레지스터 ADCH, ADCL로 이루어진 ADC9:0은 A/D 변환값을 저장하는 레지스터이다. 그림 12-4에 나타낸 것과 같이 ADMUX 레지스터의 ADLAR=0이면 ADCH, ADCL의 하위비트부터 10비트를 채우고 ADLAR=1이면 그림 12-5에 나타낸 것과 같이 상위비트부터 10비트를 채운다. 아날로그 입력 채널을 단극성을 사용할 때는 A/D 변환값이 0~1023 범위의 값이 되고 차동 입력을 사용할 때는 −512~511 범위의 값이 된다.

ADCL 레지스터 값을 읽으면 ADC 변환값은 ADCH 레지스터를 읽을 때까지 갱신되지 않는다. 또한 ADLAR=1이고 8비트 분해능(0~255)을 사용할 때는 ADCH 레지스터 값만 읽어내면 된다. 10비트 분해능을 사용할 때는 ADCL 값을 먼저 읽은 후에 ADCH 값을 읽어야 한다.

12-3 설계 규격

(1) 아날로그 입력: 단일입력으로 가변저항(10KΩ) 2개와 온도센서(TMP36) 1개

(2) 입력 포트: PF0(ADC0) – 가변저항, PF1(ADC1) – 가변저항, PF2(ADC2) – 온도센서(TMP36)

(3) 출력값 표시

1. PF0(ADC0) – FND1에 십진수 4자리(0000~1023)를 표시한다.
2. PF1(ADC1) – FND2에 십진수 4자리(0000~1023)를 표시한다.
3. PF2(ADC2) – 캐릭터 LCD 모듈에 "TMP36 = xx ℃"으로 표시한다. (xx는 검출된 온도값)
4. FND1, 2 표시는 5장에서 배운 방법을 활용한다.
5. 2열 16캐릭터 LCD 모듈에 온도값을 표시할 때는 6장에서 배운 방법을 활용한다.

(4) ADC값은 메인루틴에서 1초마다 주기적으로 읽는다.

(5) 타이머인터럽트는 타이머0을 사용하여 매 10msec마다 인터럽트가 걸리도록 조정한다.

(6) 키트에서 사용하는 마이크로프로세서의 클럭주파수는 14.7456MHz이다.

12-4 회로도

– 실험번호 선택: 12

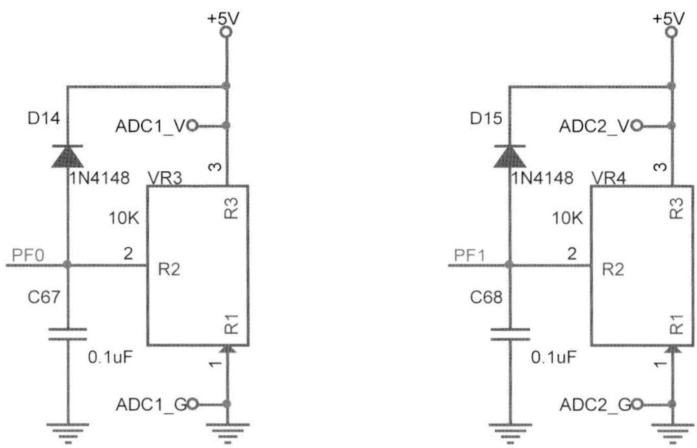

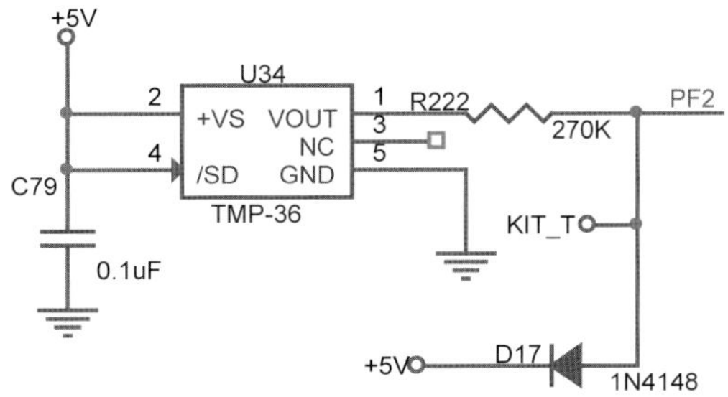

12-5 핀 할당

프로세서명	핀 이름	핀 번호	I/O	기능
ATmega128 / AT90CAN128	PF0	61	I	ADC0
	PF1	60	I	ADC1
	PF2	59	I	ADC2

프로세서명	핀 이름	핀 번호	I/O	기능
ATmega2560	PF0	97	I	ADC0
	PF1	96	I	ADC1
	PF2	95	I	ADC2

12-6 소스 프로그램

define.h

```
#define   BYTE        unsigned char
#define   WORD        unsigned int
#define   LONG        unsigned long
#define   L_LONG      unsigned long long

#define   SBYTE       signed char
#define   SWORD       signed int
#define   SLONG       signed long
#define   SL_LONG     signed long long
```

```
/////////////////////////////////////////////////////////////////////////////////
/* Bit Flag */
#define  BIT0          0x01       //00000001
#define  BIT1          0x02       //00000010
#define  BIT2          0x04       //00000100
#define  BIT3          0x08       //00001000
#define  BIT4          0x10       //00010000
#define  BIT5          0x20       //00100000
#define  BIT6          0x40       //01000000
#define  BIT7          0x80       //10000000

/////////////////////////////////////////////////////////////////////////////////

#define   SEG71_COM1    BIT0       //
#define   SEG71_COM2    BIT1       //
#define   SEG71_COM3    BIT2       //
#define   SEG71_COM4    BIT3       //

#define   SEG72_COM1    BIT4       //
#define   SEG72_COM2    BIT5       //
#define   SEG72_COM3    BIT6       //
#define   SEG72_COM4    BIT7       //

/////////////////////////////////////////////////////////////////////////////////

#define   LCD_RS        BIT3       //
#define   LCD_RW        BIT4       //
#define   LCD_EN        BIT5       //

#define   LCD_DATA  PORTA  //

#define   LINE1_HEAD    0x80       //Line1 start address
#define   LINE2_HEAD    0xC0       //Line2 start address

/////////////////////////////////////////////////////////////////////////////////

main.c

/////////////////////////////////////////////////////////////////////////////////
```

```
// Project Name      : MTK-AT8
// Function          : ADC Function
// File Name         : main.c
// Version / Date : 1.0 / 2016.5.2
//////////////////////////////////////////////////////////////////////////////

#include <avr/io.h>
#include <avr/interrupt.h>
#include <avr/pgmspace.h>
#include "define.h"

/*====================================================*/
/*    VARIABLE DEFINE
/*====================================================*/

BYTE FND_DpyFlag;
BYTE ring_johnson_counter;
BYTE fnd1_dpy_order,fnd2_dpy_order;
BYTE fnd1_digit3,fnd1_digit2,fnd1_digit1,fnd1_digit0;
BYTE fnd2_digit3,fnd2_digit2,fnd2_digit1,fnd2_digit0;

WORD fnd1_data,fnd2_data;

WORD timer_2ms_base;
BYTE timer_1sec_flag;

WORD Adc0Level;
WORD Adc1Level;
WORD Adc2Level;
BYTE KIT_Temperature;

/*====================================================*/
/*    FUNCTION DEFINE
/*====================================================*/

void InitPort(void);
void InitTimer1(void);
void InitADC(void);
```

```
void Detect_Adc0(void);
void Detect_Adc1(void);
void Detect_Adc2(void);
WORD ReadADC(BYTE channel);

void Delay(unsigned long delay);
void Delay_us(WORD time_us);
void Delay_ms(unsigned int time_ms);

void FND1_Display(void);
void fnd1_display_digit3(void);
void fnd1_display_digit2(void);
void fnd1_display_digit1(void);
void fnd1_display_digit0(void);

void FND2_Display(void);
void fnd2_display_digit3(void);
void fnd2_display_digit2(void);
void fnd2_display_digit1(void);
void fnd2_display_digit0(void);

void InitLCD(void);
void WriteLcdCmd(BYTE cmd);
void WriteLcdData(BYTE loc, BYTE data);

void Init_Display(void);
void sputsLcdLine1(unsigned char *str);
void sputsLcdLine2(unsigned char *str);

////////////////////////////////////////////////////////////////////////////////

const BYTE seg7_font[] PROGMEM =
          {0xC0,0xF9,0xA4,0xB0,0x99,
           0x92,0x82,0xF8,0x80,0x90,
           0x88,0x83,0xA7,0xA1,0x86,
           0xFF};

////////////////////////////////////////////////////////////////////////////////
const BYTE hexdigit[] PROGMEM = "0123456789ABCDEF";
////////////////////////////////////////////////////////////////////////////////
```

```
int main(void)
{
  SPH = 0x10;
  SPL = 0xff;          // Stack Poniter Setting.

  InitPort();
  InitTimer1();
  InitADC();           // Init ADC

  Delay_ms(100);       //Wait for more than 30msec
  InitLCD();

  fnd1_data = 0;
  fnd2_data = 0;

  sei();               //Interrupt Enabled (I bit of SREG is set)

  Init_Display();

  while(1)
  {
     if(FND_DpyFlag)      //job EXE every 2 msec
     {
       FND1_Display();
       FND2_Display();

       FND_DpyFlag = 0;
     }

     if(timer_1sec_flag)            //job EXE every 1sec
     {
       Detect_Adc0();               //VR1
       fnd1_data = Adc0Level;

       Detect_Adc1();               //VR2
       fnd2_data = Adc1Level;

       Detect_Adc2();               //Temp
```

```
WriteLcdData(LINE2_HEAD+9,pgm_read_byte(&hexdigit[KIT_Temperature/10]));
WriteLcdData(LINE2_HEAD+10,pgm_read_byte(&hexdigit[KIT_Temperature%10]));


        timer_1sec_flag = 0;
      }
  }
}

////////////////////////////////////////////////////////////////////////////////
//
////////////////////////////////////////////////////////////////////////////////

void Detect_Adc0(void)   //VR1
{
      Adc0Level= ReadADC(0x00);
}

void Detect_Adc1(void)   //VR2
{
      Adc1Level= ReadADC(0x01);
}

void Detect_Adc2(void)   //System Temp
{
      Adc2Level= ReadADC(0x02);
      KIT_Temperature = (Adc2Level - 103)/2;    //0'C @ 500mV(ADC=103), 10mV(2)/'C
}

////////////////////////////////////////////////////////////////////////////////
// Read ADC Value
////////////////////////////////////////////////////////////////////////////////

WORD ReadADC(BYTE channel)
{
  WORD AdcDet = 0;
  WORD AdcDetSum = 0;
  BYTE i,AdcDetL,AdcDetH = 0;
```

```
  ADMUX= channel;           // Select Channel

  for(i=0; i<5; i++)        // Read 5 times
  {
     while(!(ADCSR&0x10)); //ADIF == 1 ?
     Delay(70);             //70
     ADCSR |= 0x10;         //ADIF = 1

     AdcDetL = ADCL;
     AdcDetH = ADCH;

     AdcDet = (((AdcDetH&0xff)<<8)|(AdcDetL&0xff));

     AdcDetSum += AdcDet;
  }
  AdcDetSum /= 5;           // get average value

  return  AdcDetSum;
}

///////////////////////////////////////////////////////////////////////////////

void Delay(unsigned long delay)
{
     while(delay--) asm("nop");
}

///////////////////////////////////////////////////////////////////////////////

void Delay_us(WORD time_us) //measured by oscilloscope
{
  WORD i;

  for(i=0; i<time_us; i++)//4Cycle +
  {
     asm("PUSH R0"); //2Cycle +
     asm("NOP");      //1Cycle +
     asm("NOP");      //1Cycle +
     asm("NOP");      //1Cycle +
```

```
        asm("NOP");     //1Cycle +
        asm("NOP");     //1Cycle +
        asm("POP R0");  //2Cycle = 13Cycle = 1us for 14.7456MHz
    }
}

////////////////////////////////////////////////////////////////////////////////

void Delay_ms(unsigned int time_ms) //Time Delay for ms
{
  WORD i;

  for( i=0; i<time_ms; i++)
  {
        Delay_us(250);
        Delay_us(250);
        Delay_us(250);
        Delay_us(250);
  }
}

/*----------------------------------------------------*/
// 16x2 LCD Module Control Routines !!
/*----------------------------------------------------*/

void InitLCD(void)
{
        WriteLcdCmd(0x38);  //CMD 38H
        Delay(100);
        WriteLcdCmd(0x08);  //CMD 08H
        Delay(100);
        WriteLcdCmd(0x01);  //CMD 01H
        Delay(2000);
        WriteLcdCmd(0x0C);  //CMD 0CH
        Delay(100);
        WriteLcdCmd(0x06);  //CMD 06H
}

void WriteLcdCmd(BYTE cmd)
```

```
{
    PORTF &= ~LCD_RS;    //RS,RW = 0,0 (WRITE CMD)
    PORTF &= ~LCD_RW;
    Delay(10);

    PORTF |= LCD_EN;     //E = 1
    Delay(10);

    LCD_DATA = cmd;      //CMD
    Delay(10);

    PORTF &= ~LCD_EN;    //E = 0
    Delay(10);

    PORTF &= 0xC7;       //E,RS,RW = 0,0,0
    Delay(10);
}

void WriteLcdData(BYTE loc, BYTE data)
{
    WriteLcdCmd(loc);    //set location

    PORTF |= LCD_RS;     //RS,RW = 1,0 (WRITE DATA)
    PORTF &= ~LCD_RW;
    Delay(10);

    PORTF |= LCD_EN;     //E = 1
    Delay(10);

    LCD_DATA = data;     //CMD
    Delay(10);

    PORTF &= ~LCD_EN;    //E = 0
    Delay(10);

    PORTF &= 0xC7;       //E,RS,RW = 0,0,0
    Delay(10);
}
```

```
/*--------------------------------------------------*/
void Init_Display(void)
{
     sputsLcdLine1("T Sensor = TMP36");
     sputsLcdLine2("  temp = ..'C   ");
}

/*--------------------------------------------------*/
void sputsLcdLine1(unsigned char *str)
{
     int i;

     for(i=0; *(str+i)!=0; i++)       WriteLcdData(0x80+i,*(str+i));
}

void sputsLcdLine2(unsigned char *str)
{
     int i;

     for(i=0; *(str+i)!=0; i++)       WriteLcdData(0xC0+i,*(str+i));
}

//////////////////////////////////////////////////////////////////////////////

/*=====================================================*/
/*   FUNCTIONS
/*=====================================================*/

void InitPort(void)
{
   PORTA= 0xFF;
   DDRA= 0xFF;         //FND1 7-segment data

   PORTB= 0xFF;
   DDRB= 0xFF;         //FND1,2 COM1~COM4

   PORTC= 0xFF;
   DDRC= 0xFF;         //FND2 7-segment data
```

```
    PORTD=0xFF;
    DDRD= 0xFF;

    PORTE= 0xFF;
    DDRE = 0x00;

    PORTF = 0xC0;
    DDRF = 0xF8; //16x2 LCD control : PF5=E, PF4=RW, PF3=RS

    PORTG = 0xFF;      //Pull Up
    DDRG = 0x00;       //input mode
}

////////////////////////////////////////////////////////////////////////////////
// INIT Timer1 Interrupt
////////////////////////////////////////////////////////////////////////////////

void InitTimer1(void)
{
    TCNT1 = (65536-29);      //2msec

    TCCR1B = 0x05;           // Trigger => Fclock/1024
    TIMSK = 0x04;            // Timer1 Interrupt Enable Mask Register
}

////////////////////////////////////////////////////////////////////////////////
//    INIT ADC Control
////////////////////////////////////////////////////////////////////////////////

void InitADC(void)
{
    ADMUX = 0x00;
    ADCSR = 0xE5; // ADC enable, ADC start conversion, Free_run mode, Prescaler 32
}

////////////////////////////////////////////////////////////////////////////////
//    FND1 DISPLAY
////////////////////////////////////////////////////////////////////////////////
```

```
void FND1_Display(void)
{
  fnd1_dpy_order++;
  fnd1_dpy_order &= 0x03;

  PORTB |= 0x0F;            //COM1~4 : HIGH

  switch(fnd1_dpy_order)
  {
     case 0 : fnd1_display_digit3();         break;
     case 1 : fnd1_display_digit2();         break;
     case 2 : fnd1_display_digit1();         break;
     case 3 : fnd1_display_digit0();         break;
     default : break;
  }
}

void fnd1_display_digit3(void)
{
     fnd1_digit3 = fnd1_data/1000;

     PORTA = pgm_read_byte(&seg7_font[fnd1_digit3]); //display 1000's digit
     PORTB &= ~SEG71_COM1;
}

void fnd1_display_digit2(void)
{
     fnd1_digit2 = (fnd1_data%1000)/100;

     PORTA = pgm_read_byte(&seg7_font[fnd1_digit2]); //display 100's digit
     PORTB &= ~SEG71_COM2;
}

void fnd1_display_digit1(void)
{
     fnd1_digit1 = (fnd1_data%100)/10;

     PORTA = pgm_read_byte(&seg7_font[fnd1_digit1]); //display 10's digit
     PORTB &= ~SEG71_COM3;
}
```

```
void fnd1_display_digit0(void)
{
      fnd1_digit0 = (fnd1_data%10);

      PORTA = pgm_read_byte(&seg7_font[fnd1_digit0]); //display 1's digit
      PORTB &= ~SEG71_COM4;
}

////////////////////////////////////////////////////////////////////////////

void FND2_Display(void)
{
  fnd2_dpy_order++;
  fnd2_dpy_order &= 0x03;

  PORTB |= 0xF0;            //COM1~4 : HIGH

  switch(fnd2_dpy_order)
  {
      case 0 : fnd2_display_digit3();         break;
      case 1 : fnd2_display_digit2();         break;
      case 2 : fnd2_display_digit1();         break;
      case 3 : fnd2_display_digit0();         break;
      default : break;
  }
}

void fnd2_display_digit3(void)
{
      fnd2_digit3 = fnd2_data/1000;

      PORTC = pgm_read_byte(&seg7_font[fnd2_digit3]); //display 1000's digit
      PORTB &= ~SEG72_COM1;
}

void fnd2_display_digit2(void)
{
      fnd2_digit2 = (fnd2_data%1000)/100;
```

```
    PORTC = pgm_read_byte(&seg7_font[fnd2_digit2]); //display 100's digit
    PORTB &= ~SEG72_COM2;
}

void fnd2_display_digit1(void)
{
    fnd2_digit1 = (fnd2_data%100)/10;

    PORTC = pgm_read_byte(&seg7_font[fnd2_digit1]); //display 10's digit
    PORTB &= ~SEG72_COM3;
}

void fnd2_display_digit0(void)
{
    fnd2_digit0 = (fnd2_data%10);

    PORTC = pgm_read_byte(&seg7_font[fnd2_digit0]); //display 1's digit
    PORTB &= ~SEG72_COM4;
}

////////////////////////////////////////////////////////////////////////////////
//    TIMER1 INTERRUPT SERVICE ROUTINE
////////////////////////////////////////////////////////////////////////////////

ISR(TIMER1_OVF_vect)
{
    TCNT1 = (65536-29);   //2msec base

    FND_DpyFlag = 1;

    timer_2ms_base++;
    if(timer_2ms_base>500)          //2msec x 500 = 1sec
    {
        timer_2ms_base = 0;
        timer_1sec_flag = 1;
    }
}

////////////////////////////////////////////////////////////////////////////////
```

| 실습결과 검토 및 연습문제 |

1 ATmega128에 내장된 AD 변환기의 특징에 대해 설명하시오.

2 ADC의 아날로그 입력은 단일입력과 차동입력의 두 종류가 있다. 두 입력에 대해 설명하시오.

3 ADC 동작을 위한 입력핀 AREF(핀 62)에 대해 설명하시오.

4 ADC에서 프리러닝(Free Running) 모드란 무엇인가?

5 아날로그 전압을 검출할 때 정확도를 높이기 위한 방법에 대해 설명하시오.

6 단일입력을 ADC5, VREF=AREF, ADLAR=1(상위비트부터 10비트 채움)로 설정하려면 ADMUX의 값은?

7 ATmega128의 시스템 클럭이 16MHz일 때, ADC 입력 클럭을 500KHz로 하려면 ADCSRA 레지스터의 비트2:0(ADPS2:0)을 어떤 값으로 설정해야 하나?

8 ADC 변환을 위한 트리거 소스를 프리러닝 모드로 선택하려면 설정해야할 레지스터 비트는 무엇인가?

9 ATmega128의 시스템 클럭이 16MHz일 때, 다음의 조건을 만족하도록 ADC 변환기 초기화 프로그램을 작성하시오.

1) ADC 변환기의 단일입력 ADC7~0을 사용한다.
2) 트리거 소스를 프리러닝 모드로 선택한다.
3) 기준전압으로 AREF핀(핀62)의 전압을 사용한다.
4) ADCH, ADCL의 하위비트부터 10비트를 채운다.
5) ADC 입력 클럭의 분주비를 16분주로 설정한다.
6) ADC 인터럽트는 사용하지 않는다.

CHAPTER 13
부저음 발생

contents

13 부저음 발생

13-1 실습 목표

1. 타이머를 이용하여 부저음 발생 방법을 배운다.
2. 부저소리의 발생 원리와 부저음 발생회로 구성 방법을 익힌다.
3. 부저음 발생을 위해 사용하는 타이머 레지스터 설정 방법을 익힌다.
4. 프로그램을 코딩, 컴파일하여 생성된 HEX 코드를 키트에 다운로드하여 동작 상태를 확인한다.

13-2 이론

1. 부저소리 발생시키기

부저는 원하는 주파수로 부저에 인가하는 전압을 온/오프하여 소리를 발생하는 소자이다. 부저음은 주로 경고음이나 버튼확인음, 차임벨 등의 소리를 발생할 때 쓰인다. 부저소리 발생회로는 13-4항과 같이 전류제한저항과 트랜지스터를 직렬로 연결하여 구성한다. 키트에서 사용하는 부저의 규격은 그림 13-1과 같다.

2. 버튼확인음

버튼확인음으로 부저를 이용할 때, 부저에 구형파를 출력하는 방법은 두 가지가 있다. 한 가지 방법은 메인루틴에서 명령어 수행시간(예를 들면 asm("nop");)으로 시간지연(Time Delay)을 주면서 포트를 High(1), Low(0)로 흔들어주는 것이다. 이런 방법은 그다지 좋은 방법이 아니다. 메인루틴에서 시간지연을 주면서 소리를 발생하는 동안 다른 일을 수행하지 못할 뿐만 아니라 소리를 내는 동안 인터럽트가 발생하여 인터럽트 실행 루틴으로 뛰게 되면 메인루틴에서의 시간지연이 순간적으로 달라져서 맑은 소리가 나지 않는다. 그래서 또 다른 확실한 방법으로, 메인루틴에서 부저음 발생을 타이머에 알리고 타이머인터럽트에서 포트를 High(1), Low(0)로 흔들어주는 것이다. 타이머인터럽트에서 주기적으로(1/2 사이클) 포트상태를 바꾸어 주다가 정해진 시간이 경과하면 포트상태를 Low(0)로 만들어 부저소리를 정지시킨다. 이렇게 하면 메인루틴에서는 다른 일을 할 수 있어서 효과적이다.

마이크로프로세서가 수행하는 일 중에서 '주기적인 수행하는 일', 예를 들면 키스캔, LED 깜박임, 부저소리 발생 등은 메인루틴에서 플래그를 사용하여 타이머인터럽트 처리 루틴에 알리고 '타이머인터럽트 처리 루틴'에서는 지시받은 일을 수행하고 나서 플래그를 지우는 방법을 이용하는 것이 좋다. 프로그래머가 이 점을 유의하여 프로그래밍을 한다면 매우 강력한 프로그램을 설계하는 것이다.

※ Tip 주기적으로 하는 일은 타이머인터럽트에서 처리하자.

BTG-47

RoHS compliant

ORDERING CODE	BT G – 47 ①② ③

① Magnetic Buzzer
② Series Number
③ Coil Resistance

No	Specification	Data
1	Rated Voltage (V)	5
2	Operating Voltage (V)	4~8
3	Coil Resistance (Ω)	45±5
4	Resonant Frequency (Hz)	2400±300
5	*Sound Output at 10cm (dB)	Min 85
6	*Current Consumption (mA)	Max 40
7	Operating Temperature (°C)	-40 ~ +85
8	Storage Temperature (°C)	-40 ~ +85
9	Weight (g)	1.5g
10	Housing Material	PPO/Black
11	RoHS	Yes
12	Packing Quantity	100pcs/box

*Applying rated voltage (Resonant frequency, 1/2 duty, Square wave)

그림 13-1 키트에서 사용하는 부저의 규격

3. 타이머0, 타이머2의 일반모드 설정

동작모드 중에서 가장 단순한 동작으로 WGMn1:0=0:0일 때 동작한다. TCNTn은 정해진 값에서 클럭이 입력될 때마다 1씩 증가하여 최대값, 255(0xFF)를 넘으면 0(0x00)이 되면서 오버플로우 인터럽트를 발생(TOVn=1)시킨다. 이 때 TOIEn=1, SREG.I=1이면 인터럽트 처리 루틴을 실행하면서 TOVn 비트를 지운다.

일반모드를 사용하여, 일정한 주기로 인터럽트가 발생하도록 동작시키고 싶을 때는 인터럽트 처리 루틴에 진입하는 즉시 TCNTn 레지스터에 원하는 값을 써넣는다.

4. 타이머0 레지스터

(1) 타이머/카운터 제어 레지스터 TCCR0

Bit	7	6	5	4	3	2	1	0	
	FOC0	WGM00	COM01	COM00	WGM01	CS02	CS01	CS00	TCCR0
Read/Write	W	R/W	R/W	R/W	R/W	R/W	R/W	R/W	
Initial Value	0	0	0	0	0	0	0	0	

● 비트7 FOC0(Force Output Compare): 일반모드나 CTC 모드에서 FOCn=1이면 OCn 핀에 COMn1:0 설정에 의한 출력 비교일치 신호를 강제로 내보낸다.

● 비트6,3 WGM0[1:0] (Waveform Generation Mode): 표 13-1과 같이 4가지 동작 모드 중 하나를 설정한다.

표 13-1 파형발생모드 비트

모드	WGM01 (CTC0)	WGM00[주1)] (PWM0)	타이머/카운터 동작모드	TOP	OCR0 갱신 시점	TOV0=1 되는 시점
0	0	0	일반	0xFF	쓰는 즉시	MAX
1	0	1	PWM, 위상보정	0xFF	TOP	BOTTOM
2	1	0	CTC	OCR0	쓰는 즉시	MAX
3	1	1	고속PWM	0xFF	BOTTOM	MAX

● 비트5:4 COM0[1:0] (Compare Match Output Mode): OCn핀의 동작을 결정한다. OCn핀은 출력 핀으로 사용되기 때문에 방향지정 레지스터(DDR)의 해당 비트를 출력으로 설정한다.

● 비트2:0 CS0[2:0] (Clock Select): 타이머/카운터의 분주비를 결정한다. 칩 내부의 $clk_{I/O}$를 사용하는 카운터 동작으로 설정할 때는 ASSR 레지스터의 AS 비트에 0을 쓴다.

표 13-2 클럭 선택 비트

CS02	CS01	CS00	클럭
0	0	0	클럭은 발생하지 않는다(타이머/카운터 정지).
0	0	1	clk_{TOS}
0	1	0	$clk_{TOS}/8$
0	1	1	$clk_{TOS}/32$
1	0	0	$clk_{TOS}/64$
1	0	1	$clk_{TOS}/128$
1	1	0	$clk_{TOS}/256$
1	1	1	$clk_{TOS}/1024$

(2) 타이머/카운터 레지스터 TCNT0

Bit	7	6	5	4	3	2	1	0	
	TCNT0[7:0]								TCNT0
Read/Write	R/W	R/W	R/W	R/W	R/W	R/W	R/W	R/W	
Initial Value	0	0	0	0	0	0	0	0	

입력 펄스를 카운트하는 레지스터로서 읽기/쓰기가 가능하다. 카운터가 동작하고 있을 때 새로운 값을 쓰면 TCNT0와 OCR0 사이의 비교일치가 일어나지 않을 수도 있다.

(3) 타이머/카운터0 인터럽트 마스크 레지스터 TIMSK

Bit	7	6	5	4	3	2	1	0	
	OCIE2	TOIE2	TICIE1	OCIE1A	OCIE1B	TOIE1	OCIE0	TOIE0	TIMSK
Read/Write	R/W	R/W	R/W	R/W	R/W	R/W	R/W	R/W	
Initial Value	0	0	0	0	0	0	0	0	

● 비트1: OCIE0(Timer/Counter0 Output Compare Match Interrupt Enable)
OCIE0=1, SREG의 I=1이면 출력 비교일치 인터럽트가 허용된다. 이 상태에서 TCNT0값과 OCR0값을 비교하여 같으면 TIFR의 OCF0 비트가 1이 되고 출력비교 일치 인터럽트 처리 루틴이 실행된다.

● 비트 0: TOIE0(Timer/Counter0 Overflow Interrupt Enable)
TOIE0=1, SREG의 I=1이면 오버플로우 인터럽트가 허용된다. 이 상태에서 타이머/카운터의 오버플로우가 발생하면 TIFR의 TOV0 비트가 1이 되고 오버플로우 인터럽트 처리 루틴이 실행된다.

5. 타이머0 레지스터

(1) 타이머/카운터 제어 레지스터 TCCR2

Bit	7	6	5	4	3	2	1	0	
	FOC2	WGM20	COM21	COM20	WGM21	CS22	CS21	CS20	TCCR2
Read/Write	W	R/W	R/W	R/W	R/W	R/W	R/W	R/W	
Initial Value	0	0	0	0	0	0	0	0	

● 비트7 FOC2(Force Output Compare): FOC2 비트는 PWM 모드가 아닌 경우에만 동작한다. 일반모드나 CTC 모드에서 FOC2=1이면 OC2핀에 COM21:0 설정에 의한 출력비교일치 신호를 강제로 내보낸다.

● 비트6,3 WGM2[1:0] (Waveform Generation Mode): 이 비트는 카운터의 카운팅 방법, TOP 카운터값의 소스, 파형발생 모드 등을 설정하는데 사용한다. 동작모드는 표 13-3과 같이 4가지 모드 중 하나를 설정한다.

표 13-3 파형발생모드 비트

모드	WGM21 (CTC2)	WGM20 (PWM2)	타이머/카운터 동작모드	TOP	OCR2 갱신 시점	TOV2=1 되는 시점
0	0	0	일반	0xFF	쓰는 즉시	MAX
1	0	1	PWM, 위상보정	0xFF	TOP	BOTTOM
2	1	0	CTC	OCR2	쓰는 즉시	MAX
3	1	1	고속PWM	0xFF	BOTTOM	MAX

● 비트5:4 COM2[1:0] (Compare Match Output Mode): OC2핀의 동작을 결정한다. COM21:0 비트 설정에 의해 OC2핀이 출력으로 사용된다면 방향지정 레지스터(DDR)의 해당비트를 출력으로 설정하여야 한다.

● 비트2:0 CS2[2:0] (Clock Select): 3비트의 클럭 설정 비트로 타이머/카운터의 분주비를 결정한다. 칩 내부의 clkI/O를 사용하는 카운터 동작으로 설정할 때는 ASSR 레지스터의 AS 비트에 0을 쓴다.

표 13-4 클럭 선택 비트

CS02	CS01	CS00	클럭
0	0	0	클럭은 발생하지 않는다(타이머/카운터 정지).
0	0	1	clk_{TOS}
0	1	0	$clk_{TOS}/8$
0	1	1	$clk_{TOS}/64$
1	0	0	$clk_{TOS}/256$
1	0	1	$clk_{TOS}/1024$
1	1	0	T2 핀으로 들어오는 외부 클럭(하강 에지 클럭)
1	1	1	T2 핀으로 들어오는 외부 클럭(상승 에지 클럭)

(2) 타이머/카운터 레지스터 TCNT2

Bit	7	6	5	4	3	2	1	0	
	TCNT2[7:0]								TCNT2
Read/Write	R/W	R/W	R/W	R/W	R/W	R/W	R/W	R/W	
Initial Value	0	0	0	0	0	0	0	0	

입력 펄스를 카운트하는 레지스터로서 읽기/쓰기가 가능하다. 카운터가 동작하고 있을 때 새로운 값을 쓰면 TCNT2와 OCR2 사이의 비교일치가 일어나지 않을 수도 있다.

(3) 타이머/카운터 인터럽트 마스크 레지스터 TIMSK

Bit	7	6	5	4	3	2	1	0	
	OCIE2	TOIE2	TICIE1	OCIE1A	OCIE1B	TOIE1	OCIE0	TOIE0	TIMSK
Read/Write	R/W	R/W	R/W	R/W	R/W	R/W	R/W	R/W	
Initial Value	0	0	0	0	0	0	0	0	

● 비트7 : OCIE2(Timer/Counter2,Output Compare Match Interrupt Enable)
이 비트가 1이고 상태레지스터(SREG)의 I 플래그가 1이면 타이머/카운터1의 출력비교매치 인터럽트가 허용된다. 출력비교매치 인터럽트가 발생하면 TIFR 레지스터의 OCF2 플래그가 1이 되어 해당되는 인터럽트가 실행된다.

● 비트6 : TOIE2(Timer/Counter2,Overflow Interrupt Enable)
이 비트가 1이고 상태레지스터(SREG)의 I 플래그가 1이면 타이머/카운터2의 오버플로우 인터럽트가 허용된다. 오버플로우 인터럽트가 발생하면 TIFR 레지스터의 TOV2 플래그가 1이 되어 해당되는 인터럽트가 실행된다.

13-3 설계 규격

(1) 출력 포트: PG0 (초기상태는 0으로 설정하여 부저에 전류가 흐르지 않도록 주의한다.)
(2) 출력주파수 : 약 2.5KHz (반주기는 약 200usec이다.)
(3) 부저소리 출력

1. 7장의 4x4 키스캔 기능을 구현하고 버튼확인음으로 40~50msec 정도의 부저소리를 출력한다.
2. 8장에서 사용하였던 4개의 버튼을 사용하여, 버튼확인음으로 버튼1은 한번, 버튼2는 두 번, 버튼3은 세 번, 버튼4는 네 번 부저소리를 발생한다.

(4) 타이머인터럽트는 타이머0을 사용하여 매 10msec마다 인터럽트가 걸리도록 조정한다.
(5) 부저소리는 타이머2를 사용하고 매 191usec마다 인터럽트가 걸리도록 조정한다.
(6) 키트에서 사용하는 마이크로프로세서의 클럭주파수는 14.7456MHz이다.

13-4 회로도

– 실험번호 선택: 13

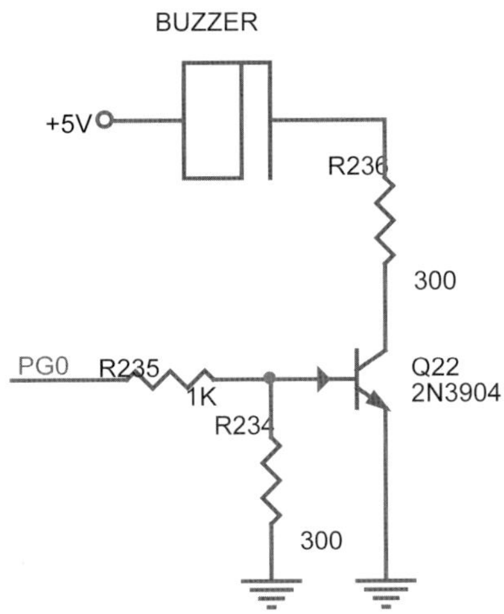

13-5 핀 할당

프로세서명	핀 이름	핀 번호	I/O	기능
ATmega128 / AT90CAN128	PG0	33	OI	BUZZER SOUND OUT

프로세서명	핀 이름	핀 번호	I/O	기능
ATmega2560	PG0	51	O	BUZZER SOUND OUT

13-6 소스 프로그램

define.h

```
#define   BYTE          unsigned char
#define   WORD          unsigned int
#define   LONG          unsigned long
#define   L_LONG        unsigned long long

#define   SBYTE         signed char
```

```
#define   SWORD         signed int
#define   SLONG         signed long
#define   SL_LONG       signed long long

////////////////////////////////////////////////////////////////////////////
/* Bit Flag */
#define   BIT0          0x01      //00000001
#define   BIT1          0x02      //00000010
#define   BIT2          0x04      //00000100
#define   BIT3          0x08      //00001000
#define   BIT4          0x10      //00010000
#define   BIT5          0x20      //00100000
#define   BIT6          0x40      //01000000
#define   BIT7          0x80      //10000000

////////////////////////////////////////////////////////////////////////////

#define   HIGH     1
#define   LOW      0

////////////////////////////////////////////////////////////////////////////

#define   LCD_RS        BIT3      //
#define   LCD_RW        BIT4      //
#define   LCD_EN        BIT5      //

#define   LCD_DATA  PORTA         //

#define   LINE1_HEAD    0x80      //Line1 start address
#define   LINE2_HEAD    0xC0      //Line2 start address

////////////////////////////////////////////////////////////////////////////

#define   CHAT_COUNT    5         //4x4 KEY chattering count

////////////////////////////////////////////////////////////////////////////

#define   BUZ_SOUNDBIT0 //BUZ SOUND

#define   ON       '1'            //Beep ON
```

```
#define   OFF       '0'   //Beep OFF

////////////////////////////////////////////////////////////////////////////////
```

main.c

```
////////////////////////////////////////////////////////////////////////////////
// Project Name     : MTK-AT8
// Function         : BUZZER SOUND GENERATION
// File Name        : main.c
// Version / Date : 1.0 / 2016.5.2
////////////////////////////////////////////////////////////////////////////////

#include <avr/io.h>
#include <avr/interrupt.h>
#include <avr/pgmspace.h>
#include "define.h"

/*=====================================================*/
/*   VARIABLE DEFINE
/*=====================================================*/

BYTE      TimerFlag;
WORD      Timer1Cnt;
BYTE      Timer1Flag;

BYTE scan_key,old_key44,Key44_Data,scan_chatt_count,key44_event;

BYTE      Beep_OnOff;
BYTE      Beep_Count;
WORD      Beep_Timer;

BYTE      KeyPress;
BYTE      KeyOld;
BYTE      KeyData;

/*=====================================================*/
/*   FUNCTION DEFINE
/*=====================================================*/
```

```
void InitPort(void);
void InitTimer0(void);
void InitTimer2(void);

void Delay(unsigned long delay);
void Delay_us(WORD time_us);
void Delay_ms(unsigned int time_ms);

void InitLCD(void);
void WriteLcdCmd(BYTE cmd);
void WriteLcdData(BYTE loc, BYTE data);

void Init_Display(void);
void sputsLcdLine1(BYTE *str);
void sputsLcdLine2(BYTE *str);

void Key44_Scan(void);
void Key44_Job_Exe(void);
void Key44_0_9(void);
void Key44_nop(void);

void BeepOn(BYTE count);
void BeepOff(void);

void KeyScan();

/////////////////////////////////////////////////////////////////////////////////

const BYTE hexdigit[] PROGMEM = "0123456789ABCDEF";

/////////////////////////////////////////////////////////////////////////////////

int main(void)
{
  SPH = 0x10;
  SPL = 0xff;         // Stack Poniter Setting.

  InitPort();
```

```
InitTimer0();       //Init Timer0, Init Register
InitTimer2();       //Init Timer2, Init Register (for beep)

Delay_ms(100);      //Wait for more than 30msec
InitLCD();

sei();              //SREG = 0x80;    //SREG.I = 1

Init_Display();
Beep_OnOff = ON;
KeyOld = 0xF0;

BeepOn(1);

while(1)
{
   if(TimerFlag)            //job EXE every 10 msec
   {
     KeyScan();
          Key44_Scan();
     TimerFlag = 0;         //Clear 10msec EVT flag
   }

   if(Timer1Flag)           //job EXE every 1 sec
   {

     Timer1Flag = 0;        //Clear 1sec EVT flag
   }

   if(KeyData != 0)
   {
     if((KeyData&BIT4) == 0)         BeepOn(1);
     if((KeyData&BIT5) == 0)         BeepOn(2);
     if((KeyData&BIT6) == 0)         BeepOn(3);
     if((KeyData&BIT7) == 0)         BeepOn(4);
     KeyData = 0;        //Clear KEY EVT flag
   }

   if(key44_event == 1)
```

```
        {
          Key44_Job_Exe();
          key44_event = 0;  //Clear KEY EVT flag
        }
    }
}

///////////////////////////////////////////////////////////////////////////////
//    TIMER0 INTERRUPT SERVICE ROUTINE
///////////////////////////////////////////////////////////////////////////////

ISR(TIMER0_OVF_vect)
{
  TCNT0 = 112;        //TCNT =184 ->(1024/14.7456MHz)*(256-112)=10msec

  TimerFlag = 1;      //Set 10msec EVT flag ! (EXE @ main routine)

  Timer1Cnt++;
  if(Timer1Cnt >= 100)    //10 x 100 = 1 sec
  {
     Timer1Cnt = 0;
     Timer1Flag = 1;      //Set 1sec EVT flag ! (EXE @ main routine)
  }
}

///////////////////////////////////////////////////////////////////////////////

ISR(TIMER2_OVF_vect)
{
  TCNT2 = (256-44);          //(64/14.7456M) * 44 = 191 usec

  if((Beep_OnOff==OFF)|(Beep_Count==0))        PORTG &= ~BUZ_SOUND;
  else
  {
     Beep_Timer--;
     if(Beep_Timer>=200)
     {
       PORTG ^= BUZ_SOUND; //Beep Gen
     }
     else if(Beep_Timer>0)
```

```
      {
        PORTG &= ~BUZ_SOUND;            //Beep off
      }
      else if(Beep_Timer==0)
      {
        Beep_Count--;
        if(Beep_Count==0)BeepOff();
        else
        {
            PORTG ^= BUZ_SOUND;         //Beep Gen
            Beep_Timer = 400;
        }
      }
  }
}

/*--------------------------------------------------*/
// Beep ON/OFF
/*--------------------------------------------------*/
void BeepOn(BYTE count)
{
      if(Beep_OnOff==ON)
      {
            Beep_Timer = 400;
            Beep_Count = count;
      }
}

void BeepOff(void)
{
      Beep_Timer = 400;
      Beep_Count = 0;
}

/*====================================================*/
/*   FUNCTIONS

/*====================================================*/
```

```
void InitPort(void)
{
    PORTA= 0xFF;
    DDRA= 0xFF;      //LCD data

    PORTB= 0xFF;
    DDRB= 0xFF;     //FND1,2 COM1~COM4

    PORTC= 0xFF;
    DDRC= 0xF0;      //4x4 KEY_SCAN

    PORTD=0x00;
    DDRD= 0xFF;

    PORTE= 0xFF;
    DDRE = 0x00;

    PORTF = 0xC0;
    DDRF = 0xF8;     //16x2 LCD control : PF5=E, PF4=RW, PF3=RS

    PORTG = 0xFE;    //PG0:Init low
    DDRG = 0x01;     //PG0:Beep Out
}

////////////////////////////////////////////////////////////////////////////////
// INIT Timer0 Interrupt
////////////////////////////////////////////////////////////////////////////////

void InitTimer0(void)
{
    TCCR0 = 0x07;  // Trigger => Fclock/1024
    TCNT0 = 0x00;   // clear Timer Counter Register
    TIMSK = 0x01;  // Timer0 Interrupt Enable Mask Register
}

////////////////////////////////////////////////////////////////////////////////
// INIT Timer2 Interrupt
////////////////////////////////////////////////////////////////////////////////
```

```
void InitTimer2(void)
{
   TCCR2 = 0x03;       // Trigger => Fclock/64
   TCNT2 = (256-44); // Timer Counter Register
   TIMSK |= BIT6;      // Timer2 Interrupt Enable Mask Register
}

////////////////////////////////////////////////////////////////////////////

void Delay(unsigned long delay)
{
     while(delay--) asm("nop");
}

////////////////////////////////////////////////////////////////////////////

void Delay_us(WORD time_us) //measured by oscilloscope
{
  WORD i;

  for(i=0; i<time_us; i++)//4Cycle +
  {
     asm("PUSH R0");//2Cycle +
     asm("NOP");      //1Cycle +
     asm("NOP");      //1Cycle +
     asm("NOP");      //1Cycle +
     asm("NOP");      //1Cycle +
     asm("NOP");      //1Cycle +
     asm("POP R0");  //2Cycle = 13Cycle = 1us for 14.7456MHz
  }
}

////////////////////////////////////////////////////////////////////////////

void Delay_ms(unsigned int time_ms) //Time Delay for ms
{
  WORD i;

  for( i=0; i<time_ms; i++)
```

```
  {
      Delay_us(250);
      Delay_us(250);
      Delay_us(250);
      Delay_us(250);
  }
}

/*-------------------------------------------------*/
// 16x2 LCD Module Control Routines !!
/*-------------------------------------------------*/

void InitLCD(void)
{
      WriteLcdCmd(0x38);  //CMD 38H
      Delay(100);
      WriteLcdCmd(0x08);  //CMD 08H
      Delay(100);
      WriteLcdCmd(0x01);  //CMD 01H
      Delay(2000);
      WriteLcdCmd(0x0C);  //CMD 0CH
      Delay(100);
      WriteLcdCmd(0x06);  //CMD 06H
}

void WriteLcdCmd(BYTE cmd)
{
      PORTF &= ~LCD_RS;   //RS,RW = 0,0 (WRITE CMD)
      PORTF &= ~LCD_RW;
      Delay(10);

      PORTF |= LCD_EN;    //E = 1
      Delay(10);

      LCD_DATA = cmd;     //CMD
      Delay(10);

      PORTF &= ~LCD_EN;   //E = 0
      Delay(10);
```

```
    PORTF &= 0xC7;          //E,RS,RW = 0,0,0
    Delay(10);
}

void WriteLcdData(BYTE loc, BYTE data)
{
    WriteLcdCmd(loc);    //set location

    PORTF |= LCD_RS;        //RS,RW = 1,0 (WRITE DATA)
    PORTF &= ~LCD_RW;
    Delay(10);

    PORTF |= LCD_EN;        //E = 1
    Delay(10);

    LCD_DATA = data;        //CMD
    Delay(10);

    PORTF &= ~LCD_EN;       //E = 0
    Delay(10);

    PORTF &= 0xC7;          //E,RS,RW = 0,0,0
    Delay(10);
}

/*--------------------------------------------------*/
void Init_Display(void)
{
    sputsLcdLine1("TEST KIT:MTK-AT8");
    sputsLcdLine2(" KEY data = ..  ");
}

/*--------------------------------------------------*/
void sputsLcdLine1(BYTE *str)
{
    int i;

    for(i=0; *(str+i)!=0; i++)        WriteLcdData(0x80+i,*(str+i));
```

```
}

void sputsLcdLine2(BYTE *str)
{
     int i;

     for(i=0; *(str+i)!=0; i++)        WriteLcdData(0xC0+i,*(str+i));
}

////////////////////////////////////////////////////////////////////////////////
//    KEY SCAN ROUTINE
////////////////////////////////////////////////////////////////////////////////

void KeyScan() //SW1~4 Key Scan
{
  if(KeyPress == 1)
  {
     if((PINE&0xF0) != 0xF0);
     else
     {
       KeyPress = 0; //Key Released !!
       KeyOld = 0xF0;
       KeyData = 0;
     }
  }
  else
  {
     if((PINE&0xF0) == 0xF0);
     else
     {
       if((KeyOld != 0xF0)&&(KeyOld == (PINE&0xF0)))     //check twice!
       {
          KeyData = KeyOld;
          KeyPress = 1;    //Key Event !!
       }
       else
       {
          KeyOld = (PINE&0xF0);
          KeyData = 0;
       }
```

```
        }
    }
}

///////////////////////////////////////////////////////////////////////////////
//    4x4 KEY SCAN ROUTINE
///////////////////////////////////////////////////////////////////////////////

void Key44_Scan(void)
{
    BYTE    scan_count;

    if(scan_chatt_count>=CHAT_COUNT)
    {
        PORTC = 0x0F;
        Delay(10);
        if((PINC&0x0F) == 0x0F)          scan_chatt_count = 0;
    }
    else
    {
        scan_count = 0;

        PORTC = 0xEF;    //scan_out 1110
        Delay(10);
        if((PINC&BIT0) == 0) {scan_key=1;scan_count++;}
        if((PINC&BIT1) == 0) {scan_key=4;scan_count++;}
        if((PINC&BIT2) == 0) {scan_key=7;scan_count++;}
        if((PINC&BIT3) == 0) {scan_key=11;scan_count++;}

        PORTC = 0xDF;    //scan_out 1101
        Delay(10);
        if((PINC&BIT0) == 0) {scan_key=2;scan_count++;}
        if((PINC&BIT1) == 0) {scan_key=5;scan_count++;}
        if((PINC&BIT2) == 0) {scan_key=8;scan_count++;}
        if((PINC&BIT3) == 0) {scan_key=10;scan_count++;}

        PORTC = 0xBF;    //scan_out 1011
        Delay(10);
        if((PINC&BIT0) == 0) {scan_key=3;scan_count++;}
```

```
        if((PINC&BIT1) == 0) {scan_key=6;scan_count++;}
        if((PINC&BIT2) == 0) {scan_key=9;scan_count++;}
        if((PINC&BIT3) == 0) {scan_key=12;scan_count++;}

        PORTC = 0x7F;   //scan_out 0111
        Delay(10);
        if((PINC&BIT0) == 0) {scan_key=13;scan_count++;}
        if((PINC&BIT1) == 0) {scan_key=14;scan_count++;}
        if((PINC&BIT2) == 0) {scan_key=15;scan_count++;}
        if((PINC&BIT3) == 0) {scan_key=16;scan_count++;}

        PORTC = 0xFF;

        if(scan_count != 1)  return;     //if double key or no key, return

        if(scan_key != old_key44)
        {
          old_key44 = scan_key;
          scan_chatt_count = 0;
        }
        else
        {
          scan_chatt_count++;
          if(scan_chatt_count>=CHAT_COUNT)
          {
             Key44_Data = old_key44;
             old_key44 = 0;

             key44_event = 1;  //Set KEY EVT flag ! (EXE @ main routine)
          }
        }
  }
}

////////////////////////////////////////////////////////////////////////////////
//    KEY_DATA_EXE
////////////////////////////////////////////////////////////////////////////////

void Key44_Job_Exe(void)
{
```

```
    BeepOn(1);

    WriteLcdData(LINE2_HEAD+12,pgm_read_byte(&hexdigit[Key44_Data/10]));
    WriteLcdData(LINE2_HEAD+13,pgm_read_byte(&hexdigit[Key44_Data%10]));

    switch(Key44_Data)
    {
    case 1   :    Key44_0_9();    break;
    case 2   :    Key44_0_9();    break;
    case 3   :    Key44_0_9();    break;
    case 4   :    Key44_0_9();    break;
    case 5   :    Key44_0_9();    break;
    case 6   :    Key44_0_9();    break;
    case 7   :    Key44_0_9();    break;
    case 8   :    Key44_0_9();    break;
    case 9   :    Key44_0_9();    break;
    case 10  :    Key44_0_9();    break;

    case 11  :    Key44_nop();    break;
    case 12  :    Key44_nop();    break;
    case 13  :    Key44_nop();    break;
    case 14  :    Key44_nop();    break;
    case 15  :    Key44_nop();    break;
    case 16  :    Key44_nop();    break;

    default  :    break;
    }
}

void Key44_0_9(void)
{

}

void Key44_nop(void)
{

}

////////////////////////////////////////////////////////////////////////////////
```

| 실습결과 검토 및 연습문제 |

1 부저를 선정할 때 우선 고려해야 할 점은 동작전압(Operating voltage)과 공진주파수(Resonant Frequency)이다. 동작전압이나 공진주파수가 맞지 않으면 부저음은 발생하지만 소리 크기가 작아진다. 샘플 프로그램에서 공진주파수를 바꿔가면서 소리 크기가 달라지는지 확인하여 보자.

2 부저음을 발생하지 않을 때는 부저에 전류가 흐르지 않도록 주의해야 한다. 부저음 발생회로에서 제어포트를 하이(1)로 출력해 놓으면 부저의 임피던스(Coil Resistance)가 낮기 때문에 많은 전류가 흐르게 된다.

3 부저를 이용하여 확인음, 경고음 등 다양한 소리를 만들어 보자. 부저음은 주기적으로 구형파(Square Wave)를 발생시켜야 하기 때문에 긴 소리(수 초 정도)를 발생할 경우에는 타이머 인터럽트 처리 루틴에서 발생시키는 것이 좋다. 메인루틴에서는 그 동안 다른 일(task)을 수행할 수 있기 때문이다. 강력한 프로그램을 설계하기 위해서, 주기적인 일은 무조건 타이머 인터럽트에 맡긴다는 생각을 갖자.

CHAPTER 14
워치독 타이머 응용

contents

14 워치독 타이머 응용

14-1 실습 목표

1. 워치독 기능을 이해하고 사용 목적을 알아본다.
2. 워치독 타이머의 초기화, 워치독 리셋 기능을 구현하는 프로그램을 설계한다.
3. 프로그램을 코딩, 컴파일하여 생성된 HEX 코드를 키트에 다운로드하여 동작 상태를 확인한다.

14-2 이론

1. 워치독

워치독은 시스템에 이상이 생겨서 무한루프로 빠지거나 비정상적으로 동작할 때 시스템을 리셋시켜서 초기화한 후 다시 정상적으로 동작하도록 해주는 기능이다. 워치독 리셋 기능은 하드웨어적으로 구현하여 리셋핀(/RESET)에 리셋펄스를 주거나 마이크로프로세서 내부의 워치독 타이머를 이용하여 워치독 리셋이 발생하도록 함으로써 이루어진다.

워치독 타이머를 사용하는 경우, 메인루프를 한 번 돌 때마다 워치독 타이머를 초기화시키면 정상동작하고 있는 것이다. 만일 외부잡음 등으로 메인루프가 멈추거나 무한루프로 빠지면 워치독 타이머가 초기화되지 않아서 오버플로우가 생겨서 워치독 리셋이 발생하여 프로그램이 다시 정상적으로 복귀된다. 워치독은 외부 잡음이 심한 환경이나 고신뢰성이 요구되는 시스템에서는 필수적으로 사용하는 기능이다.

2. 워치독 리셋

워치독 기능이 동작(Enable)하고 설정된 워치독 발생시간이 지나면 1클럭 사이클의 짧은 리셋 펄스가 발생한다. 펄스의 하강 에지에서 지연카운터가 동작하여 일정시간(t_{TOUT})후에 MCU가 재동작한다.

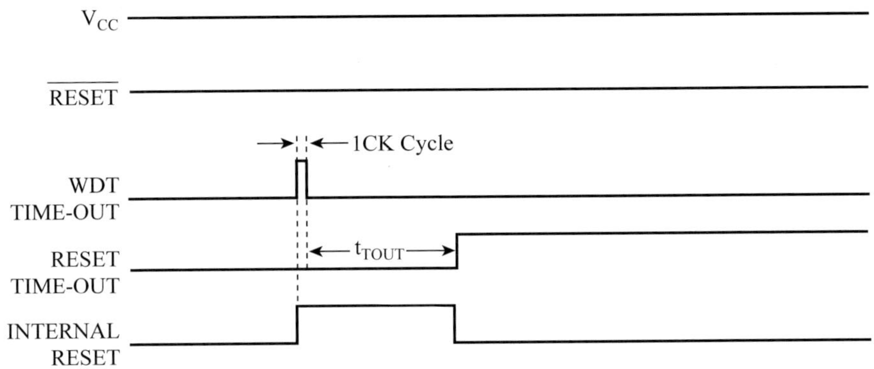

그림 14-1 동작중의 워치독 리셋

3. MCUCSR 레지스터 설정

MCUCSR 레지스터는 자신의 리셋 동작이 어떤 리셋 요소에 의해 발생했는지 알려준다.

Bit	7	6	5	4	3	2	1	0	
	JTD	-	-	JTRF	WDRF	BORF	EXTRF	PORF	MCUCSR
Read/Write	R/W	R	R	R/W	R/W	R/W	R/W	R/W	
Initial Value	0	0	0	See Bit Description					

● 비트4 JTRF: JTAG Reset Flag

JTAG 명령어 AVR_RESET에 의해 리셋이 발생하면 1이 된다. POR(Power-On Reset)이 발생하거나 플래그에 0을 쓰면 지워진다.

● 비트3 WDRF: WatchDog Reset Flag

워치독 리셋이 발생하면 1이 된다. POR이나 플래그에 0을 쓰면 지워진다.

● 비트2 BORF: Brown-Out Reset Flag

브라운아웃 리셋이 발생하면 1이 된다. POR이나 플래그에 0을 쓰면 지워진다.

● 비트1 EXTRF: EXTernal Reset Flag

외부 리셋(/RESET 핀)이 발생하면 1이 된다. POR이나 플래그에 0을 쓰면 지워진다.

● 비트0 PORF: Power-On Reset Flag

파워온 리셋이 발생하면 1이 된다. 플래그에 0을 쓰면 지워진다.

4. 워치독 타이머

워치독 타이머는 워치독 리셋을 위해 사용하는 타이머로써 MCU가 무한 루프에 빠지거나 비정상적인 동작을 할 때, MCU를 리셋시켜 재시동할 수 있게 한다. 워치독 타이머는 MCU에 내장된 독립적인 오실레이터에 의해 동작되고, 발진 주파수는 V_{CC}=5V일 때 1MHz이다. 사용자는 이 주파수를 분주하여 8가지 클럭 사이클 주기를 선택할 수 있다. 워치독 타이머는 워치독 리셋 명령어인 WDR(C언어의 경우 asm("wdr");) 명령어를 실행하거나 MCU가 리셋되면 0으로 초기화된다. 워치독 타이머에서 오버플로우가 발생하면 MCU를 리셋시켜 리셋벡터부터 재시동한다.

워치독 리셋 기능을 동작시킬 때, 의도하지 않게 기능이 멈추거나 설정 시간이 변하는 것을 막기 위해 표 14-1과 같이 WDTON 퓨즈 비트 설정으로 2가지의 안전레벨을 설정할 수 있다.

표 14-1 DTON 퓨즈 비트의 설정에 의한 WDT의 구성

WDTON	안전레벨	WDT초기상태	WDT 해제	타임아웃 주기 변경
1	1	해제	안전레벨1 설명 참조	안전레벨1 설명 참조
0	2	허용	항상 허용된다.	안전레벨2 설명 참조

안전레벨 0: 워치독 타이머는 초기에는 멈추어 있다. 워치독 타이머를 동작시키기 위해서는 간단히 WDT=1로만 설정하면 된다. 타임아웃 주기도 언제든지 바꿀 수 있다.

안전레벨 1: 워치독 타이머는 초기에는 멈추어 있다. 워치독 타이머를 동작시키기 위해서는 간단히 WDT=1로만 설정하면 된다. 워치독 타이머를 멈추게 하거나 타임아웃 주기를 바꿀 때는 다음과 같은 순서로 해야 한다.

① WDCE와 WDE를 동시에 1로 설정한다. 워치독 타이머를 멈추기 전에 WDE=1이더라도 1을 다시 한 번 써주어야 한다.

② 4클럭 사이클 이내에 WDCE=0, WDE와 WDP2..0 비트를 동시에 설정한다.

안전레벨 2: 초기부터 워치독 타이머가 동작하고 WDE는 항상 1이다. 타임아웃 주기를 바꿀 때는 다음과 같은 순서로 해야 한다.

① WDCE와 WDE를 동시에 1로 설정한다. WDE=1이더라도 1을 다시 한 번 써주어야 한다.

② 4클럭 사이클 이내에 WDCE=0, WDP2..0 비트를 동시에 설정한다.

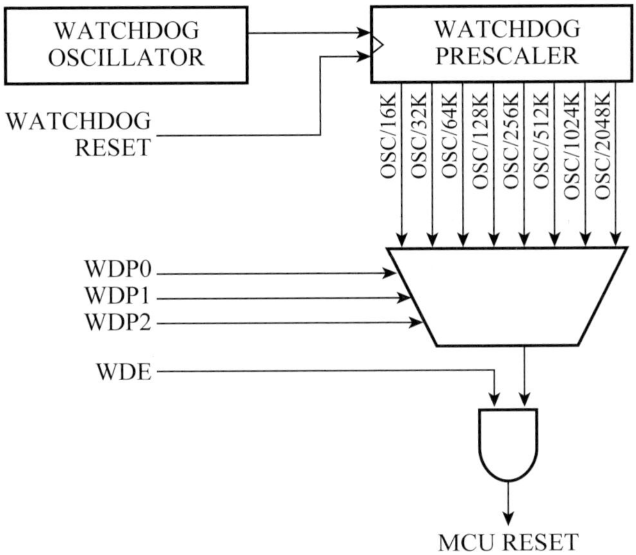

그림 14-2 워치독 타이머 구조

Bit	7	6	5	4	3	2	1	0	
	-	-	-	WDCE	WDE	WDP2	WDP1	WDP0	WDTCR
Read/Write	R	R	R	R/W	R/W	R/W	R/W	R/W	
Initial Value	0	0	0	0	0	0	0	0	

● 비트4 WDCE: WatchDog Change Enable

WDCE=1일 때만 워치독 타이머를 지우거나 프리스케일러를 변경할 수 있다. WDCE에 1을 쓰면 4클럭 사이클 후에 자동으로 0으로 지워진다.

● 비트3 WDE: WatchDog Enable

WDE=1이면 워치독 타이머가 동작한다. WDE를 0이나 1로 쓰기 위해서는 WDCE가 반드시 1로 설정되어 있어야 한다.

워치독 타이머를 해제하기 위해서는 다음과 같은 순서로 해야 한다.

① WDCE와 WDE를 동시에 1로 설정한다. 워치독 타이머를 멈추기 전에 WDE=1이더라도 1을 다시 한 번 써주어야 한다.

② 4클럭 사이클 이내에 WDE를 0으로 지운다.

● 비트2..0 WDP2, WDP1, WDP0: Watchdog Timer Prescaler 2, 1, and 0

워치독 타이머의 프리스케일러를 설정한다. 프리스케일러 설정에 따른 타임아웃 주기는 표 14-2와 같다.

표 14-2 워치독 타이머 프리스케일 비트 설정

WDP2	WDP2	WDP0	WDT 오실레이터 사이클 수	타임아웃 (V_{CC}=3V일 때)	타임아웃 (V_{CC}=5V일 때)
0	0	0	16K (16,384)	14.8 ms	14 ms
0	0	1	32K (32,768)	29.6 ms	28.2 ms
0	1	0	64K (65,536)	59.1 ms	56.2 ms
0	1	1	128K (131,072)	0.12 s	0.11 s
1	0	0	256K (262,144)	0.24 s	0.22 s
1	0	1	512K (524,288)	0.47 s	0.45 s
1	1	0	1,024K (1,048,576)	0.95 s	0.9 s
1	1	1	2,048K (2,097,152)	1.9 s	1.8 s

14-3 설계 규격

(1) 9장의 RS232/USB통신 프로그램을 사용한다.

(2) 기능키 CTRL-Z를 누르면 무한루프로 빠져서 워치독 리셋이 걸리게 한다.

(3) 워치독 리셋이 걸리면 UART0에 초기화 메시지를 보내서 워치독 리셋이 걸렸음을 확인할 수 있게 한다.

(4) 2열 16캐릭터 LCD 모듈을 워치독 기능시험에 활용한다.

(5) 타이머인터럽트는 타이머0을 사용하여 매 10msec마다 인터럽트가 걸리도록 조정한다.

(6) 키트에서 사용하는 마이크로프로세서의 클럭주파수는 14.7456MHz이다.

(7) 프로그램 설계시 주의할 사항으로, 워치독 타이머를 초기화(지움)할 때 타이머인터럽트에서 초기화하면 안 된다. 왜냐하면 메인루프가 정지하거나 무한루프로 빠졌더라도 타

이머인터럽트는 계속 걸리기 때문에 워치독 타이머를 초기화하여 워치독 리셋이 걸리지 않기 때문이다.

※ Tip 워치독 타이머는 타이머인터럽트에서 초기화(지움)하지 않는다.

14-4 회로도

– 실험번호 선택: 14

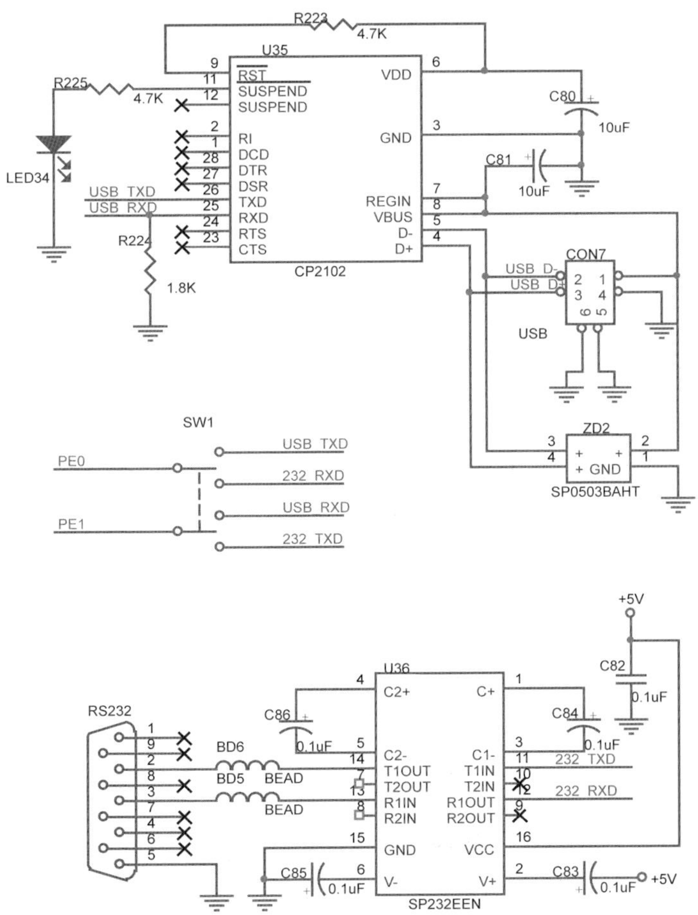

14-5 핀 할당

프로세서명	핀 이름	핀 번호	I/O	기능
ATmega128 / AT90CAN128	PE0	2	I	RXD0
	PE1	3	O	TXD0

프로세서명	핀 이름	핀 번호	I/O	기능
ATmega2560	PE0	2	I	RXD0
	PE1	3	O	TXD0

14-6 소스 프로그램

define.h

```
#define   BYTE          unsigned char
#define   WORD          unsigned int
#define   LONG          unsigned long
#define   L_LONG        unsigned long long

#define   SBYTE         signed char
#define   SWORD         signed int
#define   SLONG         signed long
#define   SL_LONG       signed long long

////////////////////////////////////////////////////////////////////////////
/* Bit Flag */
#define  BIT0           0x01       //00000001
#define  BIT1           0x02       //00000010
#define  BIT2           0x04       //00000100
#define  BIT3           0x08       //00001000
#define  BIT4           0x10       //00010000
#define  BIT5           0x20       //00100000
#define  BIT6           0x40       //01000000
#define  BIT7           0x80       //10000000
```

```
////////////////////////////////////////////////////////////////////////////////

#define   LCD_RS          BIT3        //
#define   LCD_RW          BIT4        //
#define   LCD_EN          BIT5        //

#define   LCD_DATA        PORTA       //

#define   LINE1_HEAD      0x80        //Line1 start address
#define   LINE2_HEAD      0xC0        //Line2 start address

////////////////////////////////////////////////////////////////////////////////

#define   CHAT_COUNT      5           //4x4 KEY chattering count

////////////////////////////////////////////////////////////////////////////////

#define   BAUD_RATE0        115200    //UART0 baudrate
#define   COMM_DATA_MAX   128         //BUF SIZE

#define   ESC       0x1b
#define   CR        0x0d
#define   LF        0x0a
#define   BS        0x08
#define   BELL      0x07
#define   DEL       0x7f

////////////////////////////////////////////////////////////////////////////////

#define   CTL_Z           0x1A

////////////////////////////////////////////////////////////////////////////////
```

main.c

```
////////////////////////////////////////////////////////////////////////////////
// Project Name      : MTK-AT8
```

```
// Function          : WatchDog
// File Name         : main.c
// Version / Date : 1.0 / 2016.5.2
////////////////////////////////////////////////////////////

#include <avr/io.h>
#include <avr/interrupt.h>
#include <avr/pgmspace.h>
#include "define.h"

/*========================================================*/
/*    VARIABLE DEFINE
/*========================================================*/

WORD Comm0Head=0;
WORD Comm0Tail=0;
BYTE Comm0Buf[COMM_DATA_MAX]={0};

BYTE TimerFlag;
WORD Timer1Cnt;
BYTE Timer1Flag;

BYTE scan_key,old_key44,Key44_Data,scan_chatt_count,key44_event;

/*========================================================*/
/*    FUNCTION DEFINE
/*========================================================*/

void InitPort(void);
void InitTimer0(void);
void InitUart0(void);

void Delay(unsigned long delay);
void Delay_us(WORD time_us);
void Delay_ms(unsigned int time_ms);

void InitLCD(void);
void WriteLcdCmd(BYTE cmd);
void WriteLcdData(BYTE loc, BYTE data);
```

```
void Init_Display(void);
void CRC_Display(void);
void sputsLcdLine1(unsigned char *str);
void sputsLcdLine2(unsigned char *str);

void Key44_Scan(void);
void Key44_Job_Exe(void);
void Key44_0_9(void);
void Key44_nop(void);

void Get0Packet(void);
void sputc(BYTE ch);
void sputs(unsigned char *str);

void WatchDog_TestMode();

////////////////////////////////////////////////////////////////////////////////

const BYTE hexdigit[] PROGMEM = "0123456789ABCDEF";

////////////////////////////////////////////////////////////////////////////////

int main(void)
{
  SPH = 0x10;
  SPL = 0xff;         // Stack Poniter Setting.

  InitPort();
  InitTimer0();       //Init Timer0, Init Register
  InitUart0();        //Init Uart0 (115200 bps)

  Delay_ms(100);      //Wait for more than 30msec
  InitLCD();

  WDTCR = 0x1F;       //WDT enabled, Time-out timer = 1.8sec

  sei();              //Interrupt Enabled (I bit of SREG is set)

  Init_Display();
```

```
  sputs("\n");
  sputs("\n ***********************************************************");
  sputs("\n *           CHAPTER 14 : WatchDog                          *");
  sputs("\n *                                                         *");
  sputs("\n *           VER 1.0  2016 / 09 / 05                        *");
  sputs("\n ***********************************************************");
  sputs("\n");
  sputs("running !\n");

  while(1)
  {
     asm("wdr");          //reset the Watchdog timer

     if(TimerFlag)        //job EXE every 10 msec
     {
           Key44_Scan();
       TimerFlag = 0;     //Clear 10msec EVT flag
     }

     if(Timer1Flag)       //job EXE every 1 sec
     {
       sputs("!");
       Timer1Flag = 0;    //Clear 1sec EVT flag
     }

     if(key44_event == 1)
     {
       Key44_Job_Exe();
       key44_event = 0;   //Clear KEY EVT flag
     }

     if(Comm0Head != Comm0Tail)     Get0Packet();      //data Comm GUI
  }
}

void Get0Packet(void)
{
  BYTE Packet0Data = 0;
```

```
  Packet0Data = Comm0Buf[Comm0Tail++];
  if(Comm0Tail >= COMM_DATA_MAX)    Comm0Tail = 0;

  if(Packet0Data == CTL_Z) WatchDog_TestMode();        //CTRL_Z
  else                     sputc(Packet0Data);          //return to HYPERTERMINAL
}

void WatchDog_TestMode(void)
{
  sputs("\nTo test WatchDog function, Go to endless loop!\n");
  asm("wdr");         //reset the Watchdog timer

  //WDCE bit must be set when the WDE bit is written to logic zero.
  //Otherwise, Watchdog  will not be disabled.
  //WDTCR |= 0x10;          //WDCE=1
  //WDTCR = 0x00;           //WDE=0

  while(1)
  {
     //asm("wdr");          //reset the Watchdog timer
     if(Timer1Flag)       //job EXE every 1 sec
     {
       sputs(".");
       Timer1Flag = 0;    //Clear 1sec EVT flag
     }
  }
}

//////////////////////////////////////////////////////////////////////////////////////////////////////////////////

void sputc(BYTE ch)
{
     if(ch != '\n' && ch != 0)
     {
       while(!(UCSR0A&0x20))        asm("wdr");
       UDR0 = ch;
       UCSR0A |= 0x20;
     }
     else
```

```
    {
      while(!(UCSR0A&0x20))        asm("wdr");
      UDR0 = CR;
      UCSR0A |= 0x20;
      while(!(UCSR0A&0x20))        asm("wdr");
      UDR0 = LF;
      UCSR0A |= 0x20;
    }
}

//////////////////////////////////////////////////////////////////////////////////////////////////////////////////////////

void sputs(unsigned char *str)
{
    int i;

    for( i=0; *(str+i) != 0; i++)
    {
        sputc( *(str+i));
    }
}

//////////////////////////////////////////////////////////////////////////////
//    TIMER0 INTERRUPT SERVICE ROUTINE
//////////////////////////////////////////////////////////////////////////////

ISR(TIMER0_OVF_vect)
{
  TCNT0 = 112;  //TCNT =184 ->(1024/14.7456MHz)*(256-112)=10msec

  TimerFlag = 1;           //Set 10msec EVT flag ! (EXE @ main routine)

  Timer1Cnt++;
  if(Timer1Cnt >= 100)     //10 x 100 = 1 sec
  {
    Timer1Cnt = 0;
    Timer1Flag = 1;          //Set 1sec EVT flag ! (EXE @ main routine)
  }
}
```

```
/////////////////////////////////////////////////////////////////////////////
//   UART0 RX/TX INTERRUPT SERVICE ROUTINE
/////////////////////////////////////////////////////////////////////////////

ISR(USART0_RX_vect)
{
     Comm0Buf[Comm0Head++] = UDR0;
     if(Comm0Head >= COMM_DATA_MAX)          Comm0Head = 0;
}

ISR(USART0_TX_vect)
{

}

/*=====================================================*/
/*   FUNCTIONS
/*=====================================================*/

void InitPort(void)
{
     PORTA= 0xFF;
     DDRA= 0xFF;     //LCD data

     PORTB= 0xFF;
     DDRB= 0xFF;   //FND1,2 COM1~COM4

     PORTC= 0xFF;
     DDRC= 0xF0;     //4x4 KEY_SCAN

     PORTD=0x00;
     DDRD= 0xFF;

     PORTE= 0xFF;
     DDRE = 0x00;

     PORTF = 0xC0;
     DDRF = 0xF8;     //16x2 LCD control : PF5=E, PF4=RW, PF3=RS
```

```
    PORTG = 0xFF;   //Pull Up
    DDRG = 0x00;    //input mode
}

//////////////////////////////////////////////////////////////////////
//    INIT Timer0 Interrupt
//////////////////////////////////////////////////////////////////////

void InitTimer0(void)
{
    TCCR0 = 0x07;  // Trigger => Fclock/1024
    TCNT0 = 0x00;  // clear Timer Counter Register
    TIMSK = 0x01;  // Timer0 Interrupt Enable Mask Register
}

//////////////////////////////////////////////////////////////////////
//    Enable Uart0 Interrupt
//////////////////////////////////////////////////////////////////////

void InitUart0(void)
{
  WORD UBRR;
  BYTE UBRH,UBRL;

  if(BAUD_RATE0 == 2400)            UBRR = 383;
  else if(BAUD_RATE0 == 4800)       UBRR = 191;
  else if(BAUD_RATE0 == 9600)       UBRR = 95;
  else if(BAUD_RATE0 == 14400)      UBRR = 63;
  else if(BAUD_RATE0 == 19200)      UBRR = 47;
  else if(BAUD_RATE0 == 28800)      UBRR = 31;
  else if(BAUD_RATE0 == 38400)      UBRR = 23;
  else if(BAUD_RATE0 == 57600)      UBRR = 15;
  else if(BAUD_RATE0 == 76800)      UBRR = 11;
  else if(BAUD_RATE0 == 115200)     UBRR = 7;

  UBRH = (BYTE)(UBRR >>8);
  UBRL = (BYTE)(UBRR);

  UBRR0H = UBRH;  // UBRR register xxxxUUUU UUUUUUUU( x=reserved, U=use)
```

```
    UBRR0L = UBRL;      // for 115200BPS Baud_rate (error rate : @)
                        //Baud_rate=Fosc/(16*(UBRR+1))
    UCSR0B = 0x98;      // uart [Rx(bit7) interrupt enable Rx(bit4)Tx(bit3) enabe]
    UCSR0C = 0x06;      // Async MODE, no parity, stop bit(1bit), data bit(8bit)..
}

///////////////////////////////////////////////////////////////////////////////

void Delay(unsigned long delay)
{
      while(delay--) asm("wdr");
}

///////////////////////////////////////////////////////////////////////////////

void Delay_us(WORD time_us) //measured by oscilloscope
{
  WORD i;

  for(i=0; i<time_us; i++)//4Cycle +
  {
      asm("PUSH R0"); //2Cycle +
      asm("NOP");     //1Cycle +
      asm("NOP");     //1Cycle +
      asm("NOP");     //1Cycle +
      asm("wdr");     //2Cycle +
      asm("POP R0");  //2Cycle = 13Cycle = 1us for 14.7456MHz
  }
}

///////////////////////////////////////////////////////////////////////////////

void Delay_ms(unsigned int time_ms) //Time Delay for ms
{
  WORD i;

  for( i=0; i<time_ms; i++)
  {
      Delay_us(250);
```

```
        Delay_us(250);
        Delay_us(250);
        Delay_us(250);
    }
}

/*--------------------------------------------------*/
// 16x2 LCD Module Control Routines !!
/*--------------------------------------------------*/

void InitLCD(void)
{
        WriteLcdCmd(0x38);  //CMD 38H
        Delay(100);
        WriteLcdCmd(0x08);  //CMD 08H
        Delay(100);
        WriteLcdCmd(0x01);  //CMD 01H
        Delay(2000);
        WriteLcdCmd(0x0C);  //CMD 0CH
        Delay(100);
        WriteLcdCmd(0x06);  //CMD 06H
}

void WriteLcdCmd(BYTE cmd)
{
        PORTF &= ~LCD_RS;   //RS,RW = 0,0 (WRITE CMD)
        PORTF &= ~LCD_RW;
        Delay(10);

        PORTF |= LCD_EN;    //E = 1
        Delay(10);

        LCD_DATA = cmd;     //CMD
        Delay(10);

        PORTF &= ~LCD_EN;   //E = 0
        Delay(10);

        PORTF &= 0xC7;      //E,RS,RW = 0,0,0
```

```
    Delay(10);
}

void WriteLcdData(BYTE loc, BYTE data)
{
    WriteLcdCmd(loc);    //set location

    PORTF |= LCD_RS;     //RS,RW = 1,0 (WRITE DATA)
    PORTF &= ~LCD_RW;
    Delay(10);

    PORTF |= LCD_EN;     //E = 1
    Delay(10);

    LCD_DATA = data;     //CMD
    Delay(10);

    PORTF &= ~LCD_EN;    //E = 0
    Delay(10);

    PORTF &= 0xC7;       //E,RS,RW = 0,0,0
    Delay(10);
}

/*--------------------------------------------------*/
void Init_Display(void)
{
    sputsLcdLine1("TEST KIT:MTK-AT8");
    sputsLcdLine2(" KEY data = .  ");
}

/*--------------------------------------------------*/
void sputsLcdLine1(unsigned char *str)
{
    int i;

    for(i=0; *(str+i)!=0; i++)      WriteLcdData(0x80+i,*(str+i));
}
```

```
void sputsLcdLine2(unsigned char *str)
{
     int i;

     for(i=0; *(str+i)!=0; i++)       WriteLcdData(0xC0+i,*(str+i));
}

/////////////////////////////////////////////////////////////////////////////
//    4x4 KEY SCAN ROUTINE
/////////////////////////////////////////////////////////////////////////////

void Key44_Scan(void)
{
  BYTE     scan_count;

  if(scan_chatt_count>=CHAT_COUNT)
  {
     PORTC = 0x0F;
     Delay(10);
     if((PINC&0x0F) == 0x0F)          scan_chatt_count = 0;
  }
  else
  {
     scan_count = 0;

     PORTC = 0xEF;   //scan_out 1110
     Delay(10);
     if((PINC&BIT0) == 0) {scan_key=1;scan_count++;}
     if((PINC&BIT1) == 0) {scan_key=4;scan_count++;}
     if((PINC&BIT2) == 0) {scan_key=7;scan_count++;}
     if((PINC&BIT3) == 0) {scan_key=11;scan_count++;}

     PORTC = 0xDF;   //scan_out 1101
     Delay(10);
     if((PINC&BIT0) == 0) {scan_key=2;scan_count++;}
     if((PINC&BIT1) == 0) {scan_key=5;scan_count++;}
     if((PINC&BIT2) == 0) {scan_key=8;scan_count++;}
     if((PINC&BIT3) == 0) {scan_key=10;scan_count++;}

     PORTC = 0xBF;   //scan_out 1011
```

```
      Delay(10);
      if((PINC&BIT0) == 0) {scan_key=3;scan_count++;}
      if((PINC&BIT1) == 0) {scan_key=6;scan_count++;}
      if((PINC&BIT2) == 0) {scan_key=9;scan_count++;}
      if((PINC&BIT3) == 0) {scan_key=12;scan_count++;}

      PORTC = 0x7F;   //scan_out 0111
      Delay(10);
      if((PINC&BIT0) == 0) {scan_key=13;scan_count++;}
      if((PINC&BIT1) == 0) {scan_key=14;scan_count++;}
      if((PINC&BIT2) == 0) {scan_key=15;scan_count++;}
      if((PINC&BIT3) == 0) {scan_key=16;scan_count++;}

      PORTC = 0xFF;

      if(scan_count != 1)  return;              //if double key or no key, return

      if(scan_key != old_key44)
      {
        old_key44 = scan_key;
        scan_chatt_count = 0;
      }
      else
      {
        scan_chatt_count++;
        if(scan_chatt_count>=CHAT_COUNT)
        {
           Key44_Data = old_key44;
           old_key44 = 0;

           key44_event = 1; //Set KEY EVT flag ! (EXE @ main routine)
        }
      }
   }
}

////////////////////////////////////////////////////////////////////////////////
//    KEY_DATA_EXE
////////////////////////////////////////////////////////////////////////////////
```

```
void Key44_Job_Exe(void)
{
  if(Key44_Data==10)       Key44_Data=0;     //cvt 10-->0
  else if(Key44_Data>10) Key44_Data--;       //cvt 11~16-->10~15

  sputc(pgm_read_byte(&hexdigit[Key44_Data]));

     //send to UART0
  WriteLcdData(LINE2_HEAD+12,pgm_read_byte(&hexdigit[Key44_Data]));
     //send to 16x2 charactor LCD

     switch(Key44_Data)
     {
     case 0   :    Key44_0_9();    break;
     case 1   :    Key44_0_9();    break;
     case 2   :    Key44_0_9();    break;
     case 3   :    Key44_0_9();    break;
     case 4   :    Key44_0_9();    break;
     case 5   :    Key44_0_9();    break;
     case 6   :    Key44_0_9();    break;
     case 7   :    Key44_0_9();    break;
     case 8   :    Key44_0_9();    break;
     case 9   :    Key44_0_9();    break;

     case 10  :    Key44_nop();    break;
     case 11  :    Key44_nop();    break;
     case 12  :    Key44_nop();    break;
     case 13  :    Key44_nop();    break;
     case 14  :    Key44_nop();    break;
     case 15  :    Key44_nop();    break;

     default  :    break;
     }
}

void Key44_0_9(void)
{
```

```
}

void Key44_nop(void)
{

}

////////////////////////////////////////////////////////////////////////////////
```

| 실습결과 검토 및 연습문제 |

1 워치독 타이머의 용도에 대해 설명하시오.

2 워치독 리셋 동작에 대해 설명하시오.

3 워치독 리셋이 발생하여 시스템이 재동작하기 시작하는 시간을 조절하는 방법에 대해 설명하시오.

4 워치독 타이머의 안전레벨이란 무엇인가?

5 워치독 리셋 동작과 ATmega128의 휴즈 설정 관계에 대해 설명하시오.

CHAPTER 15
CRC 코드

contents

15 CRC 코드

15-1 실습 목표

1. 데이터오류 검출에 자주 사용되는 CRC 코드에 대해 배운다.
2. CRC-16으로 자주 사용되는 다항식 $x^{16} + x^{12} + x^{5} + 1$로 CRC 발생, 검출하는 프로그램을 설계한다.
3. 프로그램을 코딩, 컴파일하여 생성된 HEX 코드를 키트에 다운로드하고 통신확인부와 데이터를 송수신하여 CRC 프로그램을 검증한다.

15-2 이론

1. CRC(Cyclic Redundancy Checking)

CRC는 장치간에 데이터를 송수신할 때 에러를 검출하기 위해 사용하는 방법 중의 하나이다. 송신측에서 보내려는 데이터를 정해진 생성다항식에 의해 CRC 값을 생성하고 데이터의 뒷단에 덧붙여 보낸다. 수신측에서는 데이터, CRC 값을 모두 수신하고 송신측과 같은 방법으로 받은 데이터로 생성다항식에 의해 CRC 값을 만들어 수신한 CRC 값과 비교하여 오류가 발생했는지를 검사한다. CRC 코드 발생은 하드웨어로 구현할 수도 있고 프로그램 코딩으로 구현할 수도 있다. 이 책에서는 별도의 하드웨어 구성없이 프로그램 코딩으로 구현하는 방법을 배우기로 한다.

2. 여러 가지 CRC 생성다항식

CRC 생성다항식은 여러 가지 종류가 있다. 그 중에서 몇 가지를 소개하면 다음과 같다.

1. CRC-12: $g(x) = x^{12} + x^{11} + x^3 + x^2 + x + 1$ (1 1000 0000 1111)
2. CRC-16, CRC-32, CRC-64가 있고 널리 사용된다.
3. CRC-128, CRC-256도 존재하고 표준화되어 있지만 널리 사용되지 않는다.
4. IEEE 802.3-2008 CRC-32 (32 + 1비트 길이)
   $g(x) = x^{32} + x^{26} + x^{23} + x^{22} + x^{16} + x^{12} + x^{11} + x^{10} + x^8 + x^7 + x^5 + x^4 + x^2 + x + 1$
   (1 0000 0100 1100 0001 0001 1101 1011 0111)

3. 다항식의 표현

n비트 CRC를 만드는 데는 $x^n + \ldots + 1$ 꼴의 n차 다항식이 필요하다. 이 다항식은 기본적으로 (n+1)비트 문자열로 나타낼 수 있지만, 차수가 가장 높은 x^n항의 계수는 항상 1이기 때문에 이 항을 빼고 n비트 문자열로 나타낸다. 예를 들어 CRC-16 표준에 사용되는 다항식인 $x^{16} + x^{12} + x^5 + 1$은 비트 순서에 따라서 16진수 숫자 0x1021(MSB 먼저)이나 0x8408(LSB 먼저)로 나타낼 수 있다.

4. CRC 코드 생성 방법

n비트의 정보를 보낼 때, 이 정보를 k비트만큼 자릿수를 올리고 미리 약속한 k비트의 키값으로 나누면 r비트의 나머지가 생긴다. 송신측에서 정보 n비트를 k비트 올린 것에 r비트의 나머지를 덧붙여서 (n+r)비트를 보낸다. 수신측에서는 수신된 (n+r)비트의 데이터를 키값으로 나누어 나머지가 0이 되는지 검사하여 데이터 오류가 발생했는지를 판단한다.

CRC를 계산할 때 캐리(Carry)는 고려하지 않는다. 또한 덧셈, 뺄셈은 XOR과 같이 계산한다.

이제 아래와 같은 식에서 CRC 계산 방법을 생각해 보자.

정보다항식: $P(x) = p_n x^{n-1} + \ldots\ldots + p_3 x^2 + p_2 x^1 + p_1$
CRC 생성다항식: $G(x)$
몫: $Q(x)$

나머지: R(x)
전송데이터: T(x)

P(x)를 k비트만큼 자리를 올리고(P(x)에 x^k를 곱하는 것과 같다) G(x)로 나누면 $x^kP(x) = Q(x)*G(x) +/- R(x)$이다(k는 CRC 생성다항식의 최고 차수).

$R(x) = d_k x^{k-1} + \ldots + d_2 x^1 + d_1$(R(x)의 최고 차수는 k−1)
비트열 $d_k \ldots d_2\ d_1$을 FCS(Frame Check Sequence)라 함

위 식에서 $x^kP(x) + R(x)$는 $Q(x)*G(x)$와 같다.

즉, $x^kP(x) + R(x)$는 G(x)의 배수이므로 G(x)로 나누면 나머지가 0임을 알 수 있다.

결과적으로 전송되는 데이터 비트열은 $p_n \ldots p_3\ p_2\ p_1\ d_k \ldots d_2\ d_1$이 되어 전송되는 데이터 $T(x) = x^kP(x) + R(x)$가 된다.

CRC의 계산은 나눗셈 명령으로 계산하지 않고 1비트씩 시프트하면서 XOR 연산을 통해 나머지를 구한다. 하지만 이렇게 하면 연산하는 시간이 많이 걸린다. 실제 계산할 때는 모든 바이트에 대해 CRC 생성다항식에 대한 CRC 값을 계산해 표로 만들어 두고 들어오는 데이터를 인덱스로 삼아 계산값을 바로 얻는 방법으로 계산시간을 줄인다.

15-3 설계 규격

(1) CRC 코드 생성다항식(Generator Polynomial)은 $x^{16}+x^{12}+x^5+1$ (1 0001 0000 0010 0001)이다.
(2) 16비트 발생코드의 초기값은 0x0000이다.
(3) 통신확인부와 데이터를 주고받을 때 데이터 포맷은 다음과 같다.
   1. SYNC: 4바이트 (0x16161616)
   2. LENGTH: 2바이트
   3. COMMAND: 1바이트
   4. DAT : 2바이트
   5. CRC: 2바이트(상위8비트+하위8비트)

6. ETX: 1바이트 (0x7E)

(4) 타이머인터럽트는 타이머0을 사용하여 매 10msec마다 인터럽트가 걸리도록 조정한다.
(5) 통신확인부 사이의 통신은 UART0을 사용하고 통신속도는 115,200bps, 8비트 데이터, NO 패리티, 1정지 비트로 한다.
(6) 키트에서 사용하는 마이크로프로세서의 클럭주파수는 14.7456MHz이다.

15-4 회로도

– 실험번호 선택: 15

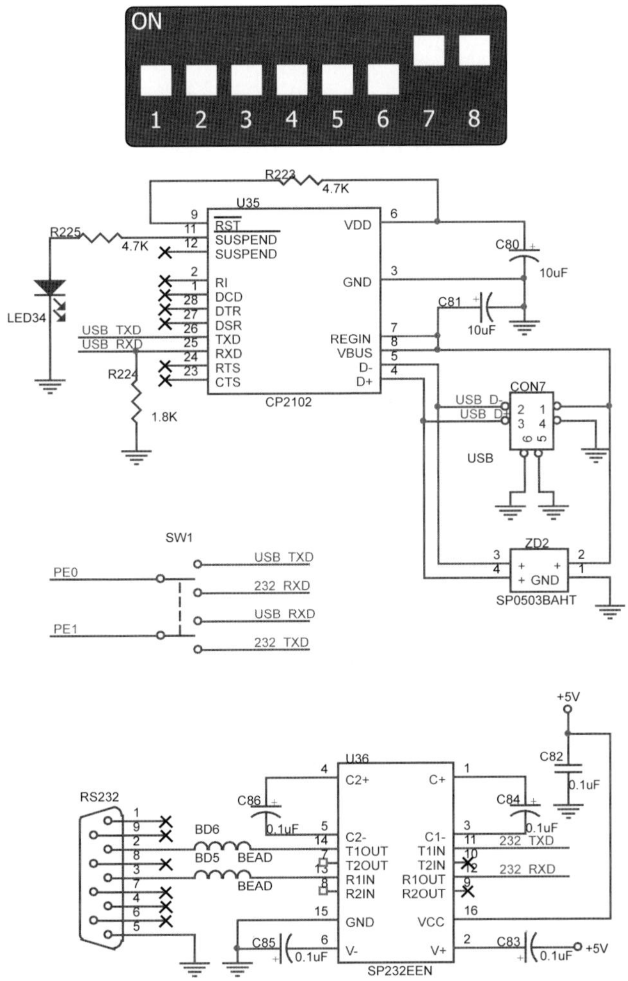

15-5 핀 할당

프로세서명	핀 이름	핀 번호	I/O	기능
ATmega128 / AT90CAN128	PE0	2	I	RXD0
	PE1	3	O	TXD0

프로세서명	핀 이름	핀 번호	I/O	기능
ATmega2560	PE0	2	I	RXD0
	PE1	3	O	TXD0

15-6 소스 프로그램

define.h

```
#define   BYTE          unsigned char
#define   WORD          unsigned int
#define   LONG          unsigned long
#define   L_LONG        unsigned long long

#define   SBYTE         signed char
#define   SWORD         signed int
#define   SLONG         signed long
#define   SL_LONG       signed long long

//////////////////////////////////////////////////////////////////////////////////
/* Bit Flag */
#define  BIT0           0x01       //00000001
#define  BIT1           0x02       //00000010
#define  BIT2           0x04       //00000100
#define  BIT3           0x08       //00001000
#define  BIT4           0x10       //00010000
#define  BIT5           0x20       //00100000
#define  BIT6           0x40       //01000000
#define  BIT7           0x80       //10000000
```

```
////////////////////////////////////////////////////////////////////////////////

#define   LCD_RS        BIT3        //
#define   LCD_RW        BIT4        //
#define   LCD_EN        BIT5        //

#define   LCD_DATA  PORTA           //

#define   LINE1_HEAD    0x80        //Line1 start address
#define   LINE2_HEAD    0xC0        //Line2 start address

////////////////////////////////////////////////////////////////////////////////

#define   CHAT_COUNT    5           //4x4 KEY chattering count

////////////////////////////////////////////////////////////////////////////////

#define   BAUD_RATE0      115200   //UART0 baudrate
#define   COMM_DATA_MAX   128      //BUF SIZE

#define   ESC       0x1b
#define   CR        0x0d
#define   LF        0x0a
#define   BS        0x08
#define   BELL      0x07
#define   DEL       0x7f

////////////////////////////////////////////////////////////////////////////////

#define   COMMAND_09    '0'
#define   COMMAND_A     'A'
#define   COMMAND_B     'B'
#define   COMMAND_C     'C'
#define   COMMAND_D     'D'
#define   COMMAND_E     'E'
#define   COMMAND_F     'F'

#define   ETX       0x7E
```

```
////////////////////////////////////////////////////////////////////////////////
```

main.c

```
//////////////////////////////////////////////////////////////////////////////
// Project Name     : MTK-AT8
// Function         : RS232/USB data comm.
// File Name        : main.c
// Version / Date : 1.0 / 2016.5.2
//////////////////////////////////////////////////////////////////////////////

#include <avr/io.h>
#include <avr/interrupt.h>
#include <avr/pgmspace.h>
#include "define.h"

/*=====================================================*/
/*    VARIABLE DEFINE
/*=====================================================*/

WORD Comm0Head=0;
WORD Comm0Tail=0;
BYTE Comm0Buf[COMM_DATA_MAX]={0};

unsigned long sync0_buff;
WORD Comm0Len=0;
BYTE Packet0FrameOn=0;
WORD Packet0Cnt=0;
WORD Packet0DataLen=0;

BYTE RxBuff[256]={0};
BYTE TxBuff[256]={0};

BYTE TimerFlag;
WORD Timer1Cnt;
BYTE Timer1Flag;

BYTE scan_key,old_key44,Key44_Data,scan_chatt_count,key44_event;
```

```
extern WORD CrcData;

/*=====================================================*/
/*    FUNCTION DEFINE
/*=====================================================*/

void InitPort(void);
void InitTimer0(void);
void InitUart0(void);

void Delay(unsigned long delay);
void Delay_us(WORD time_us);
void Delay_ms(unsigned int time_ms);

void InitLCD(void);
void WriteLcdCmd(BYTE cmd);
void WriteLcdData(BYTE loc, BYTE data);

void Init_Display(void);
void CRC_INIT_Display(void);
void TX_CRC_display(void);
void RX_CRC_display(void);
void sputsLcdLine1(unsigned char *str);
void sputsLcdLine2(unsigned char *str);

void Key44_Scan(void);
void Key44_Job_Exe(void);
void Key44_0_9(void);
void Key44_A(void);
void Key44_B(void);
void Key44_C(void);
void Key44_D(void);
void Key44_E(void);
void Key44_F(void);

void Get0Packet(void);
void Packet0Check(void);
void rs232_0_9(void);
```

```
void rs232_A(void);
void rs232_B(void);
void rs232_C(void);
void rs232_D(void);
void rs232_E(void);
void rs232_F(void);

void sputc(BYTE ch);
void putch(unsigned char ch);
void sputb(unsigned char ch);
void sputs(unsigned char *str);

void protocol_format(BYTE command, BYTE length, BYTE data);
void PutPacket(WORD length);

extern WORD Generate_CRC(BYTE *txbuf_ptr, int len);
extern WORD Check_CRC(BYTE *rxbuf_ptr, int len);

////////////////////////////////////////////////////////////////////////////////

const BYTE hexdigit[] PROGMEM = "0123456789ABCDEF";

////////////////////////////////////////////////////////////////////////////////

int main(void)
{
  SPH = 0x10;
  SPL = 0xff;          // Stack Poniter Setting.

  InitPort();
  InitTimer0();        //Init Timer0, Init Register
  InitUart0();         //Init Uart0 (115200 bps)

  Delay_ms(100);       //Wait for more than 30msec
  InitLCD();

  sei();               //Interrupt Enabled (I bit of SREG is set)

  CRC_INIT_Display();
```

```
  sputs("\n");
  sputs("\n **************************************************************");
  sputs("\n *              CHAPTER 15 : CRC                              *");
  sputs("\n *                                                            *");
  sputs("\n *            VER 1.0  2016 / 09 / 09                         *");
  sputs("\n **************************************************************");
  sputs("\n");
  sputs("running !\n");

  while(1)
  {
    if(TimerFlag)         //job EXE every 10 msec
    {
          Key44_Scan();
      TimerFlag = 0;      //Clear 10msec EVT flag
    }

    if(Timer1Flag)        //job EXE every 1 sec
    {

      Timer1Flag = 0;     //Clear 1sec EVT flag
    }

    if(key44_event == 1)
    {
      Key44_Job_Exe();
      key44_event = 0;   //Clear KEY EVT flag
    }

    if(Comm0Head != Comm0Tail)      Get0Packet();       //data Comm GUI
  }
}

////////////////////////////////////////////////////////////////////////////////
//    GUI-MCU Comm
////////////////////////////////////////////////////////////////////////////////

void Get0Packet(void)
{
  BYTE Packet0Data = 0;
```

```
unsigned long temp_buff;

Packet0Data = Comm0Buf[Comm0Tail++];
if(Comm0Tail >= COMM_DATA_MAX)    Comm0Tail = 0;

if(Packet0FrameOn == 0)
{
    temp_buff = Packet0Data;

    sync0_buff = (sync0_buff<<8);
    sync0_buff |= (temp_buff&0xff);

    if(sync0_buff == 0x16161616)    // SYNC ?
    {
      Packet0FrameOn= 1;
      sync0_buff = 0;
      Packet0Cnt = 0;
    }
}
else
{
    RxBuff[Packet0Cnt++] = Packet0Data; //1 2
    if(Packet0Cnt<2);
    else if(Packet0Cnt==2)
    {
      Comm0Len = (WORD)((RxBuff[0]<<8)|RxBuff[1]);
      Packet0DataLen = (Comm0Len-1)+3; //CRC[2]+ETX[1]
    }
    else
    {
      if(Packet0DataLen)  Packet0DataLen--;
      else
      {
          Packet0Cnt = 0;
          Packet0FrameOn =0;
          Packet0DataLen = 0;


          if(Check_CRC(&RxBuff[0],(WORD)((RxBuff[0]<<8)|RxBuff[1])+2)==0)
```

```
                Packet0Check();
            }
        }
    }
}

////////////////////////////////////////////////////////////////////////////////
//          GUI-MCU Comm
////////////////////////////////////////////////////////////////////////////////

void Packet0Check(void) //GUI Comunication : Uart0
{
    switch(RxBuff[2])
    {
        case  COMMAND_09   : rs232_0_9();      break;
        case  COMMAND_A    : rs232_A();        break;
        case  COMMAND_B    : rs232_B();        break;
        case  COMMAND_C    : rs232_C();        break;
        case  COMMAND_D    : rs232_D();        break;
        case  COMMAND_E    : rs232_E();        break;
        case  COMMAND_F    : rs232_F();        break;
        default            : break;
    }
}

void rs232_0_9(void)
{
        RX_CRC_display();
}

void rs232_A(void)
{
        RX_CRC_display();
}

void rs232_B(void)
{
        RX_CRC_display();
}
```

```
void rs232_C(void)
{
     RX_CRC_display();
}

void rs232_D(void)
{
     RX_CRC_display();
}

void rs232_E(void)
{
     RX_CRC_display();
}

void rs232_F(void)
{
     RX_CRC_display();
}

///////////////////////////////////////////////////////////////////////////////////////////////////////////////////////

void sputc(BYTE ch)
{
     if(ch != '\n' && ch != 0)
     {
        while(!(UCSR0A&0x20));
          UDR0 = ch;
          UCSR0A |= 0x20;
     }
     else
     {
          while(!(UCSR0A&0x20));
          UDR0 = CR;
          UCSR0A |= 0x20;
          while(!(UCSR0A&0x20));
          UDR0 = LF;
          UCSR0A |= 0x20;
     }
```

```
}

////////////////////////////////////////////////////////////////////////////////////////////////////////////////

void putch(unsigned char ch)
{
   while(!(UCSR0A&0x20));
      UDR0 = ch;
      UCSR0A |= 0x20;
}

////////////////////////////////////////////////////////////////////////////

void sputb(unsigned char ch)
{
      BYTE val;

      val = ((ch>>4)&0x0f);
      sputc(pgm_read_byte(&hexdigit[val]));
      val = (ch&0x0f);
      sputc(pgm_read_byte(&hexdigit[val]));
}

////////////////////////////////////////////////////////////////////////////////////////////////////////////////

void sputs(unsigned char *str)
{
      int i;

      for( i=0; *(str+i) != 0; i++)
      {
            sputc( *(str+i));
      }
}

/////////////////////////////////////////////////////////////////////////////
//    TIMER0 INTERRUPT SERVICE ROUTINE
/////////////////////////////////////////////////////////////////////////////
```

```
ISR(TIMER0_OVF_vect)
{
  TCNT0 = 112;        //TCNT =184 ->(1024/14.7456MHz)*(256-112)=10msec

  TimerFlag = 1;      //Set 10msec EVT flag ! (EXE @ main routine)

  Timer1Cnt++;
  if(Timer1Cnt >= 100)     //10 x 100 = 1 sec
  {
     Timer1Cnt = 0;
     Timer1Flag = 1;       //Set 1sec EVT flag ! (EXE @ main routine)
  }
}

////////////////////////////////////////////////////////////////////////////////
//    UART0 RX/TX INTERRUPT SERVICE ROUTINE
////////////////////////////////////////////////////////////////////////////////

ISR(USART0_RX_vect)
{
     Comm0Buf[Comm0Head++] = UDR0;
     if(Comm0Head >= COMM_DATA_MAX)           Comm0Head = 0;
}

ISR(USART0_TX_vect)
{

}

/*==========================================================*/
/*    FUNCTIONS
/*==========================================================*/

void InitPort(void)
{
     PORTA= 0xFF;
     DDRA= 0xFF;      //LCD data

     PORTB= 0xFF;
```

```
	DDRB= 0xFF;	//FND1,2 COM1~COM4

	PORTC= 0xFF;
	DDRC= 0xF0;	//4x4 KEY_SCAN

	PORTD=0x00;
	DDRD= 0xFF;

	PORTE= 0xFF;
	DDRE = 0x00;

	PORTF = 0xC0;
	DDRF = 0xF8;	//16x2 LCD control : PF5=E, PF4=RW, PF3=RS

	PORTG = 0xFF;	//Pull Up
	DDRG = 0x00;	//input mode
}

////////////////////////////////////////////////////////////////////////////////
//	INIT Timer0 Interrupt
////////////////////////////////////////////////////////////////////////////////

void InitTimer0(void)
{
	TCCR0 = 0x07;	// Trigger => Fclock/1024
	TCNT0 = 0x00;	// clear Timer Counter Register
	TIMSK = 0x01;	// Timer0 Interrupt Enable Mask Register
}

////////////////////////////////////////////////////////////////////////////////
//	Enable Uart0 Interrupt
////////////////////////////////////////////////////////////////////////////////

void InitUart0(void)
{
   WORD UBRR;
   BYTE UBRH,UBRL;

   if(BAUD_RATE0 == 2400)   UBRR = 383;
```

```
    else if(BAUD_RATE0 == 4800)        UBRR = 191;
    else if(BAUD_RATE0 == 9600)        UBRR = 95;
    else if(BAUD_RATE0 == 14400)       UBRR = 63;
    else if(BAUD_RATE0 == 19200)       UBRR = 47;
    else if(BAUD_RATE0 == 28800)       UBRR = 31;
    else if(BAUD_RATE0 == 38400)       UBRR = 23;
    else if(BAUD_RATE0 == 57600)       UBRR = 15;
    else if(BAUD_RATE0 == 76800)       UBRR = 11;
    else if(BAUD_RATE0 == 115200)      UBRR = 7;

    UBRH = (BYTE)(UBRR >>8);
    UBRL = (BYTE)(UBRR);

    UBRR0H = UBRH;     // UBRR register xxxxUUUU UUUUUUUU( x=reserved, U=use)
    UBRR0L = UBRL;     // for 115200BPS Baud_rate (error rate : @)
                       //Baud_rate=Fosc/(16*(UBRR+1))
    UCSR0B = 0x98;     // uart [Rx(bit7) interrupt enable Rx(bit4)Tx(bit3) enabe]
    UCSR0C = 0x06;     // Async MODE, no parity, stop bit(1bit), data bit(8bit)..
}

///////////////////////////////////////////////////////////////////////////////

void Delay(unsigned long delay)
{
     while(delay--) asm("nop");
}

///////////////////////////////////////////////////////////////////////////////

void Delay_us(WORD time_us) //measured by oscilloscope
{
  WORD i;

  for(i=0; i<time_us; i++)//4Cycle +
  {
     asm("PUSH R0"); //2Cycle +
     asm("NOP");      //1Cycle +
     asm("NOP");      //1Cycle +
     asm("NOP");      //1Cycle +
```

```
    asm("NOP");      //1Cycle +
    asm("NOP");      //1Cycle +
    asm("POP R0"); //2Cycle = 13Cycle = 1us for 14.7456MHz
  }
}

/////////////////////////////////////////////////////////////////////////////

void Delay_ms(unsigned int time_ms) //Time Delay for ms
{
  WORD i;

  for( i=0; i<time_ms; i++)
  {
    Delay_us(250);
    Delay_us(250);
    Delay_us(250);
    Delay_us(250);
  }
}

/*---------------------------------------------------*/
// 16x2 LCD Module Control Routines !!
/*---------------------------------------------------*/

void InitLCD(void)
{
    WriteLcdCmd(0x38);  //CMD 38H
    Delay(100);
    WriteLcdCmd(0x08);  //CMD 08H
    Delay(100);
    WriteLcdCmd(0x01);  //CMD 01H
    Delay(2000);
    WriteLcdCmd(0x0C);  //CMD 0CH
    Delay(100);
    WriteLcdCmd(0x06);  //CMD 06H
}

void WriteLcdCmd(BYTE cmd)
```

```
{
    PORTF &= ~LCD_RS;    //RS,RW = 0,0 (WRITE CMD)
    PORTF &= ~LCD_RW;
    Delay(10);

    PORTF |= LCD_EN;     //E = 1
    Delay(10);

    LCD_DATA = cmd;      //CMD
    Delay(10);

    PORTF &= ~LCD_EN;    //E = 0
    Delay(10);

    PORTF &= 0xC7;       //E,RS,RW = 0,0,0
    Delay(10);
}

void WriteLcdData(BYTE loc, BYTE data)
{
    WriteLcdCmd(loc);    //set location

    PORTF |= LCD_RS;     //RS,RW = 1,0 (WRITE DATA)
    PORTF &= ~LCD_RW;
    Delay(10);

    PORTF |= LCD_EN;     //E = 1
    Delay(10);

    LCD_DATA = data;     //CMD
    Delay(10);

    PORTF &= ~LCD_EN;    //E = 0
    Delay(10);

    PORTF &= 0xC7;       //E,RS,RW = 0,0,0
    Delay(10);
}

/*------------------------------------------------------*/
```

```
void Init_Display(void)
{
     sputsLcdLine1("TEST KIT:MTK-AT8");
     sputsLcdLine2(" KEY data = .   ");
}

/*--------------------------------------------------*/
void CRC_INIT_Display(void)
{
     sputsLcdLine1("TX-CRC] ....    ");
     sputsLcdLine2("RX-CRC] ....    ");
}

/*--------------------------------------------------*/
void sputsLcdLine1(unsigned char *str)
{
     int i;

     for(i=0; *(str+i)!=0; i++)       WriteLcdData(0x80+i,*(str+i));
}

void sputsLcdLine2(unsigned char *str)
{
     int i;

     for(i=0; *(str+i)!=0; i++)       WriteLcdData(0xC0+i,*(str+i));
}

////////////////////////////////////////////////////////////////////////////////
//     4x4 KEY SCAN ROUTINE
////////////////////////////////////////////////////////////////////////////////

void Key44_Scan(void)
{
  BYTE     scan_count;

  if(scan_chatt_count>=CHAT_COUNT)
  {
     PORTC = 0x0F;
```

```
        Delay(10);
        if((PINC&0x0F) == 0x0F)         scan_chatt_count = 0;
    }
    else
    {
        scan_count = 0;

        PORTC = 0xEF;   //scan_out 1110
        Delay(10);
        if((PINC&BIT0) == 0) {scan_key=1;scan_count++;}
        if((PINC&BIT1) == 0) {scan_key=4;scan_count++;}
        if((PINC&BIT2) == 0) {scan_key=7;scan_count++;}
        if((PINC&BIT3) == 0) {scan_key=11;scan_count++;}

        PORTC = 0xDF;   //scan_out 1101
        Delay(10);
        if((PINC&BIT0) == 0) {scan_key=2;scan_count++;}
        if((PINC&BIT1) == 0) {scan_key=5;scan_count++;}
        if((PINC&BIT2) == 0) {scan_key=8;scan_count++;}
        if((PINC&BIT3) == 0) {scan_key=10;scan_count++;}

        PORTC = 0xBF;   //scan_out 1011
        Delay(10);
        if((PINC&BIT0) == 0) {scan_key=3;scan_count++;}
        if((PINC&BIT1) == 0) {scan_key=6;scan_count++;}
        if((PINC&BIT2) == 0) {scan_key=9;scan_count++;}
        if((PINC&BIT3) == 0) {scan_key=12;scan_count++;}

        PORTC = 0x7F;   //scan_out 0111
        Delay(10);
        if((PINC&BIT0) == 0) {scan_key=13;scan_count++;}
        if((PINC&BIT1) == 0) {scan_key=14;scan_count++;}
        if((PINC&BIT2) == 0) {scan_key=15;scan_count++;}
        if((PINC&BIT3) == 0) {scan_key=16;scan_count++;}

        PORTC = 0xFF;

        if(scan_count != 1)  return;     //if double key or no key, return
```

```
    if(scan_key != old_key44)
    {
      old_key44 = scan_key;
      scan_chatt_count = 0;
    }
    else
    {
      scan_chatt_count++;
      if(scan_chatt_count>=CHAT_COUNT)
      {
         Key44_Data = old_key44;
         old_key44 = 0;

         key44_event = 1;  //Set KEY EVT flag ! (EXE @ main routine)
      }
    }
  }
}

////////////////////////////////////////////////////////////////////////////////
//    KEY_DATA_EXE
////////////////////////////////////////////////////////////////////////////////

void Key44_Job_Exe(void)
{
  if(Key44_Data==10)        Key44_Data=0;       //cvt 10-->0
  else if(Key44_Data>10) Key44_Data--;          //cvt 11~16-->10~15

  switch(Key44_Data)
  {
     case 0   :   Key44_0_9();    break;
     case 1   :   Key44_0_9();    break;
     case 2   :   Key44_0_9();    break;
     case 3   :   Key44_0_9();    break;
     case 4   :   Key44_0_9();    break;
     case 5   :   Key44_0_9();    break;
     case 6   :   Key44_0_9();    break;
     case 7   :   Key44_0_9();    break;
     case 8   :   Key44_0_9();    break;
     case 9   :   Key44_0_9();    break;
```

```
        case 10  :   Key44_A();      break;
        case 11  :   Key44_B();      break;
        case 12  :   Key44_C();      break;
        case 13  :   Key44_D();      break;
        case 14  :   Key44_E();      break;
        case 15  :   Key44_F();      break;
        default  :   break;
        }
}

void Key44_0_9(void)
{
        protocol_format(COMMAND_09, 3, Key44_Data);
        PutPacket(3);

        TX_CRC_display();
}

void Key44_A(void)
{
        protocol_format(COMMAND_A, 3, Key44_Data);
        PutPacket(3);

        TX_CRC_display();
}

void Key44_B(void)
{
        protocol_format(COMMAND_B, 3, Key44_Data);
        PutPacket(3);

        TX_CRC_display();
}

void Key44_C(void)
{
        protocol_format(COMMAND_C, 3, Key44_Data);
        PutPacket(3);
```

```
    TX_CRC_display();
}

void Key44_D(void)
{
    protocol_format(COMMAND_D, 3, Key44_Data);
    PutPacket(3);

    TX_CRC_display();
}

void Key44_E(void)
{
    protocol_format(COMMAND_E, 3, Key44_Data);
    PutPacket(3);

    TX_CRC_display();
}

void Key44_F(void)
{
    protocol_format(COMMAND_F, 3, Key44_Data);
    PutPacket(3);

    TX_CRC_display();
}

//////////////////////////////////////////////////////////////////////////////

void protocol_format(BYTE command, BYTE length, BYTE data)
{
    TxBuff[0] = 0x16;     //SYNC
    TxBuff[1] = 0x16;
    TxBuff[2] = 0x16;
    TxBuff[3] = 0x16;

    TxBuff[4] = 0;        //LEN
    TxBuff[5] = length;
```

```
        TxBuff[6] = command;   // command
        TxBuff[7] = data;      // data0
        TxBuff[8] = data;      // data1
}

//////////////////////////////////////////////////////////////////////////////

void PutPacket(WORD length)
{
  WORD    i;

  //send tx data frame
  for(i=0; i<(length+6); i++)         putch(TxBuff[i]);  //SYNC[4] + LEN[2] + Payload[len]

  //generate CRC
  CrcData=Generate_CRC(&TxBuff[4],length+2);            //LEN[2] + Payload[len]

  TxBuff[length+6]=(CrcData>>8);                //CRC[1]...upper byte
  TxBuff[length+7]=CrcData;                     //CRC[1]...lower byte
  TxBuff[length+8]=ETX;                         //ETX (0x7E)

  putch((CrcData>>8)&0x0FF);                    //CRC[1]...upper byte
  putch(CrcData&0x0FF);                         //CRC[1]...lower byte
  putch(ETX);                                   //ETX (0x7E)
/*
  sputs("\nTX_DATA]");
  //send tx data frame
  for(i=0; i<(length+6); i++)                   sputb(TxBuff[i]); //SYNC[4] + LEN[2] +
Payload[len]
  sputb((CrcData>>8)&0x0FF);                    //CRC[1]...upper byte
  sputb(CrcData&0x0FF);                         //CRC[1]...lower byte
  sputb(ETX);                                   //ETX (0x7E)
*/
}

//////////////////////////////////////////////////////////////////////////////

void TX_CRC_display(void)
```

```
{
  CRC_INIT_Display();

  WriteLcdData(LINE1_HEAD+8,pgm_read_byte(&hexdigit[TxBuff[9]>>4]));
  WriteLcdData(LINE1_HEAD+9,pgm_read_byte(&hexdigit[TxBuff[9]&0x0F]));
  WriteLcdData(LINE1_HEAD+10,pgm_read_byte(&hexdigit[TxBuff[10]>>4]));
  WriteLcdData(LINE1_HEAD+11,pgm_read_byte(&hexdigit[TxBuff[10]&0x0F]));
}

///////////////////////////////////////////////////////////////////////////////

void RX_CRC_display(void)
{
  WriteLcdData(LINE2_HEAD+8,pgm_read_byte(&hexdigit[RxBuff[5]>>4]));
  WriteLcdData(LINE2_HEAD+9,pgm_read_byte(&hexdigit[RxBuff[5]&0x0F]));
  WriteLcdData(LINE2_HEAD+10,pgm_read_byte(&hexdigit[RxBuff[6]>>4]));
  WriteLcdData(LINE2_HEAD+11,pgm_read_byte(&hexdigit[RxBuff[6]&0x0F]));
}

///////////////////////////////////////////////////////////////////////////////
```

```
crc.c

///////////////////////////////////////////////////////////////////////////////
// Project Name      : MTK-AT8
// Function          : CRC16 Generation/Check
// File Name    : crc.c
// Version / Date : 1.0 / 2016.5.2
///////////////////////////////////////////////////////////////////////////////

#include <avr/io.h>
#include <avr/interrupt.h>
#include <avr/pgmspace.h>
#include "define.h"

/*=====================================================*/
/*   CONSTANT DEFINE
/*=====================================================*/
```

```
#define CRC_16_POLYNOMIAL 0x1021
#define CRC_16_SEED        0x0000
#define CRC_16_STEP_SEED   (~((WORD) CRC_16_SEED))
#define CRC_TAB_SIZE       256

/*=================================================*/
/*   VARIABLE DEFINE
/*=================================================*/

WORD CrcData;

WORD Crc16_Table [CRC_TAB_SIZE] = {
0x0000, 0x1021, 0x2042, 0x3063, 0x4084, 0x50a5, 0x60c6, 0x70e7,
0x8108, 0x9129, 0xa14a, 0xb16b, 0xc18c, 0xd1ad, 0xe1ce, 0xf1ef,
0x1231, 0x0210, 0x3273, 0x2252, 0x52b5, 0x4294, 0x72f7, 0x62d6,
0x9339, 0x8318, 0xb37b, 0xa35a, 0xd3bd, 0xc39c, 0xf3ff, 0xe3de,
0x2462, 0x3443, 0x0420, 0x1401, 0x64e6, 0x74c7, 0x44a4, 0x5485,
0xa56a, 0xb54b, 0x8528, 0x9509, 0xe5ee, 0xf5cf, 0xc5ac, 0xd58d,
0x3653, 0x2672, 0x1611, 0x0630, 0x76d7, 0x66f6, 0x5695, 0x46b4,
0xb75b, 0xa77a, 0x9719, 0x8738, 0xf7df, 0xe7fe, 0xd79d, 0xc7bc,
0x48c4, 0x58e5, 0x6886, 0x78a7, 0x0840, 0x1861, 0x2802, 0x3823,
0xc9cc, 0xd9ed, 0xe98e, 0xf9af, 0x8948, 0x9969, 0xa90a, 0xb92b,
0x5af5, 0x4ad4, 0x7ab7, 0x6a96, 0x1a71, 0x0a50, 0x3a33, 0x2a12,
0xdbfd, 0xcbdc, 0xfbbf, 0xeb9e, 0x9b79, 0x8b58, 0xbb3b, 0xab1a,
0x6ca6, 0x7c87, 0x4ce4, 0x5cc5, 0x2c22, 0x3c03, 0x0c60, 0x1c41,
0xedae, 0xfd8f, 0xcdec, 0xddcd, 0xad2a, 0xbd0b, 0x8d68, 0x9d49,
0x7e97, 0x6eb6, 0x5ed5, 0x4ef4, 0x3e13, 0x2e32, 0x1e51, 0x0e70,
0xff9f, 0xefbe, 0xdfdd, 0xcffc, 0xbf1b, 0xaf3a, 0x9f59, 0x8f78,
0x9188, 0x81a9, 0xb1ca, 0xa1eb, 0xd10c, 0xc12d, 0xf14e, 0xe16f,
0x1080, 0x00a1, 0x30c2, 0x20e3, 0x5004, 0x4025, 0x7046, 0x6067,
0x83b9, 0x9398, 0xa3fb, 0xb3da, 0xc33d, 0xd31c, 0xe37f, 0xf35e,
0x02b1, 0x1290, 0x22f3, 0x32d2, 0x4235, 0x5214, 0x6277, 0x7256,
0xb5ea, 0xa5cb, 0x95a8, 0x8589, 0xf56e, 0xe54f, 0xd52c, 0xc50d,
0x34e2, 0x24c3, 0x14a0, 0x0481, 0x7466, 0x6447, 0x5424, 0x4405,
0xa7db, 0xb7fa, 0x8799, 0x97b8, 0xe75f, 0xf77e, 0xc71d, 0xd73c,
0x26d3, 0x36f2, 0x0691, 0x16b0, 0x6657, 0x7676, 0x4615, 0x5634,
0xd94c, 0xc96d, 0xf90e, 0xe92f, 0x99c8, 0x89e9, 0xb98a, 0xa9ab,
0x5844, 0x4865, 0x7806, 0x6827, 0x18c0, 0x08e1, 0x3882, 0x28a3,
```

```
0xcb7d, 0xdb5c, 0xeb3f, 0xfb1e, 0x8bf9, 0x9bd8, 0xabbb, 0xbb9a,
0x4a75, 0x5a54, 0x6a37, 0x7a16, 0x0af1, 0x1ad0, 0x2ab3, 0x3a92,
0xfd2e, 0xed0f, 0xdd6c, 0xcd4d, 0xbdaa, 0xad8b, 0x9de8, 0x8dc9,
0x7c26, 0x6c07, 0x5c64, 0x4c45, 0x3ca2, 0x2c83, 0x1ce0, 0x0cc1,
0xef1f, 0xff3e, 0xcf5d, 0xdf7c, 0xaf9b, 0xbfba, 0x8fd9, 0x9ff8,
0x6e17, 0x7e36, 0x4e55, 0x5e74, 0x2e93, 0x3eb2, 0x0ed1, 0x1ef0
};

/*====================================================*/
/*    FUNCTION DEFINE
/*====================================================*/

WORD Generate_CRC(BYTE *txbuf_ptr, int len);
WORD Check_CRC(BYTE *rxbuf_ptr, int len);

//////////////////////////////////////////////////////////////////////////////
//    Generate CRC
//////////////////////////////////////////////////////////////////////////////

WORD Generate_CRC(BYTE *txbuf_ptr, int len)
{
  WORD data, crc_16;

  len *= 8;

  for (crc_16=CRC_16_SEED;len>=8;len-=8,txbuf_ptr++)
  {
     crc_16 = Crc16_Table[ (crc_16 >> 8) ^ * txbuf_ptr ] ^ (crc_16 << 8);
  }

  if (len != 0)
  {
     data = ((WORD) (*txbuf_ptr)) << (8);
     while (len-- != 0)
     {
       if ( ((crc_16 ^ data) & ((WORD) 1 << 15)) != 0 )
       {
          crc_16 <<= 1;
          crc_16 ^= CRC_16_POLYNOMIAL;
```

```
            }
            else crc_16 <<= 1;

            data <<= 1;
        }
    }

    return (crc_16);
}

////////////////////////////////////////////////////////////////////////////////

WORD Check_CRC(BYTE *rxbuf_ptr, int len)
{
     WORD      gen_crc,rcv_crc;

     gen_crc = Generate_CRC(&rxbuf_ptr[0], len);

     rcv_crc = (WORD)(*(rxbuf_ptr+len));
     rcv_crc = (rcv_crc<<8) | (WORD)(*(rxbuf_ptr+len+1));
     rcv_crc ^= gen_crc;

     return (rcv_crc);
}

////////////////////////////////////////////////////////////////////////////////
```

실습결과 검토 및 연습문제

1 장비간 데이터통신을 할 때 CRC를 사용하는 목적은 무엇인가?

2 CRC 코드 생성다항식(Generator Polynomial)이란 무엇인가?

3 데이터통신을 할 때 CRC 코드가 자주 사용된다. 샘플프로그램에서 보인 테이블참조 방식의 코딩 스킬은 반드시 익혀 놓는 것이 프로그래머에게 매우 유익하다.

4 샘플 프로그램에서 사용한 생성다항식은 0x1201이다. 그 외 많이 사용하는 생성다항식으로 0x8005가 있다. 생성다항식이 달라지면 CRC16 테이블이 달라지고 나머지 부분은 그대로 사용할 수 있다. 생성코드의 초기값을 0x0000으로 할 지, 0xFFFF로 할 지는 장비간에 서로 약속하여 정한다.

CHAPTER 16

ATmega128을 사용한 부트로더 프로그램 설계

contents

16 ATmega128을 사용한 부트로더 프로그램 설계

16-1 실습 목표

1. 부트로더 기능을 이해하고 사용목적을 알아본다.
2. 부트로더 기능을 구현하는 프로그램을 설계한다.
3. 프로그램을 코딩, 컴파일하여 생성된 HEX 코드를 키트에 다운로드하여 동작 상태를 확인한다.

– 실험번호 선택: 16

16-2 이론

1. 부트로더

부트로더는 프로그램 코드를 업로드하거나 다운로드하기 위해 MCU 자체에 RWW(Read-While-Write) 자기프로그래밍 구조를 가지고 있다. 이 기능은 플래시 영역에 부트로더 프로그램을 심어 놓고 MCU에 의해 응용프로그램을 갱신할 때 사용한다. 부트로더 영역의 프로그램 코드는 부트로더 메모리를 포함하여 플래시 전 영역을 프로그래밍할 수 있다.

부트로더 메모리의 크기는 4가지(0.5K, 1K, 2K, 4K 바이트) 중 하나를 휴즈 설정으로 선택할 수 있고 응용프로그램 영역과 부트로드 영역 프로그램 보호를 위해 락비트를 이용하여 쓰기(SPM: Store Program Memory) 금지, 읽기(LPM: Load Program Memory) 금지를 따로따로 설정할 수 있다.

- RWW(Read–While–Write) 자기프로그래밍
- 부트 메모리 크기 조정 가능(0.5K, 1K, 2K, 4K 바이트)
- 프로그램 보호 기능(부트 락비트)
- 리셋벡터 선택을 위한 휴즈 구비
- 최적화된 페이지 크기
- 효율적인 코딩 알고리즘
- 효율적인 RMW(Read–Modify–Write) 지원

2. 응용프로그램 영역과 부트로더 프로그램 영역

플래시 메모리는 응용프로그램 영역과 부트로더 영역으로 나눈다. 각 영역의 크기는 표 16-4의 BOOTSZ[1:0] 휴즈 설정으로 결정된다. 각 영역은 프로그램 보호를 위한 락비트가 각각 있어서 쓰기 금지, 읽기 금지를 따로따로 설정할 수 있다.

응용프로그램 영역: 이 영역은 응용프로그램 코드가 저장되는 곳이다. 이 영역은 락비트 0(BLS0:Boot Lock Bits 0) 설정으로 프로그램을 보호한다. 또한 이 영역에서는 SPM 명령어를 사용할 수 없으므로 부트로더 코드를 저장할 수 없다.

부트로더 영역(BLS: Boot Loader Section): 부트로더 프로그램은 SPM 명령어를 사용할 수 있는 곳, 즉 BLS에 저장되어야 한다. SPM 명령어는 BLS를 포함한 플래시 전 영역에서 엑세스가 가능하다. 이 영역은 락비트1(BLS0:Boot Lock Bits 1) 설정으로 프로그램을 보호한다.

3. RWW(Read–While–Write) 영역과 NRWW(No Read–While–Write) 영역

부트로더 프로그램을 갱신할 때 CPU가 RWW를 지원하는지, 아니면 멈추는지는 플래시의 어느 영역이 프로그램되고 있는지에 따라 다르다. 플래시는 그림 16-1에 나타나 있는 것처럼 RWW 영역과 NRWW 영역으로 나뉜다. NRWW 영역은 플래시의 맨 마지막 4K 바이트 부분이다. 부트로더 영역 4K바이트의 일부를 부트로더 프로그램으로 사용한다면

나머지 부분은 응용프로그램 영역으로 사용할 수 있다. 그렇게 되면 응용프로그램이 들어가는 영역은 RWW 영역과 NRWW 영역의 일부분이 된다.

RWW 영역과 NRWW 영역의 차이점은 다음과 같다.

- RWW 영역 '지우기'나 '쓰기' 동작을 할 때 NRWW 영역을 읽어낼 수 있다.
- NRWW 영역 '지우기'나 '쓰기' 동작을 할 때는 CPU 동작은 멈춘다.

RWW 영역: 부트로더 프로그램이 RWW 영역 페이지를 갱신할 때는 NRWW 영역의 코드만 읽어낼 수 있다. 만일 사용자 프로그램이 RWW 영역 프로그래밍 도중에 RWW 영역 코드를 읽으려고 하면 프로그램은 오동작을 일으킨다. 이것을 막기 위해서는 인터럽트를 금지시키든지 인터럽트 실행 루틴을 부트로더 영역에 두어야 한다. 부트로더 영역은 항상 NRWW 영역에 위치한다. RWW 영역 코드 읽는 것을 막기 위해 SPMCSR(Store Program Memory Control and Status Register)의 RWWSB(RWW Section Busy)는 항상 1이다. 프로그래밍이 끝나면 RWW 영역 코드를 읽기 전에 RWWSB를 소프트웨어로 지워야 한다.

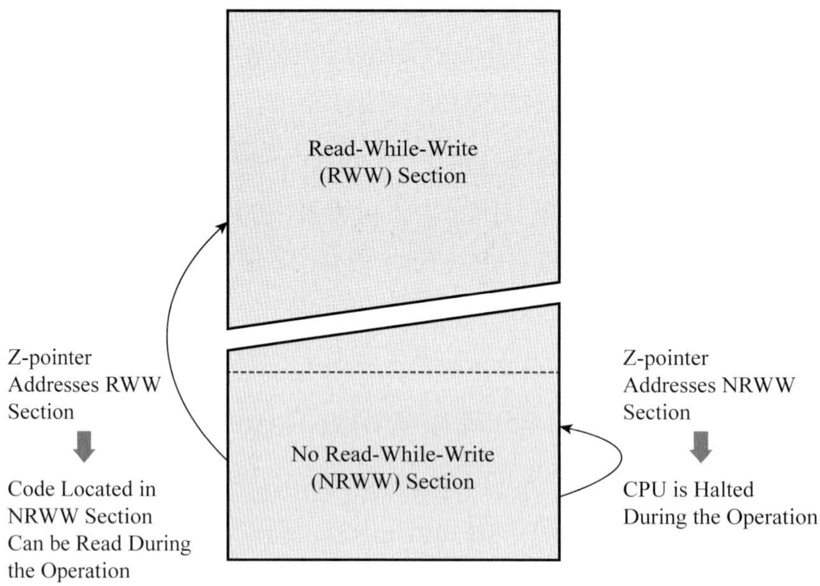

그림 16-1 RWW와 NRWW

NRWW 영역: NRWW 영역의 코드는 부트로더 프로그램이 RWW 영역 페이지를 갱신할 때도 읽어낼 수 있다. 반면에 NRWW 영역을 갱신할 때는 '페이지 지우기'나 '페이지 쓰기' 동작을 하는 동안 CPU 동작은 멈춘다.

표 16-1 RWW 기능

프로그래밍하는 동안 Z포인터는 어느 영역을 어드레싱하는가?	프로그래밍하는 동안 어느 영역을 읽을 수 있는가?	CPU가 멈추는가?	RWW가 지원되는가?
RWW 영역	NRWW 영역	아니오	예
NRWW 영역	읽을 수 있는 영역 없음	예	아니오

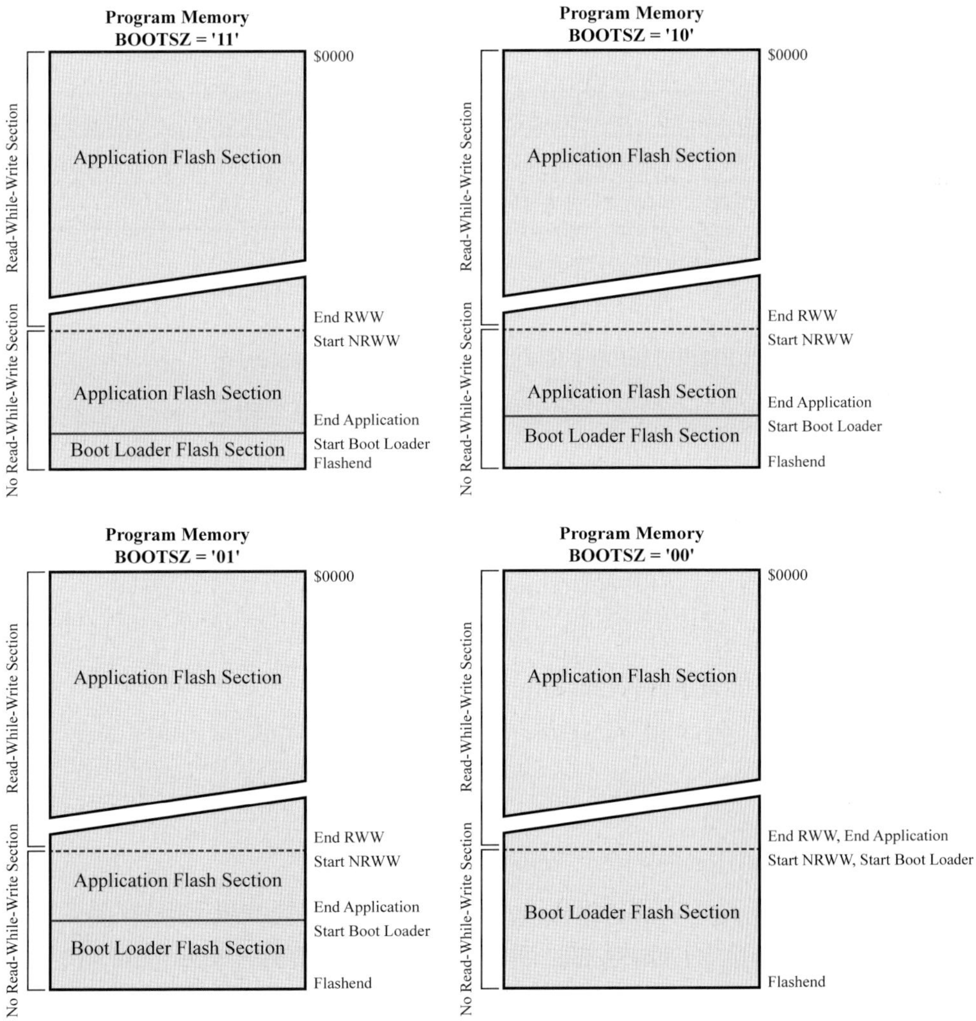

그림 16-2 메모리 영역

4. 부트로더 프로그램 넣기

응용프로그램에서 부트로더로의 진입은 USART나 SPI 인터페이스로 수신한 커맨드에 의해 JUMP나 CALL 명령어로 이루어진다. CPU를 리셋할 때 부트 플래시 시작 주소를 가리키는 리셋 벡터는 부트 리셋 휴즈로 설정할 수 있다. 이 경우 리셋하면 부트로더가 실행되어 응용프로그램을 다운로드하는 모드로 진입할 지, 아니면 응용프로그램을 바로 실행할 지 판단한다.

휴즈는 MCU가 직접 바꿀 수는 없고 직렬이나 병렬인터페이스가 가능한 프로그램, 예를 들면 AVR Studio4, Ponyprog 프로그램 등을 이용하여 바꿀 수 있다.

표 16-2 부트 리셋 휴즈

BOOTRST	리셋 주소
1	리셋 벡터 = 응용프로그램 영역 리셋 (0x0000 번지)
0	리셋 벡터 = 부트로더 영역 리셋 (표 16-4 참조)

– '1'은 프로그램 되지 않는 것, '0'은 프로그램 되는 것을 의미한다.

(1) SPMCSR(Store Program Memory Control and Status Register)

SPMCSR 레지스터는 부트로더 동작에 필요한 제어비트들로 구성된다.

Bit	7	6	5	4	3	2	1	0	
	SPMIE	RWWSB	-	RWWSRE	BLBSET	PGWRT	PGERS	SPMEN	SPMCSR
Read/Write	R/W	R	R	R/W	R/W	R/W	R/W	R/W	
Initial Value	0	0	0	0	0	0	0	0	

● 비트7 – SPMIE: SPM Interrupt Enable

SPMIE 비트가 1이고 SREG의 I-비트가 1이라면 SPM 준비 인터럽트가 허용된다. 이 비트가 1이면 SPMEN 비트가 0으로 지워질 때 SPM 준비 인터럽트가 발생한다.

● 비트6 – RWWSB: Read-While_Write Section Busy

RWW 영역에 '페이지 지우기'나 '페이지 쓰기'가 시작되면 RWWSB 비트가 1이 되고 이 영역으로 접근이 금지된다. 이 비트는 프로그래밍이 끝나서 RWWSRE 비트가 1이 되면 지워진다. 또한 '페이지 가져오기' 동작이 시작되어도 자동으로 지워진다.

● 비트4 – RWWSRE : Read-While_Write Section Read Enable

RWW 영역에 '페이지 지우기'나 '페이지 쓰기'를 할 때는 RWWSB가 1이 되어 그 영역을 읽을 수 없다. 그 영역은 프로그래밍이 완료되고 SPMEN 비트가 지워지고 난 후 읽을 수 있다. SPMEN 비트와 함께 이 비트를 1로 설정하면 다음 4클럭 동안 SPM 명령어는 RWW 영역을 읽을 수 있도록 허용한다. 플래시 프로그래밍 실행 도중에 RWWSRE 비트를 제어하면 프로그래밍이 멈추어 데이터를 잃어버린다.

● 비트3 – BLBSET: Boot Lock Bit Set

SPMEN 비트와 함께 이 비트를 1로 설정하면 다음 4클럭 동안 SPM 명령어는 R0의 데이터로 부트락 비트를 설정한다. 페이지 R1 데이터와 Z-포인터의 주소는 무시된다. 락비트 설정이 완료되거나 SPM 명령어가 없을 때 4클럭 후에 자동으로 지워진다.

● 비트2 – PGWRT: Page Write

SPMEN 비트와 함께 이 비트를 1로 설정하면 다음 4클럭 동안 SPM 명령어는 '페이지 쓰기'를 실행한다. 페이지 주소는 Z-포인터의 상위 바이트로 지정한다. R1, R0 데이터는 무시된다. PGWRT 비트는 '페이지 쓰기'가 완료되거나 SPM 명령어가 없을 때 4클럭 후에 자동으로 지워진다. NRWW 영역이 지정되어 '페이지 쓰기' 동작을 할 때는 CPU는 동작을 멈춘다.

● 비트1 – PGERS: Page Erase

SPMEN 비트와 함께 이 비트를 1로 설정하면 다음 4클럭 동안 SPM 명령어는 '페이지 지우기'를 실행한다. 페이지 주소는 Z-포인터의 상위 바이트로 지정한다. R1, R0 데이터는 무시된다. PGERS 비트는 '페이지 지우기'가 완료되거나 SPM 명령어가 없을 때 4클럭 후에 자동으로 지워진다. NRWW 영역이 지정되어 '페이지 지우기' 동작을 할 때는 CPU는 동작을 멈춘다.

● 비트0 – SPMEN: Store Program memory Enable

SPMEN 비트를 1로 설정하면 다음 4클럭 동안 SPM 명령어가 실행된다. RWWSRE, BLBSET, PGWRT, 또는 PGERS와 함께 1이 되면 이어서 오는 SPM 명령어는 특별한 의미를 갖는다. 또한 SPMEN 비트만 1이 되면 SPM 명령어는 Z-포인터가 가리키는 버퍼의 내용을 R1:R0에 저장한다. Z-포인터의 LSB는 무시된다. SPMEN 비트는 SPM 명령어 실행이 끝나거나 SPM 명령어가 없을 때 4클럭 후에 자동으로 지워진다. 플래시 영역의 페이지를 지우거나 쓸 때는 이 동작이 완료될 때까지 1로 유지된다.

(2) 부트로더 프로그램 주소지정 레지스터

Bit	15	14	13	12	11	10	9	8
ZH(R31)	Z15	Z14	Z13	Z12	Z11	Z10	Z9	Z8
ZL(R30)	Z7	Z6	Z5	Z4	Z3	Z2	Z1	Z0
	7	6	5	4	3	2	1	0

Z-포인터는 SPM 커맨드 주소 지정을 위해 RAMPZ(RAM Page Z Select Register) 레지스터와 함께 사용된다.

플래시는 페이지 단위, 즉 128바이트 단위로 구성되어 있어서 프로그램 카운터를 두 부분으로 나눌 수 있다. 하위 7비트는 페이지 내의 바이트 주소를, 상위 비트는 페이지 주소를 나타낸다.

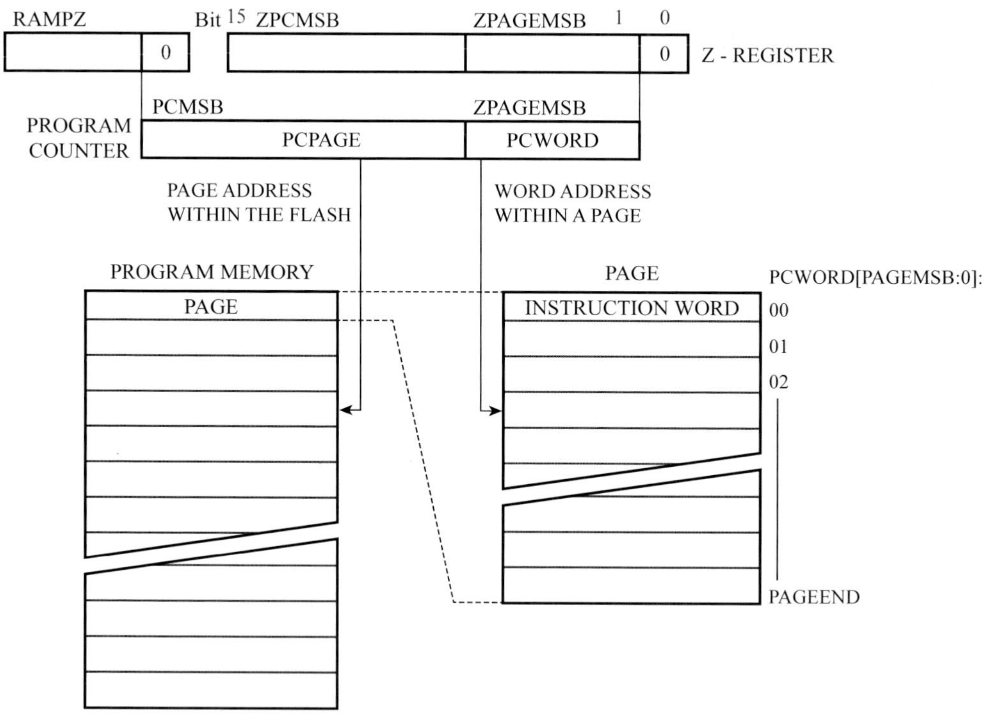

그림 16-3 SPM 실행시 플래시 주소 지정

5. 부트로더 프로그래밍

프로그램 메모리는 페이지 단위로 갱신된다. 임시 페이지 버퍼에 저장된 데이터를 프로그래밍하기 전에 그 페이지를 반드시 먼저 지워야 한다. '페이지 쓰기'는 다음과 같이 2가지 방법으로 실행할 수 있다.

■ 방법 1

- 프로그래밍할 데이터를 임시 페이지 버퍼에 채운다.
- '페이지 지우기'를 실행한다.
- '페이지 쓰기'를 실행한다.

■ 방법 2

- '페이지 지우기'를 실행한다.
- 프로그래밍할 데이터를 임시 페이지 버퍼에 채운다.
- '페이지 쓰기'를 실행한다.

어떤 페이지 내의 일부분만 바꾸고자 할 때는 그 페이지의 바뀌지 않는 데이터도 임시 페이지 버퍼에 저장하고 한 페이지를 다시 써야 한다. 이 경우 방법1을 사용하여 그 페이지를 읽어 임시 페이지 버퍼에 저장하고 일부분을 바꾼 다음 바뀐 데이터를 다시 써준다.

(1) SPM으로 페이지 지우기

'페이지 지우기'를 하려면 Z-포인터와 RAMPZ 레지스터에 주소를 설정한 후 SPMCSR 레지스터에 "X0000011"을 쓰고 4클럭 이내에 SPM을 실행한다. 이 때 R1,R0는 무시된다. 페이지 주소는 Z-레지스터의 PCPAGE에 써넣는다. 이 동작 중에는 Z-포인터의 다른 비트들은 0으로 써넣어야 한다.

- RWW 영역에서 페이지 지우기: '페이지 지우기' 동작 중에 NRWW 영역을 읽을 수 있다.
- NRWW 영역에서 페이지 지우기: 동작 중에 CPU가 멈춘다.

(2) 임시버퍼 채우기(쓸 데이터 가져오기)

명령어를 쓰기 위해 Z-포인터와 R1:R0에 주소를 설정한 후 SPMCSR 레지스터에 "00000001"을 쓰고 4클럭 이내에 SPM을 실행한다. Z-레지스터의 PCWORD 내용은 임시버퍼의 데이터 주소이다. 임시버퍼는 '페이지 쓰기'를 하거나 SPMCSR의 RWWSRE 비트를 쓰면 자동으로 지워진다. 물론 시스템 리셋할 때도 지워진다.

(3) 페이지 쓰기

'페이지 쓰기'를 하려면 Z-포인터와 RAMPZ 레지스터에 주소를 설정한 후 SPMCSR 레지스터에 "X0000101"을 쓰고 4클럭 이내에 SPM을 실행한다. 이 때 R1,R0는 무시된다. 페이지 주소는 Z-레지스터의 PCPAGE에 써넣는다. 이 동작 중에는 Z-포인터의 다른 비트들은 0으로 써넣어야 한다.

- RWW 영역에서 페이지 쓰기: '페이지 쓰기' 동작 중에 NRWW 영역을 읽을 수 있다.
- NRWW 영역에서 페이지 쓰기: 동작 중에 CPU가 멈춘다.

(4) BLS 갱신시 유의사항

부트락 비트 BLB11을 1로 설정하여 부트로더 영역을 갱신할 수 있도록 허용할 때는 유의할 점이 있다. 실수로 부트로더 자체에 프로그램을 써버리면 부트로더 프로그램이 깨져서 더 이상 응용프로그램을 갱신할 수 없게 된다. 이 문제를 해결하기 위해, 부트로더 프로그램을 더 이상 변경할 필요가 없을 때는 BLB11을 0으로 설정하여 부트로더 프로그램을 보호하는 것이 좋다.

(5) 프로그래밍시 RWW 영역 읽기 방지

'페이지 지우기'나 '페이지 쓰기' 등의 프로그래밍(Self-Programming)을 할 때는 RWW 영역 읽기가 금지된다. 사용자는 프로그래밍할 때 이 영역의 주소 지정을 하지 않아야 한다. RWW 영역이 사용 중일 때는 SPMCSR의 RWWSB 비트는 1이다. 프로그래밍 도중에는 인터럽트 벡터를 BLS로 옮겨놓거나 금지시켜야 한다. 프로그래밍이 끝나고 RWW 영역으로 주소 지정을 할 때는 반드시 RWWSRE의 RWWSB 비트에 1을 써서 그 비트를 지워야 한다.

(6) 플래시 깨짐 방지

CPU의 공급전압 Vcc가 너무 낮아 정상적으로 동작하지 않으면 플래시 프로그램이 깨질 수 있다. 이것을 방지하기 위해 다음과 같은 방법 중 하나를 사용하길 권한다.

1. 부트로더 갱신이 필요없는 시스템의 경우에는 부트로더 락비트를 설정하여 놓는다.
2. 공급전압이 충분하지 않을 때는 AVR 리셋이 되도록 내부 BOD(Brown-out Detector)를 작동시키거나 외부에 리셋회로를 추가한다.
3. Vcc가 낮아지면 슬립모드로 동작하도록 설정한다. 이렇게 해두면 CPU가 명령어 실행을 멈추고 SPMCSR 레지스터를 보호하여 원하지 않는 쓰기 동작을 하지 않는다.

(7) 플래시 프로그래밍 시간

플래시 엑세스를 위해 내부의 RC 오실레이터가 사용된다. CPU에서 플래시를 엑세스하여 프로그래밍하는 시간이 표 16-3에 나타나 있다.

표 16-3 SPM 프로그래밍 시간

심볼	프로그래밍하는데 걸리는 최소 시간	프로그래밍하는데 걸리는 최대 시간
플래시 쓰기(페이지 지우기, 페이지 쓰기, SPM으로 락비트 쓰기)	3.7ms	4.5ms

(8) 부트로더 파라메터

플래시를 프로그래밍할 때 사용되는 여러 가지 파라메터가 표 16-4~표 16-5에 나타나 있다. 표 16-4는 부트로더 영역 크기를, 표 16-5는 RWW와 NRWW 페이지 크기를, 표 16-6은 그림 16-1에 보인 것처럼 플래시 프로그래밍할 때 주소 지정을 위한 다양한 변수를 나타내고 있다.

표 16-4 부트로더 크기 설정

BOOTSZ1	BOOTSZ0	부트 크기 (words)	페이지 수	응용프로그램 영역	부트로더 영역
1	1	512	4	0x0000 – 0xFDFF	0xFE00 – 0xFFFF
1	0	1024	8	0x0000 – 0xFBFF	0xFC00 – 0xFFFF
0	1	2048	16	0x0000 – 0xF7FF	0xF800 – 0xFFFF
0	0	4096	32	0x0000 – 0xEFFF	0xF000 – 0xFFFF

표 16-5 RWW 페이지 크기 및 영역 위치

영역	페이지 수	주소
RWW 영역	480	0x0000 – 0xEFFF
NRWW 영역	32	0xF000 – 0xFFFF

표 16-6 플래시 프로그래밍할 때 주소 지정을 위한 다양한 변수

변수		연관되는 Z-값	상세 설명주[2]
PCMSB	15		프로그램 카운터의 MSB이다. 프로그램 카운터는 16비트(PC[15:0])이다.
PAGEMSB	6		한 페이지 안에서 가리키는 주소의 MSB이다. 한 페이지는 128워드(words)이므로 7비트(PC[6:0])가 필요하다.
ZPCMSB		Z16[주1]	PCMSB에 맵핑되는 Z레지스터 비트 Z0는 사용하지 않으므로 ZPCMSB = PCMSG + 1
ZPAGEMSB		Z7	PAGEMSB에 맵핑되는 Z레지스터 비트 Z0는 사용하지 않으므로 ZPAGEMSB = PAGEMSG + 1
PXPAGE	PC[15:7]	Z16[주1]:Z8	프로그램 카운터 페이지 주소: '페이지 지우기'와 '페이지 쓰기'를 위한 페이지 선택
PCWORD	PC[6:0]	Z7:Z1	프로그램 카운터 워드(words) 주소: 임시 버퍼를 채우기 위한 워드 선택 ('페이지 쓰기' 동작 중에는 0이어야 한다.)

– 주1) Z레지스터는 16비트(Z15–Z0)이므로 Z16은 RAMPZ 레지스터에 있다.

– 주2) 플래시 메모리는 16비트이므로 바이트를 선택할 수 있는 Z0는 항상 0이어야 한다.

6. 직렬 다운로드

플래시와 EEPROM 메모리는 /RESET핀을 GND로 한 후 직렬 SPI 버스로 프로그램할 수 있다. 직렬 인터페이스를 위해 SCK, MOSI(입력), MISO(출력)핀을 사용한다. /RESET 핀을 로우(0)로 설정한 다음 쓰기/지우기 동작을 실행하기 전에 프로그래밍 허용 명령어를 실행한다. SPI 프로그래밍을 위한 핀 맵핑은 표 16-7와 같다.

(1) SPI 직렬 프로그램을 위한 핀 맵핑

SPI 프로그래밍 인터페이스와 SPI 입출력 모듈 인터페이스와는 차이점이 있다. SPI 프로그래밍 위한 PDI/PDO핀은 PE0/PE1이 사용되고 SPI 입출력 모듈 인터페이스의 MOSI/MISO핀은 PB2/PB3이 사용된다.

표 16-7 SPI 직렬 프로그래밍을 위한 핀 맵핑

심볼	핀	입출력	기능
MOSI (PDI)	PE0	입력	직렬 데이터 입력
MISO (PDO)	PE1	출력	직렬 데이터 출력
SCK	PB1	입력	직렬 클럭

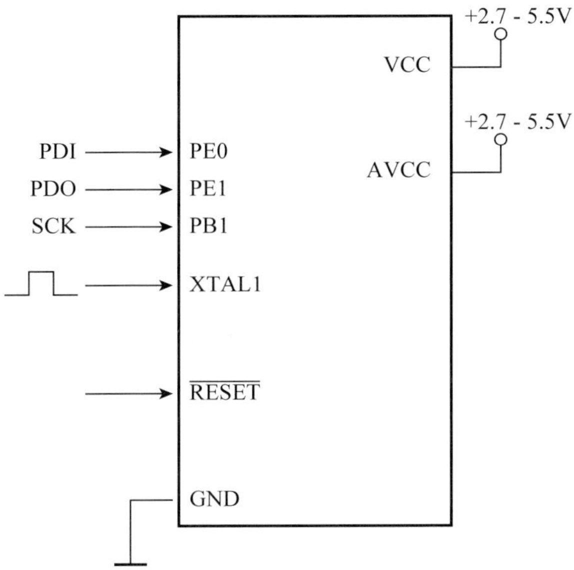

그림 16-4 SPI 직렬 프로그래밍 핀 연결

직렬 모드로 EEPROM을 프로그래밍할 때는 내부에서 자동으로 'EEPROM 지우기' 동작을 실행하므로 '칩 지우기' 명령어를 따로 실행할 필요가 없다. 내부에서 '칩 지우기' 동작을 실행하면 프로그램 영역이나 EEPROM의 내용은 0xFF로 바뀐다.

SCK 입력은 CKSEL 휴즈에 의해 결정되는데, 최소값과 최대값은 CPU 클럭이 12MHz보다 작을 때는 2CPU 클럭이, 12MHz보다 클 때는 3CPU 클럭이 필요하다.

직렬 데이터를 쓸 때는 SCK의 상승 에지에서 쓰여지고, 읽을 때는 하강 에지에서 읽혀진다.

(2) SPI 직렬 프로그램 알고리즘

SPI 직렬 프로그래밍 모드에서 프로그래밍하고 검증할 때는 다음과 같은 순서로 진행하는 것이 좋다.

1. /RESET과 SCK를 0으로 한 상태에서 전원을 공급한다. 어떤 시스템에서는 전원을 공급할 때 SCK를 0으로 설정해도 0이 안 되는 경우도 있다. 이런 경우에는 SCK를 0으로 제어하고 최소 2CPU 클럭 크기의 펄스를 /RESET핀에 주어야 한다.
   /RESET핀을 사용하기 위한 또 다른 방법으로, SCK를 0으로 제어하고 /PEN핀을 로우(0)로 할 수도 있다. 이 방법을 사용할 때 정상동작을 하기 위해서는 디바이스가 파워다운 모드가 되어야 한다.
2. 20msec 이상 기다린 후 MOSI핀으로 프로그래밍 허용 명령어를 보내서 SPI 직렬 프로그래밍을 허용한다.
3. SPI 직렬 프로그래밍 명령어는 통신이 동기화되지 않으면 동작하지 않는다. 동기화가 되고 프로그램 허용 명령어의 세 번째 바이트를 보낼 때 두 번째 바이트, 0x53가 되돌아온다. 되돌아온 데이터가 맞든지 틀리든지 4바이트 모두 보내야 한다. 만일 0x53이 되돌아오지 않으면 /RESET 펄스를 주고 이어서 프로그래밍 허용 커맨드를 보낸다.
4. 플래시 영역은 페이지 단위, 즉 128워드(256바이트)씩 프로그램된다. 프로그램 메모리 페이지는 하위 128바이트가 먼저, 상위 128바이트가 나중에 프로그램된다. 데이터 프로그램이 완료되었는지 해당 비트를 체크하는 폴링 방식을 사용하지 않는다면 다음 페이지를 쓰기 전에 최소한 tWD_FLASH(5ms)만큼 기다려야 한다.
5. EEPROM은 원하는 곳에 쓰기 명령어에 의해 1 바이트씩 프로그램된다. 지정된 주소의 데이터가 쓰여지기 전에 기존의 데이터는 자동으로 지워진다. 프로그래머가 여러 바이트를 연속으로 쓰고자 할 때는, 폴링을 사용하지 않는다면 다음 데이터를 쓰기 전에 최소한 t_{WD_EEPROM}(10ms)만큼 기다려야 한다.
6. 메모리의 어느 영역이든 읽기 명령어로 검사할 수 있다. 선택된 주소의 내용이 MISO 출력 핀을 통해 나온다.
7. 프로그래밍이 모두 끝나면 /RESET핀을 1로 하여 정상 동작을 시작할 수 있다.
8. 전원을 끄고자 할 때는 /RESET핀을 1로 하고 전원을 끈다.

(3) 플래시 영역 폴링

플래시 영역을 프로그래밍하는 도중에 지금 쓰고 있는 영역의 내용을 읽으면 0xFF가 읽힌다. 페이지 쓰기가 끝나고 새로운 페이지 쓰기를 기다리고 있을 때는 프로그래밍된 데이터가 정확히 읽힌다. 이것은 새로운 페이지를 쓸 수 있는지 없는지를 판단하는데 사용된다. 그런데 만일 쓰는 데이터가 0xFF이라면 이 방법으로는 정확히 판단할 수 없다. 그래서 프로그래머가 여러 페이지를 연속으로 쓰고자 할 때는 다음 페이지를 쓰기 전에 반드시 최소한 t_{WD_FLASH}(5ms)만큼 기다려야 한다. 칩 전체 내용이 0xFF로 채워진 경우에는 표 16-8의 기다리는 시간을 생략할 수 있다.

(4) EEPROM 영역 폴링

EEPROM 영역에 새로운 데이터를 써서 프로그래밍하는 도중에 지금 쓰고 있는 영역의 내용을 읽으면 0xFF가 읽힌다. 바이트 쓰기가 끝나고 새로운 바이트 쓰기를 기다리고 있을 때는 프로그래밍된 데이터가 정확히 읽힌다. 이것은 새로운 바이트를 쓸 수 있는지 없는지를 판단하는데 사용된다. 그런데 만일 쓰는 데이터가 0xFF이라면 이 방법으로는 정확히 판단할 수 없다. 그래서 프로그래머가 여러 바이트를 연속으로 쓰고자 할 때는 다음 바이트를 쓰기 전에 반드시 최소한 t_{WD_EEPROM}(10ms)만큼 기다려야 한다. EEPROM 전체 내용이 0xFF로 채워진 경우에는 표 16-8의 기다리는 시간을 생략할 수 있다.

표 16-8 프로그래밍할 때 다음 플래시/EEPROM 쓰기 전에 기다려야 하는 최소 시간(V_{CC}=5V)

심볼	플래시/EEPROM 쓰기 전에 기다려야 하는 최소 시간
t_{WD_FUSE}	4.5 ms
t_{WD_FLASH}	5 ms
t_{WD_EEPROM}	10 ms
t_{WD_ERASE}	10 ms

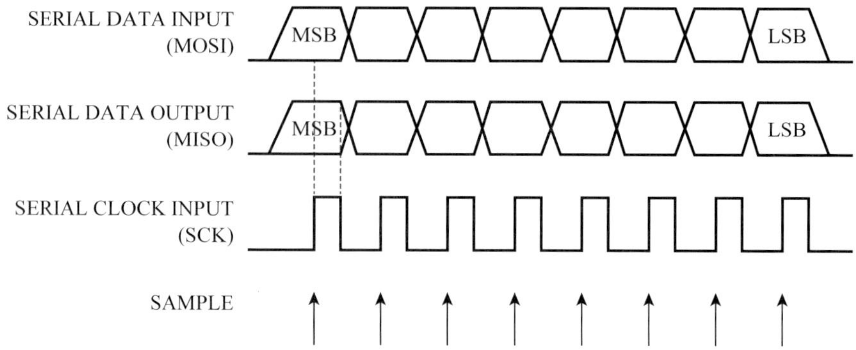

그림 16-5 SPI 직렬 프로그래밍 파형

16-3 부트로더 프로그램 예시

1. 다운로드 절차

ATmega128로 설계된 펌웨어의 HEX 코드를 보드에 다운로드하기 위해 개발된 '다운로드 프로그램'에서 플래시 메모리 데이터를 보드에 다운로드하는 절차는 다음과 같다.

(1) 보드가 부트로더에서 다운로드 대기상태로 들어가도록 한다.
(2) GUI에서 시작코드, 0x2b를 보낸다.
(3) 보드에서 응답코드, 0x2b를 보낸다.
(4) GUI에서 플래시 메모리 주소의 상위바이트를 보낸다.
(5) 보드에서 응답코드로 수신한 주소 상위바이트를 그대로 보낸다.
(6) GUI에서 플래시 메모리 주소의 하위바이트를 보낸다.
(7) 보드에서 응답코드로 수신한 주소 하위바이트를 그대로 보낸다.
(8) GUI에서 플래시 메모리 데이터 256바이트를 보낸다.
(9) GUI에서 체크썸(Check-sum) 데이터 1바이트를 보낸다. 체크썸 데이터는 주소 2바이트, 데이터 256바이트를 합해서 나온 하위 1바이트이다.

$$체크썸 = 주소\ 상위바이트 + 주소\ 하위바이트 + 데이터\ 256\ 바이트$$

(10) 데이터를 전부 보낼 때까지 (4)~(9)항을 반복한다.

(11) 데이터를 전부 보내고 나면 종료코드, 0x2c를 보낸다.

(12) 보드에서 종료 응답코드, 0x2c를 보낸다.

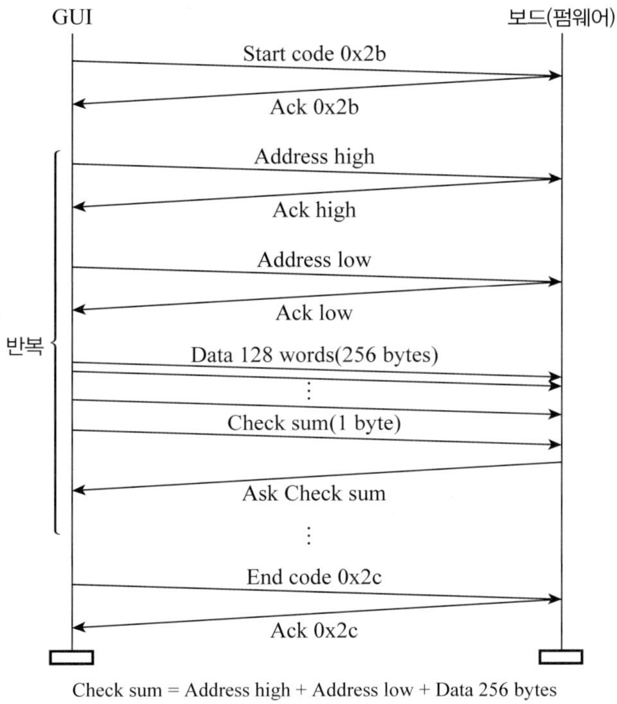

그림 16-6 펌웨어 다운로드 절차

2. GUI(다운로드 프로그램)로 펌웨어 다운로드 하기

(1) PC에 펌웨어 다운로드 프로그램(GUI)을 설치하고 USB나 시리얼 포트로 보드와 연결한다.

(2) 보드가 부트로더 프로그램 실행으로 다운로드 대기상태로 들어가도록 한다.

(3) '다운로드 프로그램'을 구동시킨다.

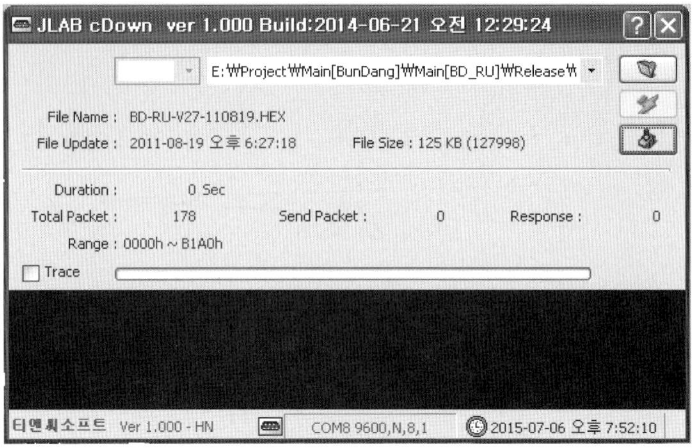

그림 16-7 '다운로드 프로그램'의 초기 화면

(4) 하단의  아이콘을 눌러서 통신포트, 전송속도 등을 맞춘다.

(5) 오른쪽 상단의  아이콘을 눌러서 다운로드할 HEX 코드를 불러온다.

(6) 오른쪽 상단의  아이콘을 눌러서 다운로드를 시작한다. 다운로드를 시작하면 위에서 설명한 절차에 따라 다운로드를 실행한다. 다운로드가 진척되는 상황이 '녹색바'로 표시된다.

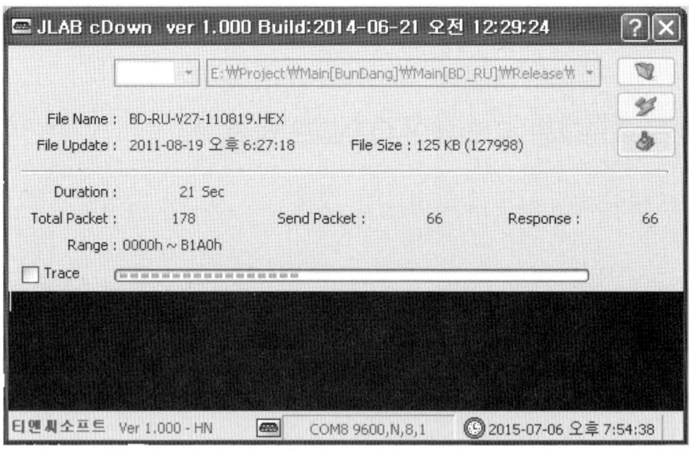

그림 16-8 '다운로드 프로그램'의 진행 화면

(7) 다운로드가 끝나면 '완료메시지'가 표시되고 3초 후에 사라진다.

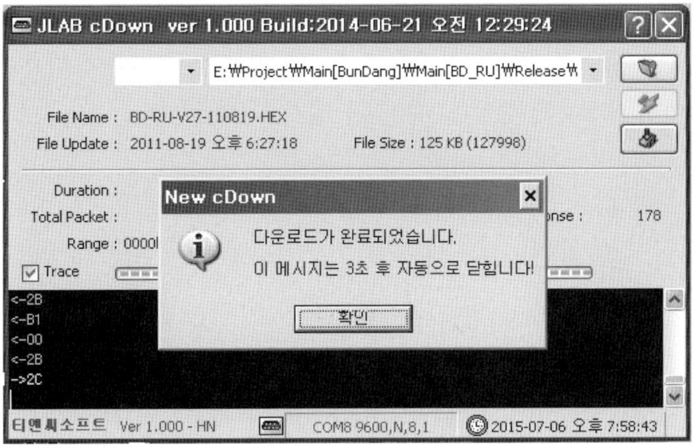

그림 16-9 '다운로드 프로그램'의 완료 화면

3. 샘플 프로그램

부트로더 프로그램을 이해하기 전에 다음의 사항을 숙지하여야 한다.

■ PG4: 다운로드 버튼

보드를 리셋했을 때 PG4=1: 정상동작 모드로 동작한다.

보드를 리셋했을 때 PG4=0: 다운로드 모드로 진입하여 부트로더 프로그램이 동작한다.

다운로드 버튼을 누른 상태에서 전원을 켜거나 리셋 버튼을 누르면 다운로드 대기 상태로 진입하고 버튼을 누르지 않은 상태에서 보드를 리셋시키면 정상동작 모드로 돌아간다.

■ 다운로드 모드로 진입 후 대기 시간

다운로드 모드로 진입 후 대기 상태에서 USART0 포트로 일정시간(여기서는 30,000,000회 카운트) 내에 데이터가 들어오지 않으면 워치독 리셋을 구동시켜 14msec 후에 다운로드 모드로부터 빠져나간다.

■ 다운로드 종료 후 정상동작 모드로 돌아가기

다운로드가 완료되면 워치독 리셋을 구동시켜 정해진 시간(여기에서는 56.2msec) 후에 워치독 리셋이 동작한다. 이 때 다운로드 버튼이 눌러져 있지 않으면 정상동작 모드로 돌아간다.

간단한 부트로더 프로그램은 다음과 같다. 아래의 프로그램을 사용하는 프로그래머는 firmware_download() 함수 내에 LED 제어 등의 함수를 추가하여 다운로드 과정을 가시적으로 확인하면 프로그램 설계나 디버깅을 쉽게 할 수 있다.

16-4 회로도

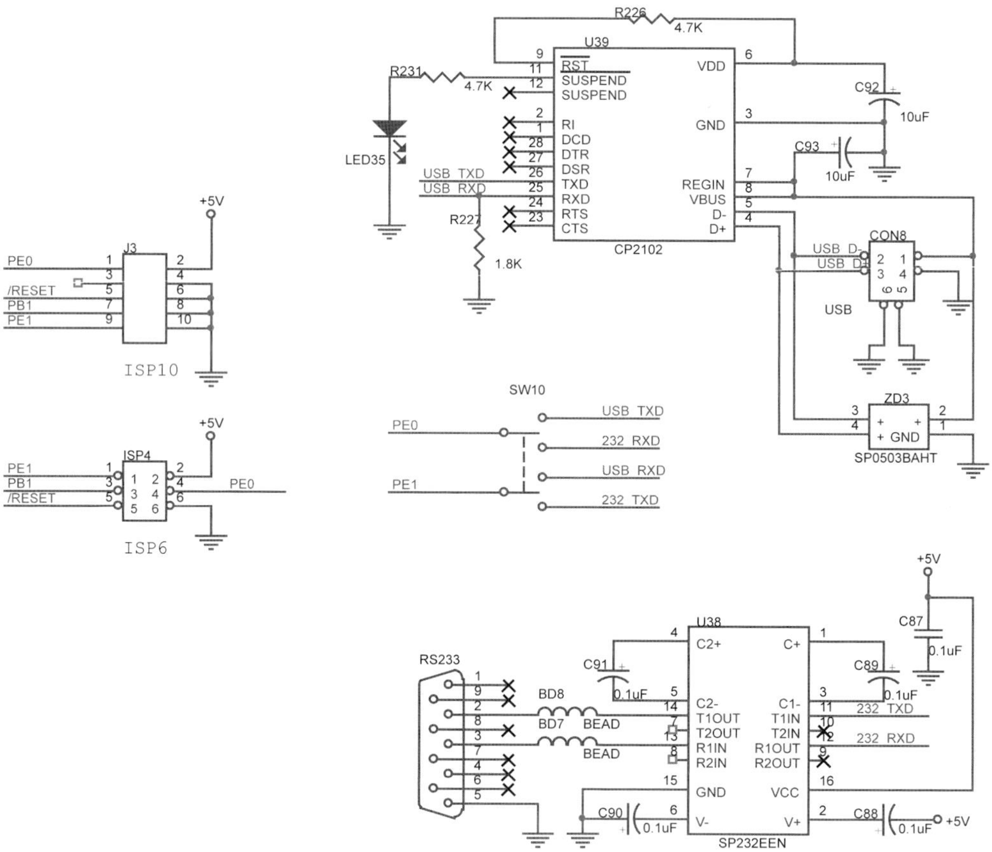

16-5 핀 할당

프로세서명	핀 이름	핀 번호	I/O	기능
ATmega128 / AT90CAN128	PB1	11	O	SCK
	PE0	2	I	RXD0
	PE1	3	O	TXD0

프로세서명	핀 이름	핀 번호	I/O	기능
ATmega2560	PB1	20	O	SCK
	PB2	21	I	MOSI
	PB3	22	O	MISO

16-6 소스 프로그램

define.h

```
#define   BYTE          unsigned char
#define   WORD          unsigned int
#define   LONG          unsigned long
#define   L_LONG        unsigned long long

#define   SBYTE         signed char
#define   SWORD         signed int
#define   SLONG         signed long
#define   SL_LONG       signed long long

/*================================================================================*/
/*        CONSTANT DEFINE
*/
/*================================================================================*/

#define   PAGE_SIZE     128

//////////////////////////////////////////////////////////////////////////////////

#define   DOWN_LOCAL_FLAG 0xFFB    //mark code = 'L'
```

```
#define   DOWN_WRITE_FLAG 0xFFC     //mark code = 'W'
#define   DOWN_ADRS_HIGH  0xFFD
#define   DOWN_ADRS_LOW 0xFFE
#define   DOWN_START_FLAG 0xFFF     //mark code = 'S'

////////////////////////////////////////////////////////////////////////////////

#define  BIT0      0x01 //00000001
#define  BIT1      0x02 //00000010
#define  BIT2      0x04 //00000100
#define  BIT3      0x08 //00001000
#define  BIT4      0x10 //00010000
#define  BIT5      0x20 //00100000
#define  BIT6      0x40 //01000000
#define  BIT7      0x80 //10000000

////////////////////////////////////////////////////////////////////////////////

#define   DNLD_LED  BIT0   //

////////////////////////////////////////////////////////////////////////////////

#define   CHAT_COUNT    5          //4x4 KEY chattering count

////////////////////////////////////////////////////////////////////////////////

#define   BAUD_RATE0      7        //UART0 baudrate(115,200 bps)
#define   COMM_DATA_MAX   128      //BUF SIZE

#define   ESC      0x1b
#define   CR       0x0d
#define   LF       0x0a
#define   BS       0x08
#define   BELL     0x07
#define   DEL      0x7f

////////////////////////////////////////////////////////////////////////////////
```

boot.c

```
////////////////////////////////////////////////////////////////////////////////
// Project Name     : MTK-AT8
// Function         : Bootloader
// File Name        : boot.c
// Version / Date : 1.0 / 2016.5.2
////////////////////////////////////////////////////////////////////////////////

#include <avr/io.h>
#include <avr/interrupt.h>
#include <avr/pgmspace.h>
#include <avr/boot.h>
#include "define.h"

/*=======================================================*/
/*    FUNCTION DEFINE
/*=======================================================*/

void init_uart0(void);

void Delay(unsigned long delay);
WORD        MakeWord(BYTE high, BYTE low);

void WriteAddrTWI(BYTE device, WORD addr, BYTE data);
BYTE        ReadAddrTWI(BYTE device, WORD addr);

void single_download(void);

BYTE        ReadByteTWI(BYTE device, unsigned long addr);

////////////////////////////////////////////////////////////////////////////////

void InitPort(void)
{
      PORTA= 0xFF;
      DDRA= 0xFF;      //LCD data

      PORTB= 0xFF;
      DDRB= 0xFF;     //FND1,2 COM1~COM4
```

```
    PORTC= 0xFF;
    DDRC= 0xF0;      //4x4 KEY_SCAN

    PORTD=0x00;
    DDRD= 0xFF;

    PORTE= 0xFF;
    DDRE = 0x00;

    PORTF = 0xC0;
    DDRF = 0xF8;     //16x2 LCD control : PF5=E, PF4=RW, PF3=RS

    PORTG = 0xFF;    //Pull Up
    DDRG = 0x01;     //PG4:Download SW, PG0:Download LED
}

/*-------------------------------------------------*/
//    UART0 Initialize
/*-------------------------------------------------*/
void init_uart0(void)
{
    UBRR0H = 0x00;
    UBRR0L = BAUD_RATE0; // for 115,200 BPS Baud Rate
    UCSR0B = 0x18;
    UCSR0C = 0x86;
}

/*-------------------------------------------------*/
//    ETC
/*-------------------------------------------------*/
void Delay(unsigned long delay)
{
    while(delay--) asm("nop");
}

WORD MakeWord(BYTE high, BYTE low)
{
  WORD data= 0;
  data= (((high & 0xff)<<8) | (low & 0xff));
```

```
  return data;
}

/////////////////////////////////////////////////////////////////////////////

void EepromWr(WORD EpAddr, BYTE EpData)
{
     while(EECR & (1<<EEWE))          asm("wdr");
     EEAR = EpAddr;
     EEDR = EpData;
     EECR |= (1<<EEMWE);
     EECR |= (1<<EEWE);
}

BYTE EepromRd(WORD EpAddr)
{
     BYTE EpData = 0;

     while(EECR & (1<<EEWE))          asm("wdr");
     EEAR = EpAddr;
     EECR |= (1<<EERE);
     EpData = EEDR;

     return EpData;
}
/////////////////////////////////////////////////////////////////////////////

void uart_tx(BYTE rxdt)
{
  while(!(UCSR0A & (1<<UDRE0)))       asm("wdr"); //while(!(UCSR0A&0x20)
  UDR0 = rxdt;
}

BYTE uart_rx(void)
{
     BYTE rxbuf = 0;
     unsigned long cnt= 0;

     while(!(UCSR0A & (1<<RXC0))) //while(!(UCSR0A&0x80));
```

```
    {
        cnt++;
        if(cnt>30000000)
        {
            WDTCR = 0x18; //Watchdog Reset :After 16ms
            while(1);
        }
    }
    cnt = 0;
    rxbuf = UDR0;
    return rxbuf;
}

//---------------------------------------------------
//    EEPROM Byte Read
//---------------------------------------------------

BYTE ReadByteTWI(BYTE device, unsigned long addr)
{
  BYTE rd_dat = 0;

  if(PINE&BIT3==BIT3)   return     rd_dat;  //not exist !!

  TWCR = 0xA4;       // START condition
  while(((TWCR & 0x80) == 0x00) || ((TWSR & 0xF8)  != 0x08))        asm("wdr");
  // START complete ?

  TWDR = device|((addr&0x10000)>>15);           // SLA+W
  TWCR = 0x84;
  while(((TWCR & 0x80) == 0x00) || ((TWSR & 0xF8)  != 0x18))        asm("wdr");
  // SLA+W complete ?

  TWDR = ((addr>>8) & 0xff);                    // High Address
  TWCR = 0x84;
  while(((TWCR & 0x80) == 0x00) || ((TWSR & 0xF8)  != 0x28))        asm("wdr");
  // address complete ?

  TWDR = (addr & 0xff);  // Low Address
  TWCR = 0x84;
```

```
    while(((TWCR & 0x80) == 0x00) || ((TWSR & 0xF8) != 0x28))          asm("wdr");
    // address complete ?

    TWCR = 0xA4;          // REPEATED START condition
    while(((TWCR & 0x80) == 0x00) || ((TWSR & 0xF8) != 0x10))          asm("wdr");
    // START complete ?

    TWDR = (device|0x01)|((addr&0x10000)>>15);                  // SLA+W
    TWCR = 0x84;
    while(((TWCR & 0x80) == 0x00) || ((TWSR & 0xF8) != 0x40))          asm("wdr");
    // SLA+R complete ?

    TWCR = 0x84;          // read data with no acknowledge
    while(((TWCR & 0x80) == 0x00) || ((TWSR & 0xF8) != 0x58))          asm("wdr");
    // data complete ?
    rd_dat = TWDR;             // * read data

    TWCR = 0x94;               // STOP condition
    Delay(1);

    return rd_dat;             // return data
}

///////////////////////////////////////////////////////////////////////////////
//     SINGLE DOWNLOAD PROCESSING !!
///////////////////////////////////////////////////////////////////////////////

void single_download(void)
{
    BYTE rx_data[300] = {0x00};          // STX -> addr(H, L) -> DATA256 + CHKSUM
    BYTE rx_num = 0;                     // Be received counte
    BYTE chksum_dt = 0;                  // checksum_data
    WORD rx_cnt = 0;                     // general counter
    WORD addr= 0;                        // "Address"
    WORD temp_addr = 0;                  // address buffer
    WORD dat_cnt = 0;                    // counte for 1page+chksum
    WORD page_cnt = 0;                   // general counte buffer
    WORD temp_data = 0;                  // general data buffer
    WORD offset_cnt = 3;                 // data location buffer
```

```
while(1) //DownLoad Mode
{
   if(rx_num == 0) //Sync Data
   {
     rx_data[rx_cnt] = uart_rx();            //Get Sync Data

     if(rx_data[0] == 0x2a);                 //Start Sync
     else if(rx_data[0] == 0x2c)   break;    //End Sync

     uart_tx(rx_data[rx_cnt]); // Return Sync Data
     rx_cnt++; //Increment rx_cnt
     rx_num++; //Increment rx_num
   }
   if(rx_num == 1)  //Address High
   {

     PORTG ^= DNLD_LED;                      //LED flash !!

     rx_data[rx_cnt] = uart_rx();            //Get Address High
     chksum_dt = rx_data[rx_cnt];            // Get First Chksum
     uart_tx(rx_data[rx_cnt]);               // Return Address High
     rx_cnt++;  //Increment rx_cnt
     rx_num++;  //Increment rx_num
   }
   if(rx_num == 2)  //Address Low
   {
     rx_data[rx_cnt] = uart_rx();            //Get Address Low
     chksum_dt += rx_data[rx_cnt];           //Add Chksum
     uart_tx(rx_data[rx_cnt]);               //Return Address Low
     rx_cnt++;  //Increment rx_cnt
     rx_num++;  //Increment rx_num
   }
   if(rx_num == 3)  //1Page[256] + Chksum[1]
   {
     for(dat_cnt=0; dat_cnt<257; dat_cnt++)
     {
        rx_data[rx_cnt] = uart_rx();  //Get 1page + Chksum
        if(dat_cnt<256)
```

```
        {
          chksum_dt += rx_data[rx_cnt];  //Add Chksum
          rx_cnt++;  //Increment rx_cnt
        }
      }
      rx_num++;  //Incremetn rx_num
    }
    if(rx_num == 4)  //1Frame Process
    {
      addr = ((rx_data[1]<<8) | rx_data[2]); //Address H,L

      #ifdef LARGE_MEMORY
      if(addr >= 0xFFFF) RAMPZ = (1<<RAMPZ0);
      else                      RAMPZ = 0;
      #endif

      boot_spm_busy_wait();         //Prior to executing the SPM instruction
      boot_page_erase(addr);        //1Page Erase

      boot_spm_busy_wait();         //Prior to executing the SPM instruction
      boot_rww_enable();            //RE_ENABLE the RWW_SECTION

      temp_addr = addr;             //Remember Page Start Address
      for(page_cnt=0, offset_cnt=3; page_cnt<PAGE_SIZE; page_cnt++)
      {
         temp_data = rx_data[offset_cnt++];                //Data Low
         temp_data |= (rx_data[offset_cnt++]<<8);          //Data High

         boot_spm_busy_wait();
         boot_page_fill(temp_addr,temp_data);              // Fill 2byte Data into
"addr"

         temp_addr += 2;  //Increment Address
      }                    // FILL TEMPRORY BUFFER

      boot_spm_busy_wait();                 //Prior to executing the SPM instruction
      boot_page_write(addr);                //Page Write

      uart_tx(chksum_dt);                   //Return Chksum
```

```
        rx_num++;              //Increment rx_num
      }
      if(rx_num == 5)
      {
        rx_num = 0;            // Count Clear for receive Next Frame Data
        rx_cnt = 0;
        chksum_dt = 0;

        PORTG ^= DNLD_LED;    //LED flash !!
          }
      } //while

      boot_spm_busy_wait();           //Prior to executing the SPM instruction
      boot_rww_enable();              //RE_ENABLE the RWW_SECTION

      WDTCR = 0x1A;                   // Watchdog Reset : After 65ms
      while(1);
}

//===== Program Start !! =======================================

BOOTLOADER_SECTION int main(void)
{
  void (*funcptr)( void ) = 0x0000; // Set up function pointer to RESET vector.

  MCUCSR = 0;
  WDTCR = 0x00;
  SPH = 0x10;
  SPL = 0xff;          // Stack Poniter Setting.

  InitPort();

      //----------------------------------------------------
      //  RAMPZ = 0     :   $00000 ~ $0FFFF(Lower 64K word)
      //----------------------------------------------------
      //  RAMPZ = 1     :   $10000 ~ $1FFFF(Higher 64K word)
      //----------------------------------------------------
   RAMPZ = 0;     // for only lower 64k flash section => atmega :128
```

```
  if((PING&BIT4)==0x00) // if DnLd key is pressed, then jump to Download mode !!
  {

    init_uart0();
    single_download();
  }

  boot_spm_busy_wait();
  boot_rww_enable();
  funcptr();              // Jump to Reset vector 0x0000 in Application Section.
}

//===== End of Bootloader Program ================================
```

부록

contents

부록 01 WinAVR의 iom128.h

```
#ifndef _AVR_IOM128_H_
#define _AVR_IOM128_H_ 1

/* This file should only be included from <avr/io.h>, never directly. */

#ifndef _AVR_IO_H_
#  error "Include <avr/io.h> instead of this file."
#endif

#ifndef _AVR_IOXXX_H_
#  define _AVR_IOXXX_H_ "iom128.h"
#else
#  error "Attempt to include more than one <avr/ioXXX.h> file."
#endif

/* I/O registers */

/* Input Pins, Port F */
#define PINF      _SFR_IO8(0x00)

/* Input Pins, Port E */
#define PINE      _SFR_IO8(0x01)

/* Data Direction Register, Port E */
#define DDRE      _SFR_IO8(0x02)

/* Data Register, Port E */
#define PORTE     _SFR_IO8(0x03)

/* ADC Data Register */
#define ADCW      _SFR_IO16(0x04) /* for backwards compatibility */
#ifndef __ASSEMBLER__
#define ADC       _SFR_IO16(0x04)
#endif
#define ADCL      _SFR_IO8(0x04)
```

```
#define ADCH     _SFR_IO8(0x05)

/* ADC Control and status register */
#define ADCSR    _SFR_IO8(0x06)
#define ADCSRA   _SFR_IO8(0x06) /* new name in datasheet (2467E-AVR-05/02) */

/* ADC Multiplexer select */
#define ADMUX    _SFR_IO8(0x07)

/* Analog Comparator Control and Status Register */
#define ACSR     _SFR_IO8(0x08)

/* USART0 Baud Rate Register Low */
#define UBRR0L   _SFR_IO8(0x09)

/* USART0 Control and Status Register B */
#define UCSR0B   _SFR_IO8(0x0A)

/* USART0 Control and Status Register A */
#define UCSR0A   _SFR_IO8(0x0B)

/* USART0 I/O Data Register */
#define UDR0     _SFR_IO8(0x0C)

/* SPI Control Register */
#define SPCR     _SFR_IO8(0x0D)

/* SPI Status Register */
#define SPSR     _SFR_IO8(0x0E)

/* SPI I/O Data Register */
#define SPDR     _SFR_IO8(0x0F)

/* Input Pins, Port D */
#define PIND     _SFR_IO8(0x10)

/* Data Direction Register, Port D */
#define DDRD     _SFR_IO8(0x11)
```

```
/* Data Register, Port D */
#define PORTD     _SFR_IO8(0x12)

/* Input Pins, Port C */
#define PINC      _SFR_IO8(0x13)

/* Data Direction Register, Port C */
#define DDRC      _SFR_IO8(0x14)

/* Data Register, Port C */
#define PORTC     _SFR_IO8(0x15)

/* Input Pins, Port B */
#define PINB      _SFR_IO8(0x16)

/* Data Direction Register, Port B */
#define DDRB      _SFR_IO8(0x17)

/* Data Register, Port B */
#define PORTB     _SFR_IO8(0x18)

/* Input Pins, Port A */
#define PINA      _SFR_IO8(0x19)

/* Data Direction Register, Port A */
#define DDRA      _SFR_IO8(0x1A)

/* Data Register, Port A */
#define PORTA     _SFR_IO8(0x1B)

/* EEPROM Control Register */
#define EECR      _SFR_IO8(0x1C)

/* EEPROM Data Register */
#define EEDR      _SFR_IO8(0x1D)

/* EEPROM Address Register */
#define EEAR      _SFR_IO16(0x1E)
#define EEARL     _SFR_IO8(0x1E)
```

```
#define EEARH    _SFR_IO8(0x1F)

/* Special Function I/O Register */
#define SFIOR    _SFR_IO8(0x20)

/* Watchdog Timer Control Register */
#define WDTCR    _SFR_IO8(0x21)

/* On-chip Debug Register */
#define OCDR     _SFR_IO8(0x22)

/* Timer2 Output Compare Register */
#define OCR2     _SFR_IO8(0x23)

/* Timer/Counter 2 */
#define TCNT2    _SFR_IO8(0x24)

/* Timer/Counter 2 Control register */
#define TCCR2    _SFR_IO8(0x25)

/* T/C 1 Input Capture Register */
#define ICR1     _SFR_IO16(0x26)
#define ICR1L    _SFR_IO8(0x26)
#define ICR1H    _SFR_IO8(0x27)

/* Timer/Counter1 Output Compare Register B */
#define OCR1B    _SFR_IO16(0x28)
#define OCR1BL   _SFR_IO8(0x28)
#define OCR1BH   _SFR_IO8(0x29)

/* Timer/Counter1 Output Compare Register A */
#define OCR1A    _SFR_IO16(0x2A)
#define OCR1AL   _SFR_IO8(0x2A)
#define OCR1AH   _SFR_IO8(0x2B)

/* Timer/Counter 1 */
#define TCNT1    _SFR_IO16(0x2C)
#define TCNT1L   _SFR_IO8(0x2C)
#define TCNT1H   _SFR_IO8(0x2D)
```

```
/* Timer/Counter 1 Control and Status Register */
#define TCCR1B   _SFR_IO8(0x2E)

/* Timer/Counter 1 Control Register */
#define TCCR1A   _SFR_IO8(0x2F)

/* Timer/Counter 0 Asynchronous Control & Status Register */
#define ASSR     _SFR_IO8(0x30)

/* Output Compare Register 0 */
#define OCR0     _SFR_IO8(0x31)

/* Timer/Counter 0 */
#define TCNT0    _SFR_IO8(0x32)

/* Timer/Counter 0 Control Register */
#define TCCR0    _SFR_IO8(0x33)

/* MCU Status Register */
#define MCUSR    _SFR_IO8(0x34)
#define MCUCSR   _SFR_IO8(0x34) /* new name in datasheet (2467E-AVR-05/02) */

/* MCU general Control Register */
#define MCUCR    _SFR_IO8(0x35)

/* Timer/Counter Interrupt Flag Register */
#define TIFR     _SFR_IO8(0x36)

/* Timer/Counter Interrupt MaSK register */
#define TIMSK    _SFR_IO8(0x37)

/* External Interrupt Flag Register */
#define EIFR     _SFR_IO8(0x38)

/* External Interrupt MaSK register */
#define EIMSK    _SFR_IO8(0x39)

/* External Interrupt Control Register B */
```

```
#define EICRB     _SFR_IO8(0x3A)

/* RAM Page Z select register */
#define RAMPZ     _SFR_IO8(0x3B)

/* XDIV Divide control register */
#define XDIV      _SFR_IO8(0x3C)

/* 0x3D..0x3E SP */

/* 0x3F SREG */

/* Extended I/O registers */

/* Data Direction Register, Port F */
#define DDRF      _SFR_MEM8(0x61)

/* Data Register, Port F */
#define PORTF     _SFR_MEM8(0x62)

/* Input Pins, Port G */
#define PING      _SFR_MEM8(0x63)

/* Data Direction Register, Port G */
#define DDRG      _SFR_MEM8(0x64)

/* Data Register, Port G */
#define PORTG     _SFR_MEM8(0x65)

/* Store Program Memory Control and Status Register */
#define SPMCR     _SFR_MEM8(0x68)
#define SPMCSR    _SFR_MEM8(0x68) /* new name in datasheet (2467E-AVR-05/02) */

/* External Interrupt Control Register A */
#define EICRA     _SFR_MEM8(0x6A)

/* External Memory Control Register B */
#define XMCRB     _SFR_MEM8(0x6C)
```

```
/* External Memory Control Register A */
#define XMCRA     _SFR_MEM8(0x6D)

/* Oscillator Calibration Register */
#define OSCCAL    _SFR_MEM8(0x6F)

/* 2-wire Serial Interface Bit Rate Register */
#define TWBR      _SFR_MEM8(0x70)

/* 2-wire Serial Interface Status Register */
#define TWSR      _SFR_MEM8(0x71)

/* 2-wire Serial Interface Address Register */
#define TWAR      _SFR_MEM8(0x72)

/* 2-wire Serial Interface Data Register */
#define TWDR      _SFR_MEM8(0x73)

/* 2-wire Serial Interface Control Register */
#define TWCR      _SFR_MEM8(0x74)

/* Time Counter 1 Output Compare Register C */
#define OCR1C     _SFR_MEM16(0x78)
#define OCR1CL    _SFR_MEM8(0x78)
#define OCR1CH    _SFR_MEM8(0x79)

/* Timer/Counter 1 Control Register C */
#define TCCR1C    _SFR_MEM8(0x7A)

/* Extended Timer Interrupt Flag Register */
#define ETIFR     _SFR_MEM8(0x7C)

/* Extended Timer Interrupt Mask Register */
#define ETIMSK    _SFR_MEM8(0x7D)

/* Timer/Counter 3 Input Capture Register */
#define ICR3      _SFR_MEM16(0x80)
#define ICR3L     _SFR_MEM8(0x80)
#define ICR3H     _SFR_MEM8(0x81)
```

```
/* Timer/Counter 3 Output Compare Register C */
#define OCR3C    _SFR_MEM16(0x82)
#define OCR3CL   _SFR_MEM8(0x82)
#define OCR3CH   _SFR_MEM8(0x83)

/* Timer/Counter 3 Output Compare Register B */
#define OCR3B    _SFR_MEM16(0x84)
#define OCR3BL   _SFR_MEM8(0x84)
#define OCR3BH   _SFR_MEM8(0x85)

/* Timer/Counter 3 Output Compare Register A */
#define OCR3A    _SFR_MEM16(0x86)
#define OCR3AL   _SFR_MEM8(0x86)
#define OCR3AH   _SFR_MEM8(0x87)

/* Timer/Counter 3 Counter Register */
#define TCNT3    _SFR_MEM16(0x88)
#define TCNT3L   _SFR_MEM8(0x88)
#define TCNT3H   _SFR_MEM8(0x89)

/* Timer/Counter 3 Control Register B */
#define TCCR3B   _SFR_MEM8(0x8A)

/* Timer/Counter 3 Control Register A */
#define TCCR3A   _SFR_MEM8(0x8B)

/* Timer/Counter 3 Control Register C */
#define TCCR3C   _SFR_MEM8(0x8C)

/* USART0 Baud Rate Register High */
#define UBRR0H   _SFR_MEM8(0x90)

/* USART0 Control and Status Register C */
#define UCSR0C   _SFR_MEM8(0x95)

/* USART1 Baud Rate Register High */
#define UBRR1H   _SFR_MEM8(0x98)
```

```
/* USART1 Baud Rate Register Low*/
#define UBRR1L    _SFR_MEM8(0x99)

/* USART1 Control and Status Register B */
#define UCSR1B    _SFR_MEM8(0x9A)

/* USART1 Control and Status Register A */
#define UCSR1A    _SFR_MEM8(0x9B)

/* USART1 I/O Data Register */
#define UDR1      _SFR_MEM8(0x9C)

/* USART1 Control and Status Register C */
#define UCSR1C    _SFR_MEM8(0x9D)

/* Interrupt vectors */

/* External Interrupt Request 0 */
#define INT0_vect               _VECTOR(1)
#define SIG_INTERRUPT0          _VECTOR(1)

/* External Interrupt Request 1 */
#define INT1_vect               _VECTOR(2)
#define SIG_INTERRUPT1          _VECTOR(2)

/* External Interrupt Request 2 */
#define INT2_vect               _VECTOR(3)
#define SIG_INTERRUPT2          _VECTOR(3)

/* External Interrupt Request 3 */
#define INT3_vect               _VECTOR(4)
#define SIG_INTERRUPT3          _VECTOR(4)

/* External Interrupt Request 4 */
#define INT4_vect               _VECTOR(5)
#define SIG_INTERRUPT4          _VECTOR(5)

/* External Interrupt Request 5 */
#define INT5_vect               _VECTOR(6)
```

```
#define SIG_INTERRUPT5                  _VECTOR(6)

/* External Interrupt Request 6 */
#define INT6_vect                       _VECTOR(7)
#define SIG_INTERRUPT6                  _VECTOR(7)

/* External Interrupt Request 7 */
#define INT7_vect                       _VECTOR(8)
#define SIG_INTERRUPT7                  _VECTOR(8)

/* Timer/Counter2 Compare Match */
#define TIMER2_COMP_vect                _VECTOR(9)
#define SIG_OUTPUT_COMPARE2             _VECTOR(9)

/* Timer/Counter2 Overflow */
#define TIMER2_OVF_vect         _VECTOR(10)
#define SIG_OVERFLOW2           _VECTOR(10)

/* Timer/Counter1 Capture Event */
#define TIMER1_CAPT_vect                _VECTOR(11)
#define SIG_INPUT_CAPTURE1              _VECTOR(11)

/* Timer/Counter1 Compare Match A */
#define TIMER1_COMPA_vect               _VECTOR(12)
#define SIG_OUTPUT_COMPARE1A            _VECTOR(12)

/* Timer/Counter Compare Match B */
#define TIMER1_COMPB_vect               _VECTOR(13)
#define SIG_OUTPUT_COMPARE1B            _VECTOR(13)

/* Timer/Counter1 Overflow */
#define TIMER1_OVF_vect                 _VECTOR(14)
#define SIG_OVERFLOW1                   _VECTOR(14)

/* Timer/Counter0 Compare Match */
#define TIMER0_COMP_vect                _VECTOR(15)
#define SIG_OUTPUT_COMPARE0             _VECTOR(15)

/* Timer/Counter0 Overflow */
#define TIMER0_OVF_vect                 _VECTOR(16)
```

```
#define SIG_OVERFLOW0                _VECTOR(16)

/* SPI Serial Transfer Complete */
#define SPI_STC_vect                 _VECTOR(17)
#define SIG_SPI                      _VECTOR(17)

/* USART0, Rx Complete */
#define USART0_RX_vect               _VECTOR(18)
#define SIG_USART0_RECV              _VECTOR(18)
#define SIG_UART0_RECV               _VECTOR(18)

/* USART0 Data Register Empty */
#define USART0_UDRE_vect             _VECTOR(19)
#define SIG_USART0_DATA              _VECTOR(19)
#define SIG_UART0_DATA               _VECTOR(19)

/* USART0, Tx Complete */
#define USART0_TX_vect               _VECTOR(20)
#define SIG_USART0_TRANS             _VECTOR(20)
#define SIG_UART0_TRANS              _VECTOR(20)

/* ADC Conversion Complete */
#define ADC_vect                     _VECTOR(21)
#define SIG_ADC                      _VECTOR(21)

/* EEPROM Ready */
#define EE_READY_vect                _VECTOR(22)
#define SIG_EEPROM_READY             _VECTOR(22)

/* Analog Comparator */
#define ANALOG_COMP_vect             _VECTOR(23)
#define SIG_COMPARATOR               _VECTOR(23)

/* Timer/Counter1 Compare Match C */
#define TIMER1_COMPC_vect            _VECTOR(24)
#define SIG_OUTPUT_COMPARE1C         _VECTOR(24)

/* Timer/Counter3 Capture Event */
#define TIMER3_CAPT_vect             _VECTOR(25)
```

```
#define SIG_INPUT_CAPTURE3                _VECTOR(25)

/* Timer/Counter3 Compare Match A */
#define TIMER3_COMPA_vect                 _VECTOR(26)
#define SIG_OUTPUT_COMPARE3A              _VECTOR(26)

/* Timer/Counter3 Compare Match B */
#define TIMER3_COMPB_vect                 _VECTOR(27)
#define SIG_OUTPUT_COMPARE3B              _VECTOR(27)

/* Timer/Counter3 Compare Match C */
#define TIMER3_COMPC_vect                 _VECTOR(28)
#define SIG_OUTPUT_COMPARE3C              _VECTOR(28)

/* Timer/Counter3 Overflow */
#define TIMER3_OVF_vect                   _VECTOR(29)
#define SIG_OVERFLOW3                     _VECTOR(29)

/* USART1, Rx Complete */
#define USART1_RX_vect                    _VECTOR(30)
#define SIG_USART1_RECV                   _VECTOR(30)
#define SIG_UART1_RECV                    _VECTOR(30)

/* USART1, Data Register Empty */
#define USART1_UDRE_vect                  _VECTOR(31)
#define SIG_USART1_DATA                   _VECTOR(31)
#define SIG_UART1_DATA                    _VECTOR(31)

/* USART1, Tx Complete */
#define USART1_TX_vect                    _VECTOR(32)
#define SIG_USART1_TRANS                  _VECTOR(32)
#define SIG_UART1_TRANS                   _VECTOR(32)

/* 2-wire Serial Interface */
#define TWI_vect                          _VECTOR(33)
#define SIG_2WIRE_SERIAL                  _VECTOR(33)

/* Store Program Memory Read */
#define SPM_READY_vect                    _VECTOR(34)
```

```
#define SIG_SPM_READY                       _VECTOR(34)

#define _VECTORS_SIZE 140

/*
  The Register Bit names are represented by their bit number (0-7).
*/

/* 2-wire Control Register - TWCR */
#define   TWINT     7
#define   TWEA      6
#define   TWSTA     5
#define   TWSTO     4
#define   TWWC      3
#define   TWEN      2
#define   TWIE 0

/* 2-wire Address Register - TWAR */
#define   TWA6      7
#define   TWA5      6
#define   TWA4      5
#define   TWA3      4
#define   TWA2      3
#define   TWA1      2
#define   TWA0      1
#define   TWGCE     0

/* 2-wire Status Register - TWSR */
#define   TWS7      7
#define   TWS6      6
#define   TWS5      5
#define   TWS4      4
#define   TWS3      3
#define   TWPS1     1
#define   TWPS0     0

/* External Memory Control Register A - XMCRA */
#define   SRL2      6
#define   SRL1      5
#define   SRL0      4
```

```
#define   SRW01     3
#define   SRW00     2
#define   SRW11     1

/* External Memory Control Register B - XMCRA */
#define   XMBK      7
#define   XMM2      2
#define   XMM1      1
#define   XMM0      0

/* XDIV Divide control register - XDIV */
#define   XDIVEN    7
#define   XDIV6     6
#define   XDIV5     5
#define   XDIV4     4
#define   XDIV3     3
#define   XDIV2     2
#define   XDIV1     1
#define   XDIV0     0

/* RAM Page Z select register - RAMPZ */
#define    RAMPZ0   0

/* External Interrupt Control Register A - EICRA */
#define   ISC31     7
#define   ISC30     6
#define   ISC21     5
#define   ISC20     4
#define   ISC11     3
#define   ISC10     2
#define   ISC01     1
#define   ISC00     0

/* External Interrupt Control Register B - EICRB */
#define   ISC71     7
#define   ISC70     6
#define   ISC61     5
#define   ISC60     4
#define   ISC51     3
```

```
#define   ISC50    2
#define   ISC41    1
#define   ISC40    0

/* Store Program Memory Control Register - SPMCSR, SPMCR */
#define   SPMIE    7
#define   RWWSB    6
#define   RWWSRE   4
#define   BLBSET   3
#define   PGWRT    2
#define   PGERS    1
#define   SPMEN    0

/* External Interrupt MaSK register - EIMSK */
#define   INT7     7
#define   INT6     6
#define   INT5     5
#define   INT4     4
#define   INT3     3
#define   INT2     2
#define   INT1     1
#define   INT0     0

/* External Interrupt Flag Register - EIFR */
#define   INTF7    7
#define   INTF6    6
#define   INTF5    5
#define   INTF4    4
#define   INTF3    3
#define   INTF2    2
#define   INTF1    1
#define   INTF0    0

/* Timer/Counter Interrupt MaSK register - TIMSK */
#define   OCIE2    7
#define   TOIE2    6
#define   TICIE1   5
#define   OCIE1A   4
#define   OCIE1B   3
```

```
#define    TOIE1     2
#define    OCIE0     1
#define    TOIE0     0

/* Timer/Counter Interrupt Flag Register - TIFR */
#define    OCF2      7
#define    TOV2      6
#define    ICF1      5
#define    OCF1A     4
#define    OCF1B     3
#define    TOV1      2
#define    OCF0      1
#define    TOV0      0

/* Extended Timer Interrupt MaSK register - ETIMSK */
#define    TICIE3    5
#define    OCIE3A    4
#define    OCIE3B    3
#define    TOIE3     2
#define    OCIE3C    1
#define    OCIE1C    0

/* Extended Timer Interrupt Flag Register - ETIFR */
#define    ICF3      5
#define    OCF3A     4
#define    OCF3B     3
#define    TOV3      2
#define    OCF3C     1
#define    OCF1C     0

/* MCU general Control Register - MCUCR */
#define    SRE       7
#define    SRW       6
#define    SRW10     6     /* new name in datasheet (2467E-AVR-05/02) */
#define    SE        5
#define    SM1       4
#define    SM0       3
#define    SM2       2
#define    IVSEL     1
```

```
#define   IVCE      0

/* MCU Status Register - MCUSR, MCUCSR */
#define   JTD       7
#define   JTRF      4
#define   WDRF      3
#define   BORF      2
#define   EXTRF     1
#define   PORF 0

/* Timer/Counter Control Register (generic) */
#define   FOC       7
#define   WGM0      6
#define   COM1      5
#define   COM0      4
#define   WGM1      3
#define   CS2       2
#define   CS1       1
#define   CS0       0

/* Timer/Counter 0 Control Register - TCCR0 */
#define   FOC0      7
#define   WGM00     6
#define   COM01     5
#define   COM00     4
#define   WGM01     3
#define   CS02      2
#define   CS01      1
#define   CS00      0

/* Timer/Counter 2 Control Register - TCCR2 */
#define   FOC2      7
#define   WGM20     6
#define   COM21     5
#define   COM20     4
#define   WGM21     3
#define   CS22      2
#define   CS21      1
#define   CS20      0
```

```
/* Timer/Counter 0 Asynchronous Control & Status Register - ASSR */
#define   AS0       3
#define   TCN0UB    2
#define   OCR0UB    1
#define   TCR0UB    0

/* Timer/Counter Control Register A (generic) */
#define   COMA1     7
#define   COMA0     6
#define   COMB1     5
#define   COMB0     4
#define   COMC1     3
#define   COMC0     2
#define   WGMA1     1
#define   WGMA0     0

/* Timer/Counter 1 Control and Status Register A - TCCR1A */
#define   COM1A1    7
#define   COM1A0    6
#define   COM1B1    5
#define   COM1B0    4
#define   COM1C1    3
#define   COM1C0    2
#define   WGM11     1
#define   WGM10     0

/* Timer/Counter 3 Control and Status Register A - TCCR3A */
#define   COM3A1    7
#define   COM3A0    6
#define   COM3B1    5
#define   COM3B0    4
#define   COM3C1    3
#define   COM3C0    2
#define   WGM31     1
#define   WGM30     0

/* Timer/Counter Control and Status Register B (generic) */
#define   ICNC      7
```

```
#define   ICES     6
#define   WGMB3    4
#define   WGMB2    3
#define   CSB2     2
#define   CSB1     1
#define   CSB0     0

/* Timer/Counter 1 Control and Status Register B - TCCR1B */
#define   ICNC1    7
#define   ICES1    6
#define   WGM13    4
#define   WGM12    3
#define   CS12     2
#define   CS11     1
#define   CS10     0

/* Timer/Counter 3 Control and Status Register B - TCCR3B */
#define   ICNC3    7
#define   ICES3    6
#define   WGM33    4
#define   WGM32    3
#define   CS32     2
#define   CS31     1
#define   CS30     0

/* Timer/Counter Control Register C (generic) */
#define   FOCA     7
#define   FOCB     6
#define   FOCC     5

/* Timer/Counter 3 Control Register C - TCCR3C */
#define   FOC3A    7
#define   FOC3B    6
#define   FOC3C    5

/* Timer/Counter 1 Control Register C - TCCR1C */
#define   FOC1A    7
#define   FOC1B    6
#define   FOC1C    5
```

```
/* On-chip Debug Register - OCDR */
#define   IDRD      7
#define   OCDR7     7
#define   OCDR6     6
#define   OCDR5     5
#define   OCDR4     4
#define   OCDR3     3
#define   OCDR2     2
#define   OCDR1     1
#define   OCDR0     0

/* Watchdog Timer Control Register - WDTCR */
#define   WDCE      4
#define   WDE       3
#define   WDP2      2
#define   WDP1      1
#define   WDP0      0

/*
  The ADHSM bit has been removed from all documentation,
  as being not needed at all since the comparator has proven
  to be fast enough even without feeding it more power.
*/

/* Special Function I/O Register - SFIOR */
#define   TSM       7
#define   ACME      3
#define   PUD       2
#define   PSR0      1
#define   PSR321    0

/* SPI Status Register - SPSR */
#define   SPIF      7
#define   WCOL      6
#define   SPI2X     0

/* SPI Control Register - SPCR */
#define   SPIE      7
```

```
#define   SPE      6
#define   DORD     5
#define   MSTR     4
#define   CPOL     3
#define   CPHA     2
#define   SPR1     1
#define   SPR0     0

/* USART Register C (generic) */
#define   UMSEL    6
#define   UPM1     5
#define   UPM0     4
#define   USBS     3
#define   UCSZ1    2
#define   UCSZ0    1
#define   UCPOL    0

/* USART1 Register C - UCSR1C */
#define   UMSEL1   6
#define   UPM11    5
#define   UPM10    4
#define   USBS1    3
#define   UCSZ11   2
#define   UCSZ10   1
#define   UCPOL1   0

/* USART0 Register C - UCSR0C */
#define   UMSEL0   6
#define   UPM01    5
#define   UPM00    4
#define   USBS0    3
#define   UCSZ01   2
#define   UCSZ00   1
#define   UCPOL0   0

/* USART Status Register A (generic) */
#define   RXC      7
#define   TXC      6
#define   UDRE     5
#define   FE       4
```

```
#define   DOR      3
#define   UPE      2
#define   U2X      1
#define   MPCM     0

/* USART1 Status Register A - UCSR1A */
#define   RXC1     7
#define   TXC1     6
#define   UDRE1    5
#define   FE1      4
#define   DOR1     3
#define   UPE1     2
#define   U2X1     1
#define   MPCM1    0

/* USART0 Status Register A - UCSR0A */
#define   RXC0     7
#define   TXC0     6
#define   UDRE0    5
#define   FE0      4
#define   DOR0     3
#define   UPE0     2
#define   U2X0     1
#define   MPCM0    0

/* USART Control Register B (generic) */
#define   RXCIE    7
#define   TXCIE    6
#define   UDRIE    5
#define   RXEN     4
#define   TXEN     3
#define   UCSZ     2
#define   UCSZ2    2     /* new name in datasheet (2467E-AVR-05/02) */
#define   RXB8     1
#define   TXB8     0

/* USART1 Control Register B - UCSR1B */
#define   RXCIE1   7
#define   TXCIE1   6
```

```
#define   UDRIE1    5
#define   RXEN1     4
#define   TXEN1     3
#define   UCSZ12    2
#define   RXB81     1
#define   TXB81     0

/* USART0 Control Register B - UCSR0B */
#define   RXCIE0    7
#define   TXCIE0    6
#define   UDRIE0    5
#define   RXEN0     4
#define   TXEN0     3
#define   UCSZ02    2
#define   RXB80     1
#define   TXB80     0

/* Analog Comparator Control and Status Register - ACSR */
#define   ACD       7
#define   ACBG      6
#define   ACO       5
#define   ACI       4
#define   ACIE      3
#define   ACIC      2
#define   ACIS1     1
#define   ACIS0     0

/* ADC Control and status register - ADCSRA */
#define   ADEN      7
#define   ADSC      6
#define   ADFR      5
#define   ADIF      4
#define   ADIE      3
#define   ADPS2     2
#define   ADPS1     1
#define   ADPS0     0

/* ADC Multiplexer select - ADMUX */
#define   REFS1     7
```

```
#define   REFS0     6
#define   ADLAR     5
#define   MUX4      4
#define   MUX3      3
#define   MUX2      2
#define   MUX1      1
#define   MUX0      0

/* Port A Data Register - PORTA */
#define   PA7       7
#define   PA6       6
#define   PA5       5
#define   PA4       4
#define   PA3       3
#define   PA2       2
#define   PA1       1
#define   PA0       0

/* Port A Data Direction Register - DDRA */
#define   DDA7      7
#define   DDA6      6
#define   DDA5      5
#define   DDA4      4
#define   DDA3      3
#define   DDA2      2
#define   DDA1      1
#define   DDA0      0

/* Port A Input Pins - PINA */
#define   PINA7     7
#define   PINA6     6
#define   PINA5     5
#define   PINA4     4
#define   PINA3     3
#define   PINA2     2
#define   PINA1     1
#define   PINA0     0

/* Port B Data Register - PORTB */
```

```
#define   PB7     7
#define   PB6     6
#define   PB5     5
#define   PB4     4
#define   PB3     3
#define   PB2     2
#define   PB1     1
#define   PB0     0

/* Port B Data Direction Register - DDRB */
#define   DDB7    7
#define   DDB6    6
#define   DDB5    5
#define   DDB4    4
#define   DDB3    3
#define   DDB2    2
#define   DDB1    1
#define   DDB0    0

/* Port B Input Pins - PINB */
#define   PINB7   7
#define   PINB6   6
#define   PINB5   5
#define   PINB4   4
#define   PINB3   3
#define   PINB2   2
#define   PINB1   1
#define   PINB0   0

/* Port C Data Register - PORTC */
#define   PC7     7
#define   PC6     6
#define   PC5     5
#define   PC4     4
#define   PC3     3
#define   PC2     2
#define   PC1     1
#define   PC0     0
```

```
/* Port C Data Direction Register - DDRC */
#define   DDC7      7
#define   DDC6      6
#define   DDC5      5
#define   DDC4      4
#define   DDC3      3
#define   DDC2      2
#define   DDC1      1
#define   DDC0      0

/* Port C Input Pins - PINC */
#define   PINC7     7
#define   PINC6     6
#define   PINC5     5
#define   PINC4     4
#define   PINC3     3
#define   PINC2     2
#define   PINC1     1
#define   PINC0     0

/* Port D Data Register - PORTD */
#define   PD7       7
#define   PD6       6
#define   PD5       5
#define   PD4       4
#define   PD3       3
#define   PD2       2
#define   PD1       1
#define   PD0       0

/* Port D Data Direction Register - DDRD */
#define   DDD7      7
#define   DDD6      6
#define   DDD5      5
#define   DDD4      4
#define   DDD3      3
#define   DDD2      2
#define   DDD1      1
#define   DDD0      0
```

```
/* Port D Input Pins - PIND */
#define   PIND7     7
#define   PIND6     6
#define   PIND5     5
#define   PIND4     4
#define   PIND3     3
#define   PIND2     2
#define   PIND1     1
#define   PIND0     0

/* Port E Data Register - PORTE */
#define   PE7       7
#define   PE6       `6
#define   PE5       5
#define   PE4       4
#define   PE3       3
#define   PE2       2
#define   PE1       1
#define   PE0       0

/* Port E Data Direction Register - DDRE */
#define   DDE7      7
#define   DDE6      6
#define   DDE5      5
#define   DDE4      4
#define   DDE3      3
#define   DDE2      2
#define   DDE1      1
#define   DDE0      0

/* Port E Input Pins - PINE */
#define   PINE7     7
#define   PINE6     6
#define   PINE5     5
#define   PINE4     4
#define   PINE3     3
#define   PINE2     2
#define   PINE1     1
```

```
#define  PINE0    0

/* Port F Data Register - PORTF */
#define  PF7      7
#define  PF6      6
#define  PF5      5
#define  PF4      4
#define  PF3      3
#define  PF2      2
#define  PF1      1
#define  PF0      0

/* Port F Data Direction Register - DDRF */
#define  DDF7     7
#define  DDF6     6
#define  DDF5     5
#define  DDF4     4
#define  DDF3     3
#define  DDF2     2
#define  DDF1     1
#define  DDF0     0

/* Port F Input Pins - PINF */
#define  PINF7    7
#define  PINF6    6
#define  PINF5    5
#define  PINF4    4
#define  PINF3    3
#define  PINF2    2
#define  PINF1    1
#define  PINF0    0

/* Port G Data Register - PORTG */
#define  PG4      4
#define  PG3      3
#define  PG2      2
#define  PG1      1
#define  PG0      0

/* Port G Data Direction Register - DDRG */
```

```
#define   DDG4      4
#define   DDG3      3
#define   DDG2      2
#define   DDG1      1
#define   DDG0      0

/* Port G Input Pins - PING */
#define   PING4     4
#define   PING3     3
#define   PING2     2
#define   PING1     1
#define   PING0     0

/* EEPROM Control Register */
#define   EERIE     3
#define   EEMWE     2
#define   EEWE 1
#define   EERE 0

/* Constants */
#define SPM_PAGESIZE 256
#define RAMEND      0x10FF    /* Last On-Chip SRAM Location */
#define XRAMEND     0xFFFF
#define E2END       0x0FFF
#define E2PAGESIZE 8
#define FLASHEND    0x1FFFF


/* Fuses */

#define FUSE_MEMORY_SIZE 3

/* Low Fuse Byte */
#define FUSE_CKSEL0       (unsigned char)~_BV(0)
#define FUSE_CKSEL1       (unsigned char)~_BV(1)
#define FUSE_CKSEL2       (unsigned char)~_BV(2)
#define FUSE_CKSEL3       (unsigned char)~_BV(3)
#define FUSE_SUT0         (unsigned char)~_BV(4)
#define FUSE_SUT1         (unsigned char)~_BV(5)
#define FUSE_BODEN        (unsigned char)~_BV(6)
```

```
#define FUSE_BODLEVEL    (unsigned char)~_BV(7)
#define LFUSE_DEFAULT (FUSE_CKSEL1 & FUSE_CKSEL2 & FUSE_CKSEL3 & FUSE_SUT0)

/* High Fuse Byte */
#define FUSE_BOOTRST     (unsigned char)~_BV(0)
#define FUSE_BOOTSZ0     (unsigned char)~_BV(1)
#define FUSE_BOOTSZ1     (unsigned char)~_BV(2)
#define FUSE_EESAVE      (unsigned char)~_BV(3)
#define FUSE_CKOPT       (unsigned char)~_BV(4)
#define FUSE_SPIEN       (unsigned char)~_BV(5)
#define FUSE_JTAGEN      (unsigned char)~_BV(6)
#define FUSE_OCDEN       (unsigned char)~_BV(7)
#define HFUSE_DEFAULT (FUSE_BOOTSZ0 & FUSE_BOOTSZ1 & FUSE_SPIEN & FUSE_JTAGEN)

/* Extended Fuse Byte */
#define FUSE_WDTON       (unsigned char)~_BV(0)
#define FUSE_M103C       (unsigned char)~_BV(1)
#define EFUSE_DEFAULT (FUSE_M103C)


/* Lock Bits */
#define __LOCK_BITS_EXIST
#define __BOOT_LOCK_BITS_0_EXIST
#define __BOOT_LOCK_BITS_1_EXIST


/* Signature */
#define SIGNATURE_0 0x1E
#define SIGNATURE_1 0x97
#define SIGNATURE_2 0x02


#endif /* _AVR_IOM128_H_ */
```

부록 02 IAR의 iom128.h

```
/***************************************************************************
 **          - iom128.h -
 **
 **    This file declares the internal register addresses for ATmega128.
 **
 **    Used with iccAVR and aAVR.
 **
 **    Copyright IAR Systems 2001. All rights reserved.
 **
 **    File version: $Revision: 1.9 $
 **
 ***************************************************************************/

#include "iomacro.h"

#if TID_GUARD(3)
#error This file should only be compiled with iccavr or aavr with processor option -v3
#endif /* TID_GUARD(3) */

/* Include the SFR part if this file has not been included before,
 * OR this file is included by the assembler (SFRs must be defined in
 * each assembler module). */
#if !defined(__IOM128_H) || defined(__IAR_SYSTEMS_ASM__)

#pragma language=extended

/*==========================*/
/* Predefined SFR Addresses */
/*==========================*/

/***************************************************************************
 * An example showing the SFR_B() macro call,
 * the expanded result and usage of this result:
 *
 * SFR_B_R(0x1F,   AVR) Expands to:
```

```
* __io union {
*         unsigned char AVR;              // The sfrb as 1 byte
*         struct {                        // The sfrb as 8 bits
*               unsigned char AVR_Bit0:1,
*                          AVR_Bit1:1,
*                          AVR_Bit2:1,
*                          AVR_Bit3:1,
*                          AVR_Bit4:1,
*                          AVR_Bit5:1,
*                          AVR_Bit6:1,
*                          AVR_Bit7:1;
*               };
*         } @ 0x1F;
* Examples of how to use the expanded result:
* AVR |= (1<<5);
* or like this:
* AVR_Bit5 = 1;
*
*
*
* An example showing the SFR_B_N() macro call,
* the expanded result and usage of this result:
* SFR_B_N(0x25,  TCCR2, FOC2, WGM20, COM21, COM20, WGM21, CS22, CS21, CS20)
*  Expands to:
*  __io union {
*          unsigned char TCCR2;
*          struct {
*                unsigned char TCCR2_Bit0:1,
*                           TCCR2_Bit1:1,
*                           TCCR2_Bit2:1,
*                           TCCR2_Bit3:1,
*                           TCCR2_Bit4:1,
*                           TCCR2_Bit5:1,
*                           TCCR2_Bit6:1,
*                           TCCR2_Bit7:1;
*                };
*          struct {
*                unsigned char TCCR2_CS20:1,
*                           TCCR2_CS21:1,
```

```
*                               TCCR2_CS22:1,
*                               TCCR2_WGM21:1,
*                               TCCR2_COM20:1,
*                               TCCR2_COM21:1,
*                               TCCR2_WGM20:1,
*                               TCCR2_FOC2:1;
*                   };
*           } @ 0x25;
* Examples of how to use the expanded result:
* TCCR2 |= (1<<5);
* or if ENABLE_BIT_DEFINITIONS is defined
* TCCR2 |= (1<<COM21);
* or like this:
* TCCR2_Bit5 = 1;
* or like this:
* TCCR2_COM21 = 1;
*************************************************************************/

SFR_B_N(0x00,  PINF, PINF7, PINF6, PINF5, PINF4, PINF3, PINF2, PINF1, PINF0)    /* Input Pins, Port F */
SFR_B_N(0x01,  PINE, PINE7, PINE6, PINE5, PINE4, PINE3, PINE2, PINE1, PINE0)    /* Input Pins, Port E */
SFR_B_N(0x02,  DDRE, DDE7, DDE6, DDE5, DDE4, DDE3, DDE2, DDE1, DDE0)    /* Data Direction
    Register, Port E */
SFR_B_N(0x03,  PORTE, PORTE7, PORTE6, PORTE5, PORTE4, PORTE3, PORTE2, PORTE1, PORTE0) /* Data
    Register, Port E */
SFR_W_R(0x04,  ADC)    /* ADC Data register */
SFR_B2_N(0x06, ADCSR, ADCSRA, ADEN, ADSC, ADFR, ADIF, ADIE, ADPS2, ADPS1, ADPS0)  /* ADC Control and
    Status Register */
SFR_B_N(0x07,  ADMUX, REFS1, REFS0, ADLAR, MUX4, MUX3, MUX2, MUX1, MUX0)    /* ADC Multiplexer
    Selection Register */
SFR_B_N(0x08,  ACSR, ACD, ACBG, ACO, ACI, ACIE, ACIC, ACIS1, ACIS0)    /* Analog Comparator
    Control and Status Register */
SFR_B_R(0x09, UBRR0L)    /* USART0 Baud Rate Register Low*/
SFR_B_N(0x0A, UCSR0B, RXCIE0, TXCIE0, UDRIE0, RXEN0, TXEN0, UCSZ02, RXB80, TXB80) /* USART0 Control
    and Status Register B */
SFR_B_N(0x0B, UCSR0A, RXC0, TXC0, UDRE0, FE0, DOR0, UPE0, U2X0, MPCM0)    /* USART0 Control and
    Status Register A */
SFR_B_R(0x0C,  UDR0)    /* USART0 I/O Data Register */
SFR_B_N(0x0D,  SPCR, SPIE, SPE, DORD, MSTR, CPOL, CPHA, SPR1, SPR0)    /* SPI Control Register */
SFR_B_N(0x0E,  SPSR, SPIF, WCOL, Dummy5, Dummy4, Dummy3, Dummy2, Dummy1, SPI2X)  /* SPI Status
```

```
   Register */
SFR_B_R(0x0F,  SPDR)    /* SPI I/O Data Register */
SFR_B_N(0x10,  PIND, PIND7, PIND6, PIND5, PIND4, PIND3, PIND2, PIND1, PIND0)    /* Input Pins, Port D
   */
SFR_B_N(0x11,  DDRD, DDD7, DDD6, DDD5, DDD4, DDD3, DDD2, DDD1, DDD0)          /* Data Direction
   Register, Port D */
SFR_B_N(0x12,  PORTD, PORTD7, PORTD6, PORTD5, PORTD4, PORTD3, PORTD2, PORTD1, PORTD0) /* Data
   Register, Port D */
SFR_B_N(0x13,  PINC, PINC7, PINC6, PINC5, PINC4, PINC3, PINC2, PINC1, PINC0)    /* Input Pins, Port C */
SFR_B_N(0x14,  DDRC, DDC7, DDC6, DDC5, DDC4, DDC3, DDC2, DDC1, DDC0)          /* Data Direction
   Register, Port C */
SFR_B_N(0x15,  PORTC, PORTC7, PORTC6, PORTC5, PORTC4, PORTC3, PORTC2, PORTC1, PORTC0) /* Data
   Register, Port C */
SFR_B_N(0x16,  PINB, PINB7, PINB6, PINB5, PINB4, PINB3, PINB2, PINB1, PINB0)    /* Input Pins, Port B */
SFR_B_N(0x17,  DDRB, DDB7, DDB6, DDB5, DDB4, DDB3, DDB2, DDB1, DDB0)          /* Data Direction
   Register, Port B */
SFR_B_N(0x18,  PORTB, PORTB7, PORTB6, PORTB5, PORTB4, PORTB3, PORTB2, PORTB1, PORTB0) /* Data
   Register, Port B */
SFR_B_N(0x19,  PINA, PINA7, PINA6, PINA5, PINA4, PINA3, PINA2, PINA1, PINA0)    /* Input Pins, Port A
   */
SFR_B_N(0x1A,  DDRA, DDA7, DDA6, DDA5, DDA4, DDA3, DDA2, DDA1, DDA0)          /* Data Direction
   Register, Port A */
SFR_B_N(0x1B,  PORTA, PORTA7, PORTA6, PORTA5, PORTA4, PORTA3, PORTA2, PORTA1, PORTA0) /* Data
   Register, Port A */
SFR_B_N(0x1C,  EECR, Dummy7, Dummy6, Dummy5, Dummy4, EERIE, EEMWE, EEWE, EERE)   /* EEPROM Control
   Register */
SFR_B_R(0x1D,  EEDR)    /* EEPROM Data Register */
SFR_W_R(0x1E,  EEAR)    /* EEPROM Address Register */
SFR_B_N(0x20,  SFIOR, TSM, Dummy6, Dummy5, Dummy4, ACME, PUD, PSR0, PSR321)     /* Special Function
   I/O Register */
SFR_B_N(0x21,  WDTCR, Dummy7, Dummy6, Dummy5, WDCE, WDE, WDP2, WDP1, WDP0)       /* Watchdog Timer
   Control Register */
SFR_B_N(0x22,  OCDR, OCDR7, OCDR6, OCDR5, OCDR4, OCDR3, OCDR2, OCDR1, OCDR0)     /* On-Chip Debug
   Register */
SFR_B_R(0x23,  OCR2)    /* Timer/Counter 2 Output Compare Register */
SFR_B_R(0x24,  TCNT2)    /* Timer/Counter 2 */
SFR_B_N(0x25,  TCCR2, FOC2, WGM20, COM21, COM20, WGM21, CS22, CS21, CS20)       /* Timer/Counter 2
   Control Register */
SFR_W_R(0x26,  ICR1)    /* Timer/Counter 1 Input Capture Register */
```

```
SFR_W_R(0x28,  OCR1B)    /* Timer/Counter 1 Output Compare Register B */
SFR_W_R(0x2A,  OCR1A)    /* Timer/Counter 1 Output Compare Register A */
SFR_W_R(0x2C,  TCNT1)    /* Timer/Counter 1 Register */
SFR_B_N(0x2E, TCCR1B, ICNC1, ICES1, Dummy5, WGM13, WGM12, CS12, CS11, CS10)      /* Timer/Counter 1
   Control Register B */
SFR_B_N(0x2F, TCCR1A, COM1A1, COM1A0, COM1B1, COM1B0, COM1C1, COM1C0, WGM11, WGM10) /* Timer/Counter
   1 Control Register A */
SFR_B_N(0x30,  ASSR, Dummy7, Dummy6, Dummy5, Dummy4, AS0, TCN0UB, OCR0UB, TCR0UB) /* Asynchronous
   mode Status Register */
SFR_B_R(0x31,  OCR0)    /* Timer/Counter 0 Output Compare Register */
SFR_B_R(0x32,  TCNT0)    /* Timer/Counter 0 */
SFR_B_N(0x33,  TCCR0, FOC0, WGM00, COM01, COM00, WGM01, CS02, CS01, CS00)       /* Timer/Counter 0
   Control Register */
SFR_B_N(0x34, MCUCSR, JTD, Dummy6, Dummy5, JTRF, WDRF, BORF, EXTRF, PORF)      /* MCU general Control
   and Status Register */
SFR_B_N(0x35,  MCUCR, SRE, SRW10, SE, SM1, SM0, SM2, IVSEL, IVCE)            /* MCU general Control
   Register */
SFR_B_N(0x36,   TIFR, OCF2, TOV2, ICF1, OCF1A, OCF1B, TOV1, OCF0, TOV0)           /* Timer/Counter
   Interrupt Flag Register */
SFR_B_N(0x37,  TIMSK, OCIE2, TOIE2, TICIE1, OCIE1A, OCIE1B, TOIE1, OCIE0, TOIE0)  /* Timer/Counter
   Interrupt Mask Register */
SFR_B_N(0x38,  EIFR, INTF7, INTF6, INTF5, INTF4, INTF3, INTF2, INTF1, INTF0)    /* External Interrupt
   Flag Register */
SFR_B_N(0x39,  EIMSK, INT7, INT6, INT5, INT4, INT3, INT2, INT1, INT0)          /* External Interrupt
   Mask Register */
SFR_B_N(0x3A,  EICRB, ISC71, ISC70, ISC61, ISC60, ISC51, ISC50, ISC41, ISC40)    /* External Interrupt
   Control Register B */
SFR_B_N(0x3B,  RAMPZ, Dummy7, Dummy6, Dummy5, Dummy4, Dummy3, Dummy2, Dummy1, RAMPZ0) /* RAM Page Z
   Select Register */
SFR_B_N(0x3C,   XDIV, XDIVEN, XDIV6, XDIV5, XDIV4, XDIV3, XDIV2, XDIV1, XDIV0)    /* XTAL Divide
   Control Register */
SFR_W_N(0x3D,   SP, SP15, SP14, SP13, SP12, SP11, SP10, SP9, SP8, SP7, SP6, SP5, SP4, SP3, SP2, SP1, SP0)
   /* Stack Pointer */
SFR_B_N(0x3F,  SREG, I, T, H, S, V, N, Z, C)                       /* Status Register */

/* Extended I/O space */
SFR_B_N(0x61,   DDRF, DDF7, DDF6, DDF5, DDF4, DDF3, DDF2, DDF1, DDF0)           /* Data Direction
   Register, Port F */
SFR_B_N(0x62,  PORTF, PORTF7, PORTF6, PORTF5, PORTF4, PORTF3, PORTF2, PORTF1, PORTF0) /* Data Register,
```

```
    Port F */
SFR_B_N(0x63,  PING, Dummy7, Dummy6, Dummy5, PING4, PING3, PING2, PING1, PING0) /* Input Pins, Port G
    */
SFR_B_N(0x64,  DDRG, Dummy7, Dummy6, Dummy5, DDG4, DDG3, DDG2, DDG1, DDG0 )     /* Data Direction
    Register, Port G */
SFR_B_N(0x65,  PORTG, Dummy7, Dummy6, Dummy5, PORTG4, PORTG3, PORTG2, PORTG1, PORTG0) /* Data
    Register, Port G */
SFR_B_N(0x68, SPMCSR, SPMIE, RWWSB, Dummy5, RWWSRE, BLBSET, PGWRT, PGERS, SPMEN)  /* Store Program
    Memory Control and Status Register */
SFR_B_N(0x6A,  EICRA, ISC31, ISC30, ISC21, ISC20, ISC11, ISC10, ISC01, ISC00)    /* External Interrupt
    Control Register A */
SFR_B_N(0x6C,  XMCRB, XMBK, Dummy6, Dummy5, Dummy4, Dummy3, XMM2, XMM1, XMM0)    /* External Memory
    Control Register B */
SFR_B_N(0x6D,  XMCRA, Dummy7, SRL2, SRL1, SRL0, SRW01, SRW00, SRW11, Dummy0)     /* External Memory
    Control Register A */
SFR_B_R(0x6F, OSCCAL)    /* Oscillator Calibration Register */
SFR_B_R(0x70,  TWBR)    /* TWI Bit Rate Register */
SFR_B_N(0x71,  TWSR, TWS7, TWS6, TWS5, TWS4, TWS3, Dummy2, TWPS1, TWPS0)      /* TWI Status Register
    */
SFR_B_N(0x72,  TWAR, TWA6, TWA5, TWA4, TWA3, TWA2, TWA1, TWA0, TWGCE)        /* TWI Address Register
    */
SFR_B_R(0x73,  TWDR)    /* TWI Data Register */
SFR_B_N(0x74,   TWCR, TWINT, TWEA, TWSTA, TWSTO, TWWC, TWEN, Dummy1, TWIE)       /* TWI Control
    Register */
SFR_W_R(0x78,  OCR1C)    /* Timer/Counter 1 Output Compare Register C Low */
SFR_B_N(0x7A, TCCR1C, FOC1A, FOC1B, FOC1C, Dummy4, Dummy3, Dummy2, Dummy1, Dummy0)/* Timer/Counter
    1 Control Register C */
SFR_B_N(0x7C,  ETIFR, Dummy7, Dummy6, ICF3, OCF3A, OCF3B, TOV3, OCF3C, OCF1C)     /* Extended Timer/
    Counter Interrupt Flag Register */
SFR_B_N(0x7D, ETIMSK, Dummy7, Dummy6, TICIE3, OCIE3A, OCIE3B, TOIE3, OCIE3C, OCIE1C) /* Extended
    Timer/Counter Interrupt Mask Register */
SFR_W_R(0x80,  ICR3)    /* Timer/Counter 3 Input Capture Register Low */
SFR_W_R(0x82,  OCR3C)    /* Timer/Counter 3 Output Compare Register C Low */
SFR_W_R(0x84,  OCR3B)    /* Timer/Counter 3 Output Compare Register B Low */
SFR_W_R(0x86,  OCR3A)    /* Timer/Counter 3 Output Compare Register A Low */
SFR_W_R(0x88, TCNT3)    /* Timer/Counter 3 Register Low */
SFR_B_N(0x8A, TCCR3B, ICNC3, ICES3, Dummy5, WGM33, WGM32, CS32, CS31, CS30)      /* Timer/Counter 3
    Control Register B */
SFR_B_N(0x8B, TCCR3A, COM3A1, COM3A0, COM3B1, COM3B0, COM3C1, COM3C0, WGM31, WGM30) /* Timer/Counter
```

```
    3 Control Register A */
SFR_B_N(0x8C, TCCR3C, FOC3A, FOC3B, FOC3C, Dummy4, Dummy3, Dummy2, Dummy1, Dummy0)/* Timer/Counter
    3 Control Register C */

SFR_B_R(0x90, UBRR0H)    /* USART0 Baud Rate Register High*/

SFR_B_N(0x95, UCSR0C, Dummy7, UMSEL0, UPM01, UPM00, USBS0, UCSZ01, UCSZ00, UCPOL0)/* USART0 Control
    and Status Register C */
SFR_B_R(0x98, UBRR1H)    /* USART1 Baud Rate Register High */
SFR_B_R(0x99, UBRR1L)    /* USART1 Baud Rate Register Low */
SFR_B_N(0x9A, UCSR1B, RXCIE1, TXCIE1, UDRIE1, RXEN1, TXEN1, UCSZ12, RXB81, TXB81) /* USART1 Control
    and Status Register B */
SFR_B_N(0x9B, UCSR1A, RXC1, TXC1, UDRE1, FE1, DOR1, UPE1, U2X1, MPCM1)          /* USART1 Control and
    Status Register A */
SFR_B_R(0x9C,   UDR1)    /* USART1 I/O Data Register */
SFR_B_N(0x9D, UCSR1C, Dummy7, UMSEL1, UPM11, UPM10, USBS1, UCSZ11, UCSZ10, UCPOL1)/* USART1 Control
    and Status Register C */

#ifndef __IOM128_H
#define __IOM128_H


/* SFRs are local in assembler modules (so this file may need to be */
/* included in more than one module in the same source file), */
/* but #defines must only be made once per source file. */

/*==============================*/
/* Interrupt Vector Definitions */
/*==============================*/

/* NB! vectors are specified as byte addresses */

#define   RESET_vect                (0x00)
#define   INT0_vect                 (0x04)
#define   INT1_vect                 (0x08)
#define   INT2_vect                 (0x0C)
#define   INT3_vect                 (0x10)
#define   INT4_vect                 (0x14)
#define   INT5_vect                 (0x18)
```

```
#define   INT6_vect                (0x1C)
#define   INT7_vect                (0x20)
#define   TIMER2_COMP_vect         (0x24)
#define   TIMER2_OVF_vect          (0x28)
#define   TIMER1_CAPT_vect         (0x2C)
#define   TIMER1_COMPA_vect        (0x30)
#define   TIMER1_COMPB_vect        (0x34)
#define   TIMER1_OVF_vect          (0x38)
#define   TIMER0_COMP_vect         (0x3C)
#define   TIMER0_OVF_vect          (0x40)
#define   SPI_STC_vect             (0x44)
#define   USART0_RXC_vect          (0x48)
#define   USART0_UDRE_vect         (0x4C)
#define   USART0_TXC_vect          (0x50)
#define   ADC_vect                 (0x54)
#define   EE_RDY_vect              (0x58)
#define   ANA_COMP_vect            (0x5C)
#define   TIMER1_COMPC_vect        (0x60)
#define   TIMER3_CAPT_vect         (0x64)
#define   TIMER3_COMPA_vect        (0x68)
#define   TIMER3_COMPB_vect        (0x6C)
#define   TIMER3_COMPC_vect        (0x70)
#define   TIMER3_OVF_vect          (0x74)
#define   USART1_RXC_vect          (0x78)
#define   USART1_UDRE_vect         (0x7C)
#define   USART1_TXC_vect          (0x80)
#define   TWI_vect                 (0x84)
#define   SPM_RDY_vect             (0x88)

#ifdef __IAR_SYSTEMS_ASM__
#ifndef ENABLE_BIT_DEFINITIONS
#define  ENABLE_BIT_DEFINITIONS
#endif /* ENABLE_BIT_DEFINITIONS */
#endif /* __IAR_SYSTEMS_ASM__ */

#ifdef ENABLE_BIT_DEFINITIONS


/* Bit definitions for use with the IAR Assembler
```

```
  The Register Bit names are represented by their bit number (0-7).
*/

/* USART1 Control and Status Register C */
#define   UMSEL1    6
#define   UPM11     5
#define   UPM10     4
#define   USBS1     3
#define   UCSZ11    2
#define   UCSZ10    1
#define   UCPOL1    0

/* USART1 Control and Status Register A */
#define   RXC1      7
#define   TXC1      6
#define   UDRE1     5
#define   FE1       4
#define   DOR1      3
#define   UPE1      2
#define   U2X1      1
#define   MPCM1     0

/* USART1 Control and Status Register B */
#define   RXCIE1    7
#define   TXCIE1    6
#define   UDRIE1    5
#define   RXEN1     4
#define   TXEN1     3
#define   UCSZ12    2
#define   RXB81     1
#define   TXB81     0

/* USART0 Control and Status Register C */
#define   UMSEL0    6
#define   UPM01     5
#define   UPM00     4
#define   USBS0     3
#define   UCSZ01    2
#define   UCSZ00    1
```

```
#define   UCPOL0   0

/* USART0 Control and Status Register A */
#define   RXC0     7
#define   TXC0     6
#define   UDRE0    5
#define   FE0      4
#define   DOR0     3
#define   UPE0     2
#define   U2X0     1
#define   MPCM0    0

/* USART0 Control and Status Register B */
#define   RXCIE0   7
#define   TXCIE0   6
#define   UDRIE0   5
#define   RXEN0    4
#define   TXEN0    3
#define   UCSZ02   2
#define   RXB80    1
#define   TXB80    0

/* Timer/Counter 3 Control Register C */
#define   FOC3A    7
#define   FOC3B    6
#define   FOC3C    5

/* Timer/Counter 3 Control Register A */
#define   COM3A1   7
#define   COM3A0   6
#define   COM3B1   5
#define   COM3B0   4
#define   COM3C1   3
#define   COM3C0   2
#define   WGM31    1
#define   WGM30    0

/* Timer/Counter 3 Control Register B */
#define   ICNC3    7
```

```
#define   ICES3    6
#define   WGM33    4
#define   WGM32    3
#define   CS32     2
#define   CS31     1
#define   CS30     0

/* Extended Timer/Counter Interrupt Mask Register */
#define   TICIE3   5
#define   OCIE3A   4
#define   OCIE3B   3
#define   TOIE3    2
#define   OCIE3C   1
#define   OCIE1C   0

/* Extended Timer/Counter Interrupt Flag Register */
#define   ICF3     5
#define   OCF3A    4
#define   OCF3B    3
#define   TOV3     2
#define   OCF3C    1
#define   OCF1C    0

/* TWI Control Register */
#define   TWINT    7
#define   TWEA     6
#define   TWSTA    5
#define   TWSTO    4
#define   TWWC     3
#define   TWEN     2
#define   TWIE     0

/* TWI (slave) Address Register */
#define   TWA6     7
#define   TWA5     6
#define   TWA4     5
#define   TWA3     4
#define   TWA2     3
#define   TWA1     2
```

```
#define   TWA0      1
#define   TWGCE     0

/* TWI Status Register */
#define   TWS7      7
#define   TWS6      6
#define   TWS5      5
#define   TWS4      4
#define   TWS3      3
#define   TWPS1     1
#define   TWPS0     0

/* External Memory Control Register A */
#define   SRL2      6
#define   SRL1      5
#define   SRL0      4
#define   SRW01     3
#define   SRW00     2
#define   SRW11     1

/* External Memory Control Register B */
#define   XMBK      7
#define   XMM2      2
#define   XMM1      1
#define   XMM0      0

/* External Interrupt Control Register A */
#define   ISC31     7
#define   ISC30     6
#define   ISC21     5
#define   ISC20     4
#define   ISC11     3
#define   ISC10     2
#define   ISC01     1
#define   ISC00     0

/* Store Program Memory Control and Status Register */
#define   SPMIE     7
#define   RWWSB     6
```

```
#define   RWWSRE    4
#define   BLBSET    3
#define   PGWRT     2
#define   PGERS     1
#define   SPMEN     0

/* Data Register, Port G */
#define   PG4       4
#define   PG3       3
#define   PG2       2
#define   PG1       1
#define   PG0       0

 /* Data Register, Port G */
#define   PORTG4    4
#define   PORTG3    3
#define   PORTG2    2
#define   PORTG1    1
#define   PORTG0    0

/* Data Direction Register, Port G */
#define   DDG4      4
#define   DDG3      3
#define   DDG2      2
#define   DDG1      1
#define   DDG0      0

/* Input Pins, Port G */
#define   PING4     4
#define   PING3     3
#define   PING2     2
#define   PING1     1
#define   PING0     0

/* Data Register, Port F */
#define   PF7       7
#define   PF6       6
#define   PF5       5
#define   PF4       4
```

```
#define   PF3       3
#define   PF2       2
#define   PF1       1
#define   PF0       0

/* Data Register, Port F */
#define   PORTF7    7
#define   PORTF6    6
#define   PORTF5    5
#define   PORTF4    4
#define   PORTF3    3
#define   PORTF2    2
#define   PORTF1    1
#define   PORTF0    0

/* Data Direction Register, Port F */
#define   DDF7      7
#define   DDF6      6
#define   DDF5      5
#define   DDF4      4
#define   DDF3      3
#define   DDF2      2
#define   DDF1      1
#define   DDF0      0

/* Input Pins, Port F */
#define   PINF7     7
#define   PINF6     6
#define   PINF5     5
#define   PINF4     4
#define   PINF3     3
#define   PINF2     2
#define   PINF1     1
#define   PINF0     0

/* Stack Pointer High */
#define   SP15      7
#define   SP14      6
#define   SP13      5
```

```
#define   SP12      4
#define   SP11      3
#define   SP10      2
#define   SP9       1
#define   SP8       0

/* Stack Pointer Low */
#define   SP7       7
#define   SP6       6
#define   SP5       5
#define   SP4       4
#define   SP3       3
#define   SP2       2
#define   SP1       1
#define   SP0       0

/* XTAL Divide Control Register */
#define   XDIVEN    7
#define   XDIV6     6
#define   XDIV5     5
#define   XDIV4     4
#define   XDIV3     3
#define   XDIV2     2
#define   XDIV1     1
#define   XDIV0     0

/* RAM Page Z Select Register */
#define   RAMPZ0    0

/* External Interrupt Control Register B */
#define   ISC71     7
#define   ISC70     6
#define   ISC61     5
#define   ISC60     4
#define   ISC51     3
#define   ISC50     2
#define   ISC41     1
#define   ISC40     0
```

```
/* External Interrupt Mask Register */
#define   INT7     7
#define   INT6     6
#define   INT5     5
#define   INT4     4
#define   INT3     3
#define   INT2     2
#define   INT1     1
#define   INT0     0

/* External Interrupt Flag Register */
#define   INTF7    7
#define   INTF6    6
#define   INTF5    5
#define   INTF4    4
#define   INTF3    3
#define   INTF2    2
#define   INTF1    1
#define   INTF0    0

/* Timer/Counter Interrupt Mask Register */
#define   OCIE2    7
#define   TOIE2    6
#define   TICIE1   5
#define   OCIE1A   4
#define   OCIE1B   3
#define   TOIE1    2
#define   OCIE0    1
#define   TOIE0    0

/* Timer/Counter Interrupt Flag Register */
#define   OCF2     7
#define   TOV2     6
#define   ICF1     5
#define   OCF1A    4
#define   OCF1B    3
#define   TOV1     2
#define   OCF0     1
#define   TOV0     0
```

```
/* MCU general Control Register */
#define   SRE       7
#define   SRW10     6
#define   SE        5
#define   SM1       4
#define   SM0       3
#define   SM2       2
#define   IVSEL     1
#define   IVCE      0

/* MCU general Control and Status Register */
#define   JTD       7
#define   JTRF      4
#define   WDRF      3
#define   BORF      2
#define   EXTRF     1
#define   PORF      0

/* Timer/Counter 0 Control Register */
#define   FOC0      7
#define   WGM00     6
#define   COM01     5
#define   COM00     4
#define   WGM01     3
#define   CS02      2
#define   CS01      1
#define   CS00      0

/* Asynchronous mode Status Register */
#define   AS0       3
#define   TCN0UB    2
#define   OCR0UB    1
#define   TCR0UB    0

/* Timer/Counter 1 Control Register C */
#define   FOC1A     7
#define   FOC1B     6
```

```
#define   FOC1C    5

/* Timer/Counter 1 Control Register A */
#define   COM1A1   7
#define   COM1A0   6
#define   COM1B1   5
#define   COM1B0   4
#define   COM1C1   3
#define   COM1C0   2
#define   WGM11    1
#define   WGM10    0

/* Timer/Counter 1 Control Register B */
#define   ICNC1    7
#define   ICES1    6
#define   WGM13    4
#define   WGM12    3
#define   CS12     2
#define   CS11     1
#define   CS10     0

/* Timer/Counter 2 Control Register */
#define   FOC2     7
#define   WGM20    6
#define   COM21    5
#define   COM20    4
#define   WGM21    3
#define   CS22     2
#define   CS21     1
#define   CS20     0

/* On-Chip Debug Register */
#define   IDRD     7
#define   OCDR7    7
#define   OCDR6    6
#define   OCDR5    5
#define   OCDR4    4
#define   OCDR3    3
#define   OCDR2    2
```

```
#define   OCDR1     1
#define   OCDR0     0

/* Watchdog Timer Control Register */
#define   WDCE      4
#define   WDE       3
#define   WDP2      2
#define   WDP1      1
#define   WDP0      0

/* Special Function I/O Register */
#define   TSM       7
#define   ADHSM     4
#define   ACME      3
#define   PUD       2
#define   PSR0      1
#define   PSR321    0

/* EEPROM Control Register */
#define   EERIE     3
#define   EEMWE     2
#define   EEWE      1
#define   EERE      0

/* Data Register, Port A */
#define   PA7       7
#define   PA6       6
#define   PA5       5
#define   PA4       4
#define   PA3       3
#define   PA2       2
#define   PA1       1
#define   PA0       0

/* Data Register, Port A */
#define   PORTA7    7
#define   PORTA6    6
#define   PORTA5    5
#define   PORTA4    4
```

```
#define   PORTA3   3
#define   PORTA2   2
#define   PORTA1   1
#define   PORTA0   0

/* Data Direction Register, Port A */
#define   DDA7     7
#define   DDA6     6
#define   DDA5     5
#define   DDA4     4
#define   DDA3     3
#define   DDA2     2
#define   DDA1     1
#define   DDA0     0

/* Input Pins, Port A */
#define   PINA7    7
#define   PINA6    6
#define   PINA5    5
#define   PINA4    4
#define   PINA3    3
#define   PINA2    2
#define   PINA1    1
#define   PINA0    0

/* Data Register, Port B */
#define   PB7      7
#define   PB6      6
#define   PB5      5
#define   PB4      4
#define   PB3      3
#define   PB2      2
#define   PB1      1
#define   PB0      0

/* Data Register, Port B */
#define   PORTB7   7
#define   PORTB6   6
#define   PORTB5   5
```

```
#define   PORTB4    4
#define   PORTB3    3
#define   PORTB2    2
#define   PORTB1    1
#define   PORTB0    0

/* Data Direction Register, Port B */
#define   DDB7      7
#define   DDB6      6
#define   DDB5      5
#define   DDB4      4
#define   DDB3      3
#define   DDB2      2
#define   DDB1      1
#define   DDB0      0

/* Input Pins, Port B */
#define   PINB7     7
#define   PINB6     6
#define   PINB5     5
#define   PINB4     4
#define   PINB3     3
#define   PINB2     2
#define   PINB1     1
#define   PINB0     0

/* Data Register, Port C */
#define   PC7       7
#define   PC6       6
#define   PC5       5
#define   PC4       4
#define   PC3       3
#define   PC2       2
#define   PC1       1
#define   PC0       0

/* Data Register, Port C */
#define   PORTC7    7
#define   PORTC6    6
```

```
#define   PORTC5    5
#define   PORTC4    4
#define   PORTC3    3
#define   PORTC2    2
#define   PORTC1    1
#define   PORTC0    0

/* Data Direction Register, Port C */
#define   DDC7      7
#define   DDC6      6
#define   DDC5      5
#define   DDC4      4
#define   DDC3      3
#define   DDC2      2
#define   DDC1      1
#define   DDC0      0

/* Input Pins, Port C */
#define   PINC7     7
#define   PINC6     6
#define   PINC5     5
#define   PINC4     4
#define   PINC3     3
#define   PINC2     2
#define   PINC1     1
#define   PINC0     0

/* Data Register, Port D */
#define   PD7       7
#define   PD6       6
#define   PD5       5
#define   PD4       4
#define   PD3       3
#define   PD2       2
#define   PD1       1
#define   PD0       0

/* Data Register, Port D */
#define   PORTD7    7
```

```
#define   PORTD6    6
#define   PORTD5    5
#define   PORTD4    4
#define   PORTD3    3
#define   PORTD2    2
#define   PORTD1    1
#define   PORTD0    0

/* Data Direction Register, Port D */
#define   DDD7      7
#define   DDD6      6
#define   DDD5      5
#define   DDD4      4
#define   DDD3      3
#define   DDD2      2
#define   DDD1      1
#define   DDD0      0

/* Input Pins, Port D */
#define   PIND7     7
#define   PIND6     6
#define   PIND5     5
#define   PIND4     4
#define   PIND3     3
#define   PIND2     2
#define   PIND1     1
#define   PIND0     0

/* SPI Status Register */
#define   SPIF      7
#define   WCOL      6
#define   SPI2X     0

/* SPI Control Register */
#define   SPIE      7
#define   SPE       6
#define   DORD      5
#define   MSTR      4
#define   CPOL      3
```

```
#define   CPHA      2
#define   SPR1      1
#define   SPR0      0

/* Analog Comparator Control and Status Register */
#define   ACD       7
#define   ACBG      6
#define   ACO       5
#define   ACI       4
#define   ACIE      3
#define   ACIC      2
#define   ACIS1     1
#define   ACIS0     0

/* ADC Multiplexer Selection Register */
#define   REFS1     7
#define   REFS0     6
#define   ADLAR     5
#define   MUX4      4
#define   MUX3      3
#define   MUX2      2
#define   MUX1      1
#define   MUX0      0

/* ADC Control and Status Register */
#define   ADEN      7
#define   ADSC      6
#define   ADFR      5
#define   ADIF      4
#define   ADIE      3
#define   ADPS2     2
#define   ADPS1     1
#define   ADPS0     0

/* Data Register, Port E */
#define   PE7       7
#define   PE6       6
#define   PE5       5
#define   PE4       4
```

```
#define   PE3      3
#define   PE2      2
#define   PE1      1
#define   PE0      0

/* Data Register, Port E */
#define   PORTE7   7
#define   PORTE6   6
#define   PORTE5   5
#define   PORTE4   4
#define   PORTE3   3
#define   PORTE2   2
#define   PORTE1   1
#define   PORTE0   0

/* Data Direction Register, Port E */
#define   DDE7     7
#define   DDE6     6
#define   DDE5     5
#define   DDE4     4
#define   DDE3     3
#define   DDE2     2
#define   DDE1     1
#define   DDE0     0

/* Input Pins, Port E */
#define   PINE7    7
#define   PINE6    6
#define   PINE5    5
#define   PINE4    4
#define   PINE3    3
#define   PINE2    2
#define   PINE1    1
#define   PINE0    0


/* Pointer definition */
#define   XL       r26
#define   XH       r27
```

```
#define   YL        r28
#define   YH        r29
#define   ZL        r30
#define   ZH        r31

/* Contants */
#define   RAMEND    0x10FF   /*Last On-Chip SRAM location*/
#define   XRAMEND   0xFFFF
#define   E2END     0x0FFF
#define   FLASHEND  0x1FFFF

#endif /* ENABLE_BIT_DEFINITIONS */
#endif /* __IOM128_H (define part) */
#endif /* __IOM128_H (SFR part) */
```

부록 03 데이터시트

1. MCU: ATmega128(L)

Features

- High-performance, Low-power Atmel®AVR®8-bit Microcontroller
- Advanced RISC Architecture
  - 133 Powerful Instructions – Most Single Clock Cycle Execution
  - 32 x 8 General Purpose Working Registers + Peripheral Control Registers
  - Fully Static Operation
  - Up to 16MIPS Throughput at 16MHz
  - On-chip 2-cycle Multiplier
- High Endurance Non-volatile Memory segments
  - 128Kbytes of In-System Self-programmable Flash program memory
  - 4Kbytes EEPROM
  - 4Kbytes Internal SRAM
  - Write/Erase cycles: 10,000 Flash/100,000 EEPROM
  - Data retention: 20 years at 85°C/100 years at 25°C[1]
  - Optional Boot Code Section with Independent Lock Bits
    In-System Programming by On-chip Boot Program
    True Read-While-Write Operation
  - Up to 64Kbytes Optional External Memory Space
  - Programming Lock for Software Security
  - SPI Interface for In-System Programming
- QTouch® library support
  - Capacitive touch buttons, sliders and wheels
  - QTouch and QMatrix acquisition
  - Up to 64 sense channels
- JTAG (IEEE std. 1149.1 Compliant) Interface
  - Boundary-scan Capabilities According to the JTAG Standard
  - Extensive On-chip Debug Support
  - Programming of Flash, EEPROM, Fuses and Lock Bits through the JTAG Interface
- Peripheral Features
  - Two 8-bit Timer/Counters with Separate Prescalers and Compare Modes
  - Two Expanded 16-bit Timer/Counters with Separate Prescaler, Compare Mode and Capture Mode
  - Real Time Counter with Separate Oscillator
  - Two 8-bit PWM Channels
  - 6 PWM Channels with Programmable Resolution from 2 to 16 Bits
  - Output Compare Modulator
  - 8-channel, 10-bit ADC
    8 Single-ended Channels
    7 Differential Channels
    2 Differential Channels with Programmable Gain at 1x, 10x, or 200x
  - Byte-oriented Two-wire Serial Interface
  - Dual Programmable Serial USARTs
  - Master/Slave SPI Serial Interface
  - Programmable Watchdog Timer with On-chip Oscillator
  - On-chip Analog Comparator
- Special Microcontroller Features
  - Power-on Reset and Programmable Brown-out Detection
  - Internal Calibrated RC Oscillator
  - External and Internal Interrupt Sources
  - Six Sleep Modes: Idle, ADC Noise Reduction, Power-save, Power-down, Standby, and Extended Standby
  - Software Selectable Clock Frequency
  - ATmega103 Compatibility Mode Selected by a Fuse
  - Global Pull-up Disable
- I/O and Packages
  - 53 Programmable I/O Lines
  - 64-lead TQFP and 64-pad QFN/MLF
- Operating Voltages
  - 2.7 - 5.5V ATmega128L
  - 4.5 - 5.5V ATmega128
- Speed Grades
  - 0 - 8MHz ATmega128L
  - 0 - 16MHz ATmega128

8-bit Atmel Microcontroller with 128KBytes In-System Programmable Flash

ATmega128 ATmega128L

Summary

Rev. 2467XS–AVR–06/11

Pin Configurations

Figure 1. Pinout ATmega128

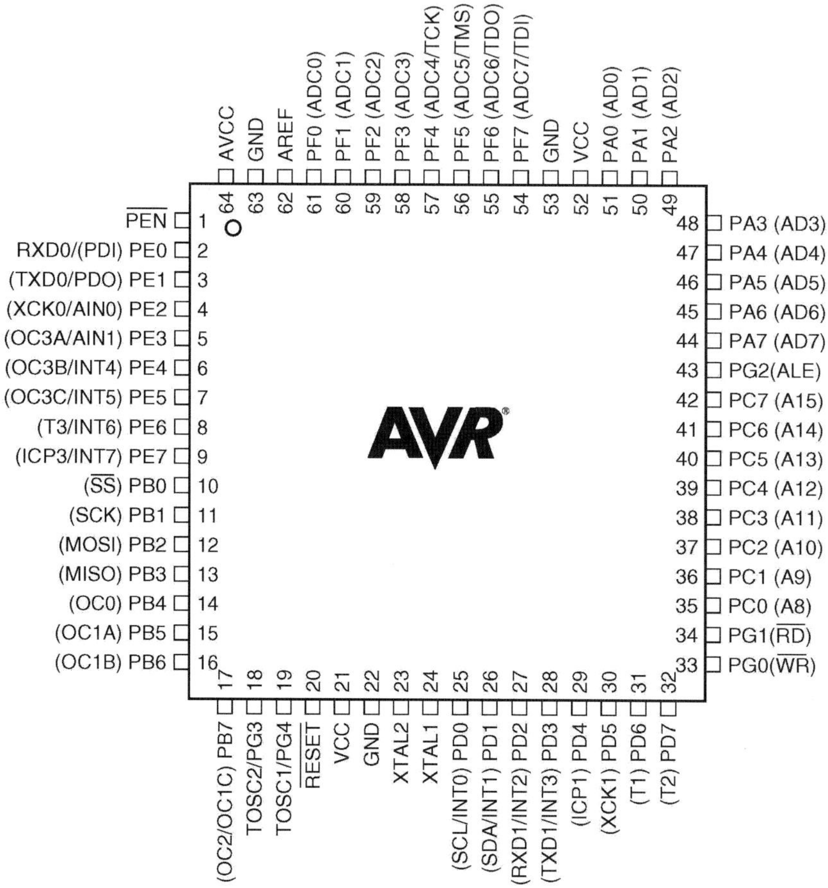

Note: The Pinout figure applies to both TQFP and MLF packages. The bottom pad under the QFN/MLF package should be soldered to ground.

Overview

The Atmel® AVR® ATmega128 is a low-power CMOS 8-bit microcontroller based on the AVR enhanced RISC architecture. By executing powerful instructions in a single clock cycle, the ATmega128 achieves throughputs approaching 1MIPS per MHz allowing the system designer to optimize power consumption versus processing speed.

Block Diagram

Figure 2. Block Diagram

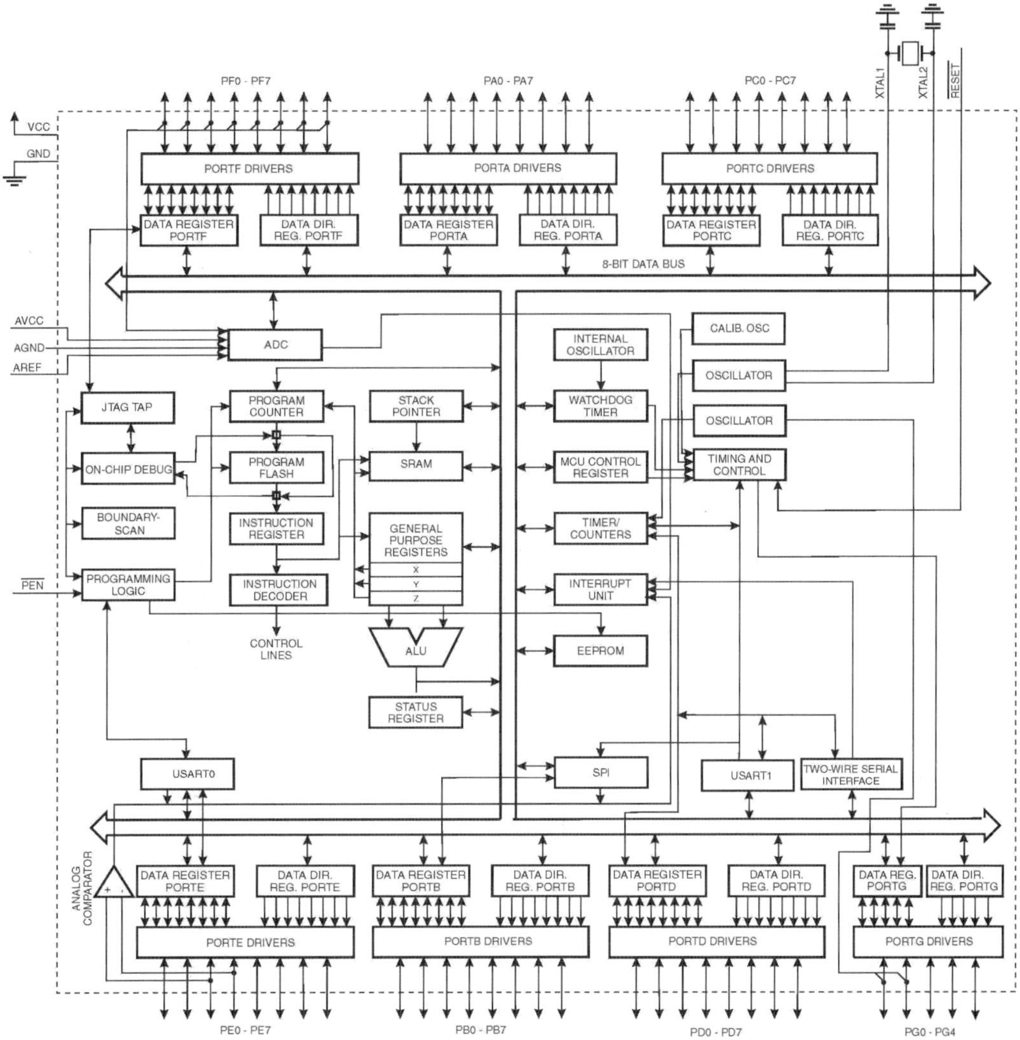

The Atmel® AVR® core combines a rich instruction set with 32 general purpose working registers. All the 32 registers are directly connected to the Arithmetic Logic Unit (ALU), allowing two independent registers to be accessed in one single instruction executed in one clock cycle. The resulting architecture is more code efficient while achieving throughputs up to ten times faster than conventional CISC microcontrollers.

The ATmega128 provides the following features: 128Kbytes of In-System Programmable Flash with Read-While-Write capabilities, 4Kbytes EEPROM, 4Kbytes SRAM, 53 general purpose I/O lines, 32 general purpose working registers, Real Time Counter (RTC), four flexible Timer/Counters with compare modes and PWM, 2 USARTs, a byte oriented Two-wire Serial Interface, an 8-channel, 10-bit ADC with optional differential input stage with programmable gain, programmable Watchdog Timer with Internal Oscillator, an SPI serial port, IEEE std. 1149.1 compliant JTAG test interface, also used for accessing the On-chip Debug system and programming and six software selectable power saving modes. The Idle mode stops the CPU while allowing the SRAM, Timer/Counters, SPI port, and interrupt system to continue functioning. The Power-down mode saves the register contents but freezes the Oscillator, disabling all other chip functions until the next interrupt or Hardware Reset. In Power-save mode, the asynchronous timer continues to run, allowing the user to maintain a timer base while the rest of the device is sleeping. The ADC Noise Reduction mode stops the CPU and all I/O modules except Asynchronous Timer and ADC, to minimize switching noise during ADC conversions. In Standby mode, the Crystal/Resonator Oscillator is running while the rest of the device is sleeping. This allows very fast start-up combined with low power consumption. In Extended Standby mode, both the main Oscillator and the Asynchronous Timer continue to run.

Atmel offers the QTouch® library for embedding capacitive touch buttons, sliders and wheels functionality into AVR microcontrollers. The patented charge-transfer signal acquisition offers robust sensing and includes fully debounced reporting of touch keys and includes Adjacent Key Suppression® (AKS™) technology for unambiguous detection of key events. The easy-to-use QTouch Suite toolchain allows you to explore, develop and debug your own touch applications.

The device is manufactured using Atmel's high-density nonvolatile memory technology. The On-chip ISP Flash allows the program memory to be reprogrammed in-system through an SPI serial interface, by a conventional nonvolatile memory programmer, or by an On-chip Boot program running on the AVR core. The boot program can use any interface to download the application program in the application Flash memory. Software in the Boot Flash section will continue to run while the Application Flash section is updated, providing true Read-While-Write operation. By combining an 8-bit RISC CPU with In-System Self-Programmable Flash on a monolithic chip, the Atmel ATmega128 is a powerful microcontroller that provides a highly flexible and cost effective solution to many embedded control applications.

The ATmega128 device is supported with a full suite of program and system development tools including: C compilers, macro assemblers, program debugger/simulators, in-circuit emulators, and evaluation kits.

ATmega103 and ATmega128 Compatibility

The ATmega128 is a highly complex microcontroller where the number of I/O locations supersedes the 64 I/O locations reserved in the AVR instruction set. To ensure backward compatibility with the ATmega103, all I/O locations present in ATmega103 have the same location in ATmega128. Most additional I/O locations are added in an Extended I/O space starting from $60 to $FF, (i.e., in the ATmega103 internal RAM space). These locations can be reached by using LD/LDS/LDD and ST/STS/STD instructions only, not by using IN and OUT instructions. The relocation of the internal RAM space may still be a problem for ATmega103 users. Also, the increased number of interrupt vectors might be a problem if the code uses absolute addresses. To solve these problems, an ATmega103 compatibility mode can be selected by programming the fuse M103C. In this mode, none of the functions in the Extended I/O space are in use, so the internal RAM is located as in ATmega103. Also, the Extended Interrupt vectors are removed.

The ATmega128 is 100% pin compatible with ATmega103, and can replace the ATmega103 on current Printed Circuit Boards. The application note "Replacing ATmega103 by ATmega128" describes what the user should be aware of replacing the ATmega103 by an ATmega128.

ATmega103 Compatibility Mode

By programming the M103C fuse, the Atmel®ATmega128 will be compatible with the ATmega103 regards to RAM, I/O pins and interrupt vectors as described above. However, some new features in ATmega128 are not available in this compatibility mode, these features are listed below:

- One USART instead of two, Asynchronous mode only. Only the eight least significant bits of the Baud Rate Register is available.
- One 16 bits Timer/Counter with two compare registers instead of two 16-bit Timer/Counters with three compare registers.
- Two-wire serial interface is not supported.
- Port C is output only.
- Port G serves alternate functions only (not a general I/O port).
- Port F serves as digital input only in addition to analog input to the ADC.
- Boot Loader capabilities is not supported.
- It is not possible to adjust the frequency of the internal calibrated RC Oscillator.
- The External Memory Interface can not release any Address pins for general I/O, neither configure different wait-states to different External Memory Address sections.

In addition, there are some other minor differences to make it more compatible to ATmega103:

- Only EXTRF and PORF exists in MCUCSR.
- Timed sequence not required for Watchdog Time-out change.
- External Interrupt pins 3 - 0 serve as level interrupt only.
- USART has no FIFO buffer, so data overrun comes earlier.

Unused I/O bits in ATmega103 should be written to 0 to ensure same operation in ATmega128.

Pin Descriptions

VCC

Digital supply voltage.

GND

Ground.

Port A (PA7..PA0)

Port A is an 8-bit bi-directional I/O port with internal pull-up resistors (selected for each bit). The Port A output buffers have symmetrical drive characteristics with both high sink and source capability. As inputs, Port A pins that are externally pulled low will source current if the pull-up resistors are activated. The Port A pins are tri-stated when a reset condition becomes active, even if the clock is not running.

Port A also serves the functions of various special features of the ATmega128 as listed on page 72.

Port B (PB7..PB0)

Port B is an 8-bit bi-directional I/O port with internal pull-up resistors (selected for each bit). The Port B output buffers have symmetrical drive characteristics with both high sink and source capability. As inputs, Port B pins that are externally pulled low will source current if the pull-up resistors are activated. The Port B pins are tri-stated when a reset condition becomes active, even if the clock is not running.

Port B also serves the functions of various special features of the ATmega128 as listed on page 73.

Port C (PC7..PC0)

Port C is an 8-bit bi-directional I/O port with internal pull-up resistors (selected for each bit). The Port C output buffers have symmetrical drive characteristics with both high sink and source capability. As inputs, Port C pins that are externally pulled low will source current if the pull-up resistors are activated. The Port C pins are tri-stated when a reset condition becomes active, even if the clock is not running.

Port C also serves the functions of special features of the Atmel® AVR®ATmega128 as listed on page 76. In ATmega103 compatibility mode, Port C is output only, and the port C pins are not tri-stated when a reset condition becomes active.

Note: The ATmega128 is by default shipped in ATmega103 compatibility mode. Thus, if the parts are not programmed before they are put on the PCB, PORTC will be output during first power up, and until the ATmega103 compatibility mode is disabled.

Port D (PD7..PD0)

Port D is an 8-bit bi-directional I/O port with internal pull-up resistors (selected for each bit). The Port D output buffers have symmetrical drive characteristics with both high sink and source capability. As inputs, Port D pins that are externally pulled low will source current if the pull-up resistors are activated. The Port D pins are tri-stated when a reset condition becomes active, even if the clock is not running.

Port D also serves the functions of various special features of the ATmega128 as listed on page 77.

Port E (PE7..PE0)

Port E is an 8-bit bi-directional I/O port with internal pull-up resistors (selected for each bit). The Port E output buffers have symmetrical drive characteristics with both high sink and source capability. As inputs, Port E pins that are externally pulled low will source current if the pull-up resistors are activated. The Port E pins are tri-stated when a reset condition becomes active, even if the clock is not running.

Port E also serves the functions of various special features of the ATmega128 as listed on page 80.

Port F (PF7..PF0)

Port F serves as the analog inputs to the A/D Converter.

Port F also serves as an 8-bit bi-directional I/O port, if the A/D Converter is not used. Port pins can provide internal pull-up resistors (selected for each bit). The Port F output buffers have symmetrical drive characteristics with both high sink and source capability. As inputs, Port F pins that are externally pulled low will source current if the pull-up resistors are activated. The Port F pins are tri-stated when a reset condition becomes active, even if the clock is not running. If the JTAG interface is enabled, the pull-up resistors on pins PF7(TDI), PF5(TMS), and PF4(TCK) will be activated even if a Reset occurs.

The TDO pin is tri-stated unless TAP states that shift out data are entered.

Port F also serves the functions of the JTAG interface.

In ATmega103 compatibility mode, Port F is an input Port only.

Port G (PG4..PG0)

Port G is a 5-bit bi-directional I/O port with internal pull-up resistors (selected for each bit). The Port G output buffers have symmetrical drive characteristics with both high sink and source capability. As inputs, Port G pins that are externally pulled low will source current if the pull-up resistors are activated. The Port G pins are tri-stated when a reset condition becomes active, even if the clock is not running.

Port G also serves the functions of various special features.

The port G pins are tri-stated when a reset condition becomes active, even if the clock is not running.

In ATmega103 compatibility mode, these pins only serves as strobes signals to the external memory as well as input to the 32kHz Oscillator, and the pins are initialized to PG0 = 1, PG1 = 1, and PG2 = 0 asynchronously when a reset condition becomes active, even if the clock is not running. PG3 and PG4 are oscillator pins.

$\overline{\text{RESET}}$ Reset input. A low level on this pin for longer than the minimum pulse length will generate a reset, even if the clock is not running. The minimum pulse length is given in Table 19 on page 50. Shorter pulses are not guaranteed to generate a reset.

XTAL1 Input to the inverting Oscillator amplifier and input to the internal clock operating circuit.

XTAL2 Output from the inverting Oscillator amplifier.

AVCC AVCC is the supply voltage pin for Port F and the A/D Converter. It should be externally connected to V_{CC}, even if the ADC is not used. If the ADC is used, it should be connected to V_{CC} through a low-pass filter.

AREF AREF is the analog reference pin for the A/D Converter.

PEN PEN is a programming enable pin for the SPI Serial Programming mode, and is internally pulled high . By holding this pin low during a Power-on Reset, the device will enter the SPI Serial Programming mode. $\overline{\text{PEN}}$ has no function during normal operation.

Resources

A comprehensive set of development tools, application notes, and datasheets are available for download on http://www.atmel.com/avr.

Data Retention

Reliability Qualification results show that the projected data retention failure rate is much less than 1 PPM over 20 years at 85°C or 100 years at 25°C

About Code Examples

This datasheet contains simple code examples that briefly show how to use various parts of the device. These code examples assume that the part specific header file is included before compilation. Be aware that not all C compiler vendors include bit definitions in the header files and interrupt handling in C is compiler dependent. Please confirm with the C compiler documentation for more details.

For I/O registers located in extended I/O map, "IN", "OUT", "SBIS", "SBIC", "CBI", and "SBI" instructions must be replaced with instructions that allow access to extended I/O. Typically "LDS" and "STS" combined with "SBRS", "SBRC", "SBR", and "CBR".

Capacitive touch sensing

The Atmel QTouch Library provides a simple to use solution to realize touch sensitive interfaces on most Atmel AVR microcontrollers. The QTouch Library includes support for the QTouch and QMatrix acquisition methods.

Touch sensing can be added to any application by linking the appropriate Atmel QTouch Library for the AVR Microcontroller. This is done by using a simple set of APIs to define the touch channels and sensors, and then calling the touch sensing API's to retrieve the channel information and determine the touch sensor states.

The QTouch Library is FREE and downloadable from the Atmel website at the following location: www.atmel.com/qtouchlibrary. For implementation details and other information, refer to the Atmel QTouch Library User Guide - also available for download from the Atmel website.

Instruction Set Summary

Mnemonics	Operands	Description	Operation	Flags	#Clocks
ARITHMETIC AND LOGIC INSTRUCTIONS					
ADD	Rd, Rr	Add two Registers	Rd ← Rd + Rr	Z,C,N,V,H	1
ADC	Rd, Rr	Add with Carry two Registers	Rd ← Rd + Rr + C	Z,C,N,V,H	1
ADIW	Rdl,K	Add Immediate to Word	Rdh:Rdl ← Rdh:Rdl + K	Z,C,N,V,S	2
SUB	Rd, Rr	Subtract two Registers	Rd ← Rd - Rr	Z,C,N,V,H	1
SUBI	Rd, K	Subtract Constant from Register	Rd ← Rd - K	Z,C,N,V,H	1
SBC	Rd, Rr	Subtract with Carry two Registers	Rd ← Rd - Rr - C	Z,C,N,V,H	1
SBCI	Rd, K	Subtract with Carry Constant from Reg.	Rd ← Rd - K - C	Z,C,N,V,H	1
SBIW	Rdl,K	Subtract Immediate from Word	Rdh:Rdl ← Rdh:Rdl - K	Z,C,N,V,S	2
AND	Rd, Rr	Logical AND Registers	Rd ← Rd • Rr	Z,N,V	1
ANDI	Rd, K	Logical AND Register and Constant	Rd ← Rd • K	Z,N,V	1
OR	Rd, Rr	Logical OR Registers	Rd ← Rd v Rr	Z,N,V	1
ORI	Rd, K	Logical OR Register and Constant	Rd ← Rd v K	Z,N,V	1
EOR	Rd, Rr	Exclusive OR Registers	Rd ← Rd ⊕ Rr	Z,N,V	1
COM	Rd	One's Complement	Rd ← $FF − Rd	Z,C,N,V	1
NEG	Rd	Two's Complement	Rd ← $00 − Rd	Z,C,N,V,H	1
SBR	Rd,K	Set Bit(s) in Register	Rd ← Rd v K	Z,N,V	1
CBR	Rd,K	Clear Bit(s) in Register	Rd ← Rd • ($FF - K)	Z,N,V	1
INC	Rd	Increment	Rd ← Rd + 1	Z,N,V	1
DEC	Rd	Decrement	Rd ← Rd − 1	Z,N,V	1
TST	Rd	Test for Zero or Minus	Rd ← Rd • Rd	Z,N,V	1
CLR	Rd	Clear Register	Rd ← Rd ⊕ Rd	Z,N,V	1
SER	Rd	Set Register	Rd ← $FF	None	1
MUL	Rd, Rr	Multiply Unsigned	R1:R0 ← Rd x Rr	Z,C	2
MULS	Rd, Rr	Multiply Signed	R1:R0 ← Rd x Rr	Z,C	2
MULSU	Rd, Rr	Multiply Signed with Unsigned	R1:R0 ← Rd x Rr	Z,C	2
FMUL	Rd, Rr	Fractional Multiply Unsigned	R1:R0 ← (Rd x Rr) << 1	Z,C	2
FMULS	Rd, Rr	Fractional Multiply Signed	R1:R0 ← (Rd x Rr) << 1	Z,C	2
FMULSU	Rd, Rr	Fractional Multiply Signed with Unsigned	R1:R0 ← (Rd x Rr) << 1	Z,C	2
BRANCH INSTRUCTIONS					
RJMP	k	Relative Jump	PC ← PC + k + 1	None	2
IJMP		Indirect Jump to (Z)	PC ← Z	None	2
JMP	k	Direct Jump	PC ← k	None	3
RCALL	k	Relative Subroutine Call	PC ← PC + k + 1	None	3
ICALL		Indirect Call to (Z)	PC ← Z	None	3
CALL	k	Direct Subroutine Call	PC ← k	None	4
RET		Subroutine Return	PC ← STACK	None	4
RETI		Interrupt Return	PC ← STACK	I	4
CPSE	Rd,Rr	Compare, Skip if Equal	if (Rd = Rr) PC ← PC + 2 or 3	None	1 / 2 / 3
CP	Rd,Rr	Compare	Rd − Rr	Z, N,V,C,H	1
CPC	Rd,Rr	Compare with Carry	Rd − Rr − C	Z, N,V,C,H	1
CPI	Rd,K	Compare Register with Immediate	Rd − K	Z, N,V,C,H	1
SBRC	Rr, b	Skip if Bit in Register Cleared	if (Rr(b)=0) PC ← PC + 2 or 3	None	1 / 2 / 3
SBRS	Rr, b	Skip if Bit in Register is Set	if (Rr(b)=1) PC ← PC + 2 or 3	None	1 / 2 / 3
SBIC	P, b	Skip if Bit in I/O Register Cleared	if (P(b)=0) PC ← PC + 2 or 3	None	1 / 2 / 3
SBIS	P, b	Skip if Bit in I/O Register is Set	if (P(b)=1) PC ← PC + 2 or 3	None	1 / 2 / 3
BRBS	s, k	Branch if Status Flag Set	if (SREG(s) = 1) then PC←PC+k + 1	None	1 / 2
BRBC	s, k	Branch if Status Flag Cleared	if (SREG(s) = 0) then PC←PC+k + 1	None	1 / 2
BREQ	k	Branch if Equal	if (Z = 1) then PC ← PC + k + 1	None	1 / 2
BRNE	k	Branch if Not Equal	if (Z = 0) then PC ← PC + k + 1	None	1 / 2
BRCS	k	Branch if Carry Set	if (C = 1) then PC ← PC + k + 1	None	1 / 2
BRCC	k	Branch if Carry Cleared	if (C = 0) then PC ← PC + k + 1	None	1 / 2
BRSH	k	Branch if Same or Higher	if (C = 0) then PC ← PC + k + 1	None	1 / 2
BRLO	k	Branch if Lower	if (C = 1) then PC ← PC + k + 1	None	1 / 2
BRMI	k	Branch if Minus	if (N = 1) then PC ← PC + k + 1	None	1 / 2
BRPL	k	Branch if Plus	if (N = 0) then PC ← PC + k + 1	None	1 / 2
BRGE	k	Branch if Greater or Equal, Signed	if (N ⊕ V= 0) then PC ← PC + k + 1	None	1 / 2
BRLT	k	Branch if Less Than Zero, Signed	if (N ⊕ V= 1) then PC ← PC + k + 1	None	1 / 2
BRHS	k	Branch if Half Carry Flag Set	if (H = 1) then PC ← PC + k + 1	None	1 / 2
BRHC	k	Branch if Half Carry Flag Cleared	if (H = 0) then PC ← PC + k + 1	None	1 / 2
BRTS	k	Branch if T Flag Set	if (T = 1) then PC ← PC + k + 1	None	1 / 2
BRTC	k	Branch if T Flag Cleared	if (T = 0) then PC ← PC + k + 1	None	1 / 2
BRVS	k	Branch if Overflow Flag is Set	if (V = 1) then PC ← PC + k + 1	None	1 / 2
BRVC	k	Branch if Overflow Flag is Cleared	if (V = 0) then PC ← PC + k + 1	None	1 / 2

Instruction Set Summary (Continued)

Mnemonics	Operands	Description	Operation	Flags	#Clocks
BRIE	k	Branch if Interrupt Enabled	if (I = 1) then PC ← PC + k + 1	None	1 / 2
BRID	k	Branch if Interrupt Disabled	if (I = 0) then PC ← PC + k + 1	None	1 / 2
DATA TRANSFER INSTRUCTIONS					
MOV	Rd, Rr	Move Between Registers	Rd ← Rr	None	1
MOVW	Rd, Rr	Copy Register Word	Rd+1:Rd ← Rr+1:Rr	None	1
LDI	Rd, K	Load Immediate	Rd ← K	None	1
LD	Rd, X	Load Indirect	Rd ← (X)	None	2
LD	Rd, X+	Load Indirect and Post-Inc.	Rd ← (X), X ← X + 1	None	2
LD	Rd, - X	Load Indirect and Pre-Dec.	X ← X - 1, Rd ← (X)	None	2
LD	Rd, Y	Load Indirect	Rd ← (Y)	None	2
LD	Rd, Y+	Load Indirect and Post-Inc.	Rd ← (Y), Y ← Y + 1	None	2
LD	Rd, - Y	Load Indirect and Pre-Dec.	Y ← Y - 1, Rd ← (Y)	None	2
LDD	Rd,Y+q	Load Indirect with Displacement	Rd ← (Y + q)	None	2
LD	Rd, Z	Load Indirect	Rd ← (Z)	None	2
LD	Rd, Z+	Load Indirect and Post-Inc.	Rd ← (Z), Z ← Z+1	None	2
LD	Rd, -Z	Load Indirect and Pre-Dec.	Z ← Z - 1, Rd ← (Z)	None	2
LDD	Rd, Z+q	Load Indirect with Displacement	Rd ← (Z + q)	None	2
LDS	Rd, k	Load Direct from SRAM	Rd ← (k)	None	2
ST	X, Rr	Store Indirect	(X) ← Rr	None	2
ST	X+, Rr	Store Indirect and Post-Inc.	(X) ← Rr, X ← X + 1	None	2
ST	- X, Rr	Store Indirect and Pre-Dec.	X ← X - 1, (X) ← Rr	None	2
ST	Y, Rr	Store Indirect	(Y) ← Rr	None	2
ST	Y+, Rr	Store Indirect and Post-Inc.	(Y) ← Rr, Y ← Y + 1	None	2
ST	- Y, Rr	Store Indirect and Pre-Dec.	Y ← Y - 1, (Y) ← Rr	None	2
STD	Y+q,Rr	Store Indirect with Displacement	(Y + q) ← Rr	None	2
ST	Z, Rr	Store Indirect	(Z) ← Rr	None	2
ST	Z+, Rr	Store Indirect and Post-Inc.	(Z) ← Rr, Z ← Z + 1	None	2
ST	-Z, Rr	Store Indirect and Pre-Dec.	Z ← Z - 1, (Z) ← Rr	None	2
STD	Z+q,Rr	Store Indirect with Displacement	(Z + q) ← Rr	None	2
STS	k, Rr	Store Direct to SRAM	(k) ← Rr	None	2
LPM		Load Program Memory	R0 ← (Z)	None	3
LPM	Rd, Z	Load Program Memory	Rd ← (Z)	None	3
LPM	Rd, Z+	Load Program Memory and Post-Inc	Rd ← (Z), Z ← Z+1	None	3
ELPM		Extended Load Program Memory	R0 ← (RAMPZ:Z)	None	3
ELPM	Rd, Z	Extended Load Program Memory	Rd ← (RAMPZ:Z)	None	3
ELPM	Rd, Z+	Extended Load Program Memory and Post-Inc	Rd ← (RAMPZ:Z), RAMPZ:Z ← RAMPZ:Z+1	None	3
SPM		Store Program Memory	(Z) ← R1:R0	None	-
IN	Rd, P	In Port	Rd ← P	None	1
OUT	P, Rr	Out Port	P ← Rr	None	1
PUSH	Rr	Push Register on Stack	STACK ← Rr	None	2
POP	Rd	Pop Register from Stack	Rd ← STACK	None	2
BIT AND BIT-TEST INSTRUCTIONS					
SBI	P,b	Set Bit in I/O Register	I/O(P,b) ← 1	None	2
CBI	P,b	Clear Bit in I/O Register	I/O(P,b) ← 0	None	2
LSL	Rd	Logical Shift Left	Rd(n+1) ← Rd(n), Rd(0) ← 0	Z,C,N,V	1
LSR	Rd	Logical Shift Right	Rd(n) ← Rd(n+1), Rd(7) ← 0	Z,C,N,V	1
ROL	Rd	Rotate Left Through Carry	Rd(0)←C,Rd(n+1)← Rd(n),C←Rd(7)	Z,C,N,V	1
ROR	Rd	Rotate Right Through Carry	Rd(7)←C,Rd(n)← Rd(n+1),C←Rd(0)	Z,C,N,V	1
ASR	Rd	Arithmetic Shift Right	Rd(n) ← Rd(n+1), n=0..6	Z,C,N,V	1
SWAP	Rd	Swap Nibbles	Rd(3..0)←Rd(7..4),Rd(7..4)←Rd(3..0)	None	1
BSET	s	Flag Set	SREG(s) ← 1	SREG(s)	1
BCLR	s	Flag Clear	SREG(s) ← 0	SREG(s)	1
BST	Rr, b	Bit Store from Register to T	T ← Rr(b)	T	1
BLD	Rd, b	Bit load from T to Register	Rd(b) ← T	None	1
SEC		Set Carry	C ← 1	C	1
CLC		Clear Carry	C ← 0	C	1
SEN		Set Negative Flag	N ← 1	N	1
CLN		Clear Negative Flag	N ← 0	N	1
SEZ		Set Zero Flag	Z ← 1	Z	1
CLZ		Clear Zero Flag	Z ← 0	Z	1
SEI		Global Interrupt Enable	I ← 1	I	1
CLI		Global Interrupt Disable	I ← 0	I	1
SES		Set Signed Test Flag	S ← 1	S	1
CLS		Clear Signed Test Flag	S ← 0	S	1

Instruction Set Summary (Continued)

Mnemonics	Operands	Description	Operation	Flags	#Clocks
SEV		Set Twos Complement Overflow.	$V \leftarrow 1$	V	1
CLV		Clear Twos Complement Overflow	$V \leftarrow 0$	V	1
SET		Set T in SREG	$T \leftarrow 1$	T	1
CLT		Clear T in SREG	$T \leftarrow 0$	T	1
SEH		Set Half Carry Flag in SREG	$H \leftarrow 1$	H	1
CLH		Clear Half Carry Flag in SREG	$H \leftarrow 0$	H	1
MCU CONTROL INSTRUCTIONS					
NOP		No Operation		None	1
SLEEP		Sleep	(see specific descr. for Sleep function)	None	1
WDR		Watchdog Reset	(see specific descr. for WDR/timer)	None	1
BREAK		Break	For On-chip Debug Only	None	N/A

Ordering Information

Speed (MHz)	Power Supply	Ordering Code[1]	Package[2]	Operation Range
8	2.7 – 5.5V	ATmega128L-8AU ATmega128L-8AUR[3] ATmega128L-8MU ATmega128L-8MUR[3]	64A 64A 64M1 64M1	Industrial (-40°C to 85°C)
16	4.5 – 5.5V	ATmega128-16AU ATmega128-16AUR[3] ATmega128-16MU ATmega128-16MUR[3]	64A 64A 64M1 64M1	
8	3.0 – 5.5V	ATmega128L–8AN ATmega128L–8ANR[3] ATmega128L–8MN ATmega128L–8MNR[3]	64A 64A 64M1 64M1	Extended (-40°C to 105°C)
16	4.5 – 5.5V	ATmega128–16AN ATmega128–16ANR[3] ATmega128–16MN ATmega128–16MNR[3]	64A 64A 64M1 64M1	

Notes: 1. Pb-free packaging complies to the European Directive for Restriction of Hazardous Substances (RoHS directive). Also Halide free and fully Green.
2. The device can also be supplied in wafer form. Please contact your local Atmel sales office for detailed ordering information and minimum quantities.
3. Tape and Reel

Package Type	
64A	64-lead, 14 x 14 x 1.0mm, Thin Profile Plastic Quad Flat Package (TQFP)
64M1	64-pad, 9 x 9 x 1.0mm, Quad Flat No-Lead/Micro Lead Frame Package (QFN/MLF)

Packaging Information

64A

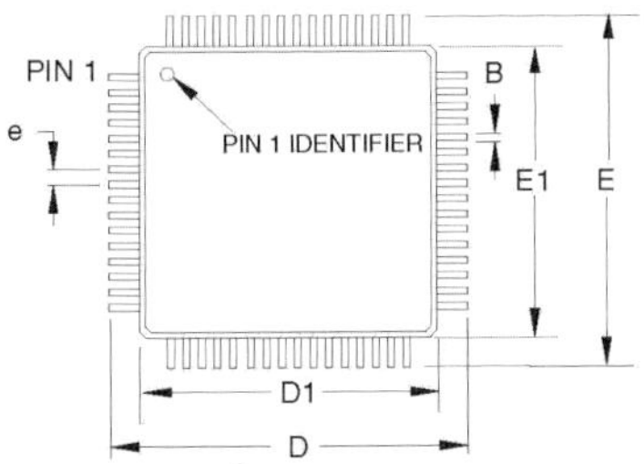

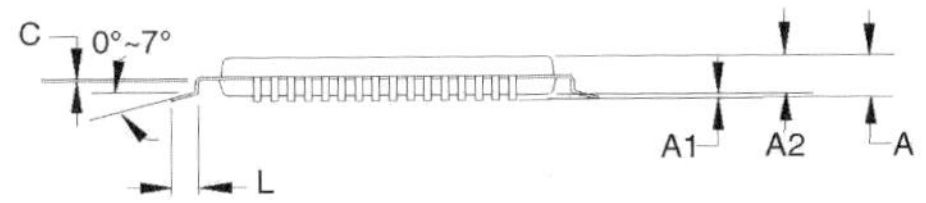

COMMON DIMENSIONS
(Unit of Measure = mm)

SYMBOL	MIN	NOM	MAX	NOTE
A	–	–	1.20	
A1	0.05	–	0.15	
A2	0.95	1.00	1.05	
D	15.75	16.00	16.25	
D1	13.90	14.00	14.10	Note 2
E	15.75	16.00	16.25	
E1	13.90	14.00	14.10	Note 2
B	0.30	–	0.45	
C	0.09	–	0.20	
L	0.45	–	0.75	
e	0.80 TYP			

Notes:
1. This package conforms to JEDEC reference MS-026, Variation AEB.
2. Dimensions D1 and E1 do not include mold protrusion. Allowable protrusion is 0.25 mm per side. Dimensions D1 and E1 are maximum plastic body size dimensions including mold mismatch.
3. Lead coplanarity is 0.10 mm maximum.

2010-10-20

ATMEL 2325 Orchard Parkway San Jose, CA 95131	TITLE **64A,** 64-lead, 14 x 14 mm Body Size, 1.0 mm Body Thickness, 0.8 mm Lead Pitch, Thin Profile Plastic Quad Flat Package (TQFP)	DRAWING NO. 64A	REV. C

64M1

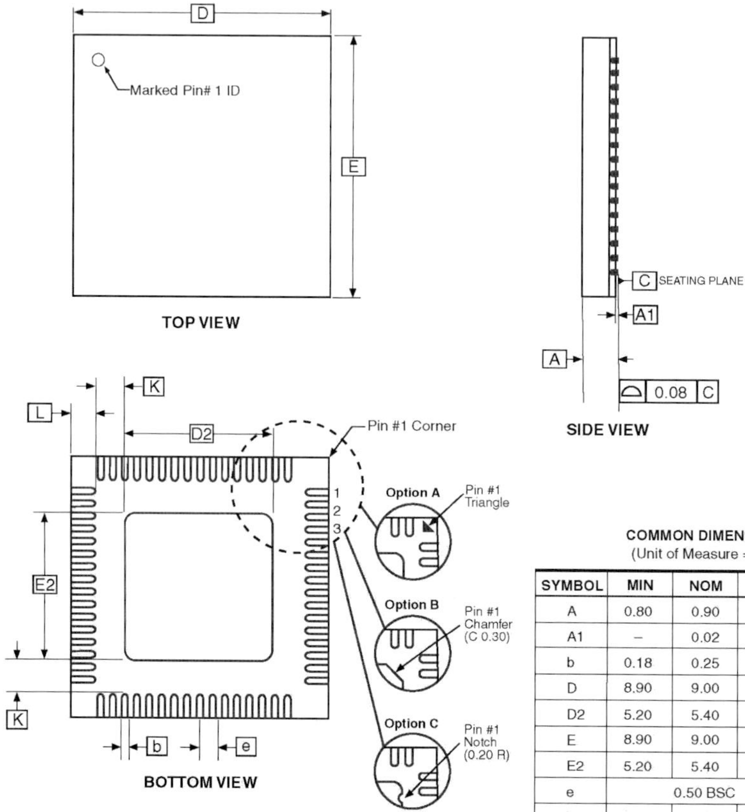

COMMON DIMENSIONS
(Unit of Measure = mm)

SYMBOL	MIN	NOM	MAX	NOTE
A	0.80	0.90	1.00	
A1	–	0.02	0.05	
b	0.18	0.25	0.30	
D	8.90	9.00	9.10	
D2	5.20	5.40	5.60	
E	8.90	9.00	9.10	
E2	5.20	5.40	5.60	
e		0.50 BSC		
L	0.35	0.40	0.45	
K	1.25	1.40	1.55	

Notes:
1. JEDEC Standard MO-220, (SAW Singulation) Fig. 1, VMMD.
2. Dimension and tolerance conform to ASMEY14.5M-1994.

2010-10-19

ATMEL 2325 Orchard Parkway San Jose, CA 95131	TITLE **64M1**, 64-pad, 9 x 9 x 1.0 mm Body, Lead Pitch 0.50 mm, 5.40 mm Exposed Pad, Micro Lead Frame Package (MLF)	DRAWING NO. 64M1	REV. H

2. BCD-to-7SEGMENT Decoder: 74LS47

FAIRCHILD
SEMICONDUCTOR™

October 1988
Revised March 2000

DM74LS47
BCD to 7-Segment Decoder/Driver with Open-Collector Outputs

General Description

The DM74LS47 accepts four lines of BCD (8421) input data, generates their complements internally and decodes the data with seven AND/OR gates having open-collector outputs to drive indicator segments directly. Each segment output is guaranteed to sink 24 mA in the ON (LOW) state and withstand 15V in the OFF (HIGH) state with a maximum leakage current of 250 μA. Auxiliary inputs provided blanking, lamp test and cascadable zero-suppression functions.

Features

- Open-collector outputs
- Drive indicator segments directly
- Cascadable zero-suppression capability
- Lamp test input

Ordering Code:

Order Number	Package Number	Package Description
DM74LS47M	M16A	16-Lead Small Outline Integrated Circuit (SOIC), JEDEC MS-012, 0.150 Narrow
DM74LS47N	N16E	16-Lead Plastic Dual-In-Line Package (PDIP), JEDEC MS-001, 0.300 Wide

Devices also available in Tape and Reel. Specify by appending the suffix letter “X” to the ordering code.

Logic Symbol

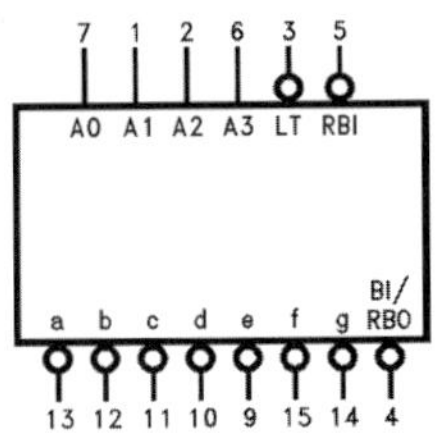

V_{CC} = Pin 16
GND = Pin 8

Connection Diagram

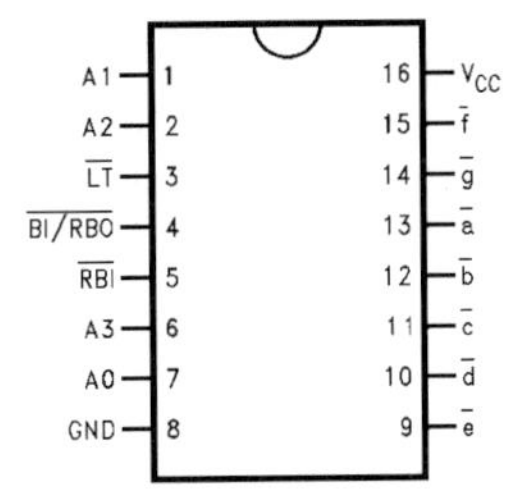

Pin Descriptions

Pin Names	Description
A0–A3	BCD Inputs
$\overline{RBI}$	Ripple Blanking Input (Active LOW)
$\overline{LT}$	Lamp Test Input (Active LOW)
$\overline{BI}/\overline{RBO}$	Blanking Input (Active LOW) or Ripple Blanking Output (Active LOW)
$\overline{a}$ – $\overline{g}$	Segment Outputs (Active LOW) (Note 1)

Note 1: OC—Open Collector

 DS009817 www.fairchildsemi.com

Truth Table

Decimal or Function	Inputs							Outputs							Note
	$\overline{\text{LT}}$	$\overline{\text{RBI}}$	A3	A2	A1	A0	$\overline{\text{BI}}/\overline{\text{RBO}}$	$\bar{a}$	$\bar{b}$	$\bar{c}$	$\bar{d}$	$\bar{e}$	$\bar{f}$	$\bar{g}$	
0	H	H	L	L	L	L	H	L	L	L	L	L	L	H	(Note 2)
1	H	X	L	L	L	H	H	H	L	L	H	H	H	H	(Note 2)
2	H	X	L	L	H	L	H	L	L	H	L	L	H	L	
3	H	X	L	L	H	H	H	L	L	L	L	H	H	L	
4	H	X	L	H	L	L	H	H	L	L	H	H	L	L	
5	H	X	L	H	L	H	H	L	H	L	L	H	L	L	
6	H	X	L	H	H	L	H	H	H	L	L	L	L	L	
7	H	X	L	H	H	H	H	L	L	L	H	H	H	H	
8	H	X	H	L	L	L	H	L	L	L	L	L	L	L	
9	H	X	H	L	L	H	H	L	L	L	H	H	L	L	
10	H	X	H	L	H	L	H	H	H	H	L	L	H	L	
11	H	X	H	L	H	H	H	H	H	L	L	H	H	L	
12	H	X	H	H	L	L	H	H	L	H	H	H	L	L	
13	H	X	H	H	L	H	H	L	H	H	L	H	L	L	
14	H	X	H	H	H	L	H	H	H	H	L	L	L	L	
15	H	X	H	H	H	H	H	H	H	H	H	H	H	H	
$\overline{\text{BI}}$	X	X	X	X	X	X	L	H	H	H	H	H	H	H	(Note 3)
$\overline{\text{RBI}}$	H	L	L	L	L	L	L	H	H	H	H	H	H	H	(Note 4)
$\overline{\text{LT}}$	L	X	X	X	X	X	H	L	L	L	L	L	L	L	(Note 5)

Note 2: $\overline{\text{BI}}/\overline{\text{RBO}}$ is wire-AND logic serving as blanking input ($\overline{\text{BI}}$) and/or ripple-blanking output ($\overline{\text{RBO}}$). The blanking out ($\overline{\text{BI}}$) must be open or held at a HIGH level when output functions 0 through 15 are desired, and ripple-blanking input ($\overline{\text{RBI}}$) must be open or at a HIGH level if blanking or a decimal 0 is not desired. X = input may be HIGH or LOW.

Note 3: When a LOW level is applied to the blanking input (forced condition) all segment outputs go to a HIGH level regardless of the state of any other input condition.

Note 4: When ripple-blanking input ($\overline{\text{RBI}}$) and inputs A0, A1, A2 and A3 are LOW level, with the lamp test input at HIGH level, all segment outputs go to a HIGH level and the ripple-blanking output ($\overline{\text{RBO}}$) goes to a LOW level (response condition).

Note 5: When the blanking input/ripple-blanking output ($\overline{\text{BI}}/\overline{\text{RBO}}$) is OPEN or held at a HIGH level, and a LOW level is applied to lamp test input, all segment outputs go to a LOW level.

Functional Description

The DM74LS47 decodes the input data in the pattern indicated in the Truth Table and the segment identification illustration. If the input data is decimal zero, a LOW signal applied to the $\overline{\text{RBI}}$ blanks the display and causes a multi-digit display. For example, by grounding the $\overline{\text{RBI}}$ of the highest order decoder and connecting its $\overline{\text{BI}}/\overline{\text{RBO}}$ to $\overline{\text{RBI}}$ of the next lowest order decoder, etc., leading zeros will be suppressed. Similarly, by grounding $\overline{\text{RBI}}$ of the lowest order decoder and connecting its $\overline{\text{BI}}/\overline{\text{RBO}}$ to $\overline{\text{RBI}}$ of the next highest order decoder, etc., trailing zeros will be suppressed. Leading and trailing zeros can be suppressed simultaneously by using external gates, i.e.: by driving $\overline{\text{RBI}}$ of a intermediate decoder from an OR gate whose inputs are $\overline{\text{BI}}/\overline{\text{RBO}}$ of the next highest and lowest order decoders. $\overline{\text{BI}}/\overline{\text{RBO}}$ also serves as an unconditional blanking input. The internal NAND gate that generates the $\overline{\text{RBO}}$ signal has a resistive pull-up, as opposed to a totem pole, and thus $\overline{\text{BI}}/\overline{\text{RBO}}$ can be forced LOW by external means, using wired-collector logic. A LOW signal thus applied to $\overline{\text{BI}}/\overline{\text{RBO}}$ turns off all segment outputs. This blanking feature can be used to control display intensity by varying the duty cycle of the blanking signal. A LOW signal applied to $\overline{\text{LT}}$ turns on all segment outputs, provided that $\overline{\text{BI}}/\overline{\text{RBO}}$ is not forced LOW.

Logic Diagram

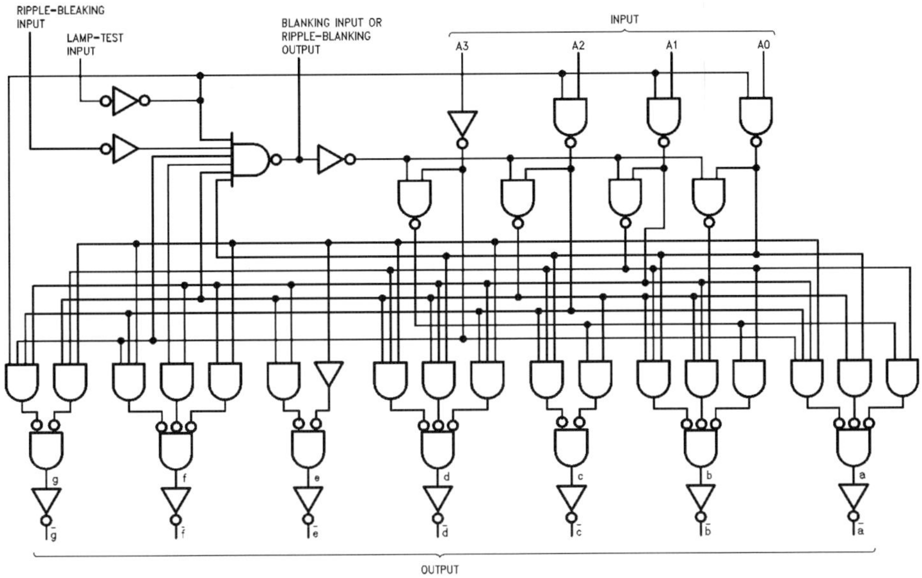

Numerical Designations—Resultant Displays

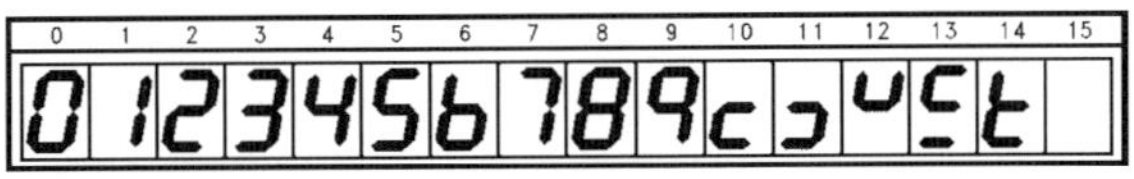

Absolute Maximum Ratings (Note 6)

Supply Voltage	7V
Input Voltage	7V
Operating Free Air Temperature Range	0°C to +70°C
Storage Temperature Range	−65°C to +150°C

Note 6: The "Absolute Maximum Ratings" are those values beyond which the safety of the device cannot be guaranteed. The device should not be operated at these limits. The parametric values defined in the Electrical Characteristics tables are not guaranteed at the absolute maximum ratings. The "Recommended Operating Conditions" table will define the conditions for actual device operation.

Recommended Operating Conditions

Symbol	Parameter	Min	Nom	Max	Units
V_{CC}	Supply Voltage	4.75	5	5.25	V
V_{IH}	HIGH Level Input Voltage	2			V
V_{IL}	LOW Level Input Voltage			0.8	V
I_{OH}	HIGH Level Output Current $\overline{a}-\overline{g}$ @ 15V = V_{OH} (Note 7)			−250	μA
I_{OH}	HIGH Level Output Current $\overline{BI}/\overline{RBO}$			−50	μA
I_{OL}	LOW Level Output Current			24	mA
T_A	Free Air Operating Temperature	0		70	°C

Note 7: OFF-State at $\overline{a}-\overline{g}$.

Electrical Characteristics

Over recommended operating free air temperature range (unless otherwise noted)

Symbol	Parameter	Conditions	Min	Typ (Note 8)	Max	Units
V_I	Input Clamp Voltage	V_{CC} = Min, I_I = −18 mA			−1.5	V
V_{OH}	HIGH Level Output Voltage	V_{CC} = Min, I_{OH} = Max, V_{IL} = Max, $\overline{BI}/\overline{RBO}$	2.7	3.4		V
I_{OFF}	Output HIGH Current Segment Outputs	V_{CC} = 5.5V, V_O = 15V $\overline{a}-\overline{g}$			250	μA
V_{OL}	LOW Level Output Voltage	V_{CC} = Min, I_{OL} = Max, V_{IH} = Min, $\overline{a}-\overline{g}$		0.35	0.5	V
		I_{OL} = 3.2 mA, $\overline{BI}/\overline{RBO}$			0.5	
		I_{OL} = 12 mA, $\overline{a}-\overline{g}$		0.25	0.4	
		I_{OL} = 1.6 mA, $\overline{BI}/\overline{RBO}$			0.4	
I_I	Input Current @ Max Input Voltage	V_{CC} = Max, V_I = 7V V_{CC} = Max, V_I = 10V			100	μA
I_{IH}	HIGH Level Input Current	V_{CC} = Max, V_I = 2.7V			20	μA
I_{IL}	LOW Level Input Current	V_{CC} = Max, V_I = 0.4V			−0.4	mA
I_{OS}	Short Circuit Output Current	V_{CC} = Max (Note 9), I_{OS} at $\overline{BI}/\overline{RBO}$	−0.3		−2.0	mA
I_{CC}	Supply Current	V_{CC} = Max			13	mA

Note 8: All typicals are at V_{CC} = 5V, T_A = 25°C.

Note 9: Not more than one output should be shorted at a time, and the duration should not exceed one second.

Switching Characteristics

at V_{CC} = +5.0V, T_A = +25°C

Symbol	Parameter	Conditions	R_L = 665Ω, C_L = 15 pF		Units
			Min	Max	
t_{PLH} t_{PHL}	Propagation Delay An to $\overline{a}-\overline{g}$			100 100	ns
t_{PLH} t_{PHL}	Propagation Delay $\overline{RBI}$ to $\overline{a}-\overline{g}$ (Note 10)			100 100	ns

Note 10: $\overline{LT}$ = HIGH, A0–A3 = LOW

Physical Dimensions inches (millimeters) unless otherwise noted

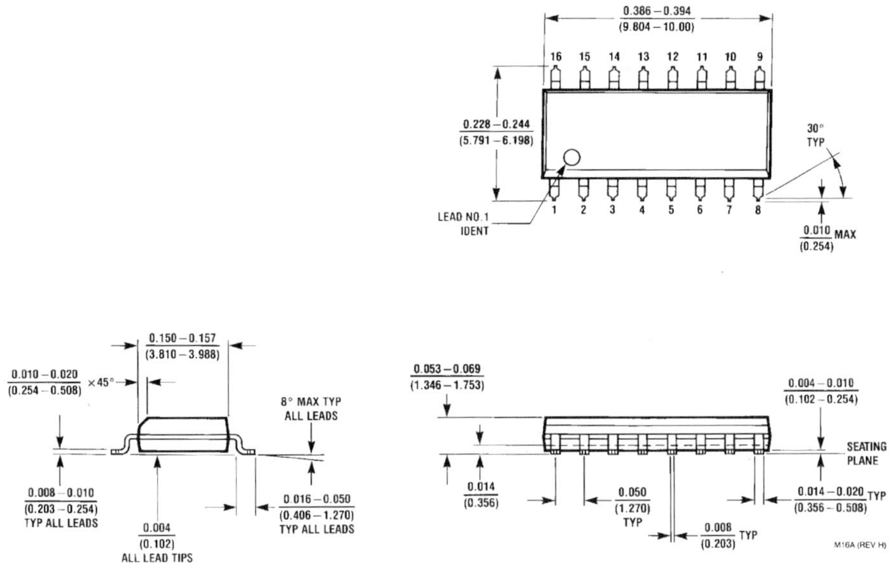

16-Lead Small Outline Integrated Circuit (SOIC), JEDEC MS-012, 0.150 Narrow Package Number M16A

Physical Dimensions inches (millimeters) unless otherwise noted (Continued)

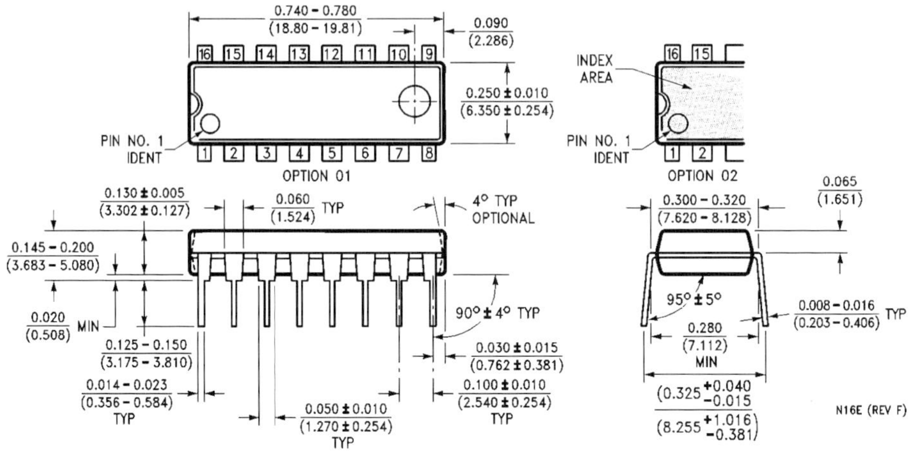

16-Lead Plastic Dual-In-Line Package (PDIP), JEDEC MS-001, 0.300 Wide
Package Number N16E

3. 2x16 Charactor LCD Module: LC1621-SMLYH6

1. BASIC SPECIFICATIONS

1.1 Features

Display Format	:	16 Characters X 2 Lines	
LCD Mode	:	STN—Yellow Green—Positive—Transmissive	
Driving Method	:	1/16 Duty, 1/5 Bias	
Viewing Direction	:	6:00	
Backlight	:	LED, yellow green color	
Outline Dimension	:	80.0(W) X 36.0(H) X 14.0(T)	mm
Viewing Area	:	64.6(W) X 16.0(H)	mm
Character Size	:	2.95 X 5.55	mm
Dot Size	:	0.55 X 0.65	mm
Weight	:	36	g
Controller	:	S6A0069 (KS066U)	

1.2 Block Diagram

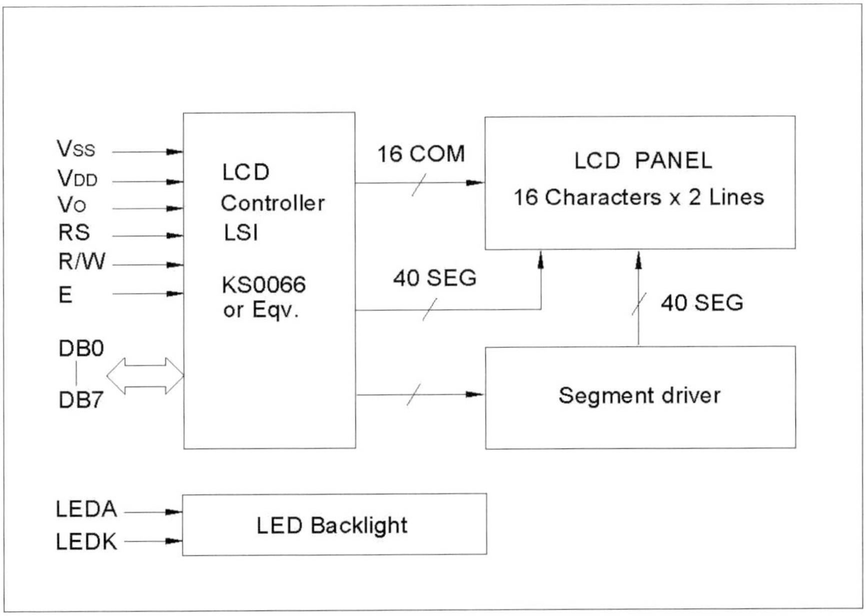

1.3 Terminal Functions

Pin No.	Symbol	Level	Function
1	VSS	0V	Ground
2	VDD	+5V	Power supply for logic
3	VO	--	Operating voltage for LCD (contrast adjusting)
4	RS	H/L	Register selection H: Display data L: Instruction code
5	R/W	H/L	Read/Write selection H: Read operation L: Write operation
6	E	H, H→L	Enable signal. Read data when E is "H", write data at the falling edge of E.
7	DB0	H/L	In 8-bit mode, used as low order bi-directional data bus. In 4-bit mode, open these terminals.
8	DB1	H/L	
9	DB2	H/L	
10	DB3	H/L	
11	DB4	H/L	In 8-bit mode, used as high order bi-directional data bus. In 4-bit mode, used as both high and low order data bus.
12	DB5	H/L	
13	DB6	H/L	
14	DB7	H/L	
15	LEDA	+5V	Power supply for LED backlight
16	LEDK	0V	Power supply for LED backlight

2. ABSOLUTE MAXIMUM RATINGS

Item	Symbol	Min.	Max.	Unit
Supply Voltage(Logic)	VDD-VSS	-0.3	7.0	V
Supply Voltage(LCD)	VDD-VO	-0.3	13.0	V
Input Voltage	VI	-0.3	VDD+0.3	V
Operating Temp.	Topr	-20	70	℃
Storage Temp.	Tstg	-30	80	℃

3. ELECTRICAL CHARACTERISTICS

3.1 DC Characteristics

(VDD=5.0V±10%, Ta=25℃)

Item	Symbol	Condition	Min.	Typ.	Max.	Unit
Supply Voltage (Logic)	VDD		4.5	5.0	5.5	V
Supply Voltage (LCD Drive)	VDD-VO		--	4.6	--	V
Input High Voltage	VIH		2.2	--	VDD	V
Input Low Voltage	VIL		-0.3	--	0.6	V
Output High Voltage	VOH	IOH=-0.2mA	2.4	--	VDD	V
Output Low Voltage	VOL	IOL=1.2mA	0	--	0.4	V
Supply Current (Logic)	IDD	VDD=5.0V	--	1.5	3.0	mA

3.2 Interface Timing Chart

(VDD=5.0V±10%, Ta=25℃)

Mode	Characteristic	Symbol	Min.	Typ.	Max.	Unit
Write Mode Refer to fig.1	E Cycle Time	t_C	500	--	--	ns
	E Rise/Fall Time	t_R, t_F	--	--	20	
	E Pulse Width (High,Low)	t_W	230	--	--	
	R/W and RS Setup Time	t_{SU1}	40	--	--	
	R/W and RS Hold Time	t_{H1}	10	--	--	
	Data Setup Time	t_{SU2}	80	--	--	
	Data Hold Time	t_{H2}	10	--	--	
Read Mode Refer to fig.2	E Cycle Time	t_C	500	--	--	ns
	E Rise/Fall Time	t_R, t_F	--	--	20	
	E Pulse Width (High,Low)	t_W	230	--		
	R/W and RS Setup Time	t_{SU}	40	--		
	R/W and RS Hold Time	t_H	10	--		
	Data Output Delay Time	t_D	--	--	120	
	Data Hold Time	t_{DH}	5	--	--	

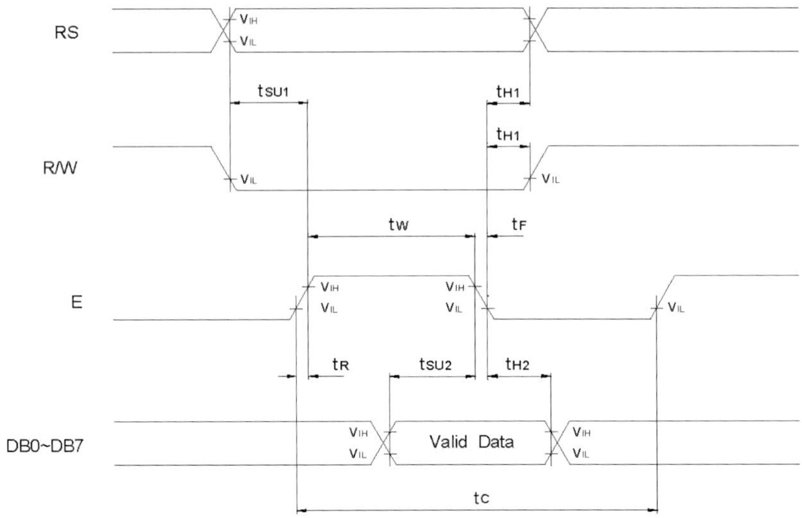

Fig.1 MPU Write Timing

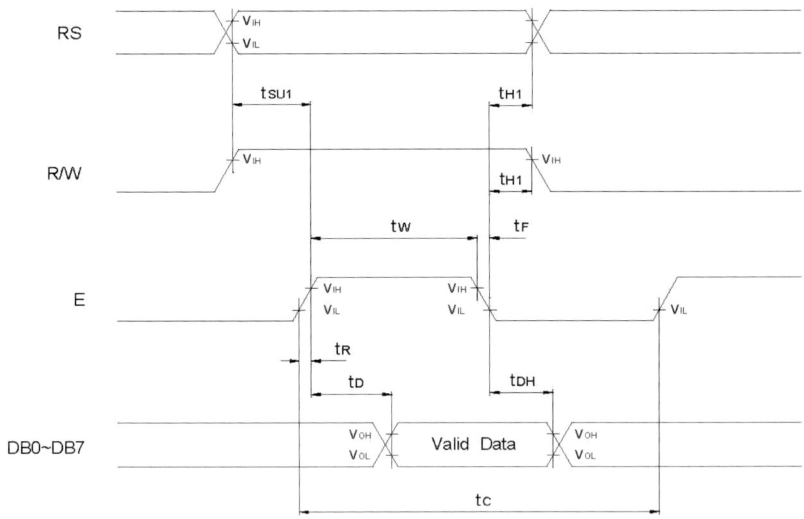

Fig.2 MPU Read Timing

3.3 LED Backlight Characteristics (Ta=25℃)

Item	Symbol	Condition	Min.	Typ.	Max.	Unit
Forward Voltage	Vf		3.9	4.1	4.3	V
Forward Current	If	Vf=4.1V	--	120	--	mA
Peak Wave Length	λ p	If=120mA	--	568	--	nm

3.4 Power Supply

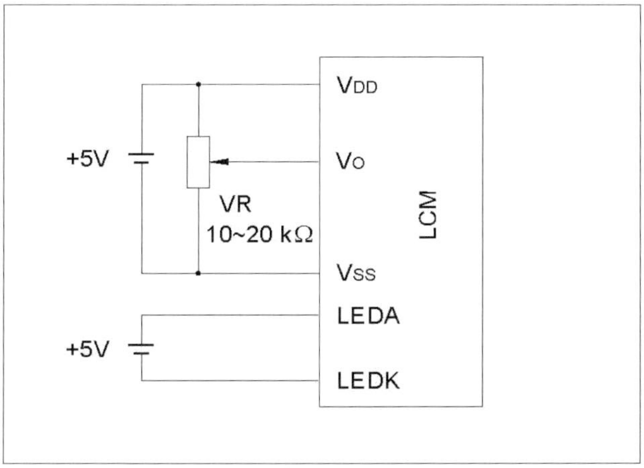

Note: 5V voltage for the LED backlight should be supplied to Pin15 (LEDA) and Pin16 (LEDK) terminal of the interface, it should not be supplied to the Anode/Cathode terminal of the LED backlight directly.

4. OPERATING PRINCIPLES & METHODES

4.1 Register

The LCD Controller has two 8-bit registers, the Instruction register (IR) and the data register (DR).

The IR is a write only register to store instruction codes like Display Clear or Cursor Shift as well as addresses for the Display Data RAM (DD RAM) or the Character Generator RAM (CG RAM).

The DR is a read/write register used for temporarily storing data to be read/written to/from the DD RAM or CG RAM. Data written into the DR is automatically written into DD RAM or CG RAM by an internal operation of the display controller.

The DR is also used to store data when reading out data from DD RAM or CG RAM. When address information is written into IR, data is read out from DD RAM or CG RAM to DR by an internal operation. Data transfer is then completed by reading the DR.

After performing a read from the DR, data in the DD RAM or CG RAM at the next address is sent to the DR for the next read cycle. The register select (RS) signal determines which of these two registers is selected.

Table 4.1 Selection of Registers

RS	R/W	Function
0	0	Instruction Write operation (MPU writes instruction code to IR)
	1	Read Busy flag (DB7) and Address Counter (DB0 ~ DB6)
1	0	Data Write operation (MPU writes data to DR)
	1	Data Read operation (MPU reads data from DR)

4.2 Busy Flag (BF)

When the busy flag is high or “1” the module is performing an internal operation and the next instruction will not be accepted. The busy flag outputs to DB7 when RS = 0 and a read operation is performed. The next instruction must not be written until ensuring that the busy flag is low or “0”.

4.3 Address Counter (AC)

The address counter (AC) assigns addresses to the DD RAM and the CG RAM.

When the address of an instruction is written into the IR, the address information is sent from the IR to the AC. The selection of either DD RAM or CG RAM is also determined concurrently by the same instruction. After writing into or reading from the DD RAM or CG RAM the address counter (AC) is automatically increased by 1 or decreased by 1 (determined by the I/D bit in the “Entry Mode Set” command). AC contents are output to DB0 ~ DB6 when RS = 0 and a read operation is performed.

4.4 Display Data RAM (DD RAM)

The Display Data RAM (DD RAM) stores the display data represented in 8-bit character codes. Its capacity is 80 x 8 bits or 80 characters. The Display Data RAM that is not used for the display can be used as a general data RAM.

The DD RAM address (ADD) is set in the Address Counter (AC) and is represented in hexadecimal. The address counter can be written by using the "Set DD RAM Address" instruction and can be read by using the "Read Busy Flag and Address" instruction. In each case, data bits DB0-DB6 represent the DD RAM address. In the read operation, bit DB7 represents the "Busy Flag".

MSB							LSB
BF	AC6	AC5	AC4	AC3	AC2	AC1	AC0

Relations between DD RAM addresses and positions on the liquid crystal display are shown below.

		1	2	3	---	14	15	16	← Display Position
DD RAM Addr.	Line 1	00H	01H	02H	---	0DH	0EH	0FH	
	Line 2	40H	41H	42H	---	4DH	4EH	4FH	

When display shift operation is performed, the DD RAM address moves as follows:

For left shift:

		1	2	3	---	14	15	16	← Display Position
DD RAM Addr.	Line 1	01H	02H	03H	---	0EH	0FH	10H	
	Line 2	41H	42H	43H	---	4EH	4FH	50H	

For right shift:

		1	2	3	---	14	15	16	← Display Position
DD RAM Addr.	Line 1	27H	00H	01H	---	0CH	0DH	0EH	
	Line 2	67H	40H	41H	---	4CH	4DH	4EH	

4.5 Character Generator ROM (CG ROM)

The Character Generator ROM (CG ROM) generates 5 x 7 dot or 5 x 10 dot character patterns from 8-bit character codes. It can generate up to 192 types of 5x7 dot character patterns and 32 types of 5x10 dot character patterns. Table 4.3 shows the relation between character codes and character patterns of the standard character font.

4.6 Character Generator RAM (CG RAM)

The CG RAM is a 64 x 8 bit RAM in which the user can program custom character patterns. With 5 x 7 dots, 8 types of character patterns can be written and with 5 x 10 dots 4 types of character patterns can be written. To write previously programmed characters from the CG RAM to the DD RAM, character codes 00H through 07H are used. (See character font Table 4.3). Unused CG RAM locations can be used for general purpose RAM.

The relationship between CG RAM address and data and the displayed character is shown in Tables 4.2

To program a 5 x 7 character pattern into the CG RAM location (for example, character code 01H), the following steps should be taken.

A. Use the "Set CG RAM address" command to position the CG RAM pointer to the 1st row of character code 01H (CG RAM address=48H).

B. Use the "Write Data to CG or DD RAM" Command to write the top row of the custom character (Only lower 5-bit of character pattern data is valid).

C. The CG RAM address is automatically increased if the I/D bit is set in the "Entry Mode Set" command. When this is the case, return to step B until all rows of the character are written.

D. After writing all 7 rows of data, use the "Set DD RAM address" command to return the address counter to a DD RAM location.

E. To display the custom character written above, use the "Write Data to CG or DD RAM" command with the data being 01H to display the character in the DD RAM address.

Table 4.2 Relation between CG RAM address, character codes (DD RAM) and character patterns (5x7 dots)

Character Code(DDRAM data)	CGRAM Address	CGRAM Data	Pattern number
D7 D6 D5 D4 D3 D2 D1 D0	A5 A4 A3 A2 A1 A0	P7 P6 P5 P4 P3 P2 P1 P0	
0 0 0 0 × 0 0 0	0 0 0 0 0 0	× × × 0 1 1 1 0	
		1 0 0 0 1	
.	.	. 1 0 0 0 1	pattern 1
.	.	. 1 1 1 1 1	
.	.	. 1 0 0 0 1	
.	.	. 1 0 0 0 1	
.	.	. 1 0 0 0 1	cursor
		0 0 0 0 0	position
.	.	.	.
.	.	.	.
.	.	.	.
.	.	.	.
.	.	.	.
0 0 0 0 × 1 1 1	0 0 0 0 0 0	× × × 1 0 0 0 1	
	0 0 1	1 0 0 0 1	
.	. 0 1 0	. 1 0 0 0 1	pattern 8
.	. 0 1 1	. 1 1 1 1 1	
.	. 1 0 0	. 1 0 0 0 1	
.	. 1 0 1	. 1 0 0 0 1	
	1 1 0	1 0 0 0 1	cursor
	1 1 1	0 0 0 0 0	position

Notes:

1. Character code bits 0~2 correspond to CG RAM address bit 3~5 (3 bits: 8 types).
2. CG RAM address bits 0~2 designate the line position within a character pattern. The 8th line is the cursor position and display is determined by the logical OR of the 8th line and the cursor. Maintain the 8th line data, corresponding to the cursor display position, in the "0" state for cursor display. When the 8th line data is "1", bit 1 lights up regardless of cursor existence.
3. Character pattern row positions correspond to CG RAM data bits 0~4 as shown in the above (bit 4 being at the left end). Since CG RAM data bits 5~7 are not used for display, they can be used for the general data RAM as memory elements still exit.
4. As shown in Table 4.2, CG RAM character patterns are selected when character code bits 4~7 are all "0". However as character code bit 3 is an ineffective bit, the "A" in the character pattern example is selected by character code "00H" or "08H".
5. "1" for CG RAM data corresponds to selected pixels and "0" for non-selected.

Table 4.3 CGROM Character Code Table (S6A0069-00)

Lower 4bit \ Upper 4bit	0000	0001	0010	0011	0100	0101	0110	0111	1000	1001	1010	1011	1100	1101	1110	1111
0000	CG RAM (1)			0	@	P	`	p				ー	タ	ミ	α	p
0001	(2)		!	1	A	Q	a	q			。	ア	チ	ム	ä	q
0010	(3)		"	2	B	R	b	r			「	イ	ツ	メ	β	θ
0011	(4)		#	3	C	S	c	s			」	ウ	テ	モ	ε	∞
0100	(5)		$	4	D	T	d	t			、	エ	ト	ヤ	μ	Ω
0101	(6)		%	5	E	U	e	u			・	オ	ナ	ユ	σ	ü
0110	(7)		&	6	F	V	f	v			ヲ	カ	ニ	ヨ	ρ	Σ
0111	(8)		'	7	G	W	g	w			ァ	キ	ヌ	ラ	g	π
1000	(1)		(	8	H	X	h	x			ィ	ク	ネ	リ	√	x̄
1001	(2)		)	9	I	Y	i	y			ゥ	ケ	ノ	ル	⁻¹	y
1010	(3)		*	:	J	Z	j	z			ェ	コ	ハ	レ	j	千
1011	(4)		+	;	K	[	k	{			ォ	サ	ヒ	ロ	ˣ	万
1100	(5)		,	<	L	¥	l	|			ャ	シ	フ	ワ	¢	円
1101	(6)		-	=	M	]	m	}			ュ	ス	ヘ	ン	£	÷
1110	(7)		.	>	N	^	n	→			ョ	セ	ホ	゛	ñ	
1111	(8)		/	?	O	_	o	←			ッ	ソ	マ	゜	ö	█

5. MPU INTERFACE

5.1 General

(1). The LCD controller can be operated in either 4 or 8 bits mode. Instructions/Data are written to the display using the signal timing characteristics found in section 3.2.
When operating in 4-bit mode, data is transferred in two 4-bit operations using data bits DB4~DB7. DB0~DB3 are not used. When using 4-bit mode, data is transferred twice before the instruction cycle is complete. The higher order 4 bits (contents of DB4~DB7 when interface data is 8 bits long) is transferred first, then the lower order 4 bits (contents of DB0~DB3 when interface data is 8 bits long) is transferred. Check the busy flag after 4-bit data has been transferred twice (one instruction). A 4-bit two operation will then transfer the busy flag and address counter data.
(2). When operating in 8-bit mode, data is transferred using the full 8-bit bus DB0~DB7.

5.2 Initialization

5.2.1 Initialization by the Internal Reset Circuit

The display can be initialized using the internal reset circuit when the power is turned on. The following instructions are executed in initialization. The busy flag (BF) is kept in busy state until initialization ends. The busy flag will go active 10ms after Vcc rises to 4.5V.

(1). Display Clear

(2). Function set:

DL = 1 : 8 bit interface operation
N = 0 : 1 - line display mode
F = 0 : 5 x 7 dots character font

(3). Display ON/OFF Control:

D = 0 : Display OFF
C = 0 : Cursor OFF
B = 0 : Blink OFF

(4). Entry Mode Set

I/D = 1 : +1 (Increment Mode)
SH = 0 : No Display Shift operation

If the internal power supply reset timing cannot be met (0.1ms<trcc<10ms), the internal reset circuit will not operate normally and initialization will not be performed. In this case, the display must be initialized by software.

5.2.2 Software Initialization

Although software initialization is not mandatory, it is recommended that this procedure always be performed. When the internal power supply reset timing cannot be met, then the display must be initialized using one of the following procedures.

(1). 8-Bit Initialization:

Power on

↓

Wait for more than 30ms after VDD rises to 4.5V.

↓

Function Set									
RS	R/W	DB7	DB6	DB5	DB4	DB3	DB2	DB1	DB0
0	0	0	0	1	1	1	0	X	X

↓

Wait for more than 39 μs

↓

Display ON/OFF Control									
RS	R/W	DB7	DB6	DB5	DB4	DB3	DB2	DB1	DB0
0	0	0	0	0	0	1	D	C	B

↓

Wait for more than 39 μs

↓

Display Clear									
RS	R/W	DB7	DB6	DB5	DB4	DB3	DB2	DB1	DB0
0	0	0	0	0	0	0	0	0	1

↓

Wait for more than 1.53ms

↓

Entry Mode Set									
RS	R/W	DB7	DB6	DB5	DB4	DB3	DB2	DB1	DB0
0	0	0	0	0	0	0	1	I/D	SH

↓

End of initialization

(2). 4-Bit Initialization:

Power on

↓

Wait for more than 30ms after VDD rises to 4.5V.

↓

Function Set									
RS	R/W	DB7	DB6	DB5	DB4	DB3	DB2	DB1	DB0
0	0	0	0	1	0	X	X	X	X
0	0	0	0	1	0	X	X	X	X
0	0	1	0	X	X	X	X	X	X

↓

Wait for more than 39 μs

↓

Display ON/OFF Control									
RS	R/W	DB7	DB6	DB5	DB4	DB3	DB2	DB1	DB0
0	0	0	0	0	0	X	X	X	X
0	0	1	D	C	B	X	X	X	X

↓

Wait for more than 39 μs

↓

Display Clear									
RS	R/W	DB7	DB6	DB5	DB4	DB3	DB2	DB1	DB0
0	0	0	0	0	0	X	X	X	X
0	0	0	0	0	1	X	X	X	X

↓

Wait for more than 1.53ms

↓

Entry Mode Set									
RS	R/W	DB7	DB6	DB5	DB4	DB3	DB2	DB1	DB0
0	0	0	0	0	0	X	X	X	X
0	0	0	1	I/D	SH	X	X	X	X

↓

End of initialization

5.3 Connection with 8051 Family MPU

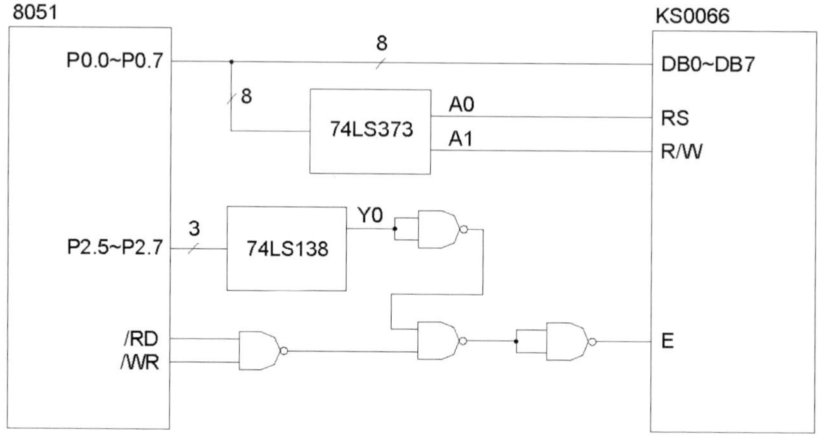

a. Application Circuit 1

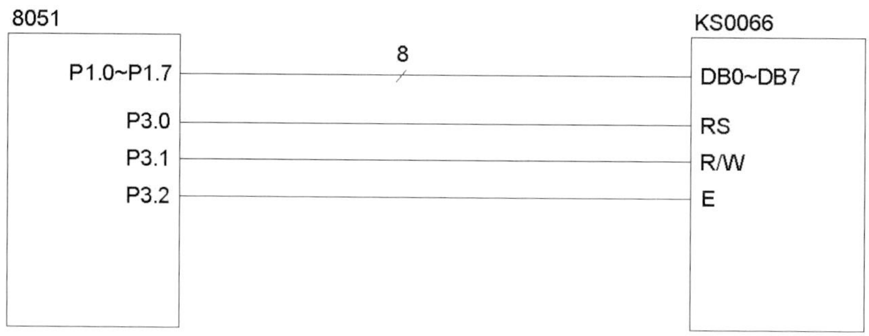

b. Application Circuit 2

6. DISPLAY CONTROL INSTRUCTIONS

Table 6.1 Instructions

Instruction	Instruction code										Description	Execution time (fosc=270KHz)
	RS	R/W	DB7	DB6	DB5	DB4	DB3	DB2	DB1	DB0		
Clear Display	0	0	0	0	0	0	0	0	0	1	Clears entire display and sets DDRAM address to 00H.	1.53ms
Return Home	0	0	0	0	0	0	0	0	1	-	Sets DDRAM address to 00H in AC and returns shifted display to its original position. The contents of DDRAM remain unchanged.	1.53ms
Entry Mode Set	0	0	0	0	0	0	0	1	I/D	SH	Sets cursor move direction and enable the shift of entire display. These operations are performed during data write and read.	39μs
Display ON/ OFF Control	0	0	0	0	0	0	1	D	C	B	Set ON/OFF of entire display (D), cursor ON/OFF(C), and blinking of cursor position character(B).	39μs
Cursor or Display Shift	0	0	0	0	0	1	S/C	R/L	-	-	Moves cursor and shifts display without changing DDRAM contents.	39μs
Function Set	0	0	0	0	1	DL	N	F	-	-	Sets interface data length (DL: 8-bit/4-bit), numbers of display line (N: 2-line/1-line), and display font type (F: 5x11dots/5x8dots)	39μs
Set CGRAM Address	0	0	0	1	AC5	AC4	AC3	AC2	AC1	AC0	Set CGRAM address in address counter.	39μs
Set DDRAM Address	0	0	1	AC6	AC5	AC4	AC3	AC2	AC1	AC0	Set DDRAM address in address Counter.	39μs
Read Busy Flag and Address	0	1	BF	AC6	AC5	AC4	AC3	AC2	AC1	AC0	Reads busy flag (BF) indicating internal operation is being performed and reads address counter contents.	0μs
Write data to CG or DD RAM	1	0	D7	D6	D5	D4	D3	D2	D1	D0	Write data into internal RAM (DDRAM/CGRAM).	43us
Read data from CG or DD RAM	1	1	D7	D6	D5	D4	D3	D2	D1	D0	Read data from internal RAM (DDRAM/CGRAM).	43us

"-" : don't care

Note: 1. Make sure to check the busy flag before sending the instruction to the display. If the busy flag is not checked, the time between first and next instruction must be longer than the instruction execution time list in the Table 6.1.

2. After execution of CG RAM/DD RAM data write or read instruction, the RAM address counter is increased or decreased by 1. The RAM address counter is updated after the busy flag turns off.

6.1 Clear Display

RS	R/W	DB7	DB6	DB5	DB4	DB3	DB2	DB1	DB0
0	0	0	0	0	0	0	0	0	1

Clear all the display data by writing the space code "20H" to all DD RAM addresses, and set DD RAM address to "00H" into address counter. Returns cursor to the original position, namely, brings the cursor to the upper left end of the display. The execution of clear display instruction sets entry mode to increment mode (I/D = 1).

6.2 Return Home

RS	R/W	DB7	DB6	DB5	DB4	DB3	DB2	DB1	DB0
0	0	0	0	0	0	0	0	1	-

Sets the DD RAM address "00H" in address counter. Return display to its original position if it was shifted. DD RAM contents do not change. The cursor or the blink moves to the upper left end of the display. Contents of DD RAM remain unchanged.

6.3 Entry Mode Set

RS	R/W	DB7	DB6	DB5	DB4	DB3	DB2	DB1	DB0
0	0	0	0	0	0	0	1	I/D	SH

Sets the move direction of cursor and display.

I/D: Increases (I/D = 1) or decreases (ID = 0) the DD RAM address by 1 when a character code is written into or read from the DD RAM.
The cursor or blink moves to the right when increased by 1 and to the left when decreased by 1. The same applies to writing and reading the CG RAM.

SH: Shifts the entire display when SH = 1; shifts to the left when I/D = 1 and to the right when I/D = 0. Thus it looks as if the cursor stands still and only the display seems to move. The display does not shift when reading from DD RAM or writing/reading into/from CG RAM.
When SH = 0, the display does not shift.

6.4 Display ON/OFF Control

RS	R/W	DB7	DB6	DB5	DB4	DB3	DB2	DB1	DB0
0	0	0	0	0	0	1	D	C	B

Controls the display ON/OFF status, Cursor ON/OFF and Cursor Blink function.

D: The entire display is ON when D = 1 and OFF when D = 0. The display data remains in the DD RAM when display is OFF, it can be displayed immediately by setting D = 1.

C: The cursor displays when C = 1 and does not display when C = 0. The cursor is displayed on the 8th line when 5x7 dots character font has been selected.

B: The character indicated by the cursor blinks when B = 1. The blink is displayed by switching between all "High" data and display characters at 0.4 sec intervals. The cursor and the blink can be set to display simultaneously. When B = 0, the blink is off.

6.5 Cursor or Display Shift

RS	R/W	DB7	DB6	DB5	DB4	DB3	DB2	DB1	DB0
0	0	0	0	0	1	S/C	R/L	-	-

Shifts the cursor position or display to the right or left without writing or reading display data. This function is used to correct or search for the display.
Note that the display shift is performed simultaneously in all lines.
The contents of address counter do not change when display shift is performed.

Table 6.2 Shift Patterns According to S/C and R/L Bits

S/C	R/L	Operation
0	0	Shifts cursor position to the left (AC is decreased by 1)
0	1	Shifts cursor position to the right (AC is increased by 1)
1	0	Shifts the entire display to the left, cursor follows the display shift.
1	1	Shifts the entire display to the right, cursor follows the display shift.

6.6 Function Set

RS	R/W	DB7	DB6	DB5	DB4	DB3	DB2	DB1	DB0
0	0	0	0	1	DL	N	F	-	-

Sets the interface data length, the number of lines, and character font.

DL: Sets interface data length. Data is sent or received in 8-bit length (DB7 ~ DB0) when DL = 1, and in 4-bit length (DB7 ~ DB4) when DL = 0. When the 4-bit length is selected, data must be sent or received twice.

N: Sets the number of lines

N = 0 : 1 line display (1/8 duty)

N = 1 : 2 lines display (1/16 duty)

F: Sets character font.

F = 0 : 5 x 7 dots

F = 1 : 5 x 10 dots

Note: Perform the function at the head of the program before executing all instructions (except Busy flag/address read).

6.7 Set CG RAM Address

RS	R/W	DB7	DB6	DB5	DB4	DB3	DB2	DB1	DB0
0	0	0	1	AC5	AC4	AC3	AC2	AC1	AC0

Sets the CG RAM address to the address counter. Data is then written/read to/from the CG RAM.

6.8 Set DD RAM Address

RS	R/W	DB7	DB6	DB5	DB4	DB3	DB2	DB1	DB0
0	0	1	AC6	AC5	AC4	AC3	AC2	AC1	AC0

Sets the DD RAM address to the address counter. Data is then written/read to/from the DD RAM.

When in 1-line display mode (N = 0), DD RAM address is from "00H" to "4FH".

When in 2-line display mode (N = 1), DD RAM address corresponding to 1st line and 3rd line of the display is from "00H" to "27H"; the address corresponding to 2nd and 4th line of the display is from "40H" to "67H".

6.9 Read Busy Flag & Address

RS	R/W	DB7	DB6	DB5	DB4	DB3	DB2	DB1	DB0
0	1	BF	AC6	AC5	AC4	AC3	AC2	AC1	AC0

Reads the busy flag (BF) and value of the address counter (AC). BF = 1 indicates that internal operation is in progress and the next instruction will not be accepted until BF is set to "0". The BF status should be checked before each write operation. At the same time the value of the address counter is read out. The address counter is used by both CG and DD RAM and its value is determined by the previous instruction.

6.10 Write Data to CG or DD RAM

RS	R/W	DB7	DB6	DB5	DB4	DB3	DB2	DB1	DB0
1	0	D7	D6	D5	D4	D3	D2	D1	D0

Writes binary 8-bit data to the CG or DD RAM.
The previous address set instruction (CG RAM address set or DD RAM address set) determines whether the CG or DD RAM is to be written. After a write the address is automatically increased or decreased by 1, according to the entry mode. The entry mode also determines display shift.

6.11 Read Data from CG or DD RAM

RS	R/W	DB7	DB6	DB5	DB4	DB3	DB2	DB1	DB0
1	1	D7	D6	D5	D4	D3	D2	D1	D0

Reads binary 8-bit data from the CG RAM or DD RAM.
The previous address set instruction (CG RAM address set or DD RAM address set) determines whether the CG or DD RAM is to be read. Before entering the read instruction, you must execute either the CG RAM or DD RAM address set instruction. If you don't, the first read data will be invalidated. If RAM data is read several times without RAM address instruction set before read operation, the correct RAM data can be obtained from the second read. The "address set" instruction need not be executed just before the "read" instruction when shifting the cursor by cursor shift instruction (when reading DD RAM). The cursor shift instruction operation is the same as that of the DD RAM address set instruction.
After a read the address is automatically increased or decreased by 1, according to the entry mode; however, display shift is not executed no matter what the entry mode is.
Note: The address counter (AC) is automatically increased or decreased by 1 after a "write" instruction to either CG RAM or DD RAM. RAM data selected by the AC cannot then be read out even if "read" instructions are executed.
The conditions for correct data read out are: (a) Execute either the address set instruction or cursor shift instruction (only with DD RAM) or (b) The execution of the "read data" instruction from the second time when the read instruction is performed multiple times in serial.

7. ELECTRO—OPTICAL CHARACTERISTICS (Ta=25℃)

Item	Symbol	Condition	Min.	Typ.	Max.	Unit	Note
View Angle	Φ2-Φ1	K≥2 , θ=0°	--	80	--	Deg	Note1, Note2
Contrast	K	Φ=0° ,θ=0°	3	--	--	--	Note3
Response Time	tr (rise)	Φ=0° ,θ=0°	--	250	--	ms	Note3
	tf (fall)	Φ=0° ,θ=0°	--	250	--	ms	

Note1: Definition of Viewing Angle θ , Φ

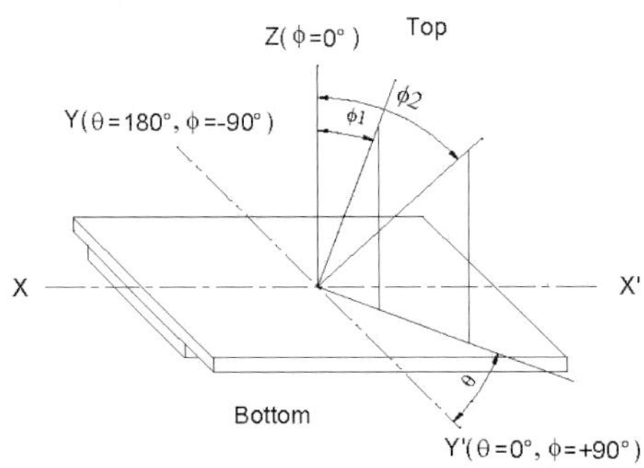

Note2: Definition of viewing Angle Range: Φ1, Φ2

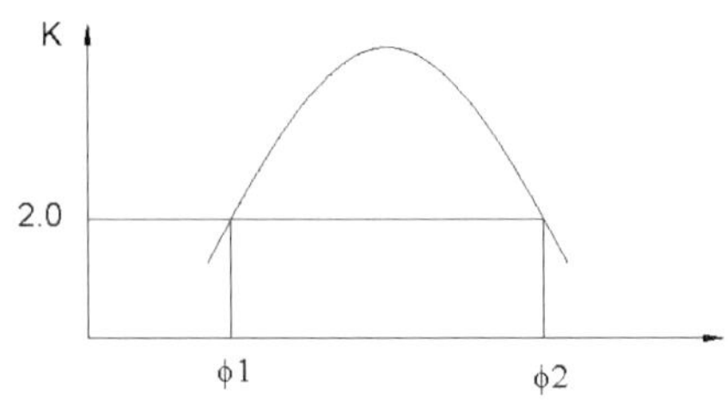

Note3: Definition of Contrast

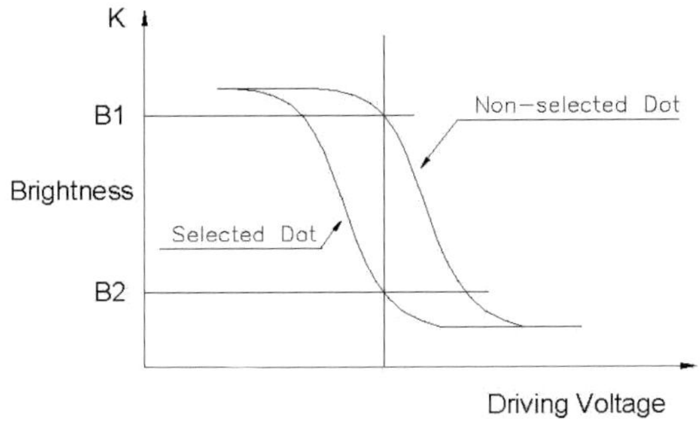

$$\text{Contrast} = \frac{\text{Brightness of non-selected dot (B1)}}{\text{Brightness of selected dot (B2)}}$$

Note4: Definition of Response Time

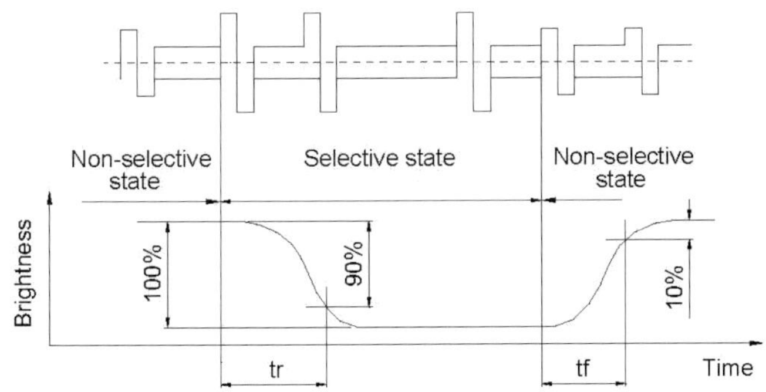

8. DIMENSIONAL OUTLINE

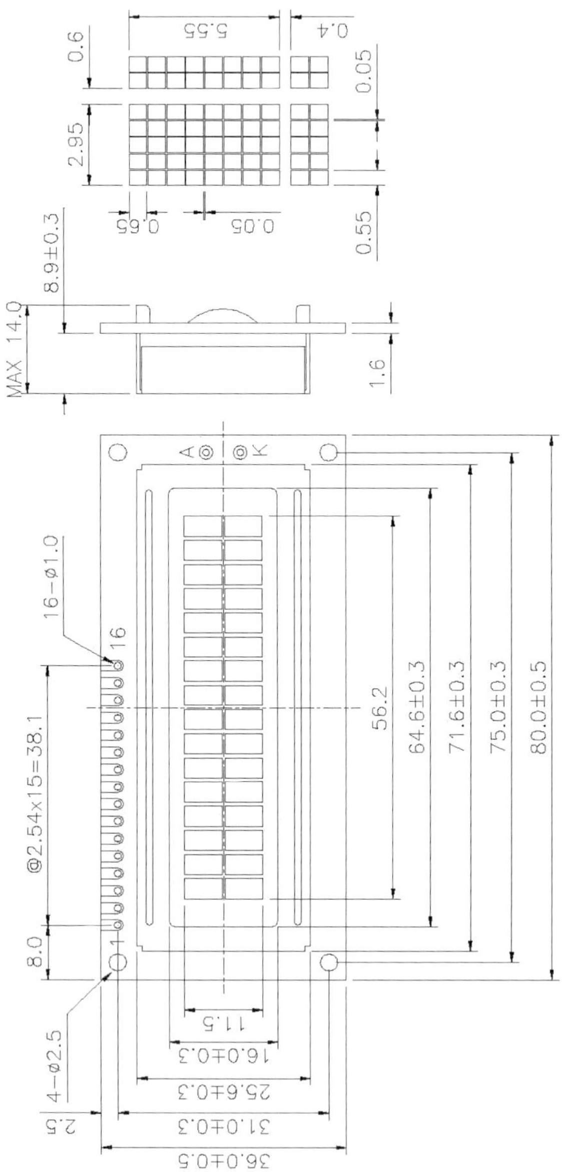

Pin No.	1	2	3	4	5	6	7	8	9	10	11	12	13	14	15	16
Symbol	Vss	VDD	Vo	RS	R/W	E	DB0	DB1	DB2	DB3	DB4	DB5	DB6	DB7	LEDA	LEDK

4. RS232 Driver: MAX232

MAX220–MAX249 | **+5V-Powered, Multichannel RS-232 Drivers/Receivers**

General Description

The MAX220–MAX249 family of line drivers/receivers is intended for all EIA/TIA-232E and V.28/V.24 communications interfaces, particularly applications where ±12V is not available.

The MAX225, MAX233, MAX235, and MAX245/MAX246/MAX247 use no external components and are recommended for applications where printed circuit board space is critical.

The MAX220-MAX249 are offered in 26 different packages with temperatures from 0 to +70°C up to -55°C to +125°C. See ordering information table at the end of the data sheet for all package and temperature options.

Applications

- Interface Translation
- Multidrop RS-232 Networks
- Portable Diagnostics Equipment

AutoShutdown and UCSP are trademarks of Maxim Integrated Products, Inc.

Benefits and Features

Saves Board Space

- Integrated Charge Pump Circuitry
  - Eliminates the Need for a Bipolar ±12V Supply
  - Enables Single Supply Operation from +5V Supply
- Integrated Capacitors (MAX223, MAX233, MAX235, MAX245-MAX247)

Saves Power for Reduced Power Requirements

- 5μW Shutdown Mode

Ordering Information and Selection Table appears at end of data sheet.

MAX220/MAX232/MAX232A Pin Configuration and Typical Operating Circuit

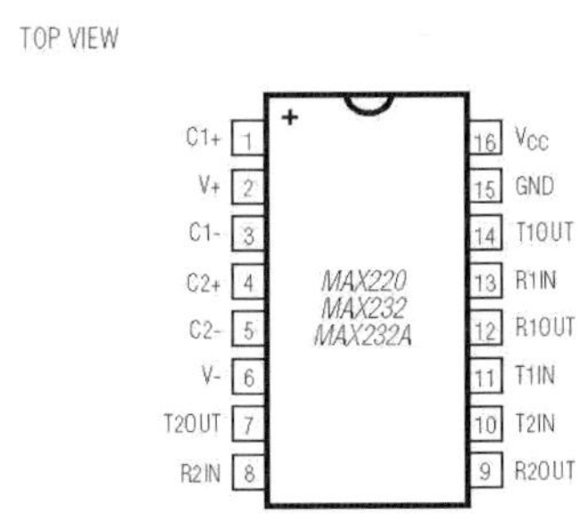

DIP/SO

CAPACITANCE (μF)					
DEVICE	C1	C2	C3	C4	C5
MAX220	0.047	0.33	0.33	0.33	0.33
MAX232	1.0	1.0	1.0	1.0	1.0
MAX232A	0.1	0.1	0.1	0.1	0.1

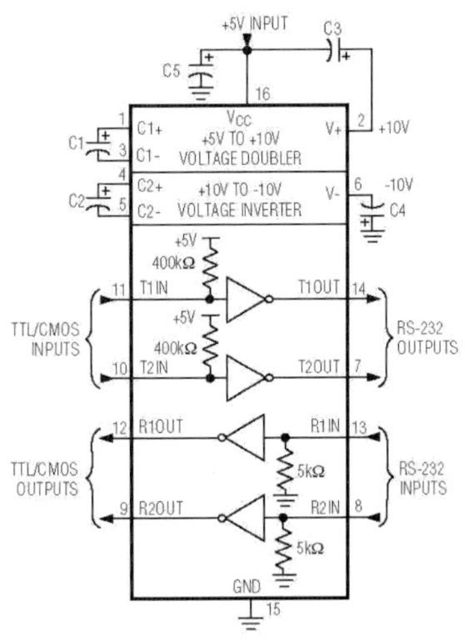

maxim integrated

19-4323; Rev 17; 1/15

Absolute Maximum Ratings—MAX220/222/232A/233A/242/243

(Voltages referenced to GND.)

V_{CC} .... -0.3V to +6V
V+ (Note 1) .... (V_{CC} - 0.3V) to +14V
V- (Note 1) .... +0.3V to -14V
Input Voltages
TIN .... -0.3V to (V_{CC} - 0.3V)
RIN (Except MAX220) .... ±30V
RIN (MAX220) .... ±25V
TOUT (Except MAX220) (Note 2) .... ±15V
TOUT (MAX220) .... ±13.2V
Output Voltages
TOUT .... ±15V
ROUT .... -0.3V to (V_{CC} + 0.3V)
Driver/Receiver Output Short Circuited to GND .... Continuous
Continuous Power Dissipation (T_A = +70°C)
16-Pin Plastic DIP (derate 10.53mW/°C above +70°C) .. 842mW
18-Pin Plastic DIP (derate 11.11mW/°C above +70°C) .. 889mW
20-Pin Plastic DIP (derate 8.00mW/°C above +70°C) .. 440mW
16-Pin Narrow SO (derate 8.70mW/°C above +70°C) ... 696mW
16-Pin Wide SO (derate 9.52mW/°C above +70°C) 762mW
18-Pin Wide SO (derate 9.52mW/°C above +70°C) 762mW
20-Pin Wide SO (derate 10.00mW/°C above +70°C) 800mW
20-Pin SSOP (derate 8.00mW/°C above +70°C) 640mW
16-Pin CERDIP (derate 10.00mW/°C above +70°C) 800mW
18-Pin CERDIP (derate 10.53mW/°C above +70°C) 842mW
Operating Temperature Ranges
MAX2_ _AC_ _, MAX2_ _C_ _ .... 0°C to +70°C
MAX2_ _AE_ _, MAX2_ _E_ _ .... -40°C to +85°C
MAX2_ _AM_ _, MAX2_ _M_ _ .... -55°C to +125°C
Storage Temperature Range .... -65°C to +160°C
Lead Temperature (soldering, 10s) .... +300°C
Soldering Temperature (reflow)
20 PDIP (P20M+1) .... +225°C
All other lead(Pb)-free packages .... +260°C
All other packages containing lead(Pb) .... +240°C

Note 1: For the MAX220, V+ and V- can have a maximum magnitude of 7V, but their absolute difference cannot exceed 13V.
Note 2: Input voltage measured with TOUT in high-impedance state, $V_{\overline{SHDN}}$ or V_{CC} = 0V.

Stresses beyond those listed under "Absolute Maximum Ratings" may cause permanent damage to the device. These are stress ratings only, and functional operation of the device at these or any other conditions beyond those indicated in the operational sections of the specifications is not implied. Exposure to absolute maximum rating conditions for extended periods may affect device reliability.

Electrical Characteristics—MAX220/222/232A/233A/242/243

(V_{CC} = +5V ±10%, C1–C4 = 0.1μF, MAX220, C1 = 0.047μF, C2–C4 = 0.33μF, T_A = T_{MIN} to T_{MAX}, unless otherwise noted.) (Note 3)

PARAMETER	CONDITIONS		MIN	TYP	MAX	UNITS
RS-232 TRANSMITTERS						
Output Voltage Swing	All transmitter outputs loaded with 3kΩ to GND		±5	±8		V
Input Logic-Low Voltage				1.4	0.8	V
Input Logic-High Voltage	All devices except MAX220		2	1.4		V
	MAX220: V_{CC} = +5.0V		2.4			
Logic Pullup/Input Current	All except MAX220, normal operation			5	40	μA
	$V_{\overline{SHDN}}$ = 0V, MAX222/MAX242, shutdown, MAX220			±0.01	±1	
Output Leakage Current	V_{CC} = +5.5V, $V_{\overline{SHDN}}$ = 0V, V_{OUT} = ±15V, MAX222/MAX242			±0.01	±10	μA
	V_{CC} = $V_{\overline{SHDN}}$ = 0V	V_{OUT} = ±15V		±0.01	±10	
		MAX220, V_{OUT} = ±12V			±25	
Data Rate				200	116	kbps
Transmitter Output Resistance	V_{CC} = V+ = V- = 0V, V_{OUT} = ±2V		300	10M		Ω
Output Short-Circuit Current	V_{OUT} = 0V	V_{OUT} = 0V	±7	±22		mA
		MAX220			±60	
RS-232 RECEIVERS						
RS-232 Input Voltage Operating Range					±30	V
		MAX220			±25	
RS-232 Input Threshold Low	V_{CC} = +5V	All except MAX243 R2IN	0.8	1.3		V
		MAX243 R2IN (Note 4)	-3			
RS-232 Input Threshold High	V_{CC} = +5V	All except MAX243 R2IN		1.8	2.4	V
		MAX243 R2IN (Note 4)		-0.5	-0.1	

Electrical Characteristics—MAX220/222/232A/233A/242/243 (continued)

(V_{CC} = +5V ±10%, C1–C4 = 0.1µF, MAX220, C1 = 0.047µF, C2–C4 = 0.33µF, T_A = T_{MIN} to T_{MAX}, unless otherwise noted.) (Note 3)

PARAMETER	CONDITIONS		MIN	TYP	MAX	UNITS
RS-232 Input Hysteresis	All except MAX220/MAX243, V_{CC} = +5V, no hysteresis in shutdown		0.2	0.5	1.0	V
	MAX220			0.3		
	MAX243			1		
RS-232 Input Resistance	T_A = +25°C (MAX220)		3	5	7	kΩ
			3	5	7	
TTL/CMOS Output Voltage Low	I_{OUT} = 3.2mA			0.2	0.4	V
	I_{OUT} = 1.6mA (MAX220)				0.4	
TTL/CMOS Output Voltage High	I_{OUT} = -1.0mA		3.5	V_{CC} - 0.2		V
TTL/CMOS Output Short-Circuit Current	Sourcing V_{OUT} = V_{GND}		-2	-10		mA
	Sinking V_{OUT} = V_{CC}		10	30		
TTL/CMOS Output Leakage Current	$V_{\overline{SHDN}}$ = V_{CC} or $V_{\overline{EN}}$ = V_{CC} ($V_{\overline{SHDN}}$ = 0V for MAX222), 0V ≤ V_{OUT} ≤ V_{CC}			±0.05	±10	µA
EN Input Threshold Low	MAX242			1.4	0.8	V
EN Input Threshold High	MAX242		2.0	1.4		V
Supply Voltage Range			4.5		5.5	V
V_{CC} Supply Current ($V_{\overline{SHDN}}$ = V_{CC}), Figures 5, 6, 11, 19	No load	MAX220		0.5	2	mA
		MAX222/MAX232A/MAX233A/ MAX242/MAX243		4	10	
	3kΩ load both inputs	MAX220		12		
		MAX222/MAX232A/MAX233A/ MAX242/MAX243		15		
Shutdown Supply Current	MAX222/ MAX242	T_A = +25°C		0.1	10	µA
		T_A = 0°C to +70°C		2	50	
		T_A = -40°C to +85°C		2	50	
		T_A = -55°C to +125°C		35	100	
$\overline{SHDN}$ Input Leakage Current	MAX222/MAX242				±1	µA
$\overline{SHDN}$ Threshold Low	MAX222/MAX242			1.4	0.8	V
$\overline{SHDN}$ Threshold High	MAX222/MAX242		2.0	1.4		V
Transition Slew Rate	C_L = 50pF to 2500pF, R_L = 3kΩ to 7kΩ, V_{CC} = +5V, T_A = +25°C, measured from +3V to -3V or -3V to +3V	MAX222/MAX232A/ MAX233/MAX242/MAX243	6	12	30	V/µs
		MAX220	1.5	3	30.0	
Transmitter Propagation Delay TLL to RS-232 (Normal Operation)	t_{PHLT}, Figure 1	MAX222/MAX232A/ MAX233/MAX242/MAX243		1.3	3.5	µs
		MAX220		4	10	
	t_{PLHT}, Figure 1	MAX222/MAX232A/ MAX233/MAX242/MAX243		1.5	3.5	
		MAX220		5	10	

Electrical Characteristics—MAX220/222/232A/233A/242/243 (continued)

(V_{CC} = +5V ±10%, C1–C4 = 0.1µF, MAX220, C1 = 0.047µF, C2–C4 = 0.33µF, $T_A = T_{MIN}$ to T_{MAX}, unless otherwise noted.) (Note 3)

PARAMETER	CONDITIONS		MIN	TYP	MAX	UNITS
Receiver Propagation Delay RS-232 to TLL (Normal Operation)	t_{PHLR}, Figure 2	MAX222/MAX232A/MAX233/ MAX242/MAX243		0.5	1	µs
		MAX220		0.6	3	
	t_{PLHR}, Figure 2	MAX222/MAX232A/MAX233/ MAX242/MAX243		0.6	1	
		MAX220		0.8	3	
Receiver Propagation Delay RS-232 to TLL (Shutdown)	t_{PHLS}, Figure 2	MAX242		0.5	10	µs
	t_{PHLS}, Figure 2	MAX242		2.5	10	
Receiver-Output Enable Time	t_{ER}	MAX242, Figure 3		125	500	ns
Receiver-Output Disable Time	t_{DR}	MAX242, Figure 3		160	500	ns
Transmitter-Output Enable Time ($\overline{SHDN}$ Goes High)	t_{ET}	MAX222/MAX242, 0.1µF caps (includes charge-pump start-up), Figure 4		250		µs
Transmitter-Output Disable Time ($\overline{SHDN}$ Goes Low)	t_{DT}	MAX222/MAX242, 0.1µF caps, Figure 4		600		ns
Transmitter + to - Propagation Delay Difference (Normal Operation)	$t_{PHLT} - t_{PLHT}$	MAX222/MAX232A/MAX233/ MAX242/MAX243		300		ns
		MAX220		2000		
Receiver + to - Propagation Delay Difference (Normal Operation)	$t_{PHLR} - t_{PLHR}$	MAX222/MAX232A/MAX233/ MAX242/MAX243		100		ns
		MAX220		225		

Note 3: All units are production tested at hot. Specifications over temperature are guaranteed by design.
Note 4: MAX243 R2OUT is guaranteed to be low when R2IN ≥ 0V or is unconnected.

Typical Operating Characteristics

MAX220/MAX222/MAX232A/MAX233A/MAX242/MAX243

OUTPUT VOLTAGE vs. LOAD CURRENT

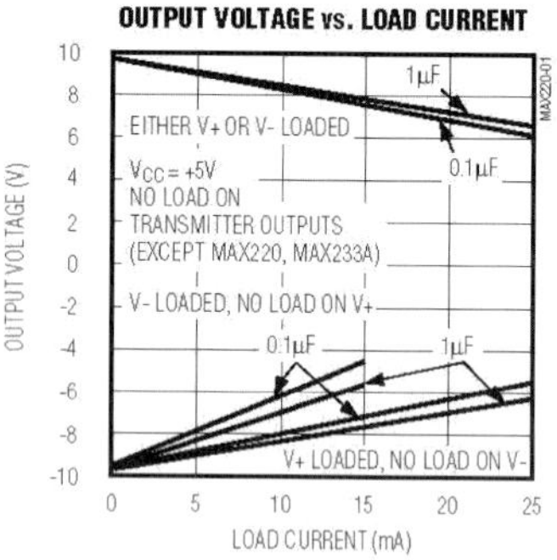

AVAILABLE OUTPUT CURRENT vs. DATA RATE

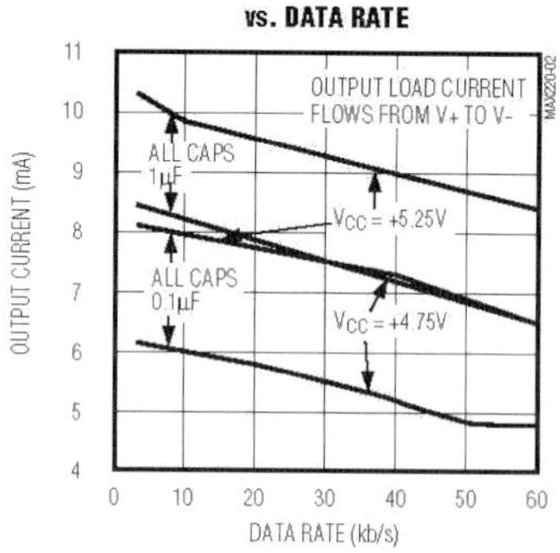

MAX222/MAX242 ON-TIME EXITING SHUTDOWN

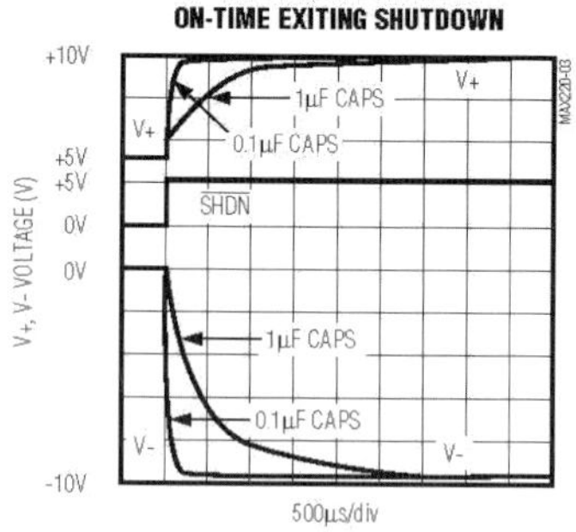

Absolute Maximum Ratings—MAX223/MAX230–MAX241

(Voltages referenced to GND.)
V_{CC} .... -0.3V to +6V
V+ .... (V_{CC} - 0.3V) to +14V
V- .... +0.3V to -14V
Input Voltages
TIN .... -0.3V to (V_{CC} + 0.3V)
RIN .... ±30V
Output Voltages
TOUT .... (V+ + 0.3V) to (V- - 0.3V)
ROUT .... -0.3V to (V_{CC} + 0.3V)
Short-Circuit Duration, TOUT to GND .... Continuous
Continuous Power Dissipation (T_A = +70°C)
14-Pin Plastic DIP (derate 10.00mW/°C above +70°C) 800mW
16-Pin Plastic DIP (derate 10.53mW/°C above +70°C) 842mW
20-Pin Plastic DIP (derate 11.11mW/°C above +70°C) 889mW
24-Pin Narrow Plastic DIP
(derate 13.33mW/°C above +70°C) 1.07W
24-Pin Plastic DIP (derate 9.09mW/°C above +70°C) 500mW
16-Pin Wide SO (derate 9.52mW/°C above +70°C) 762mW
20-Pin Wide SO (derate 10.00mW/°C above +70°C) 800mW
24-Pin Wide SO (derate 11.76mW/°C above +70°C) 941mW
28-Pin Wide SO (derate 12.50mW/°C above +70°C) 1W
44-Pin Plastic FP (derate 11.11mW/°C above +70°C) 889mW
14-Pin CERDIP (derate 9.09mW/°C above +70°C) 727mW
16-Pin CERDIP (derate 10.00mW/°C above +70°C) 800mW
20-Pin CERDIP (derate 11.11mW/°C above +70°C) 889mW
24-Pin Narrow CERDIP
(derate 12.50mW/°C above +70°C) 1W
24-Pin Sidebraze (derate 20.0mW/°C above +70°C) 1.6W
28-Pin SSOP (derate 9.52mW/°C above +70°C) 762mW
Operating Temperature Ranges
MAX2 _ _ C _ _ .... 0°C to +70°C
MAX2 _ _ E _ _ .... -40°C to +85°C
MAX2 _ _ M _ _ .... -55°C to +125°C
Storage Temperature Range .... -65°C to +160°C
Lead Temperature (soldering, 10s) .... +300°C
Soldering Temperature (reflow)
20 PDIP (P20M+1) .... +225°C
24 PDIP (P24M-1) .... +225°C
All other lead(Pb)-free packages .... +260°C
All other packages containing lead(Pb) .... +240°C

Stresses beyond those listed under "Absolute Maximum Ratings" may cause permanent damage to the device. These are stress ratings only, and functional operation of the device at these or any other conditions beyond those indicated in the operational sections of the specifications is not implied. Exposure to absolute maximum rating conditions for extended periods may affect device reliability.

Electrical Characteristics—MAX223/MAX230–MAX241

(MAX223/230/232/234/236/237/238/240/241, V_{CC} = +5V ±10%; MAX233/MAX235, V_{CC} = +5V ±5%, C1–C4 = 1.0µF; MAX231/MAX239, V_{CC} = +5V ±10%; V+ = +7.5V to +13.2V; T_A = T_{MIN} to T_{MAX}; unless otherwise noted.) (Note 5)

PARAMETER	CONDITIONS		MIN	TYP	MAX	UNITS
Output Voltage Swing	All transmitter outputs loaded with 3kΩ to ground		±5.0	±7.3		V
V_{CC} Supply Current	No load, T_A = +25°C	MAX232/233		5	10	mA
		MAX223/230/234–238/240/241		7	15	
		MAX231/239		0.4	1	
V+ Supply Current		MAX231		1.8	5	mA
		MAX239		5	15	
Shutdown Supply Current	T_A = +25°C	MAX223		15	50	µA
		MAX230/235/236/240/241		1	10	
Input Logic-Low Voltage	TIN, EN, $\overline{SHDN}$ (MAX233); $\overline{EN}$, SHDN (MAX230/235–241)				0.8	V
Input Logic-High Voltage	TIN		2.0			V
	EN, $\overline{SHDN}$ (MAX223); $\overline{EN}$, SHDN (MAX230/235/236/240/241)		2.4			
Logic Pullup Current	V_{TIN} = 0V			1.5	200	µA
Receiver Input Voltage Operating Range			-30		+30	V

Electrical Characteristics—MAX223/MAX230–MAX241 (continued)

(MAX223/230/232/234/236/237/238/240/241, V_{CC} = +5V ±10%; MAX233/MAX235, V_{CC} = +5V ±5%, C1–C4 = 1.0µF; MAX231/MAX239, V_{CC} = +5V ±10%; V+ = +7.5V to +13.2V; T_A = T_{MIN} to T_{MAX}; unless otherwise noted.) (Note 5)

PARAMETER	CONDITIONS		MIN	TYP	MAX	UNITS
RS-232 Input Logic-Low Voltage	T_A = +25°C, V_{CC} = +5V	Normal operation $V_{\overline{SHDN}}$ = +5V (MAX223) V_{SHDN} = 0V (MAX235/236/240/241)	0.8	1.2		V
		Shutdown (MAX223) $V_{\overline{SHDN}}$ = 0V, V_{EN} = +5V (R4IN, R5IN)	0.6	1.5		
RS-232 Input Logic-High Voltage	T_A = +25°C, V_{CC} = +5V	Normal operation $V_{\overline{SHDN}}$ = 5V (MAX223) V_{SHDN} = 0V (MAX235/236/240/241)		1.7	2.4	V
		Shutdown (MAX223) $V_{\overline{SHDN}}$ = 0V, V_{EN} = +5V (R4IN, R5IN)		1.5	2.4	
RS-232 Input Hysteresis	V_{CC} = +5V, no hysteresis in shutdown		0.2	0.5	1.0	V
RS-232 Input Resistance	T_A = +25°C, V_{CC} = +5V		3	5	7	kΩ
TTL/CMOS Output Voltage Low	I_{OUT} = 1.6mA (MAX231/232/233, I_{OUT} = 3.2mA)				0.4	V
TTL/CMOS Output Voltage High	I_{OUT} = -1mA		3.5	V_{CC} - 0.4		V
TTL/CMOS Output Leakage Current	0V ≤ R_{OUT} ≤ V_{CC}; V_{EN} = 0V (MAX223); $V_{\overline{EN}}$ = V_{CC} (MAX235–241)			±0.05	±10	µA
Receiver Output Enable Time	Normal operation	MAX223		600		ns
		MAX235/236/239/240/241		400		
Receiver Output Disable Time	Normal operation	MAX223		900		ns
		MAX235/236/239/240/241		250		
Propagation Delay	RS-232 IN to TTL/CMOS OUT, C_L = 150pF	Normal operation		0.5	10	µs
		$V_{\overline{SHDN}}$ = 0V (MAX223), t_{PHLS}		4	40	
		$V_{\overline{SHDN}}$ = 0V (MAX223), t_{PLHS}		6	40	
Transition Region Slew Rate	MAX223/MAX230/MAX234–241, T_A = +25°C, V_{CC} = +5V, R_L = 3kΩ to 7kΩ, C_L = 50pF to 2500pF, measured from +3V to -3V or -3V to +3V		3	5.1	30	V/µs
	MAX231/MAX232/MAX233, T_A = +25°C, V_{CC} = +5V, R_L = 3kΩ to 7kΩ, C_L = 50pF to 2500pF, measured from +3V to -3V or -3V to +3V			4	30	
Transmitter Output Resistance	V_{CC} = V+ = V- = 0V, V_{OUT} = ±2V		300			Ω
Transmitter Output Short-Circuit Current				±10		mA

Note 5: All units are production tested at hot except for the MAX240, which is production tested at T_A = +25°C. Specifications over temperature are guaranteed by design.

Typical Operating Characteristics

MAX223/MAX230–MAX241

TRANSMITTER OUTPUT VOLTAGE (V_{OH}) vs. V_{CC}

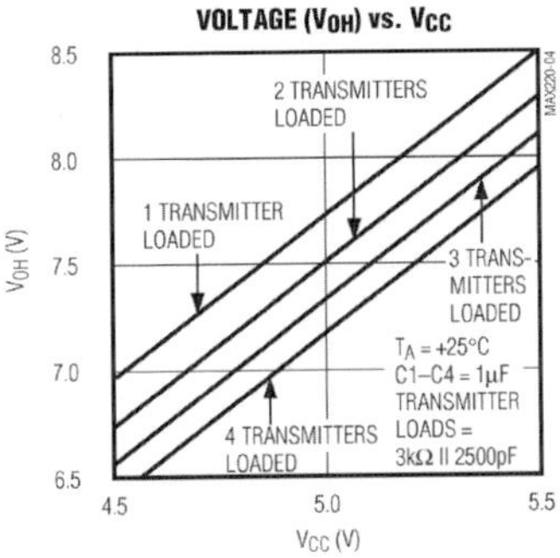

TRANSMITTER OUTPUT VOLTAGE (V_{OH}) vs. LOAD CAPACITANCE AT DIFFERENT DATA RATES

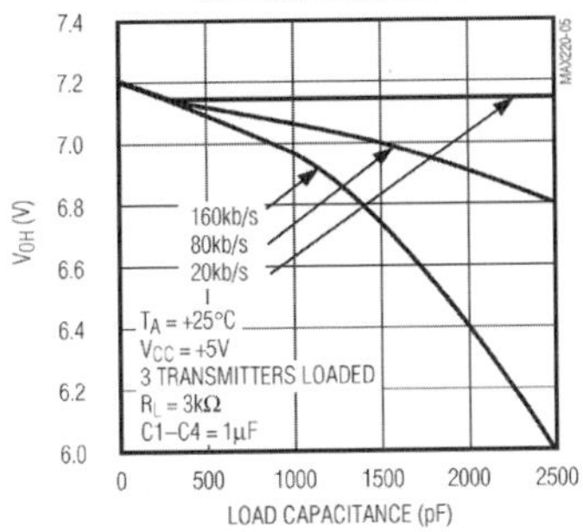

TRANSMITTER SLEW RATE vs. LOAD CAPACITANCE

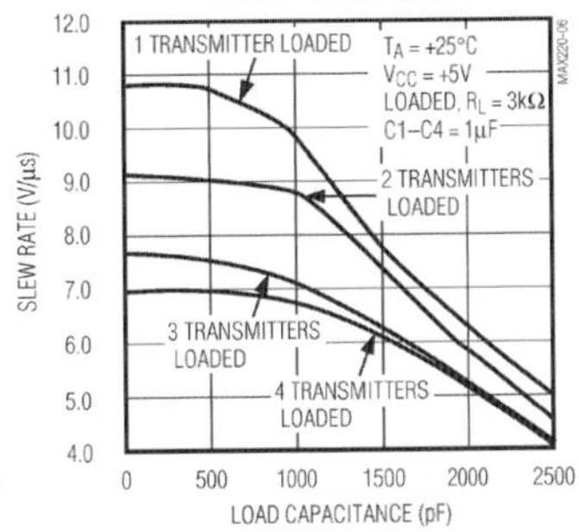

TRANSMITTER OUTPUT VOLTAGE (V_{OL}) vs. V_{CC}

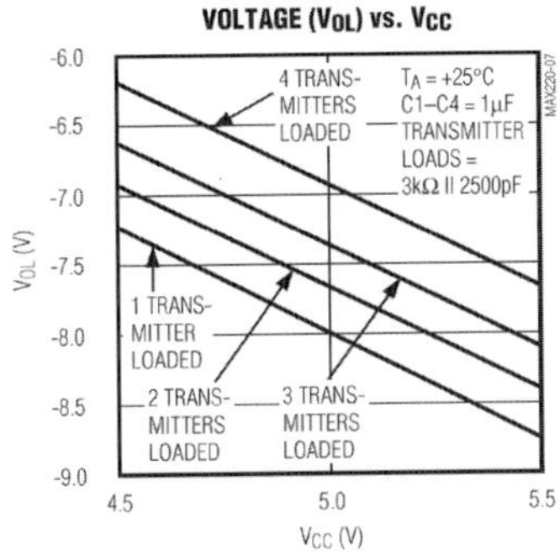

TRANSMITTER OUTPUT VOLTAGE (V_{OL}) vs. LOAD CAPACITANCE AT DIFFERENT DATA RATES

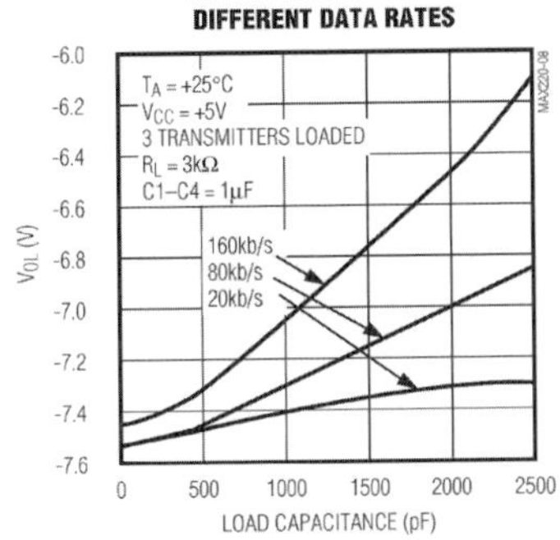

TRANSMITTER OUTPUT VOLTAGE (V+, V-) vs. LOAD CURRENT

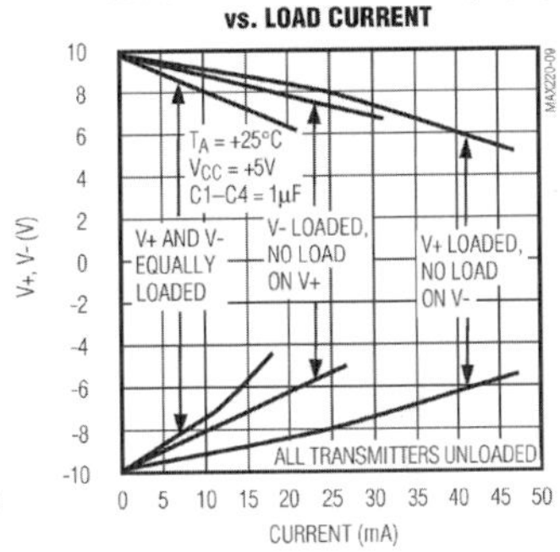

V+, V- WHEN EXITING SHUTDOWN (1µF CAPACITORS)

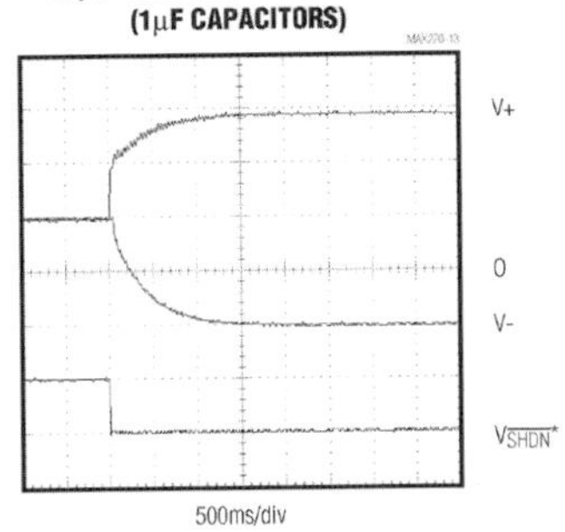

*SHUTDOWN POLARITY IS REVERSED FOR NON MAX241 PARTS

Absolute Maximum Ratings—MAX225/MAX244–MAX249

(Voltages referenced to GND.)
Supply Voltage (V_{CC}) ....-0.3V to +6V
Input Voltages
TIN, $\overline{ENA}$, $\overline{ENB}$, $\overline{ENR}$, $\overline{ENT}$, $\overline{ENRA}$,
$\overline{ENRB}$, $\overline{ENTA}$, $\overline{ENTB}$ ....-0.3V to (V_{CC} + 0.3V)
RIN ....±25V
TOUT (Note 6) ....±15V
ROUT ....-0.3V to (V_{CC} + 0.3V)
Short Circuit Duration (one output at a time)
TOUT to GND ....Continuous
ROUT to GND ....Continuous

Continuous Power Dissipation (T_A = +70°C)
28-Pin Wide SO (derate 12.50mW/°C above +70°C) 1W
40-Pin Plastic DIP (derate 11.11mW/°C above +70°C) ...611mW
44-Pin PLCC (derate 13.33mW/°C above +70°C) 1.07W
Operating Temperature Ranges
MAX225C_ _, MAX24_C_ _ ....0°C to +70°C
MAX225E_ _, MAX24_E_ _ ....-40°C to +85°C
Storage Temperature Range ....-65°C to +160°C
Lead Temperature (soldering,10s)) ....+300°C
Soldering Temperature (reflow)
40 PDIP (P40M-2) ....+225°C
All other lead(Pb)-free packages ....+260°C
All other packages containing lead(Pb) ....+240°C

Note 6: Input voltage measured with transmitter output in a high-impedance state, shutdown, or V_{CC} = 0V.

Stresses beyond those listed under "Absolute Maximum Ratings" may cause permanent damage to the device. These are stress ratings only, and functional operation of the device at these or any other conditions beyond those indicated in the operational sections of the specifications is not implied. Exposure to absolute maximum rating conditions for extended periods may affect device reliability.

Electrical Characteristics—MAX225/MAX244–MAX249

(MAX225, V_{CC} = +5.0V ±5%; MAX244–MAX249, V_{CC} = +5.0V ±10%, external capacitors C1–C4 = 1μF; T_A = T_{MIN} to T_{MAX}; unless otherwise noted.) (Note 7)

PARAMETER	CONDITIONS		MIN	TYP	MAX	UNITS
RS-232 TRANSMITTERS						
Input Logic-Low Voltage				1.4	0.8	V
Input Logic-High Voltage			2	1.4		V
Logic Pullup/Input Current	Tables 1a–1d	Normal operation		10	50	μA
		Shutdown		±0.01	±1	
Data Rate	Tables 1a–1d, normal operation			120	64	kbps
Output Voltage Swing	All transmitter outputs loaded with 3kΩ to GND		±5	±7.5		V
Output Leakage Current (Shutdown)	Tables 1a–1d	$\overline{V_{ENA}}$, $\overline{V_{ENB}}$, $\overline{V_{ENT}}$, $\overline{V_{ENTA}}$, $\overline{V_{ENTB}}$ = V_{CC}, V_{OUT} = ±15V		±0.01	±25	μA
		V_{CC} = 0V, V_{OUT} = ±15V		±0.01	±25	
Transmitter Output Resistance	V_{CC} = V+ = V- = 0V, V_{OUT} = ±2V (Note 8)		300	10M		Ω
Output Short-Circuit Current	V_{OUT} = 0V		±7	±30		mA
RS-232 RECEIVERS						
RS-232 Input Voltage Operating Range					±25	V
RS-232 Input Logic-Low Voltage	V_{CC} = +5V		0.8	1.3		V
RS-232 Input Logic-High Voltage	V_{CC} = +5V			1.8	2.4	V
RS-232 Input Hysteresis	V_{CC} = +5V		0.2	0.5	1.0	V
RS-232 Input Resistance			3	5	7	kΩ
TTL/CMOS Output Voltage Low	I_{OUT} = 3.2mA			0.2	0.4	V
TTL/CMOS Output Voltage High	I_{OUT} = -1.0mA		3.5	V_{CC} - 0.2		V
TTL/CMOS Output Short-Circuit Current	Sourcing V_{OUT} = V_{GND}		-2	-10		mA
	Sinking V_{OUT} = V_{CC}		10	30		
TTL/CMOS Output Leakage Current	Normal operation, outputs disabled, Tables 1a–1d, 0V ≤ V_{OUT} ≤ V_{CC}, $\overline{V_{ENR\_}}$ = V_{CC}			±0.05	±0.10	μA

Electrical Characteristics—MAX225/MAX244–MAX249 (continued)

(MAX225, V_{CC} = +5.0V ±5%; MAX244–MAX249, V_{CC} = +5.0V ±10%, external capacitors C1–C4 = 1µF; $T_A = T_{MIN}$ to T_{MAX}; unless otherwise noted.) (Note 7)

PARAMETER	CONDITIONS		MIN	TYP	MAX	UNITS
POWER SUPPLY AND CONTROL LOGIC						
Supply Voltage Range		MAX225	4.75		5.25	V
		MAX244–MAX249	4.5		5.5	V
V_{CC} Supply Current (Normal Operation)	No load	MAX225		10	20	mA
	No load	MAX244–MAX249		11	30	mA
	3kΩ loads on all outputs	MAX225		40		mA
	3kΩ loads on all outputs	MAX244–MAX249		57		mA
Shutdown Supply Current	T_A = +25°C			8	25	µA
	$T_A = T_{MIN}$ to T_{MAX}				50	µA
Control Input	Leakage current				±1	µA
	Logic-low voltage			1.4	0.8	V
	Logic-high voltage		2.4	1.4		V
AC CHARACTERISTICS						
Transition Slew Rate	C_L = 50pF to 2500pF, R_L = 3kΩ to 7kΩ, V_{CC} = +5V, T_A = +25°C, measured from +3V to -3V or -3V to +3V		5	10	30	V/µs
Transmitter Propagation Delay TLL to RS-232 (Normal Operation)	t_{PHLT}, Figure 1			1.3	3.5	µs
	t_{PLHT}, Figure 1			1.5	3.5	µs
Receiver Propagation Delay TLL to RS-232 (Normal Operation)	t_{PHLR}, Figure 2			0.6	1.5	µs
	t_{PLHR}, Figure 2			0.6	1.5	µs
Receiver Propagation Delay TLL to RS-232 (Low-Power Mode)	t_{PHLS}, Figure 2			0.6	10	µs
	t_{PLHS}, Figure 2			3.0	10	µs
Transmitter + to - Propagation Delay Difference (Normal Operation)	$t_{PHLT} - t_{PLHT}$			350		ns
Receiver + to - Propagation Delay Difference (Normal Operation)	$t_{PHLR} - t_{PLHR}$			350		ns
Receiver-Output Enable Time	t_{ER}, Figure 3			100	500	ns
Receiver-Output Disable Time	t_{DR}, Figure 3			100	500	ns
Transmitter Enable Time	t_{ET}	MAX246–MAX249 (excludes charge-pump startup)		5		µs
	t_{ET}	MAX225/MAX245–MAX249 (includes charge-pump startup)		10		ms
Transmitter Disable Time	t_{DT}, Figure 4			100		ns

Note 7: All units production tested at hot. Specifications over temperature are guaranteed by design.

Note 8: The 300Ω minimum specification complies with EIA/TIA-232E, but the actual resistance when in shutdown mode or V_{CC} = 0V is 10MΩ as is implied by the leakage specification.

Typical Operating Characteristics

MAX225/MAX244–MAX249

TRANSMITTER SLEW RATE vs. LOAD CAPACITANCE

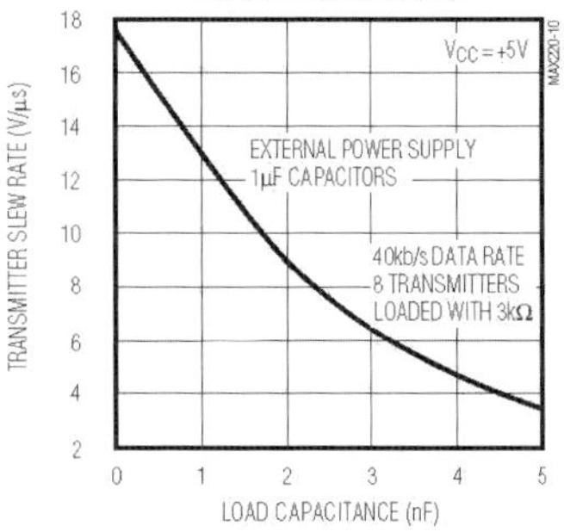

OUTPUT VOLTAGE vs. LOAD CURRENT FOR V+ AND V-

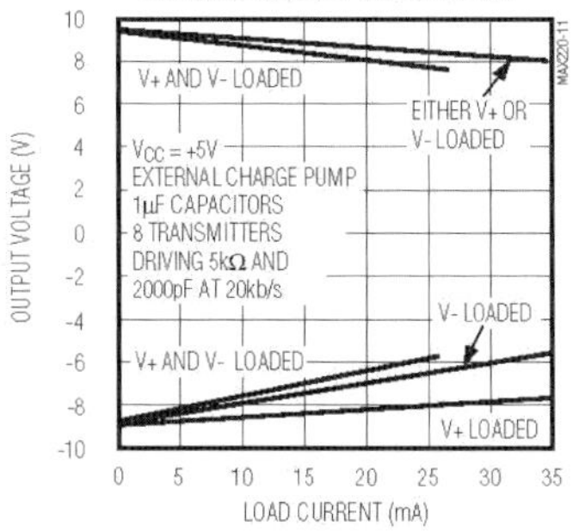

TRANSMITTER OUTPUT VOLTAGE (V+, V-) vs. LOAD CAPACITANCE AT DIFFERENT DATA RATES

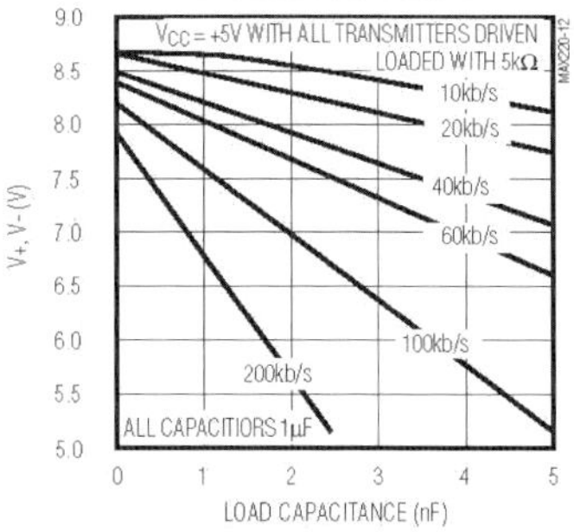

Test Circuits/Timing Diagrams

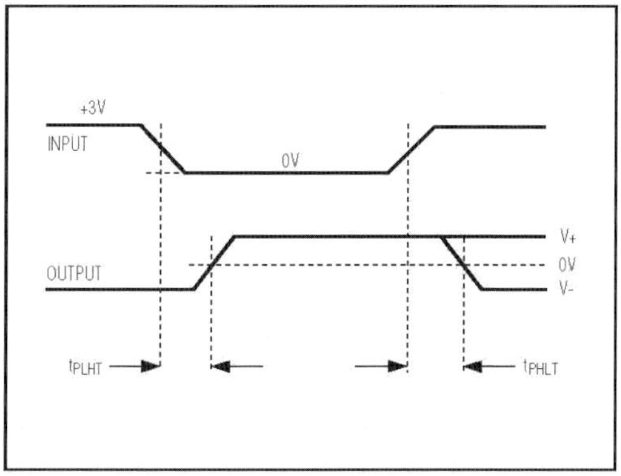

Figure 1. Transmitter Propagation-Delay Timing

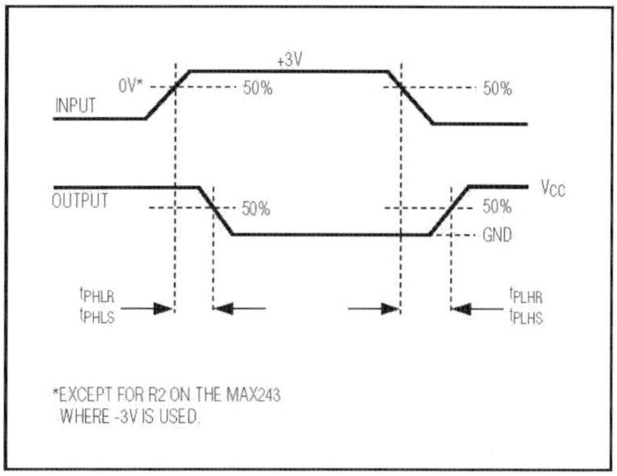

Figure 2. Receiver Propagation-Delay Timing

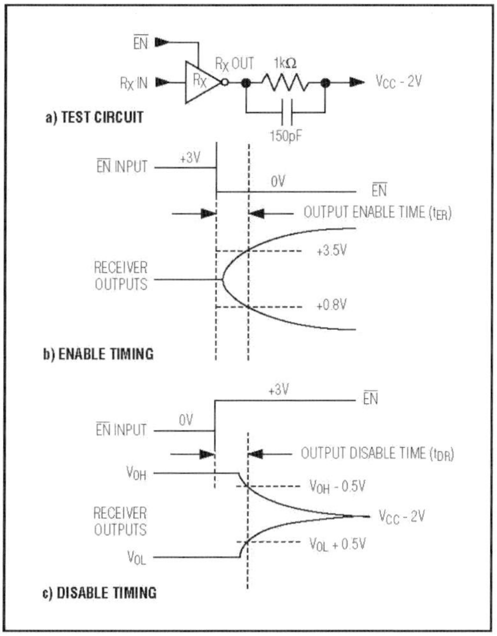

Figure 3. Receiver-Output Enable and Disable Timing

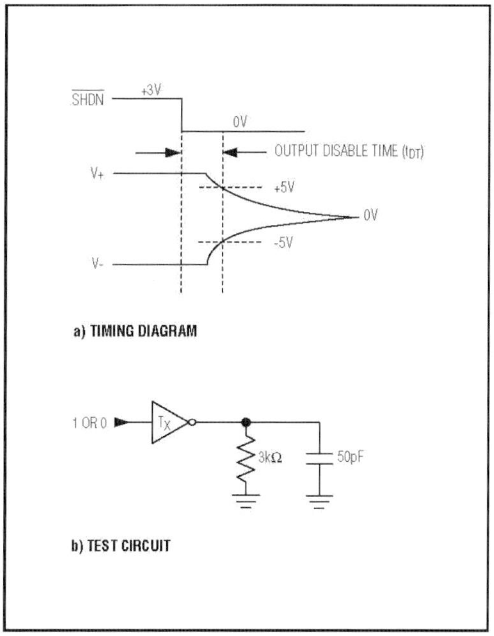

Figure 4. Transmitter-Output Disable Timing

Control Pin Configuration Tables

Table 1a. MAX245 Control Pin Configurations

$\overline{ENT}$	$\overline{ENR}$	OPERATION STATUS	TRANSMITTERS	RECEIVERS
0	0	Normal Operation	All Active	All Active
0	1	Normal Operation	All Active	All High-Z
1	0	Shutdown	All High-Z	All Low-Power Receive Mode
1	1	Shutdown	All High-Z	All High-Z

Table 1b. MAX245 Control Pin Configurations

$\overline{ENT}$	$\overline{ENR}$	OPERATION STATUS	TRANSMITTERS		RECEIVERS	
			TA1–TA4	TB1–TB4	RA1–RA5	RB1–RB5
0	0	Normal Operation	All Active	All Active	All Active	All Active
0	1	Normal Operation	All Active	All Active	RA1–RA4 High-Z, RA5 Active	RB1–RB4 High-Z, RB5 Active
1	0	Shutdown	All High-Z	All High-Z	All Low-Power Receive Mode	All Low-Power Receive Mode
1	1	Shutdown	All High-Z	All High-Z	RA1–RA4 High-Z, RA5 Low-Power Receive Mode	RB1–RB4 High-Z, RB5 Low-Power Receive Mode

Table 1c. MAX246 Control Pin Configurations

$\overline{ENA}$	$\overline{ENB}$	OPERATION STATUS	TRANSMITTERS		RECEIVERS	
			TA1–TA4	TB1–TB4	RA1–RA5	RB1–RB5
0	0	Normal Operation	All Active	All Active	All Active	All Active
0	1	Normal Operation	All Active	All High-Z	All Active	RB1–RB4 High-Z, RB5 Active
1	0	Shutdown	All High-Z	All Active	RA1–RA4 High-Z, RA5 Active	All Active
1	1	Shutdown	All High-Z	All High-Z	RA1–RA4 High-Z, RA5 Low-Power Receive Mode	RB1–RB4 High-Z, RA5 Low-Power Receive Mode

Table 1d. MAX247/MAX248/MAX249 Control Pin Configurations

$\overline{ENTA}$	$\overline{ENTB}$	$\overline{ENRA}$	$\overline{ENRB}$	OPERATION STATUS		TRANSMITTERS		RECEIVERS	
					MAX247	TA1–TA4	TB1–TB4	RA1–RA4	RB1–RB5
					MAX248	TA1–TA4	TB1–TB4	RA1–RA4	RB1–RB4
					MAX249	TA1–TA3	TB1–TB3	RA1–RA5	RB1–RB5
0	0	0	0	Normal Operation		All Active	All Active	All Active	All Active
0	0	0	1	Normal Operation		All Active	All Active	All Active	All High-Z, except RB5 stays active on MAX247
0	0	1	0	Normal Operation		All Active	All Active	All High-Z	All Active
0	0	1	1	Normal Operation		All Active	All Active	All High-Z	All High-Z, except RB5 stays active on MAX247
0	1	0	0	Normal Operation		All Active	All High-Z	All Active	All Active
0	1	0	1	Normal Operation		All Active	All High-Z	All Active	All High-Z, except RB5 stays active on MAX247
0	1	1	0	Normal Operation		All Active	All High-Z	All High-Z	All Active
0	1	1	1	Normal Operation		All Active	All High-Z	All High-Z	All High-Z, except RB5 stays active on MAX247
1	0	0	0	Normal Operation		All High-Z	All Active	All Active	All Active
1	0	0	1	Normal Operation		All High-Z	All Active	All Active	All High-Z, except RB5 stays active on MAX247
1	0	1	0	Normal Operation		All High-Z	All Active	All High-Z	All Active
1	0	1	1	Normal Operation		All High-Z	All Active	All High-Z	All High-Z, except RB5 stays active on MAX247
1	1	0	0	Shutdown		All High-Z	All High-Z	Low-Power Receive Mode	Low-Power Receive Mode
1	1	0	1	Shutdown		All High-Z	All High-Z	Low-Power Receive Mode	All High-Z, except RB5 stays active on MAX247
1	1	1	0	Shutdown		All High-Z	All High-Z	All High-Z	Low-Power Receive Mode
1	1	1	1	Shutdown		All High-Z	All High-Z	All High-Z	All High-Z, except RB5 stays active on MAX247

Detailed Description

The MAX220–MAX249 contain four sections: dual charge-pump DC-DC voltage converters, RS-232 drivers, RS-232 receivers, and receiver and transmitter enable control inputs.

Dual Charge-Pump Voltage Converter

The MAX220–MAX249 have two internal charge-pumps that convert +5V to ±10V (unloaded) for RS-232 driver operation. The first converter uses capacitor C1 to double the +5V input to +10V on C3 at the V+ output. The second converter uses capacitor C2 to invert +10V to -10V on C4 at the V- output.

A small amount of power may be drawn from the +10V (V+) and -10V (V-) outputs to power external circuitry (see the *Typical Operating Characteristics* section), except on the MAX225 and MAX245–MAX247, where these pins are not available. V+ and V- are not regulated, so the output voltage drops with increasing load current. Do not load V+ and V- to a point that violates the minimum ±5V EIA/TIA-232E driver output voltage when sourcing current from V+ and V- to external circuitry.

When using the shutdown feature in the MAX222, MAX225, MAX230, MAX235, MAX236, MAX240, MAX241, and MAX245–MAX249, avoid using V+ and V- to power external circuitry. When these parts are shut down, V- falls to 0V, and V+ falls to +5V. For applications where a +10V external supply is applied to the V+ pin (instead of using the internal charge pump to generate +10V), the C1 capacitor must not be installed and the $\overline{SHDN}$ pin must be connected to V_{CC}. This is because V+ is internally connected to V_{CC} in shutdown mode.

RS-232 Drivers

The typical driver output voltage swing is ±8V when loaded with a nominal 5kΩ RS-232 receiver and V_{CC} = +5V. Output swing is guaranteed to meet the EIA/TIA-232E and V.28 specification, which calls for ±5V minimum driver output levels under worst-case conditions. These include a minimum 3kΩ load, V_{CC} = +4.5V, and maximum operating temperature. Unloaded driver output voltage ranges from (V+ -1.3V) to (V- +0.5V).

Input thresholds are both TTL and CMOS compatible. The inputs of unused drivers can be left unconnected since 400kΩ input pullup resistors to V_{CC} are built in (except for the MAX220). The pullup resistors force the outputs of unused drivers low because all drivers invert. The internal input pullup resistors typically source 12µA, except in shutdown mode where the pullups are disabled. Driver outputs turn off and enter a high-impedance state—where leakage current is typically microamperes (maximum 25µA)—when in shutdown mode, in three-state mode, or when device power is removed. Outputs can be driven to ±15V. The power-supply current typically drops to 8µA in shutdown mode. The MAX220 does not have pullup resistors to force the outputs of the unused drivers low. Connect unused inputs to GND or V_{CC}.

The MAX239 has a receiver three-state control line, and the MAX223, MAX225, MAX235, MAX236, MAX240, and MAX241 have both a receiver three-state control line and a low-power shutdown control. Table 2 shows the effects of the shutdown control and receiver three-state control on the receiver outputs.

The receiver TTL/CMOS outputs are in a high-impedance, three-state mode whenever the three-state enable line is high (for the MAX225/MAX235/MAX236/MAX239–MAX241), and are also high-impedance whenever the shutdown control line is high.

When in low-power shutdown mode, the driver outputs are turned off and their leakage current is less than 1µA with the driver output pulled to ground. The driver output leakage remains less than 1µA, even if the transmitter output is backdriven between 0V and (V_{CC} + 6V). Below -0.5V, the transmitter is diode clamped to ground with 1kΩ series impedance. The transmitter is also zener clamped to approximately V_{CC} + 6V, with a series impedance of 1kΩ.

The driver output slew rate is limited to less than 30V/µs as required by the EIA/TIA-232E and V.28 specifications. Typical slew rates are 24V/µs unloaded and 10V/µs loaded with 3Ω and 2500pF.

RS-232 Receivers

EIA/TIA-232E and V.28 specifications define a voltage level greater than 3V as a logic 0, so all receivers invert. Input thresholds are set at 0.8V and 2.4V, so receivers respond to TTL level inputs as well as EIA/TIA-232E and V.28 levels.

Table 2. Three-State Control of Receivers

PART	SHDN	$\overline{SHDN}$	EN	$\overline{EN(R)}$	RECEIVERS
MAX223	—	Low High High	X Low High	—	High Impedance Active High Impedance
MAX225	—	—	—	Low High	High Impedance Active
MAX235 MAX236 MAX240	Low Low High	—	—	Low High X	High Impedance Active High Impedance

The receiver inputs withstand an input overvoltage up to ±25V and provide input terminating resistors with nominal 5kΩ values. The receivers implement Type 1 interpretation of the fault conditions of V.28 and EIA/TIA-232E.

The receiver input hysteresis is typically 0.5V with a guaranteed minimum of 0.2V. This produces clear output transitions with slow-moving input signals, even with moderate amounts of noise and ringing. The receiver propagation delay is typically 600ns and is independent of input swing direction.

Low-Power Receive Mode

The low-power receive mode feature of the MAX223, MAX242, and MAX245–MAX249 puts the IC into shutdown mode but still allows it to receive information. This is important for applications where systems are periodically awakened to look for activity. Using low-power receive mode, the system can still receive a signal that will activate it on command and prepare it for communication at faster data rates. This operation conserves system power.

Negative Threshold—MAX243

The MAX243 is pin compatible with the MAX232A, differing only in that RS-232 cable fault protection is removed on one of the two receiver inputs. This means that control lines such as CTS and RTS can either be driven or left unconnected without interrupting communication. Different cables are not needed to interface with different pieces of equipment.

The input threshold of the receiver without cable fault protection is -0.8V rather than +1.4V. Its output goes positive only if the input is connected to a control line that is actively driven negative. If not driven, it defaults to the 0 or "OK to send" state. Normally, the MAX243's other receiver (+1.4V threshold) is used for the data line (TD or RD), while the negative threshold receiver is connected to the control line (DTR, DTS, CTS, RTS, etc.).

Other members of the RS-232 family implement the optional cable fault protection as specified by EIA/TIA-232E specifications. This means a receiver output goes high whenever its input is driven negative, left unconnected, or shorted to ground. The high output tells the serial communications IC to stop sending data. To avoid this, the control lines must either be driven or connected with jumpers to an appropriate positive voltage level.

Shutdown—MAX222–MAX242

On the MAX222, MAX235, MAX236, MAX240, and MAX241, all receivers are disabled during shutdown. On the MAX223 and MAX242, two receivers continue to operate in a reduced power mode when the chip is in shutdown. Under these conditions, the propagation delay increases to about 2.5μs for a high-to-low input transition. When in shutdown, the receiver acts as a CMOS inverter with no hysteresis. The MAX223 and MAX242 also have a receiver output enable input ($\overline{EN}$ for the MAX242 and EN for the MAX223) that allows receiver output control independent of $\overline{SHDN}$ (SHDN for MAX241). With all other devices, $\overline{SHDN}$ (SHDN for MAX241) also disables the receiver outputs.

The MAX225 provides five transmitters and five receivers, while the MAX245 provides ten receivers and eight transmitters. Both devices have separate receiver and transmitter-enable controls. The charge pumps turn off and the devices shut down when a logic high is applied to the ENT input. In this state, the supply current drops to less than 25μA and the receivers continue to operate in a low-power receive mode. Driver outputs enter a high-impedance state (three-state mode). On the MAX225, all five receivers are controlled by the $\overline{ENR}$ input. On the MAX245, eight of the receiver outputs are controlled by the $\overline{ENR}$ input, while the remaining two receivers (RA5 and RB5) are always active. RA1–RA4 and RB1–RB4 are put in a three-state mode when $\overline{ENR}$ is a logic high.

Receiver and Transmitter Enable Control Inputs

The MAX225 and MAX245–MAX249 feature transmitter and receiver enable controls.

The receivers have three modes of operation: full-speed receive (normal active), three-state (disabled), and low-power receive (enabled receivers continue to function at lower data rates). The receiver enable inputs control the full-speed receive and three-state modes. The transmitters have two modes of operation: full-speed transmit (normal active) and three-state (disabled). The transmitter enable inputs also control the shutdown mode. The device enters shutdown mode when all transmitters are disabled. Enabled receivers function in the low-power receive mode when in shutdown.

Tables 1a–1d define the control states. The MAX244 has no control pins and is not included in these tables.

The MAX246 has ten receivers and eight drivers with two control pins, each controlling one side of the device. A logic high at the A-side control input (ENA) causes the four A-side receivers and drivers to go into a three-state mode. Similarly, the B-side control input (ENB) causes the four B-side drivers and receivers to go into a three-state mode. As in the MAX245, one A-side and one B-side receiver (RA5 and RB5) remain active at all times. The entire device is put into shutdown mode when both the A and B sides are disabled (ENA = ENB = +5V).

The MAX247 provides nine receivers and eight drivers with four control pins. The ENRA and ENRB receiver enable inputs each control four receiver outputs. The ENTA and ENTB transmitter enable inputs each control four drivers. The ninth receiver (RB5) is always active. The device enters shutdown mode with a logic high on both ENTA and ENTB.

The MAX248 provides eight receivers and eight drivers with four control pins. The ENRA and ENRB receiver enable inputs each control four receiver outputs. The ENTA and ENTB transmitter enable inputs control four drivers each. This part does not have an always-active receiver. The device enters shutdown mode and transmitters go into a three-state mode with a logic high on both ENTA and ENTB.

The MAX249 provides ten receivers and six drivers with four control pins. The ENRA and ENRB receiver enable inputs each control five receiver outputs. The ENTA and ENTB transmitter enable inputs control three drivers each. There is no always-active receiver. The device enters shutdown mode and transmitters go into a three-state mode with a logic high on both ENTA and ENTB. In shutdown mode, active receivers operate in a low-power receive mode at data rates up to 20kb/s.

Applications Information

Figures 5 through 25 show pin configurations and typical operating circuits. In applications that are sensitive to power-supply noise, V_{CC} should be decoupled to ground with a capacitor of the same value as C1 and C2 connected as close as possible to the device.

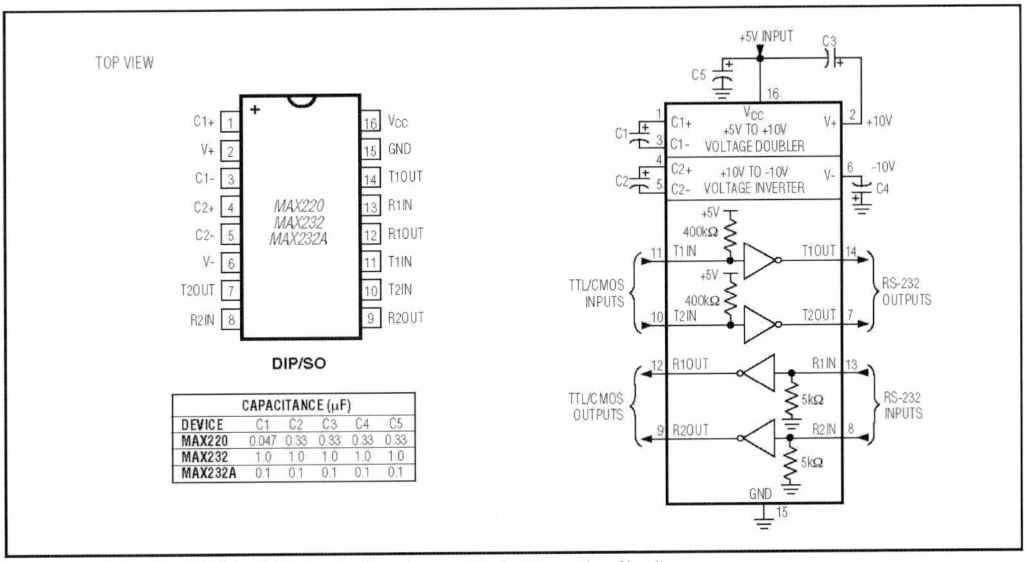

CAPACITANCE (μF)					
DEVICE	C1	C2	C3	C4	C5
MAX220	0.047	0.33	0.33	0.33	0.33
MAX232	1.0	1.0	1.0	1.0	1.0
MAX232A	0.1	0.1	0.1	0.1	0.1

Figure 5. MAX220/MAX232/MAX232A Pin Configuration and Typical Operating Circuit

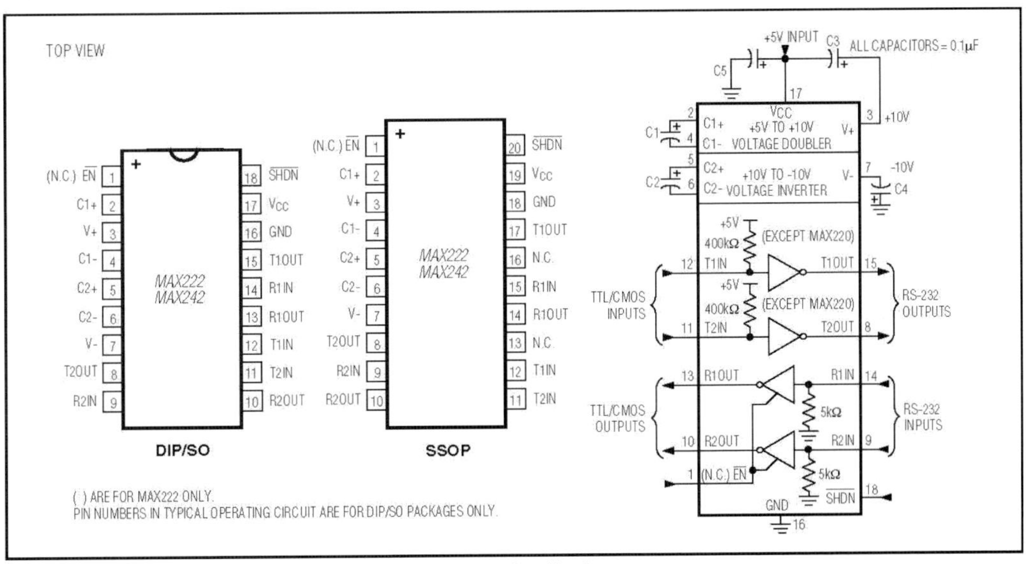

Figure 6. MAX222/MAX242 Pin Configurations and Typical Operating Circuit

TOP VIEW

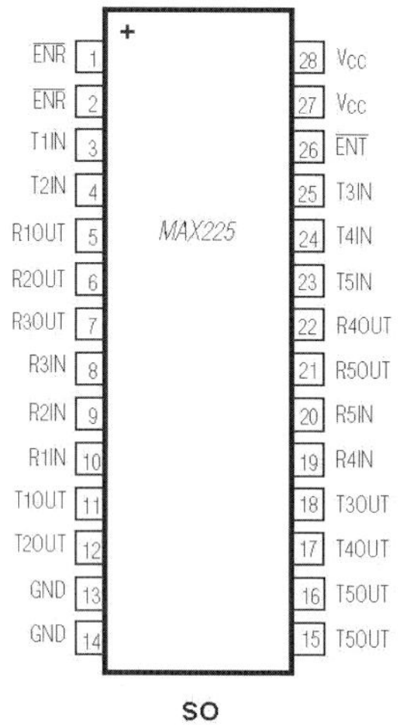

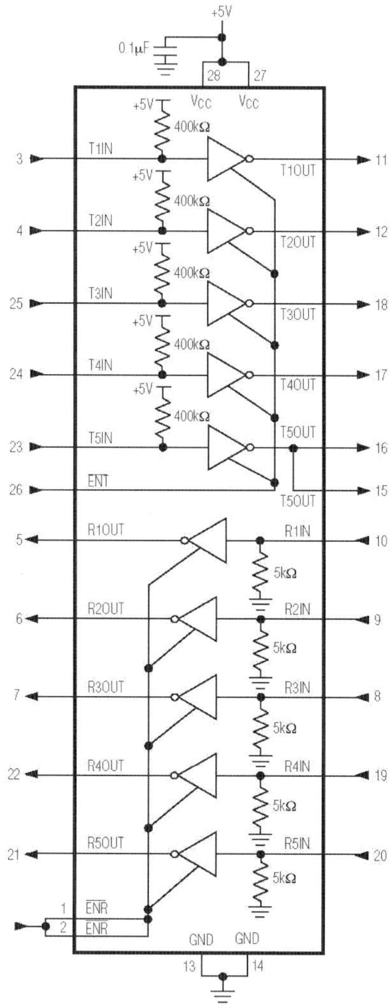

MAX225 FUNCTIONAL DESCRIPTION

5 RECEIVERS
5 TRANSMITTERS
2 CONTROL PINS
  1 RECEIVER ENABLE (ENR)
  1 TRANSMITTER ENABLE (ENT)

PINS (ENR, GND, V_{CC}, T5OUT) ARE INTERNALLY CONNECTED.
CONNECT EITHER OR BOTH EXTERNALLY. T5OUT IS A SINGLE DRIVER.

Figure 7. MAX225 Pin Configuration and Typical Operating Circuit

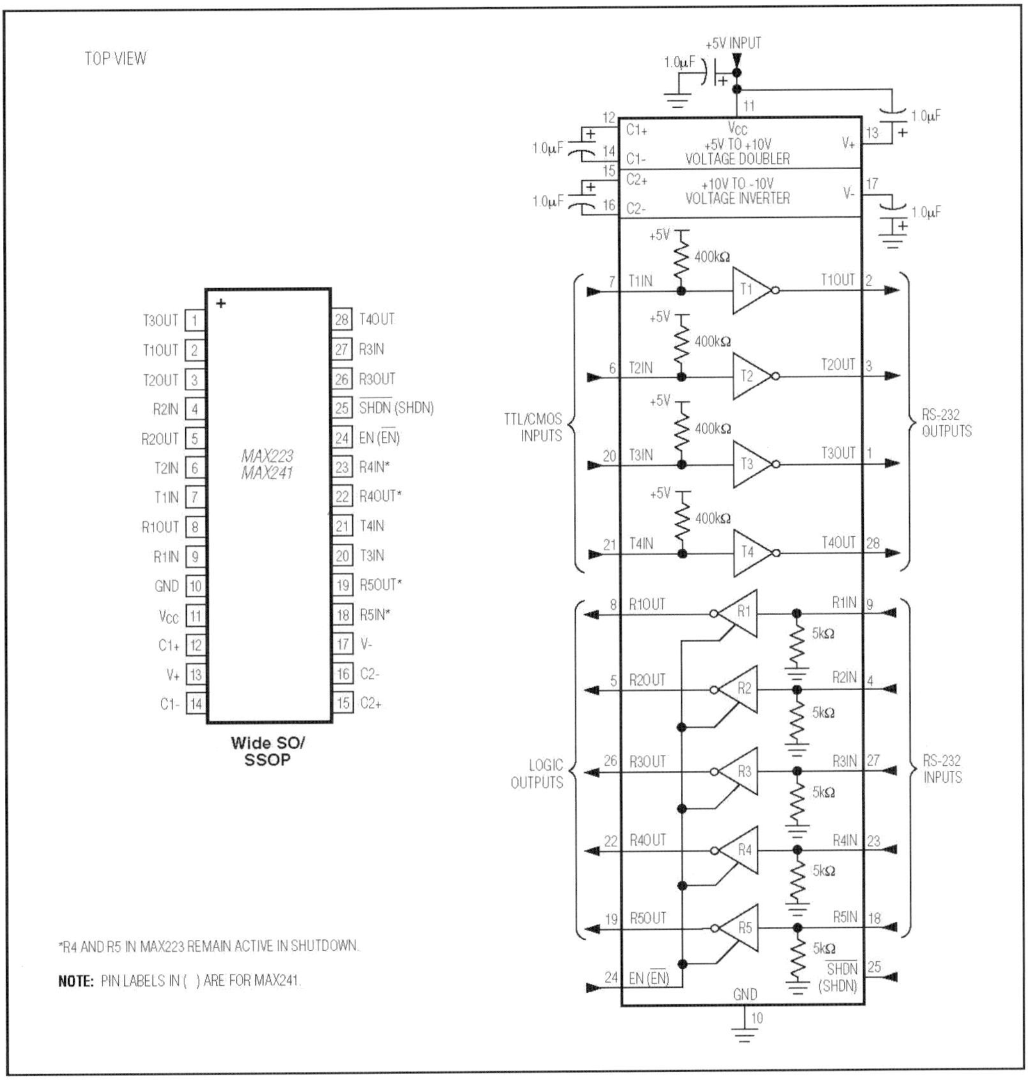

Figure 8. MAX223/MAX241 Pin Configuration and Typical Operating Circuit

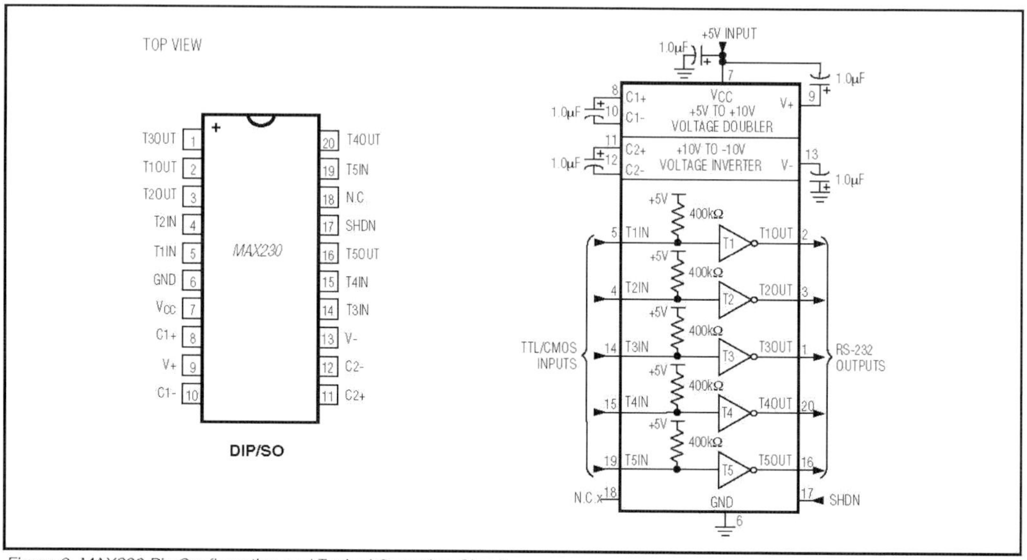

Figure 9. MAX230 Pin Configuration and Typical Operating Circuit

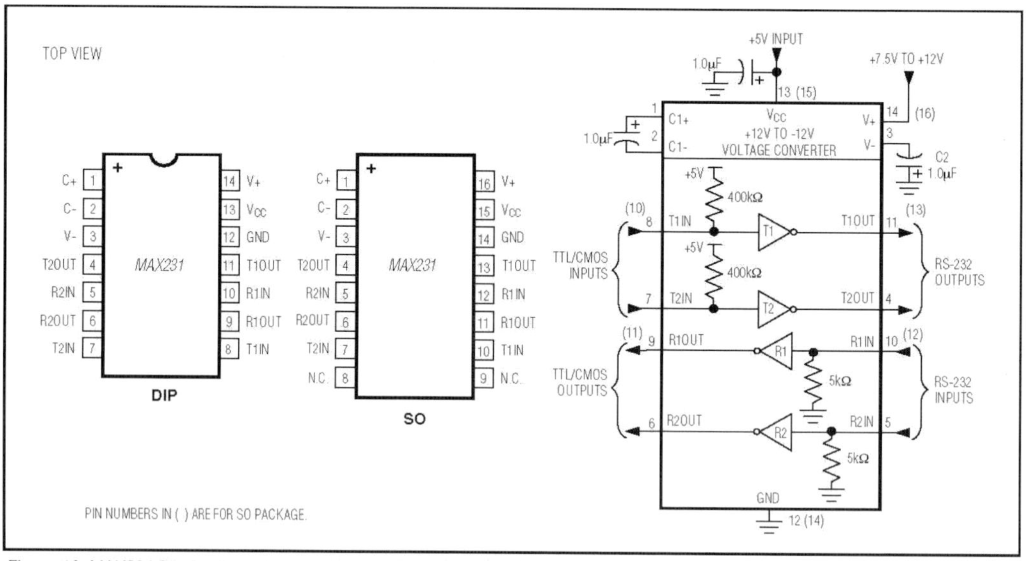

Figure 10. MAX231 Pin Configurations and Typical Operating Circuit

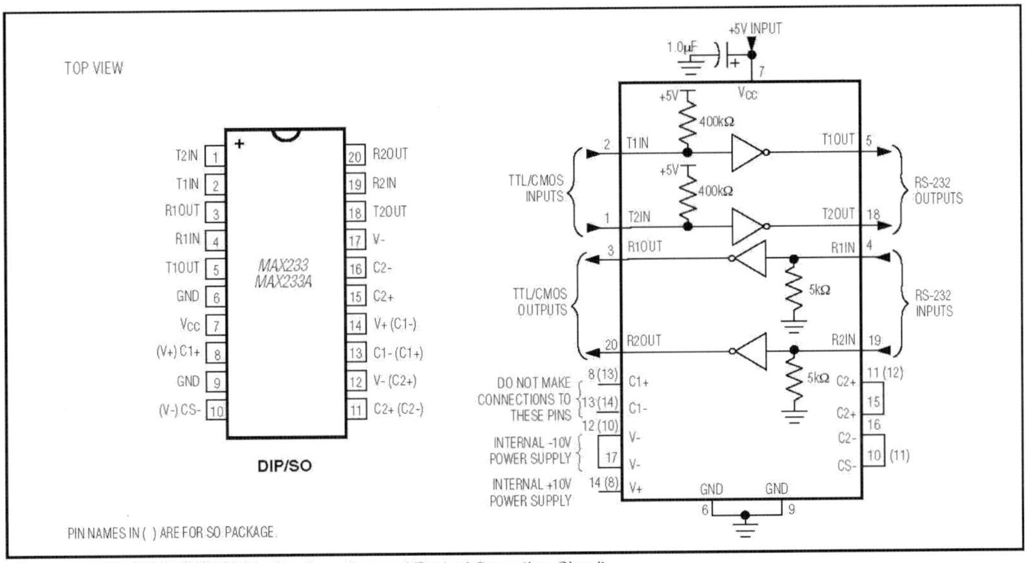

Figure 11. MAX233/MAX233A Pin Configuration and Typical Operating Circuit

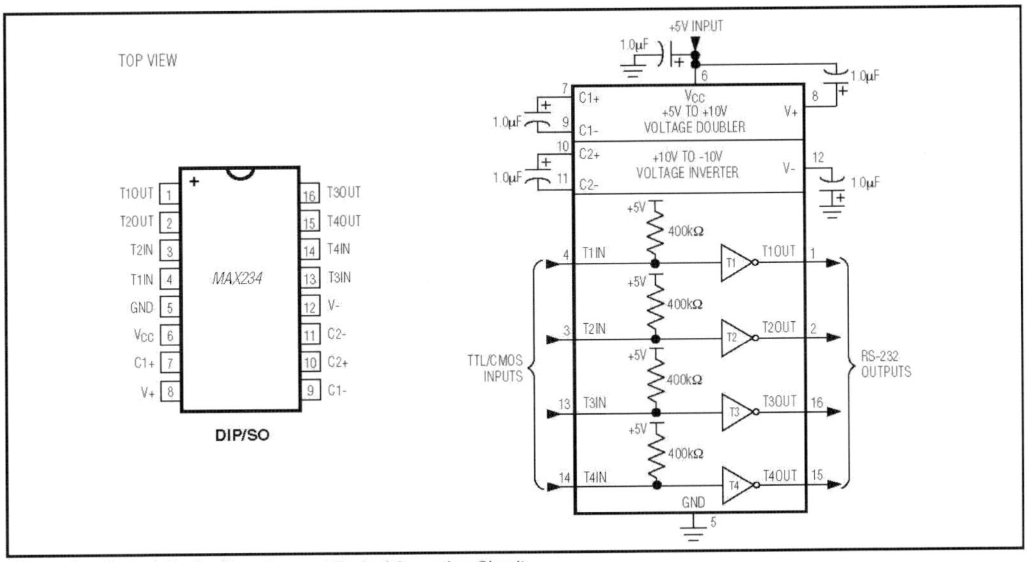

Figure 12. MAX234 Pin Configuration and Typical Operating Circuit

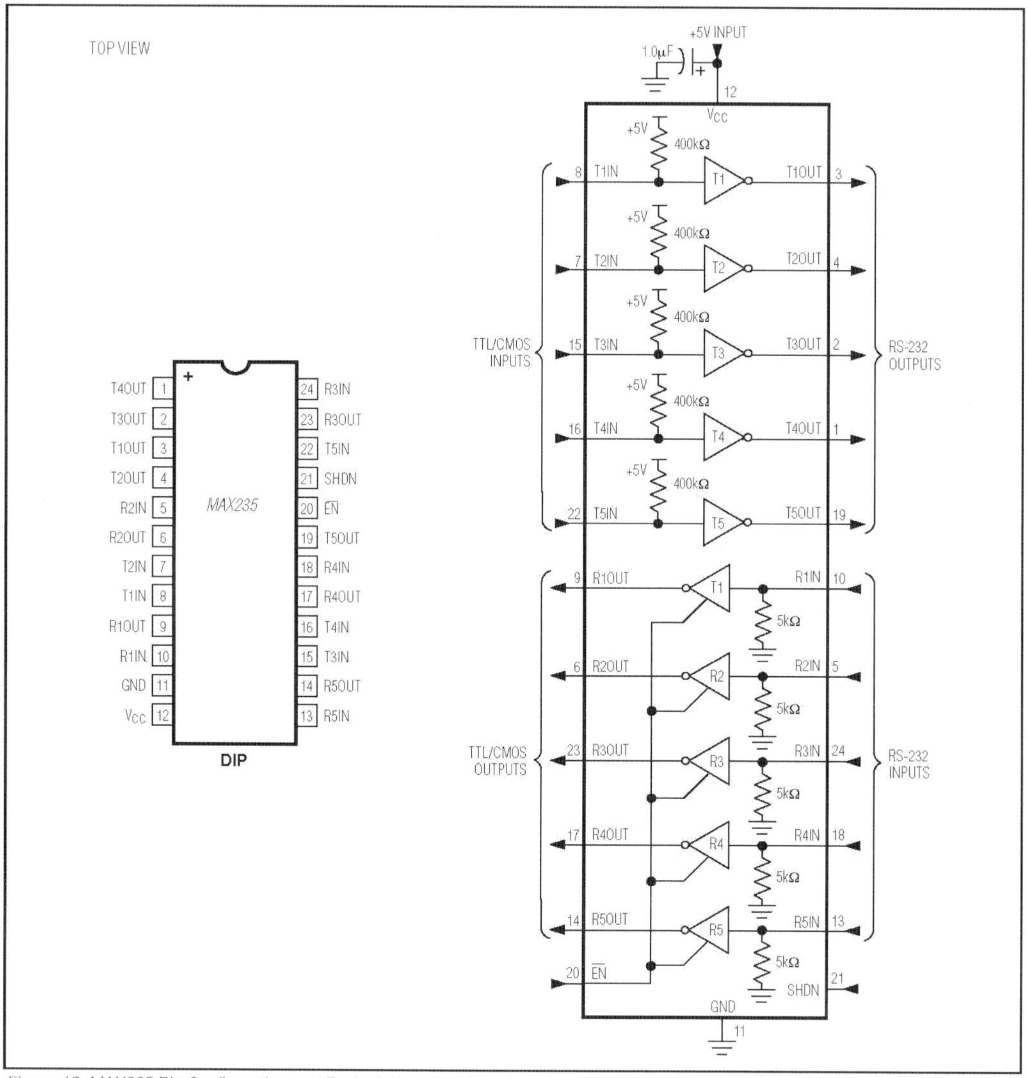

Figure 13. MAX235 Pin Configuration and Typical Operating Circuit

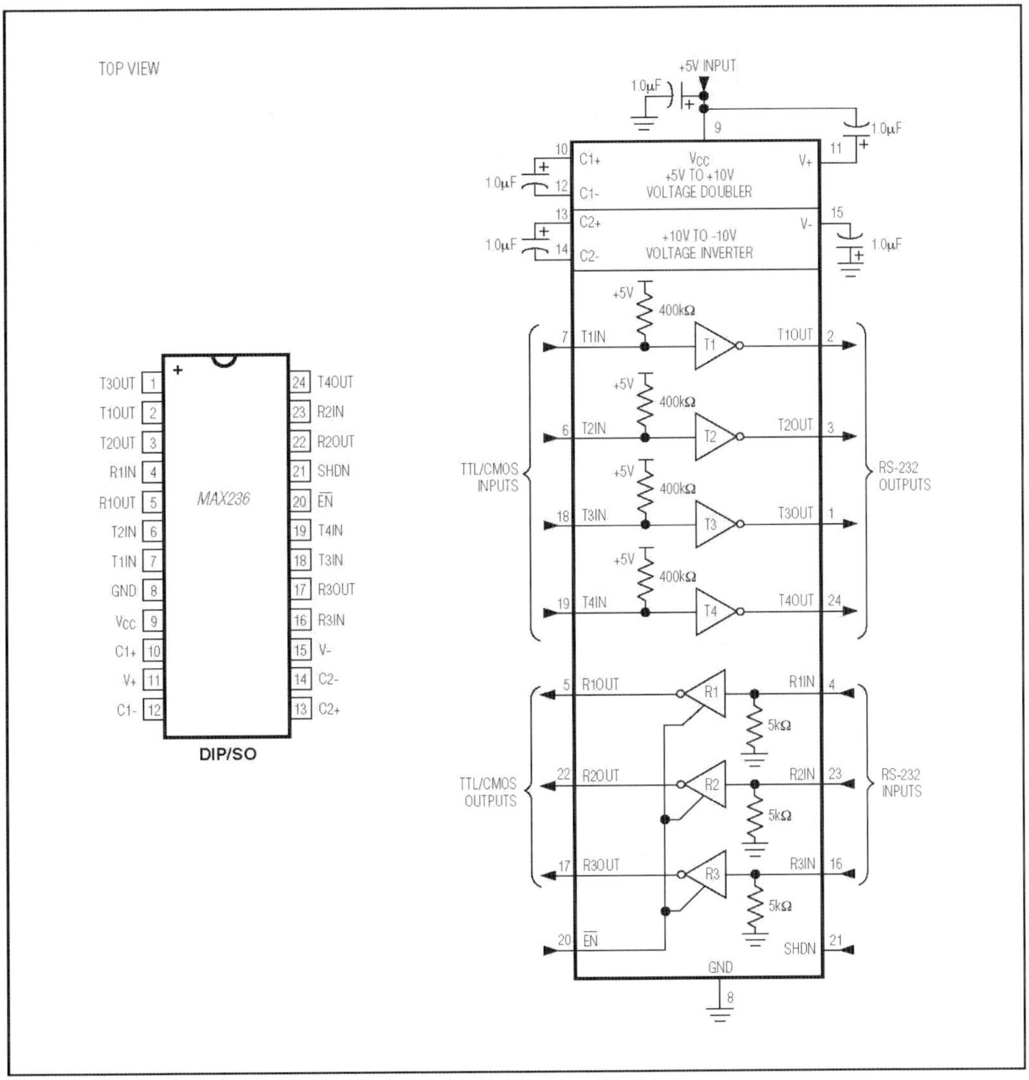

Figure 14. MAX236 Pin Configuration and Typical Operating Circuit

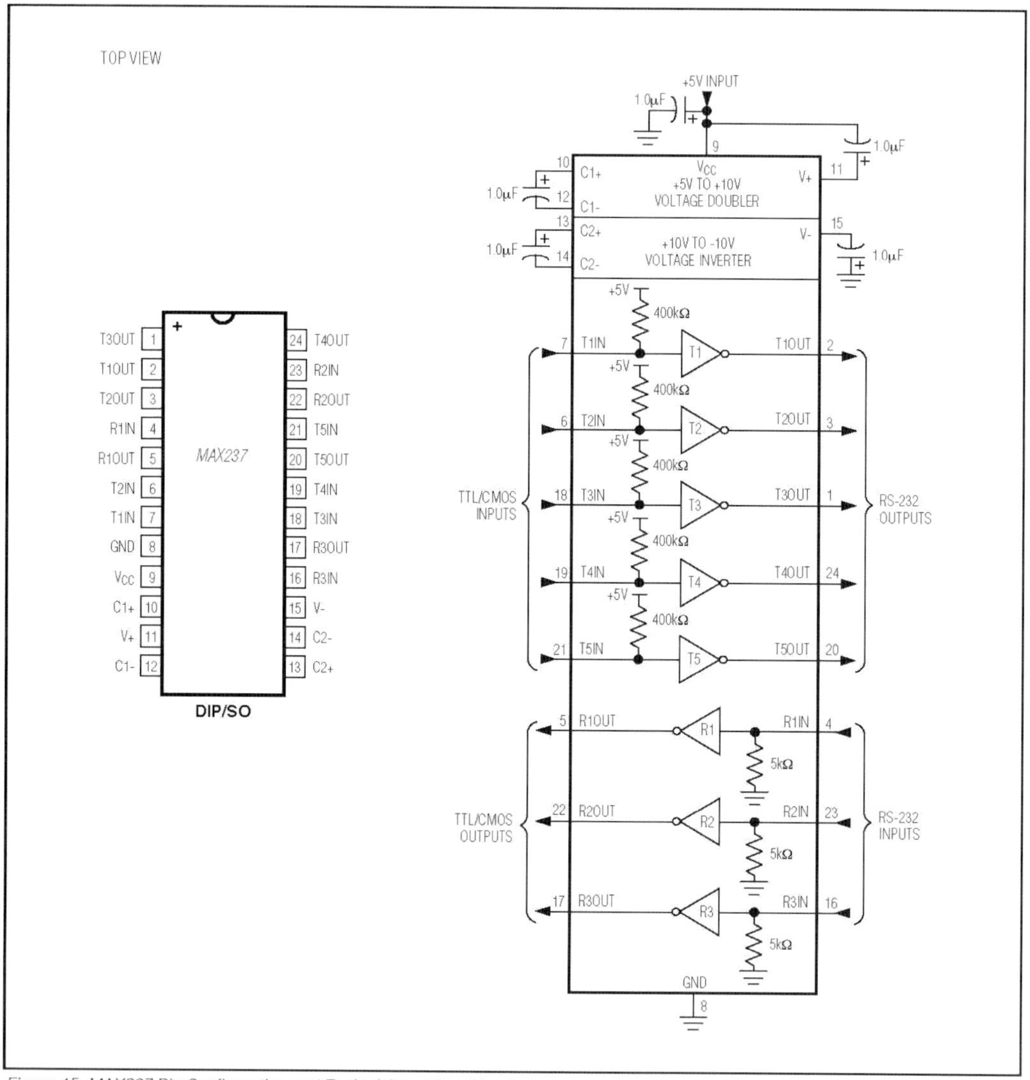

Figure 15. MAX237 Pin Configuration and Typical Operating Circuit

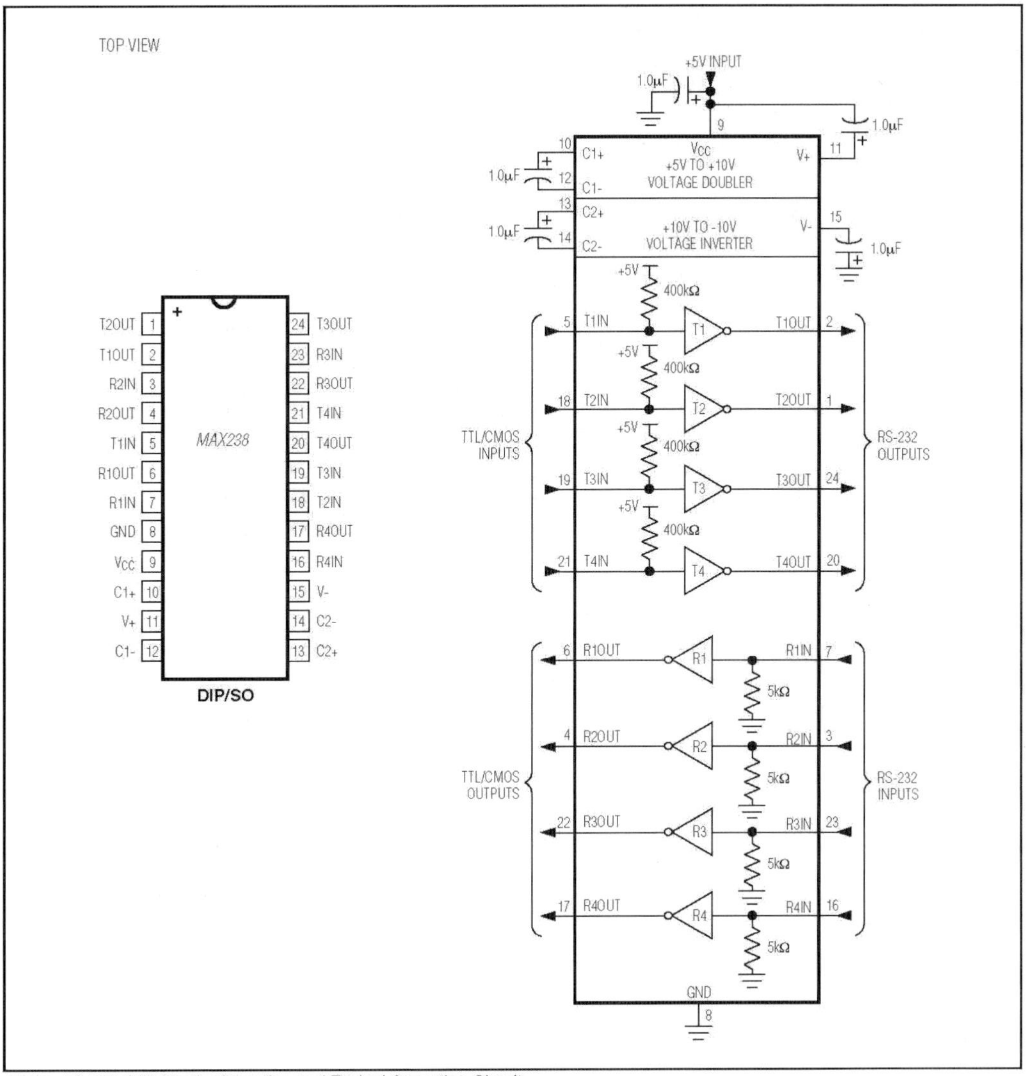

Figure 16. MAX238 Pin Configuration and Typical Operating Circuit

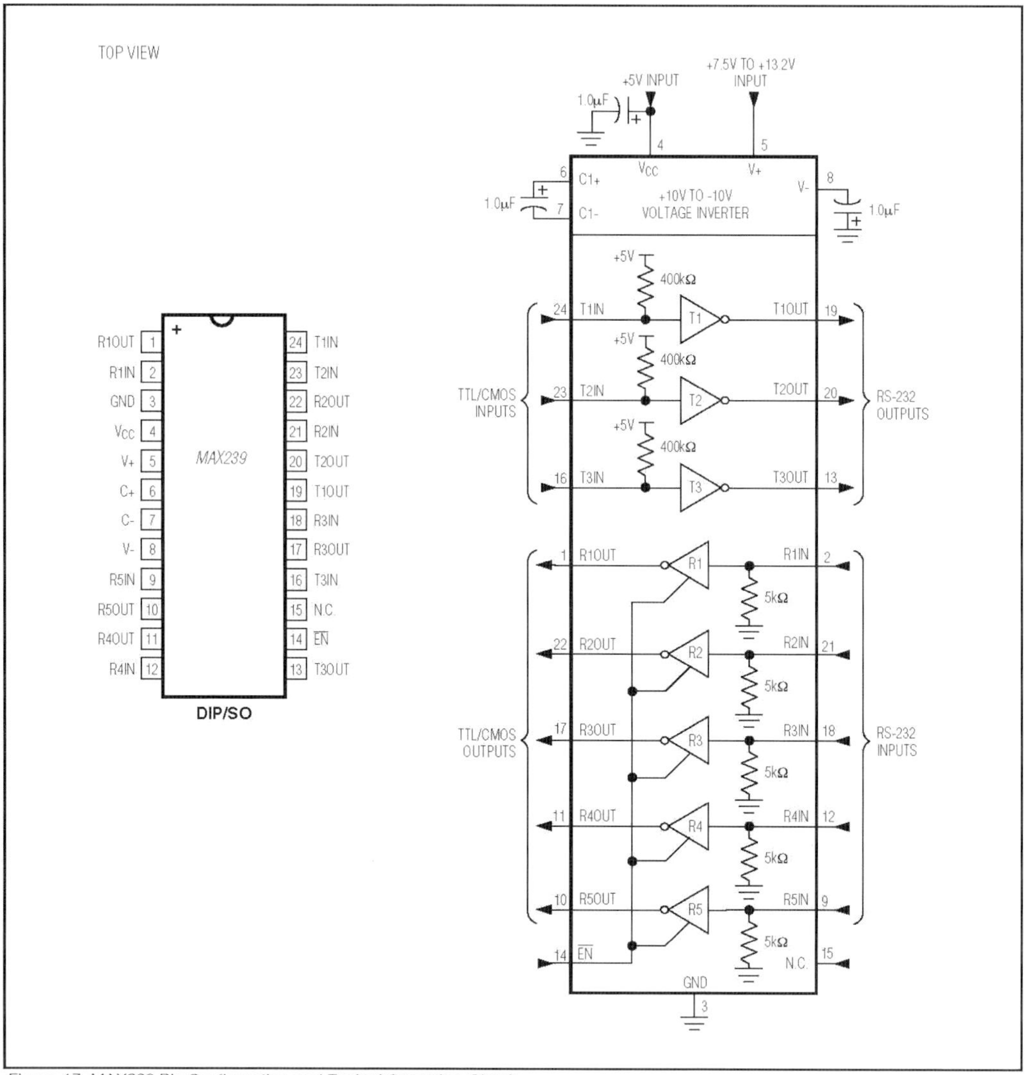

Figure 17. MAX239 Pin Configuration and Typical Operating Circuit

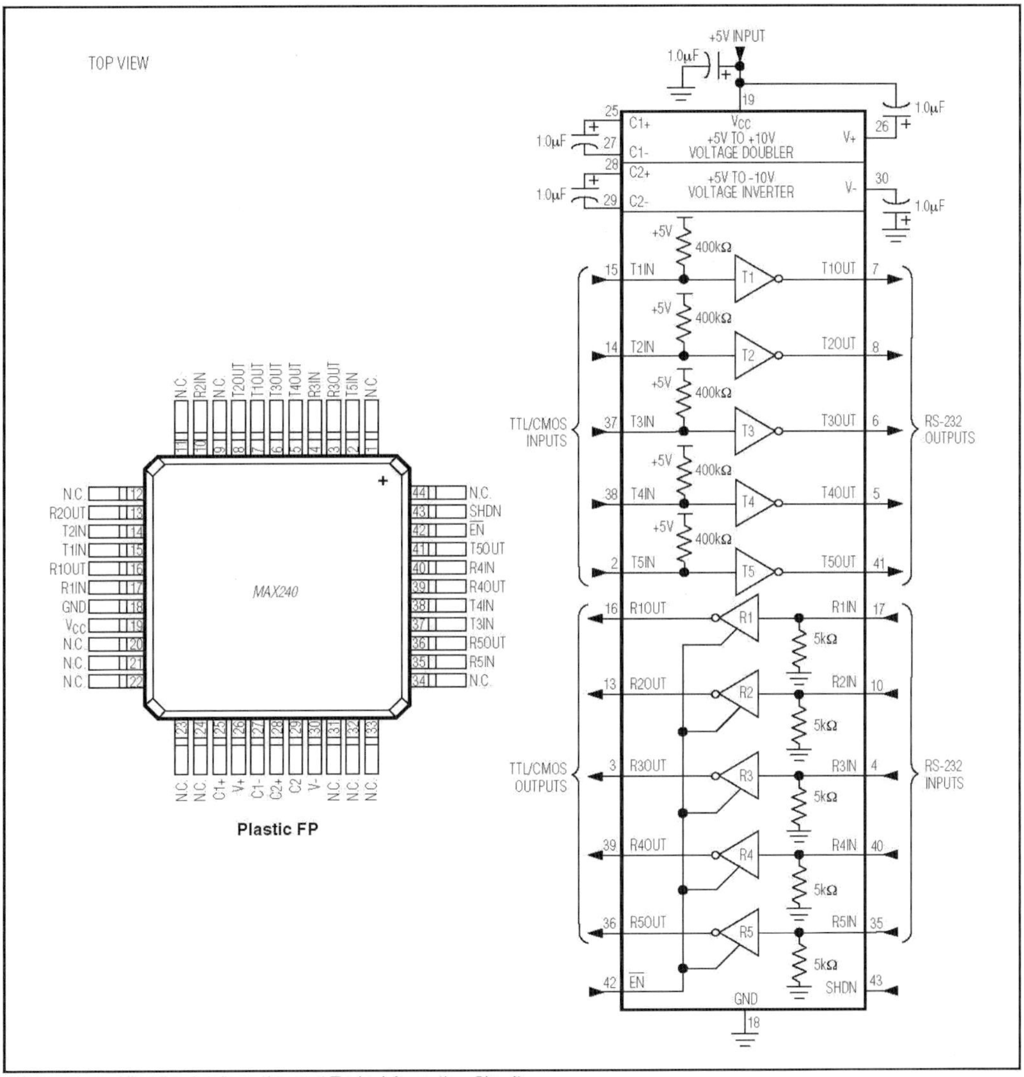

Figure 18. MAX240 Pin Configuration and Typical Operating Circuit

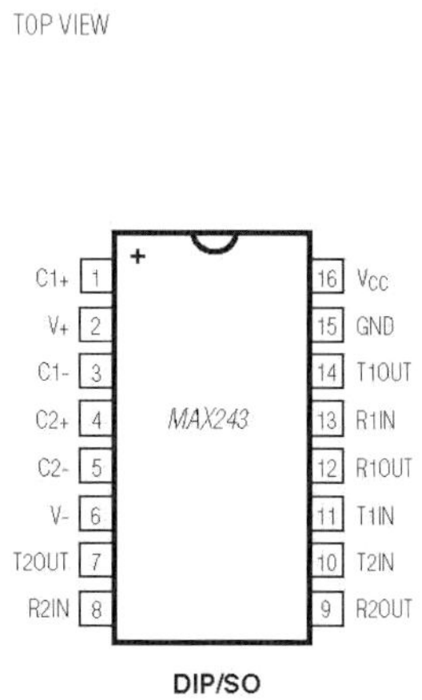

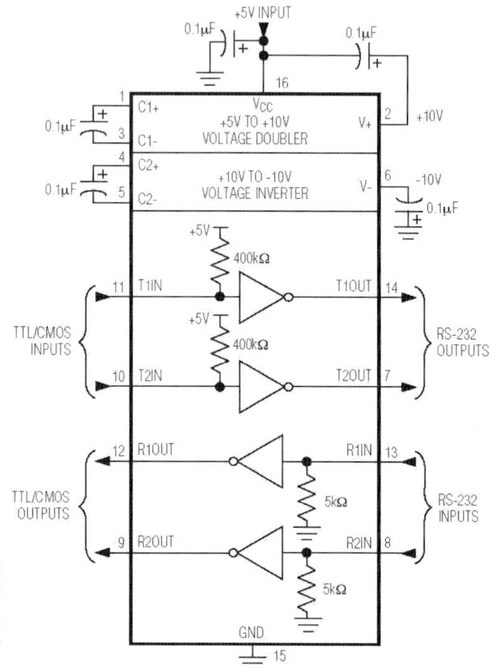

RECEIVER INPUT	R1 OUTPUT	R2 OUTPUT
≤ -3V	HIGH	HIGH
OPEN	HIGH	LOW
≥ +3V	LOW	LOW

Figure 19. MAX243 Pin Configuration and Typical Operating Circuit

5. USB Driver: CP2102

SILICON LABS

CP2102

SINGLE-CHIP USB TO UART BRIDGE

Single-Chip USB to UART Data Transfer

- Integrated USB transceiver; no external resistors required
- Integrated clock; no external crystal required
- Integrated 1024-Byte EEPROM for vendor ID, product ID, serial number, power descriptor, release number, and product description strings
- On-chip power-on reset circuit
- On-chip voltage regulator: 3.3 V output
- 100% pin and software compatible with CP2101

USB Function Controller

- USB Specification 2.0 compliant; full-speed (12 Mbps)
- USB suspend states supported via SUSPEND pins

Asynchronous Serial Data BUS (UART)

- All handshaking and modem interface signals
- Data formats supported:
  - Data bits: 5, 6, 7, and 8
  - Stop bits: 1, 1.5, and 2
  - Parity: odd, even, mark, space, no parity
- Baud rates: 300 bps to 1 Mbits
- 576 Byte receive buffer; 640 byte transmit buffer
- Hardware or X-On/X-Off handshaking supported
- Event character support
- Line break transmission

Virtual COM Port Device Drivers

- Works with Existing COM Port PC Applications
- Royalty-Free Distribution License
- Windows Vista/XP/Server 2003/2000/98SE
- Mac OS-X / OS-9
- Linux

USBXpress™ Direct Driver Support

- Royalty-Free Distribution License
- Windows Vista/XP/Server 2003/2000
- Windows CE 5.0 and 4.2

Example Applications

- Upgrade of RS-232 legacy devices to USB
- Cellular phone USB interface cable
- PDA USB interface cable
- USB to RS-232 serial adapter

Supply Voltage

- Self-powered: 3.0 to 3.6 V
- USB bus powered: 4.0 to 5.25 V

Package

- Lead free 28-pin QFN (5 x 5 mm)

Ordering Part Number

- CP2102-GM

Temperature Range: –40 to +85 °C

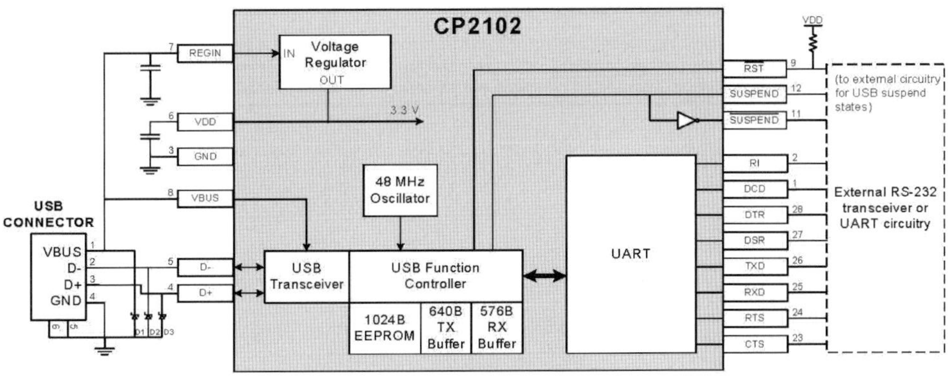

Figure 1. Example System Diagram

Rev. 1.2 3/07

CP2102

1. System Overview

The CP2102 is a highly-integrated USB-to-UART Bridge Controller providing a simple solution for updating RS-232 designs to USB using a minimum of components and PCB space. The CP2102 includes a USB 2.0 full-speed function controller, USB transceiver, oscillator, EEPROM, and asynchronous serial data bus (UART) with full modem control signals in a compact 5 x 5 mm QFN-28 package. No other external USB components are required.

The on-chip EEPROM may be used to customize the USB Vendor ID, Product ID, Product Description String, Power Descriptor, Device Release Number, and Device Serial Number as desired for OEM applications. The EEPROM is programmed on-board via the USB allowing the programming step to be easily integrated into the product manufacturing and testing process.

Royalty-free Virtual COM Port (VCP) device drivers provided by Silicon Laboratories allow a CP2102-based product to appear as a COM port to PC applications. The CP2102 UART interface implements all RS-232 signals, including control and handshaking signals, so existing system firmware does not need to be modified. In many existing RS-232 designs, all that is required to update the design from RS-232 to USB is to replace the RS-232 level-translator with the CP2102. Direct access driver support is available through the Silicon Laboratories USBXpress driver set.

An evaluation kit for the CP2102 (Part Number: CP2102EK) is available. It includes a CP2102-based USB-to-UART/RS-232 evaluation board, a complete set of VCP device drivers, USB and RS-232 cables, and full documentation. Contact a Silicon Labs' sales representatives or go to www.silabs.com to order the CP2102 Evaluation Kit.

2. Absolute Maximum Ratings

Table 1. Absolute Maximum Ratings

Parameter	Conditions	Min	Typ	Max	Units
Ambient temperature under bias		–55	—	125	°C
Storage Temperature		–65	—	150	°C
Voltage on any I/O Pin or $\overline{RST}$ with respect to GND		–0.3	—	5.8	V
Voltage on V_{DD} with respect to GND		–0.3	—	4.2	V
Maximum Total current through V_{DD} and GND		—	—	500	mA
Maximum output current sunk by $\overline{RST}$ or any I/O pin		—	—	100	mA
Note: Stresses above those listed may cause permanent damage to the device. This is a stress rating only, and functional operation of the devices at or exceeding the conditions in the operation listings of this specification is not implied. Exposure to maximum rating conditions for extended periods may affect device reliability.					

3. Global DC Electrical Characteristics

Table 2. Global DC Electrical Characteristics

V_{DD} = 3.0 to 3.6 V, –40 to +85 °C unless otherwise specified.

Parameter	Conditions	Min	Typ	Max	Units
Supply Voltage		3.0	3.3	3.6	V
Supply Current[1]	Normal Operation; V_{REG} Enabled	—	20	26	mA
Supply Current[1]	Suspended: V_{REG} Enabled	—	80	100	µA
Supply Current - USB Pull-up[2]		—	200	228	µA
Specified Operating Temperature Range		–40	—	+85	°C

Notes:
1. USB Pull-up Current should be added for total supply current.
2. The USB Pull-up supply current values are calculated values based on USB specifications.

Table 3. UART and Suspend I/O DC Electrical Characteristics

V_{DD} = 3.0 to 3.6 V, –40 to +85 °C unless otherwise specified.

Parameters	Conditions	Min	Typ	Max	UNITS
Output High Voltage	I_{OH} = –3 mA I_{OH} = –10 µA I_{OH} = –10 mA	V_{DD} – 0.7 V_{DD} – 0.1 —	— — V_{DD} – 0.8	— — —	V
Output Low Voltage	I_{OL} = 8.5 mA I_{OL} = 10 µA I_{OL} = 25 mA	— — —	— — 1.0	0.6 0.1 —	V
Input High Voltage		2.0	—	—	V
Input Low Voltage		—	—	0.8	V
Input Leakage Current		—	25	50	µA

Table 4. Reset Electrical Characteristics

–40 to +85 °C unless otherwise specified.

Parameter	Conditions	Min	Typ	Max	Units
$\overline{RST}$ Input High Voltage		0.7 x V_{DD}	—	—	V
$\overline{RST}$ Input Low Voltage		—	—	0.3 x V_{DD}	V
Minimum $\overline{RST}$ Low Time to Generate a System Reset		15	—	—	µs

4. Pinout and Package Definitions

Table 5. CP2102 Pin Definitions

Name	Pin #	Type	Description
V_{DD}	6	Power In Power Out	3.0–3.6 V Power Supply Voltage Input. 3.3 V Voltage Regulator Output. See **Section 9**.
GND	3		Ground
RST	9	D I/O	Device Reset. Open-drain output of internal POR or V_{DD} monitor. An external source can initiate a system reset by driving this pin low for at least 15 μs.
REGIN	7	Power In	5 V Regulator Input. This pin is the input to the on-chip voltage regulator.
VBUS	8	D In	VBUS Sense Input. This pin should be connected to the VBUS signal of a USB network. A 5 V signal on this pin indicates a USB network connection.
D+	4	D I/O	USB D+
D–	5	D I/O	USB D–
TXD	26	D Out	Asynchronous data output (UART Transmit)
RXD	25	D In	Asynchronous data input (UART Receive)
CTS	23*	D In	Clear To Send control input (active low)
RTS	24*	D Out	Ready to Send control output (active low)
DSR	27*	D in	Data Set Ready control input (active low)
DTR	28*	D Out	Data Terminal Ready control output (active low)
DCD	1*	D In	Data Carrier Detect control input (active low)
RI	2*	D In	Ring Indicator control input (active low)
SUSPEND	12*	D Out	This pin is driven high when the CP2102 enters the USB suspend state.
$\overline{\text{SUSPEND}}$	11*	D Out	This pin is driven low when the CP2102 enters the USB suspend state.
NC	10, 13–22		These pins should be left unconnected or tied to V_{DD}.

***Note:** Pins can be left unconnected when not used.

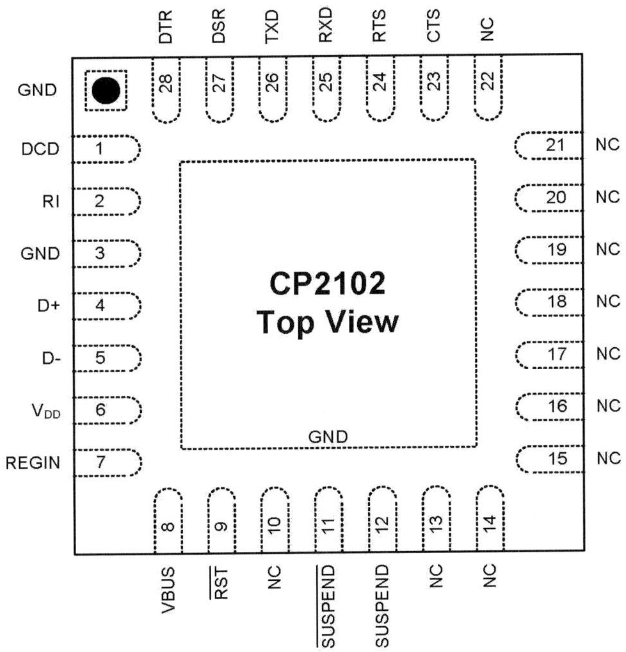

Figure 2. QFN-28 Pinout Diagram (Top View)

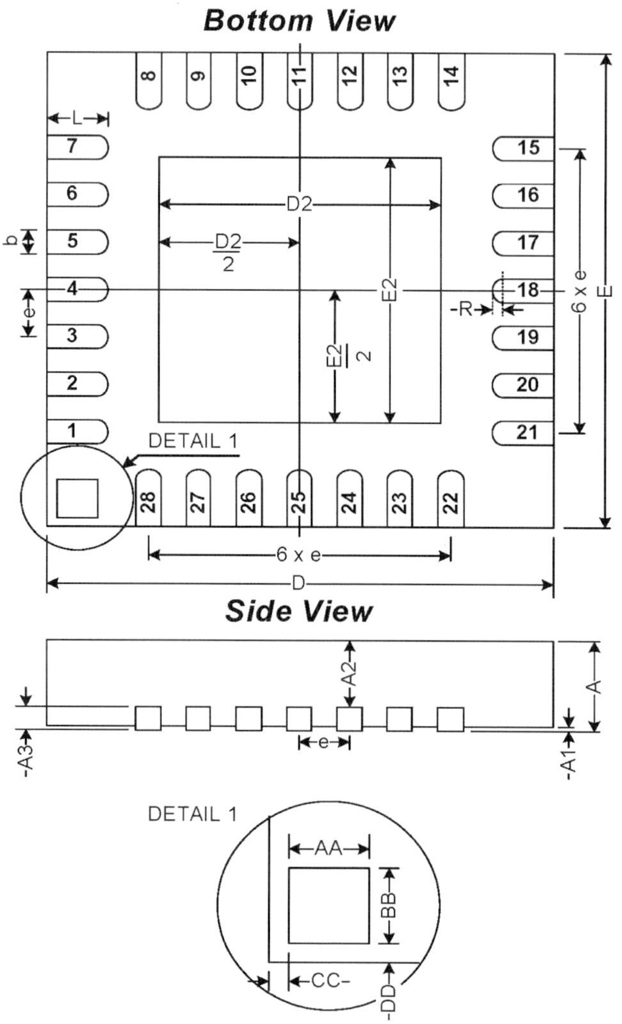

Table 6. QFN-28 Package Dimensions

	MM		
	MIN	TYP	MAX
A	0.80	0.90	1.00
A1	0	0.02	0.05
A2	0	0.65	1.00
A3	—	0.25	—
b	0.18	0.23	0.30
D	—	5.00	—
D2	2.90	3.15	3.35
E	—	5.00	—
E2	2.90	3.15	3.35
e	—	0.5	—
L	0.45	0.55	0.65
N	—	28	—
ND	—	7	—
NE	—	7	—
R	0.09	—	—
AA	—	0.435	—
BB	—	0.435	—
CC	—	0.18	—
DD	—	0.18	—

Figure 3. QFN-28 Package Drawing

Top View

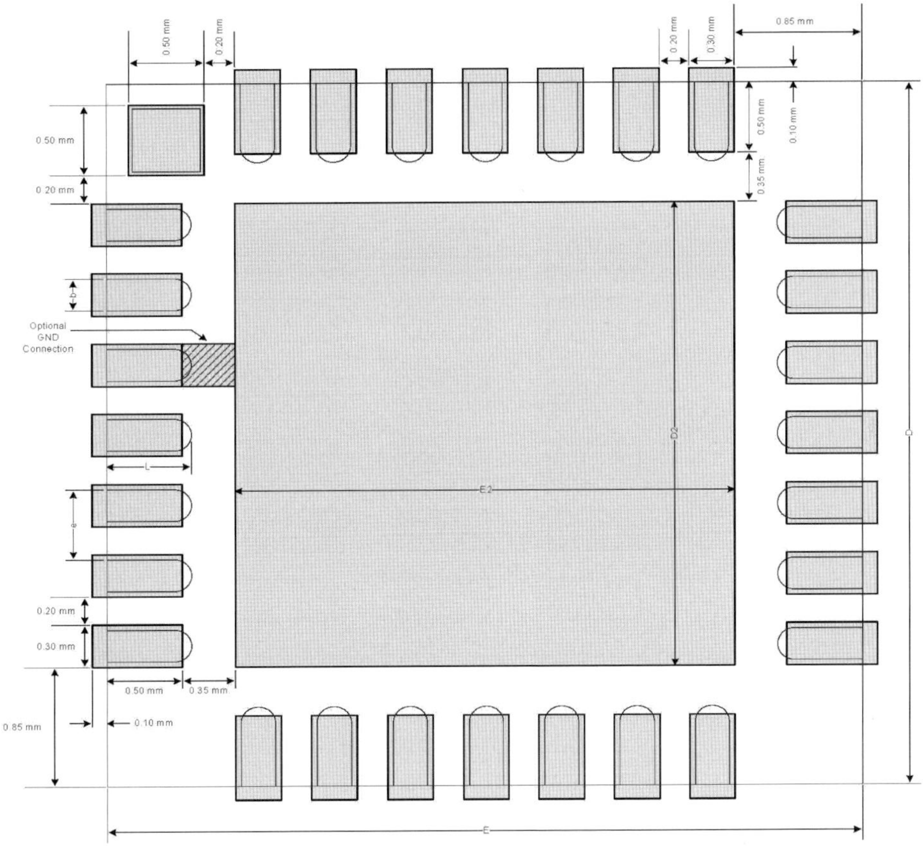

Figure 4. Typical QFN-28 Landing Diagram

Top View

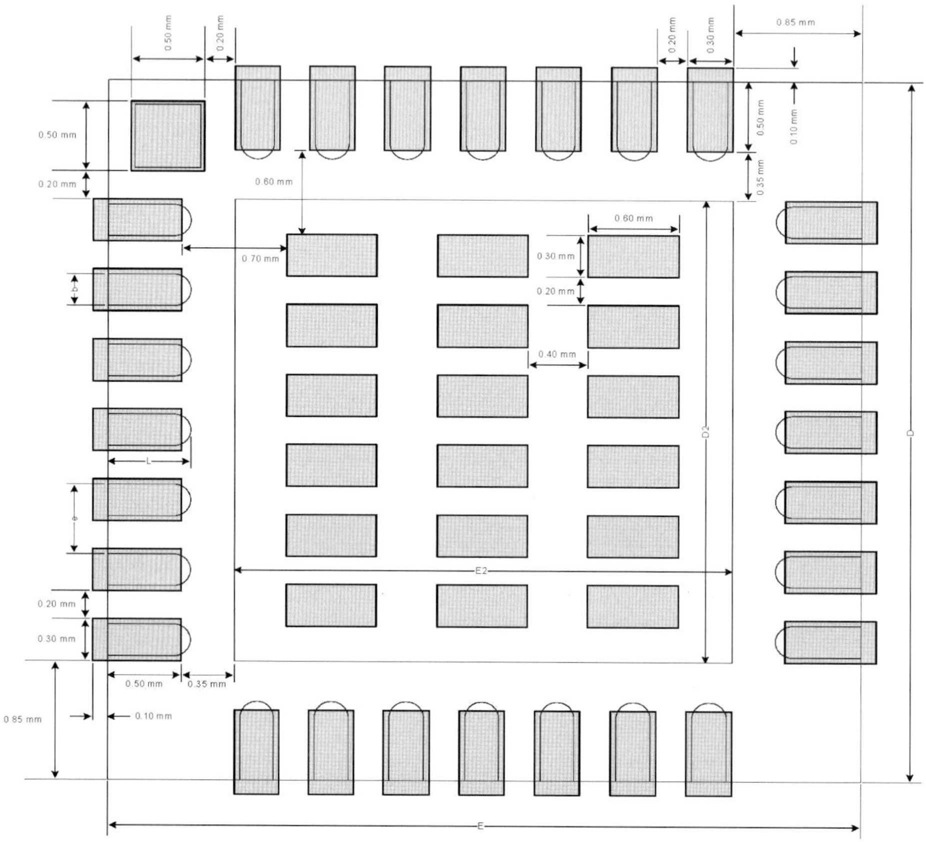

Figure 5. Typical QFN-28 Solder Paste Diagram

5. USB Function Controller and Transceiver

The Universal Serial Bus function controller in the CP2102 is a USB 2.0 compliant full-speed device with integrated transceiver and on-chip matching and pull-up resistors. The USB function controller manages all data transfers between the USB and the UART as well as command requests generated by the USB host controller and commands for controlling the function of the UART.

The USB Suspend and Resume signals are supported for power management of both the CP2102 device as well as external circuitry. The CP2102 will enter Suspend mode when Suspend signaling is detected on the bus. On entering Suspend mode, the CP2102 asserts the SUSPEND and $\overline{\text{SUSPEND}}$ signals. SUSPEND and $\overline{\text{SUSPEND}}$ are also asserted after a CP2102 reset until device configuration during USB Enumeration is complete.

The CP2102 exits the Suspend mode when any of the following occur: (1) Resume signaling is detected or generated, (2) a USB Reset signal is detected, or (3) a device reset occurs. On exit of Suspend mode, the SUSPEND and $\overline{\text{SUSPEND}}$ signals are de-asserted.

Both SUSPEND and $\overline{\text{SUSPEND}}$ temporarily float high during a CP2102 reset. If this behavior is undesirable, a strong pulldown (10 kΩ) can be used to ensure $\overline{\text{SUSPEND}}$ remains low during reset. See Figure 6 for other recommended options.

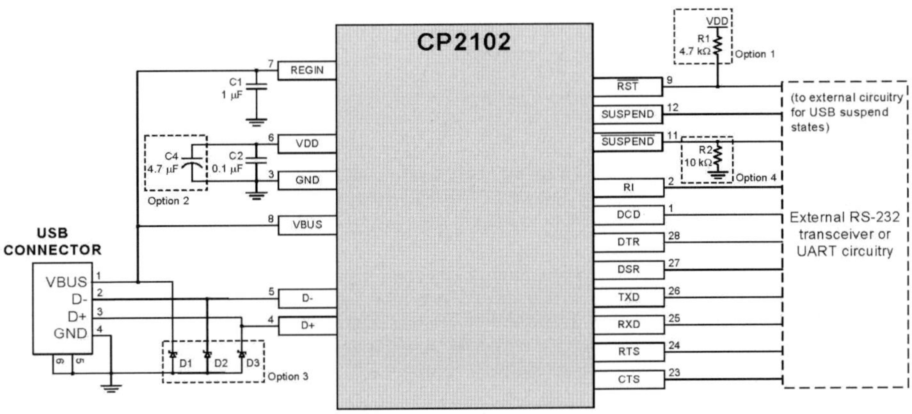

Option 1: A 4.7 kΩ pull-up resistor can be added to increase noise immunity.
Option 2: A 4.7 µF capacitor can be added if powering other devices from the on-chip regulator.
Option 3: Avalanche transient voltage suppression diodes should be added for ESD protection. Use Littlefuse p/n SP0503BAHT or equivalent.
Option 4: 10 kΩ resistor to ground to hold $\overline{\text{SUSPEND}}$ low on initial power on or device reset.

Figure 6. Typical Connection Diagram

6. Asynchronous Serial Data Bus (UART) Interface

The CP2102 UART interface consists of the TX (transmit) and RX (receive) data signals as well as the RTS, CTS, DSR, DTR, DCD, and RI control signals. The UART supports RTS/CTS, DSR/DTR, and X-On/X-Off handshaking.

The UART is programmable to support a variety of data formats and baud rates. If the Virtual COM Port drivers are used, the data format and baud rate are set during COM port configuration on the PC. If the USBXpress drivers are used, the CP2102 is configured through the USBXpress API. The data formats and baud rates available are listed in Table 7.

Table 7. Data Formats and Baud Rates

Data Bits	5, 6, 7, and 8
Stop Bits	1, 1.5[1], and 2
Parity Type	None, Even, Odd, Mark, Space
Baud Rates[2]	300, 600, 1200, 1800, 2400, 4000, 4800, 7200, 9600, 14400, 16000, 19200, 28800, 38400, 51200, 56000, 57600, 64000, 76800, 115200, 128000, 153600, 230400, 250000, 256000, 460800, 500000, 576000, 921600[3]

Notes:
3. 5-bit only.
4. Additional baud rates are supported. See "AN205".
5. 7 or 8 data bits only.

7. Internal EEPROM

The CP2102 includes an internal EEPROM that may be used to customize the USB Vendor ID (VID), Product ID (PID), Product Description String, Power Descriptor, Device Release Number and Device Serial Number as desired for OEM applications. If the EEPROM is not programmed with OEM data, the default configuration data shown in Table 8 is used.

While customization of the USB configuration data is optional, it is recommended to customize the VID/PID combination. A unique VID/PID combination will prevent the driver from conflicting with any other USB driver. A vendor ID can be obtained from http://www.usb.org/ or Silicon Laboratories can provide a free PID for the OEM product that can be used with the Silicon Laboratories VID. It is also recommended to customize the serial number if the OEM application is one in which it is possible for multiple CP2102-based devices to be connected to the same PC.

The internal EEPROM is programmed via the USB. This allows the OEM's USB configuration data and serial number to be written to the CP2102 on-board during the manufacturing and testing process. A stand-alone utility for programming the internal EEPROM is available from Silicon Laboratories. A library of routines provided in the form of a Windows® DLL is also available. This library can be used to integrate the EEPROM programming step into custom software used by the OEM to streamline testing and serial number management during manufacturing. The EEPROM has a typical endurance of 100,000 write cycles with a data retention of 100 years.

USB descriptors can be locked to prevent future modification.

Table 8. Default USB Configuration Data

Name	Value
Vendor ID	10C4h
Product ID	EA60h
Power Descriptor (Attributes)	80h
Power Descriptor (Max. Power)	32h
Release Number	0100h
Serial Number	0001 (63 characters maximum)
Product Description String	"CP2102 USB to UART Bridge Controller" (126 characters maximum)

8. CP2102 Device Drivers

There are two sets of device drivers available for the CP2102 devices: the Virtual COM Port (VCP) drivers and the USBXpress Direct Access drivers. Only one set of drivers is necessary to interface with the device.

The latest drivers are available at http://www.silabs.com/products/microcontroller/downloads.asp.

8.1. Virtual COM Port Drivers

The CP2102 Virtual COM Port (VCP) device drivers allow a CP2102-based device to appear to the PC's application software as a COM port. Application software running on the PC accesses the CP2102-based device as it would access a standard hardware COM port. However, actual data transfer between the PC and the CP2102 device is performed over the USB interface. Therefore, existing COM port applications may be used to transfer data via the USB to the CP2102-based device without modifying the application. See Application Note "AN197: Serial Communications Guide for the CP210x" for Example Code for Interfacing to a CP2102 using the Virtual COM drivers.

8.2. USBXpress Drivers

The Silicon Laboratories USBXpress drivers provide an alternate solution for interfacing with CP2102 devices. No Serial Port protocol expertise is required. Instead, a simple, high-level application program interface (API) is used to provide simpler CP201x connectivity and functionality. The USBXpress for CP210x Development Kit includes Windows device drivers, Windows device driver installer and uninstallers, and a host interface function library (host API) provided in the form of a Windows Dynamic Link Library (DLL). The USBXpress driver set is recommended for new products that also include new PC software. The USBXpress interface is described in Application Note "AN169: USBXpress Programmer's Guide."

8.3. Driver Customization

In addition to customizing the device as described in Section 7, the drivers and the drivers installation package can be also be customized. See Application Note "AN220: USB Driver Customization" for more information on generating customized VCP and USBXpress drivers.

8.4. Driver Certification

The default drivers that are shipped with the CP2102 are Microsoft WHQL (Windows Hardware Quality Labs) certified. The certification means that the drivers have been tested by Microsoft and their latest operating systems (XP and Vista) will allow the drivers to be installed without any warnings or errors.

The customized drivers that are generated using the AN220 software are not automatically certified. They must go first through the Microsoft Driver Reseller Submission process. Contact Silicon Laboratories support for assistance with this process.

9. Voltage Regulator

The CP2102 includes an on-chip 5 to 3 V voltage regulator. This allows the CP2102 to be configured as either a USB bus-powered device or a USB self-powered device. These configurations are shown in Figure 7 and Figure 8. When enabled, the 3 V voltage regulator output appears on the V_{DD} pin and can be used to power external 3 V devices. See Table 9 for the voltage regulator electrical characteristics.

Alternatively, if 3 V power is supplied to the V_{DD} pin, the CP2102 can function as a USB self-powered device with the voltage regulator disabled. For this configuration, it is recommended that the REGIN input be tied to the 3 V net to disable the voltage regulator. This configuration is shown in Figure 9.

The USB max power and power attributes descriptor must match the device power usage and configuration. See application note "AN144: CP210x Customization Guide" for information on how to customize USB descriptors for the CP2102.

Note: It is recommended that additional decoupling capacitance (e.g., 0.1 µF in parallel with 1.0 µF) be provided on the REGIN input.

Table 9. Voltage Regulator Electrical Specifications

–40 to +85 °C unless otherwise specified.

Parameter	Conditions	Min	Typ	Max	Units
Input Voltage Range		4.0	—	5.25	V
Output Voltage	Output Current = 1 to 100 mA*	3.0	3.3	3.6	V
VBUS Detection Input Threshold		1.0	1.8	4.0	V
Bias Current		—	90	—	µA
***Note:** The maximum regulator supply current is 100 mA.					

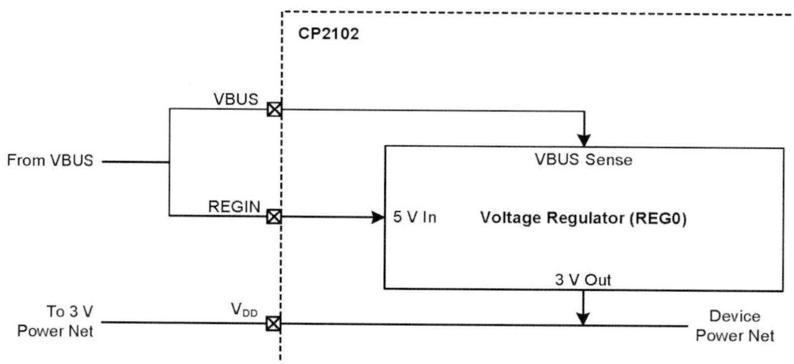

Figure 7. Configuration 1: USB Bus-Powered

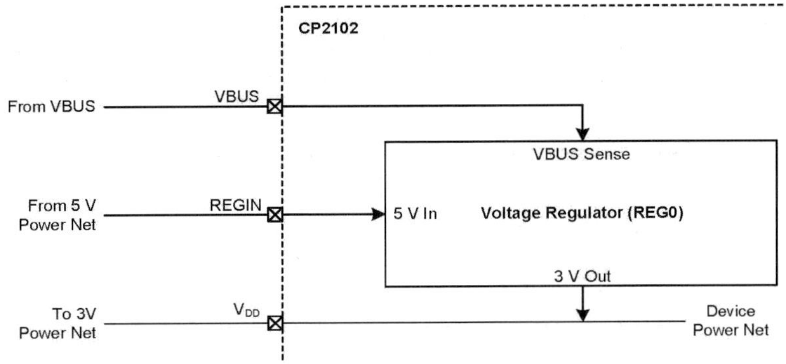

Figure 8. Configuration 2: USB Self-Powered

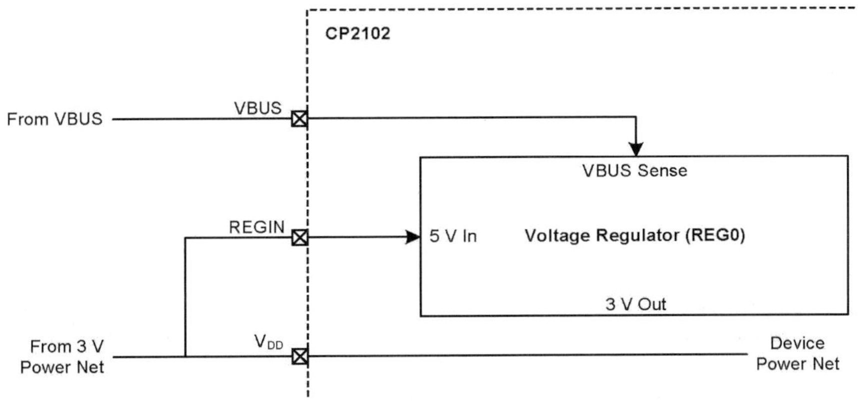

Figure 9. Configuration 3: USB Self-Powered, Regulator Bypassed

6. RS485 Driver: MAX485

19-0122; Rev 8; 10/03

MAXIM

Low-Power, Slew-Rate-Limited RS-485/RS-422 Transceivers

General Description

The MAX481, MAX483, MAX485, MAX487–MAX491, and MAX1487 are low-power transceivers for RS-485 and RS-422 communication. Each part contains one driver and one receiver. The MAX483, MAX487, MAX488, and MAX489 feature reduced slew-rate drivers that minimize EMI and reduce reflections caused by improperly terminated cables, thus allowing error-free data transmission up to 250kbps. The driver slew rates of the MAX481, MAX485, MAX490, MAX491, and MAX1487 are not limited, allowing them to transmit up to 2.5Mbps.

These transceivers draw between 120µA and 500µA of supply current when unloaded or fully loaded with disabled drivers. Additionally, the MAX481, MAX483, and MAX487 have a low-current shutdown mode in which they consume only 0.1µA. All parts operate from a single 5V supply.

Drivers are short-circuit current limited and are protected against excessive power dissipation by thermal shutdown circuitry that places the driver outputs into a high-impedance state. The receiver input has a fail-safe feature that guarantees a logic-high output if the input is open circuit.

The MAX487 and MAX1487 feature quarter-unit-load receiver input impedance, allowing up to 128 MAX487/MAX1487 transceivers on the bus. Full-duplex communications are obtained using the MAX488–MAX491, while the MAX481, MAX483, MAX485, MAX487, and MAX1487 are designed for half-duplex applications.

Applications

- Low-Power RS-485 Transceivers
- Low-Power RS-422 Transceivers
- Level Translators
- Transceivers for EMI-Sensitive Applications
- Industrial-Control Local Area Networks

Next Generation Device Features

- ♦ For Fault-Tolerant Applications
  - **MAX3430: ±80V Fault-Protected, Fail-Safe, 1/4 Unit Load, +3.3V, RS-485 Transceiver**
  - **MAX3440E–MAX3444E: ±15kV ESD-Protected, ±60V Fault-Protected, 10Mbps, Fail-Safe, RS-485/J1708 Transceivers**
- ♦ For Space-Constrained Applications
  - **MAX3460–MAX3464: +5V, Fail-Safe, 20Mbps, Profibus RS-485/RS-422 Transceivers**
  - **MAX3362: +3.3V, High-Speed, RS-485/RS-422 Transceiver in a SOT23 Package**
  - **MAX3280E–MAX3284E: ±15kV ESD-Protected, 52Mbps, +3V to +5.5V, SOT23, RS-485/RS-422, True Fail-Safe Receivers**
  - **MAX3293/MAX3294/MAX3295: 20Mbps, +3.3V, SOT23, RS-855/RS-422 Transmitters**
- ♦ For Multiple Transceiver Applications
  - **MAX3030E–MAX3033E: ±15kV ESD-Protected, +3.3V, Quad RS-422 Transmitters**
- ♦ For Fail-Safe Applications
  - **MAX3080–MAX3089: Fail-Safe, High-Speed (10Mbps), Slew-Rate-Limited RS-485/RS-422 Transceivers**
- ♦ For Low-Voltage Applications
  - **MAX3483E/MAX3485E/MAX3486E/MAX3488E/MAX3490E/MAX3491E: +3.3V Powered, ±15kV ESD-Protected, 12Mbps, Slew-Rate-Limited, True RS-485/RS-422 Transceivers**

Ordering Information appears at end of data sheet.

Selection Table

PART NUMBER	HALF/FULL DUPLEX	DATA RATE (Mbps)	SLEW-RATE LIMITED	LOW-POWER SHUTDOWN	RECEIVER/ DRIVER ENABLE	QUIESCENT CURRENT (µA)	NUMBER OF TRANSMITTERS ON BUS	PIN COUNT
MAX481	Half	2.5	No	Yes	Yes	300	32	8
MAX483	Half	0.25	Yes	Yes	Yes	120	32	8
MAX485	Half	2.5	No	No	Yes	300	32	8
MAX487	Half	0.25	Yes	Yes	Yes	120	128	8
MAX488	Full	0.25	Yes	No	No	120	32	8
MAX489	Full	0.25	Yes	No	Yes	120	32	14
MAX490	Full	2.5	No	No	No	300	32	8
MAX491	Full	2.5	No	No	Yes	300	32	14
MAX1487	Half	2.5	No	No	Yes	230	128	8

Low-Power, Slew-Rate-Limited RS-485/RS-422 Transceivers

ABSOLUTE MAXIMUM RATINGS

Supply Voltage (V_{CC})....................12V
Control Input Voltage ($\overline{RE}$, DE)....................-0.5V to (V_{CC} + 0.5V)
Driver Input Voltage (DI)....................-0.5V to (V_{CC} + 0.5V)
Driver Output Voltage (A, B)....................-8V to +12.5V
Receiver Input Voltage (A, B)....................-8V to +12.5V
Receiver Output Voltage (RO)....................-0.5V to (V_{CC} +0.5V)
Continuous Power Dissipation (T_A = +70°C)
8-Pin Plastic DIP (derate 9.09mW/°C above +70°C)....727mW
14-Pin Plastic DIP (derate 10.00mW/°C above +70°C)..800mW
8-Pin SO (derate 5.88mW/°C above +70°C)....................471mW
14-Pin SO (derate 8.33mW/°C above +70°C)....................667mW
8-Pin μMAX (derate 4.1mW/°C above +70°C)....................830mW
8-Pin CERDIP (derate 8.00mW/°C above +70°C)....................640mW
14-Pin CERDIP (derate 9.09mW/°C above +70°C).......727mW
Operating Temperature Ranges
MAX4_ _C_ _/MAX1487C_ A....................0°C to +70°C
MAX4_ _E_ _/MAX1487E_ A....................-40°C to +85°C
MAX4_ _MJ_/MAX1487MJA....................-55°C to +125°C
Storage Temperature Range....................-65°C to +160°C
Lead Temperature (soldering, 10sec)....................+300°C

Stresses beyond those listed under "Absolute Maximum Ratings" may cause permanent damage to the device. These are stress ratings only, and functional operation of the device at these or any other conditions beyond those indicated in the operational sections of the specifications is not implied. Exposure to absolute maximum rating conditions for extended periods may affect device reliability.

DC ELECTRICAL CHARACTERISTICS

(V_{CC} = 5V ±5%, T_A = T_{MIN} to T_{MAX}, unless otherwise noted.) (Notes 1, 2)

PARAMETER	SYMBOL	CONDITIONS		MIN	TYP	MAX	UNITS
Differential Driver Output (no load)	V_{OD1}					5	V
Differential Driver Output (with load)	V_{OD2}	R = 50Ω (RS-422)		2			V
		R = 27Ω (RS-485), Figure 4		1.5		5	
Change in Magnitude of Driver Differential Output Voltage for Complementary Output States	ΔV_{OD}	R = 27Ω or 50Ω, Figure 4				0.2	V
Driver Common-Mode Output Voltage	V_{OC}	R = 27Ω or 50Ω, Figure 4				3	V
Change in Magnitude of Driver Common-Mode Output Voltage for Complementary Output States	ΔV_{OD}	R = 27Ω or 50Ω, Figure 4				0.2	V
Input High Voltage	V_{IH}	DE, DI, $\overline{RE}$		2.0			V
Input Low Voltage	V_{IL}	DE, DI, $\overline{RE}$				0.8	V
Input Current	I_{IN1}	DE, DI, $\overline{RE}$				±2	μA
Input Current (A, B)	I_{IN2}	DE = 0V; V_{CC} = 0V or 5.25V, all devices except MAX487/MAX1487	V_{IN} = 12V			1.0	mA
			V_{IN} = -7V			-0.8	
		MAX487/MAX1487, DE = 0V, V_{CC} = 0V or 5.25V	V_{IN} = 12V			0.25	mA
			V_{IN} = -7V			-0.2	
Receiver Differential Threshold Voltage	V_{TH}	-7V ≤ V_{CM} ≤ 12V		-0.2		0.2	V
Receiver Input Hysteresis	ΔV_{TH}	V_{CM} = 0V			70		mV
Receiver Output High Voltage	V_{OH}	I_O = -4mA, V_{ID} = 200mV		3.5			V
Receiver Output Low Voltage	V_{OL}	I_O = 4mA, V_{ID} = -200mV				0.4	V
Three-State (high impedance) Output Current at Receiver	I_{OZR}	0.4V ≤ V_O ≤ 2.4V				±1	μA
Receiver Input Resistance	R_{IN}	-7V ≤ V_{CM} ≤ 12V, all devices except MAX487/MAX1487		12			kΩ
		-7V ≤ V_{CM} ≤ 12V, MAX487/MAX1487		48			kΩ

DC ELECTRICAL CHARACTERISTICS (continued)

(V_{CC} = 5V ±5%, T_A = T_{MIN} to T_{MAX}, unless otherwise noted.) (Notes 1, 2)

PARAMETER	SYMBOL	CONDITIONS	MIN	TYP	MAX	UNITS
No-Load Supply Current (Note 3)	I_{CC}	MAX488/MAX489, DE, DI, $\overline{RE}$ = 0V or V_{CC}		120	250	µA
		MAX490/MAX491, DE, DI, $\overline{RE}$ = 0V or V_{CC}		300	500	
		MAX481/MAX485, $\overline{RE}$ = 0V or V_{CC}, DE = V_{CC}		500	900	
		MAX481/MAX485, $\overline{RE}$ = 0V or V_{CC}, DE = 0V		300	500	
		MAX1487, $\overline{RE}$ = 0V or V_{CC}, DE = V_{CC}		300	500	
		MAX1487, $\overline{RE}$ = 0V or V_{CC}, DE = 0V		230	400	
		MAX483/MAX487, $\overline{RE}$ = 0V or V_{CC}, DE = 5V, MAX483		350	650	
		MAX483/MAX487, $\overline{RE}$ = 0V or V_{CC}, DE = 5V, MAX487		250	400	
		MAX483/MAX487, $\overline{RE}$ = 0V or V_{CC}, DE = 0V		120	250	
Supply Current in Shutdown	I_{SHDN}	MAX481/483/487, DE = 0V, $\overline{RE}$ = V_{CC}		0.1	10	µA
Driver Short-Circuit Current, V_O = High	I_{OSD1}	$-7V \le V_O \le 12V$ (Note 4)	35		250	mA
Driver Short-Circuit Current, V_O = Low	I_{OSD2}	$-7V \le V_O \le 12V$ (Note 4)	35		250	mA
Receiver Short-Circuit Current	I_{OSR}	$0V \le V_O \le V_{CC}$	7		95	mA

SWITCHING CHARACTERISTICS—MAX481/MAX485, MAX490/MAX491, MAX1487

(V_{CC} = 5V ±5%, T_A = T_{MIN} to T_{MAX}, unless otherwise noted.) (Notes 1, 2)

PARAMETER	SYMBOL	CONDITIONS	MIN	TYP	MAX	UNITS
Driver Input to Output	t_{PLH}	Figures 6 and 8, R_{DIFF} = 54Ω, C_{L1} = C_{L2} = 100pF	10	30	60	ns
	t_{PHL}		10	30	60	
Driver Output Skew to Output	t_{SKEW}	Figures 6 and 8, R_{DIFF} = 54Ω, C_{L1} = C_{L2} = 100pF		5	10	ns
Driver Rise or Fall Time	t_R, t_F	Figures 6 and 8, R_{DIFF} = 54Ω, C_{L1} = C_{L2} = 100pF, MAX481, MAX485, MAX1487	3	15	40	ns
		MAX490C/E, MAX491C/E	5	15	25	
		MAX490M, MAX491M	3	15	40	
Driver Enable to Output High	t_{ZH}	Figures 7 and 9, C_L = 100pF, S2 closed		40	70	ns
Driver Enable to Output Low	t_{ZL}	Figures 7 and 9, C_L = 100pF, S1 closed		40	70	ns
Driver Disable Time from Low	t_{LZ}	Figures 7 and 9, C_L = 15pF, S1 closed		40	70	ns
Driver Disable Time from High	t_{HZ}	Figures 7 and 9, C_L = 15pF, S2 closed		40	70	ns
Receiver Input to Output	t_{PLH}, t_{PHL}	Figures 6 and 10, R_{DIFF} = 54Ω, C_{L1} = C_{L2} = 100pF, MAX481, MAX485, MAX1487	20	90	200	ns
		MAX490C/E, MAX491C/E	20	90	150	
		MAX490M, MAX491M	20	90	200	
$\lvert t_{PLH} - t_{PHL} \rvert$ Differential Receiver Skew	t_{SKD}	Figures 6 and 10, R_{DIFF} = 54Ω, C_{L1} = C_{L2} = 100pF		13		ns
Receiver Enable to Output Low	t_{ZL}	Figures 5 and 11, C_{RL} = 15pF, S1 closed		20	50	ns
Receiver Enable to Output High	t_{ZH}	Figures 5 and 11, C_{RL} = 15pF, S2 closed		20	50	ns
Receiver Disable Time from Low	t_{LZ}	Figures 5 and 11, C_{RL} = 15pF, S1 closed		20	50	ns
Receiver Disable Time from High	t_{HZ}	Figures 5 and 11, C_{RL} = 15pF, S2 closed		20	50	ns
Maximum Data Rate	f_{MAX}		2.5			Mbps
Time to Shutdown	t_{SHDN}	MAX481 (Note 5)	50	200	600	ns

Low-Power, Slew-Rate-Limited RS-485/RS-422 Transceivers

SWITCHING CHARACTERISTICS—MAX481/MAX485, MAX490/MAX491, MAX1487 (continued)

(V_{CC} = 5V ±5%, T_A = T_{MIN} to T_{MAX}, unless otherwise noted.) (Notes 1, 2)

PARAMETER	SYMBOL	CONDITIONS	MIN	TYP	MAX	UNITS
Driver Enable from Shutdown to Output High (MAX481)	$t_{ZH(SHDN)}$	Figures 7 and 9, C_L = 100pF, S2 closed		40	100	ns
Driver Enable from Shutdown to Output Low (MAX481)	$t_{ZL(SHDN)}$	Figures 7 and 9, C_L = 100pF, S1 closed		40	100	ns
Receiver Enable from Shutdown to Output High (MAX481)	$t_{ZH(SHDN)}$	Figures 5 and 11, C_L = 15pF, S2 closed, A - B = 2V		300	1000	ns
Receiver Enable from Shutdown to Output Low (MAX481)	$t_{ZL(SHDN)}$	Figures 5 and 11, C_L = 15pF, S1 closed, B - A = 2V		300	1000	ns

SWITCHING CHARACTERISTICS—MAX483, MAX487/MAX488/MAX489

(V_{CC} = 5V ±5%, T_A = T_{MIN} to T_{MAX}, unless otherwise noted.) (Notes 1, 2)

PARAMETER	SYMBOL	CONDITIONS	MIN	TYP	MAX	UNITS
Driver Input to Output	t_{PLH}	Figures 6 and 8, R_{DIFF} = 54Ω, C_{L1} = C_{L2} = 100pF	250	800	2000	ns
	t_{PHL}		250	800	2000	
Driver Output Skew to Output	t_{SKEW}	Figures 6 and 8, R_{DIFF} = 54Ω, C_{L1} = C_{L2} = 100pF		100	800	ns
Driver Rise or Fall Time	t_R, t_F	Figures 6 and 8, R_{DIFF} = 54Ω, C_{L1} = C_{L2} = 100pF	250		2000	ns
Driver Enable to Output High	t_{ZH}	Figures 7 and 9, C_L = 100pF, S2 closed	250		2000	ns
Driver Enable to Output Low	t_{ZL}	Figures 7 and 9, C_L = 100pF, S1 closed	250		2000	ns
Driver Disable Time from Low	t_{LZ}	Figures 7 and 9, C_L = 15pF, S1 closed	300		3000	ns
Driver Disable Time from High	t_{HZ}	Figures 7 and 9, C_L = 15pF, S2 closed	300		3000	ns
Receiver Input to Output	t_{PLH}	Figures 6 and 10, R_{DIFF} = 54Ω, C_{L1} = C_{L2} = 100pF	250		2000	ns
	t_{PHL}		250		2000	
$\lvert t_{PLH} - t_{PHL} \rvert$ Differential Receiver Skew	t_{SKD}	Figures 6 and 10, R_{DIFF} = 54Ω, C_{L1} = C_{L2} = 100pF		100		ns
Receiver Enable to Output Low	t_{ZL}	Figures 5 and 11, C_{RL} = 15pF, S1 closed		20	50	ns
Receiver Enable to Output High	t_{ZH}	Figures 5 and 11, C_{RL} = 15pF, S2 closed		20	50	ns
Receiver Disable Time from Low	t_{LZ}	Figures 5 and 11, C_{RL} = 15pF, S1 closed		20	50	ns
Receiver Disable Time from High	t_{HZ}	Figures 5 and 11, C_{RL} = 15pF, S2 closed		20	50	ns
Maximum Data Rate	f_{MAX}	t_{PLH}, t_{PHL} < 50% of data period	250			kbps
Time to Shutdown	t_{SHDN}	MAX483/MAX487 (Note 5)	50	200	600	ns
Driver Enable from Shutdown to Output High	$t_{ZH(SHDN)}$	MAX483/MAX487, Figures 7 and 9, C_L = 100pF, S2 closed			2000	ns
Driver Enable from Shutdown to Output Low	$t_{ZL(SHDN)}$	MAX483/MAX487, Figures 7 and 9, C_L = 100pF, S1 closed			2000	ns
Receiver Enable from Shutdown to Output High	$t_{ZH(SHDN)}$	MAX483/MAX487, Figures 5 and 11, C_L = 15pF, S2 closed			2500	ns
Receiver Enable from Shutdown to Output Low	$t_{ZL(SHDN)}$	MAX483/MAX487, Figures 5 and 11, C_L = 15pF, S1 closed			2500	ns

NOTES FOR ELECTRICAL/SWITCHING CHARACTERISTICS

Note 1: All currents into device pins are positive; all currents out of device pins are negative. All voltages are referenced to device ground unless otherwise specified.

Note 2: All typical specifications are given for V_{CC} = 5V and T_A = +25°C.

Note 3: Supply current specification is valid for loaded transmitters when DE = 0V.

Note 4: Applies to peak current. See *Typical Operating Characteristics.*

Note 5: The MAX481/MAX483/MAX487 are put into shutdown by bringing $\overline{RE}$ high and DE low. If the inputs are in this state for less than 50ns, the parts are guaranteed not to enter shutdown. If the inputs are in this state for at least 600ns, the parts are guaranteed to have entered shutdown. See *Low-Power Shutdown Mode* section.

Typical Operating Characteristics

(V_{CC} = 5V, T_A = +25°C, unless otherwise noted.)

OUTPUT CURRENT vs. RECEIVER OUTPUT LOW VOLTAGE

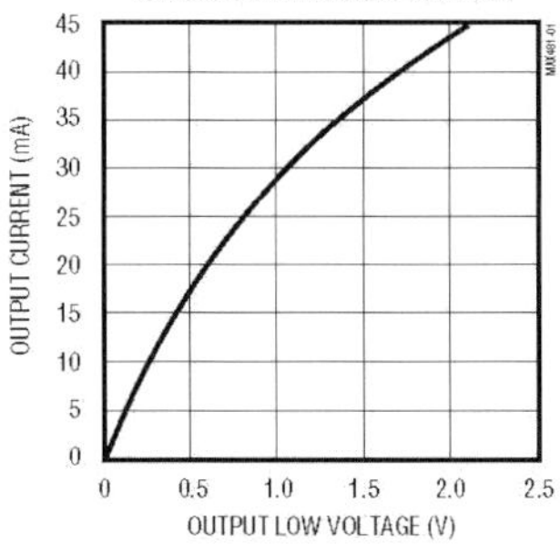

OUTPUT CURRENT vs. RECEIVER OUTPUT HIGH VOLTAGE

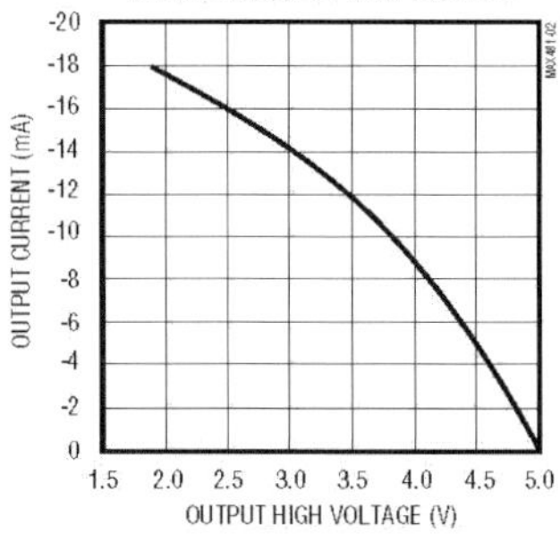

RECEIVER OUTPUT HIGH VOLTAGE vs. TEMPERATURE

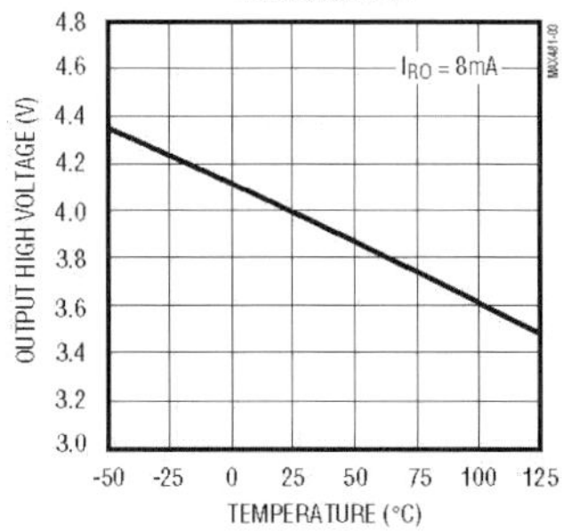

RECEIVER OUTPUT LOW VOLTAGE vs. TEMPERATURE

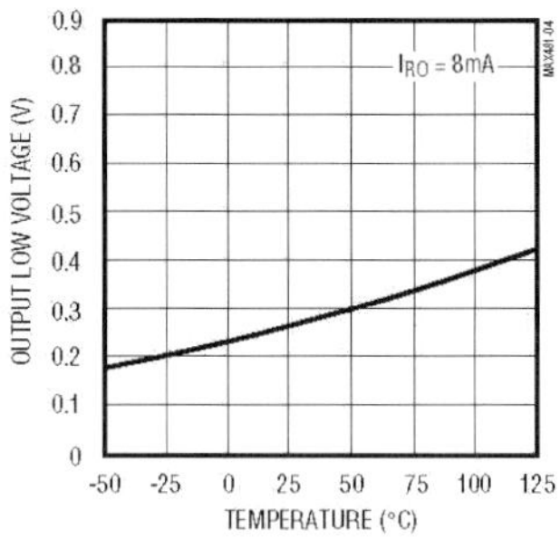

DRIVER OUTPUT CURRENT vs. DIFFERENTIAL OUTPUT VOLTAGE

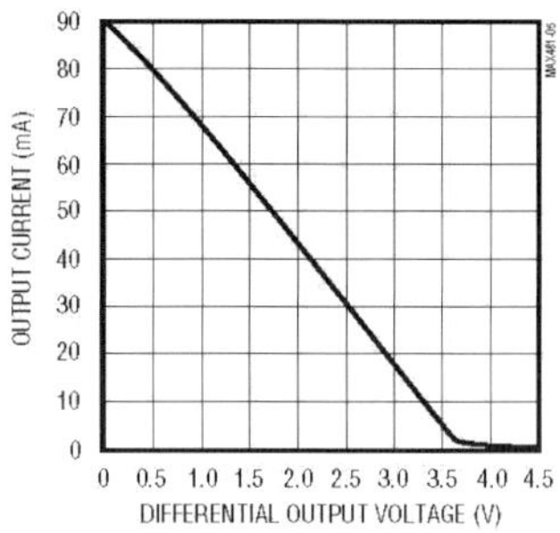

DRIVER DIFFERENTIAL OUTPUT VOLTAGE vs. TEMPERATURE

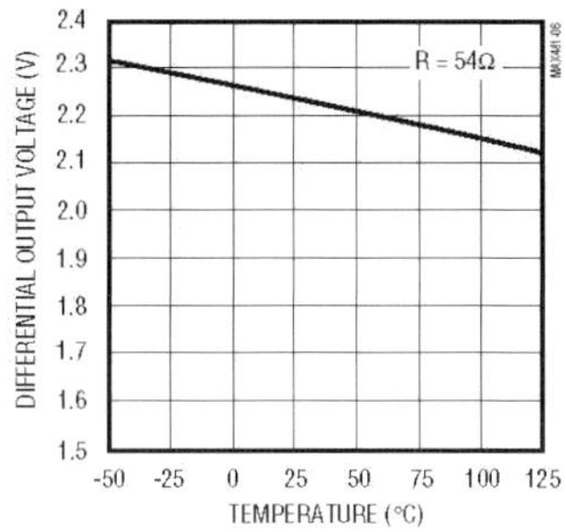

Low-Power, Slew-Rate-Limited RS-485/RS-422 Transceivers

Typical Operating Characteristics (continued)

(V_{CC} = 5V, T_A = +25°C, unless otherwise noted.)

OUTPUT CURRENT vs. DRIVER OUTPUT LOW VOLTAGE

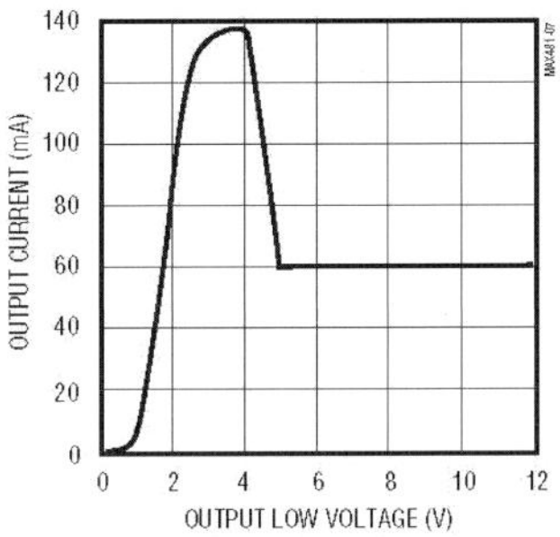

OUTPUT CURRENT vs. DRIVER OUTPUT HIGH VOLTAGE

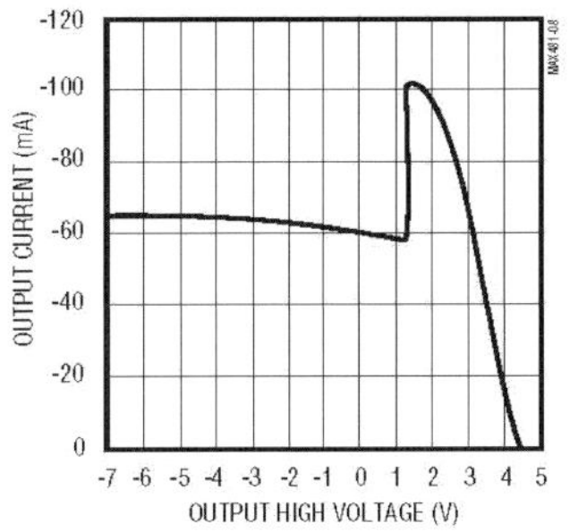

MAX481/MAX485/MAX490/MAX491 SUPPLY CURRENT vs. TEMPERATURE

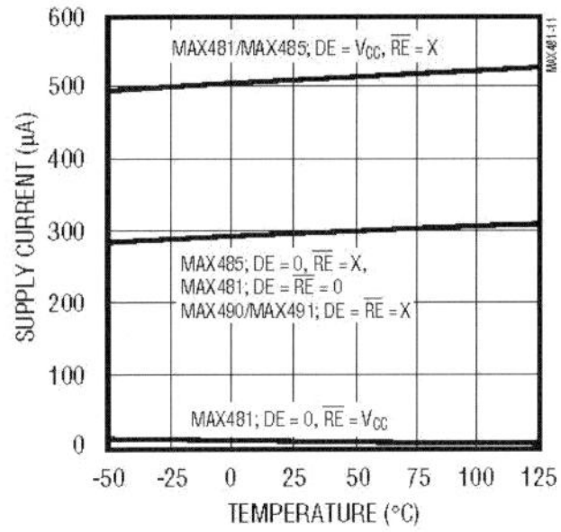

MAX483/MAX487–MAX489 SUPPLY CURRENT vs. TEMPERATURE

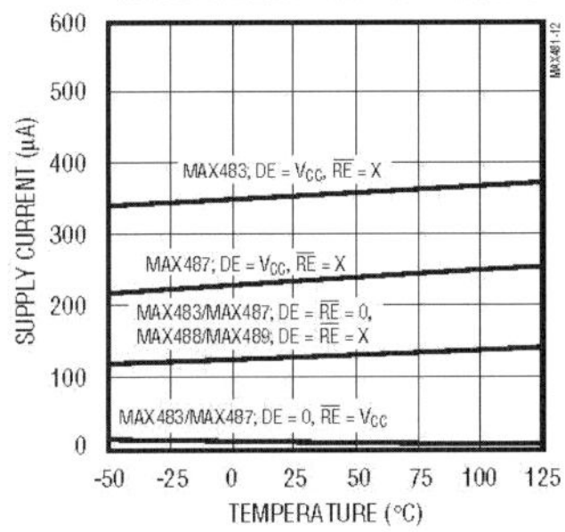

MAX1487 SUPPLY CURRENT vs. TEMPERATURE

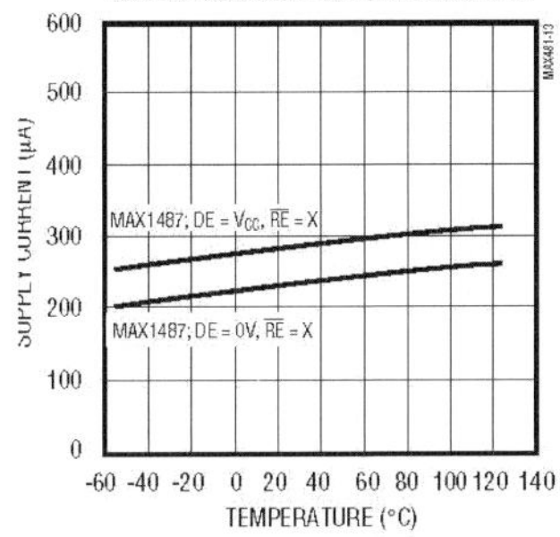

Pin Description

PIN					NAME	FUNCTION
MAX481/MAX483/ MAX485/MAX487/ MAX1487		MAX488/ MAX490		MAX489/ MAX491		
DIP/SO	µMAX	DIP/SO	µMAX	DIP/SO		
1	3	2	4	2	RO	Receiver Output: If A > B by 200mV, RO will be high; If A < B by 200mV, RO will be low.
2	4	—	—	3	$\overline{RE}$	Receiver Output Enable. RO is enabled when $\overline{RE}$ is low; RO is high impedance when $\overline{RE}$ is high.
3	5	—	—	4	DE	Driver Output Enable. The driver outputs, Y and Z, are enabled by bringing DE high. They are high impedance when DE is low. If the driver outputs are enabled, the parts function as line drivers. While they are high impedance, they function as line receivers if $\overline{RE}$ is low.
4	6	3	5	5	DI	Driver Input. A low on DI forces output Y low and output Z high. Similarly, a high on DI forces output Y high and output Z low.
5	7	4	6	6, 7	GND	Ground
—	—	5	7	9	Y	Noninverting Driver Output
—	—	6	8	10	Z	Inverting Driver Output
6	8	—	—	—	A	Noninverting Receiver Input and Noninverting Driver Output
—	—	8	2	12	A	Noninverting Receiver Input
7	1	—	—	—	B	Inverting Receiver Input and Inverting Driver Output
—	—	7	1	11	B	Inverting Receiver Input
8	2	1	3	14	V_{CC}	Positive Supply: $4.75V \le V_{CC} \le 5.25V$
—	—	—	—	1, 8, 13	N.C.	No Connect—not internally connected

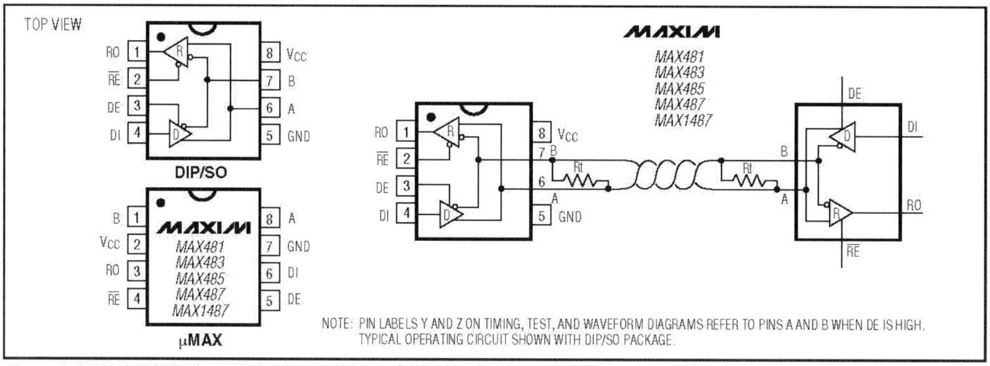

Figure 1. MAX481/MAX483/MAX485/MAX487/MAX1487 Pin Configuration and Typical Operating Circuit

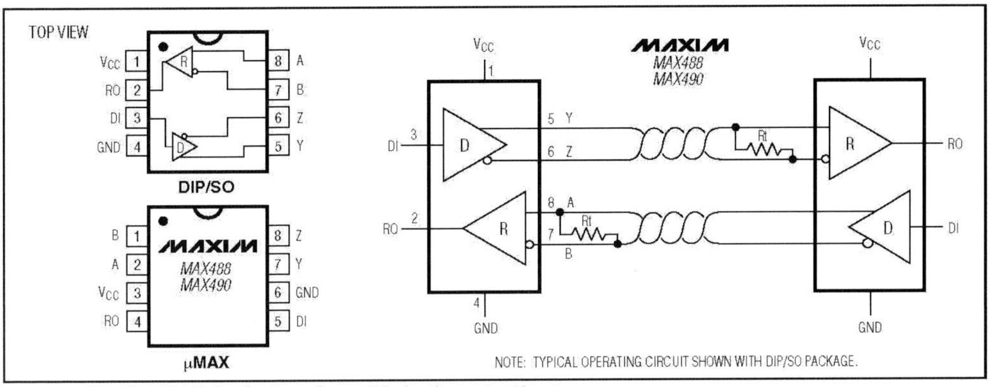

Figure 2. MAX488/MAX490 Pin Configuration and Typical Operating Circuit

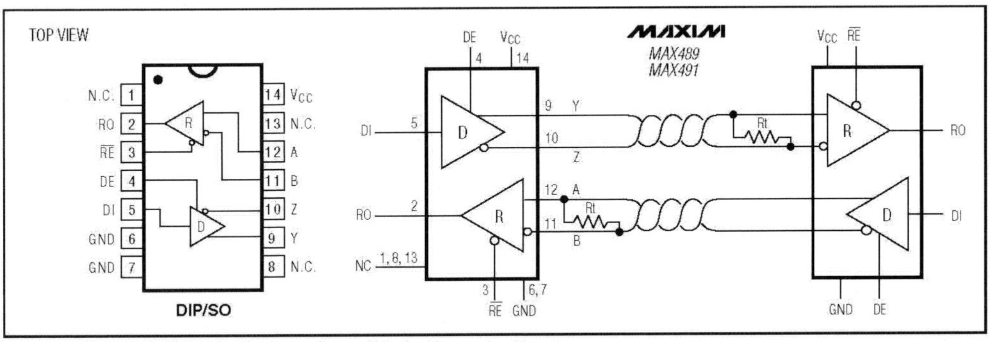

Figure 3. MAX489/MAX491 Pin Configuration and Typical Operating Circuit

Applications Information

The MAX481/MAX483/MAX485/MAX487–MAX491 and MAX1487 are low-power transceivers for RS-485 and RS-422 communications. The MAX481, MAX485, MAX490, MAX491, and MAX1487 can transmit and receive at data rates up to 2.5Mbps, while the MAX483, MAX487, MAX488, and MAX489 are specified for data rates up to 250kbps. The MAX488–MAX491 are full-duplex transceivers while the MAX481, MAX483, MAX485, MAX487, and MAX1487 are half-duplex. In addition, Driver Enable (DE) and Receiver Enable ($\overline{RE}$) pins are included on the MAX481, MAX483, MAX485, MAX487, MAX489, MAX491, and MAX1487. When disabled, the driver and receiver outputs are high impedance.

MAX487/MAX1487: 128 Transceivers on the Bus

The 48kΩ, ¼-unit-load receiver input impedance of the MAX487 and MAX1487 allows up to 128 transceivers on a bus, compared to the 1-unit load (12kΩ input impedance) of standard RS-485 drivers (32 transceivers maximum). Any combination of MAX487/MAX1487 and other RS-485 transceivers with a total of 32 unit loads or less can be put on the bus. The MAX481/MAX483/MAX485 and MAX488–MAX491 have standard 12kΩ Receiver Input impedance.

Test Circuits

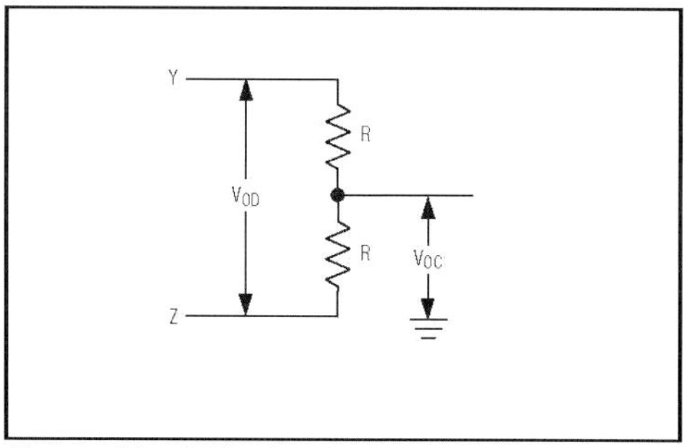

Figure 4. Driver DC Test Load

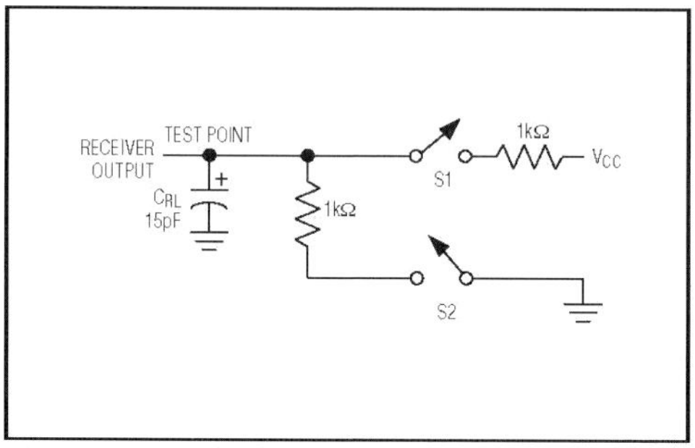

Figure 5. Receiver Timing Test Load

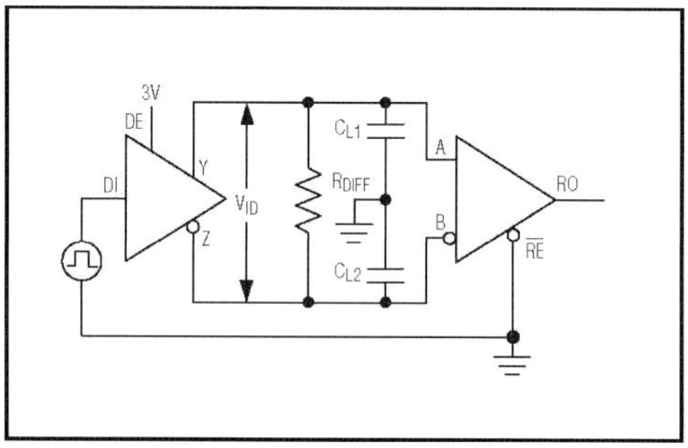

Figure 6. Driver/Receiver Timing Test Circuit

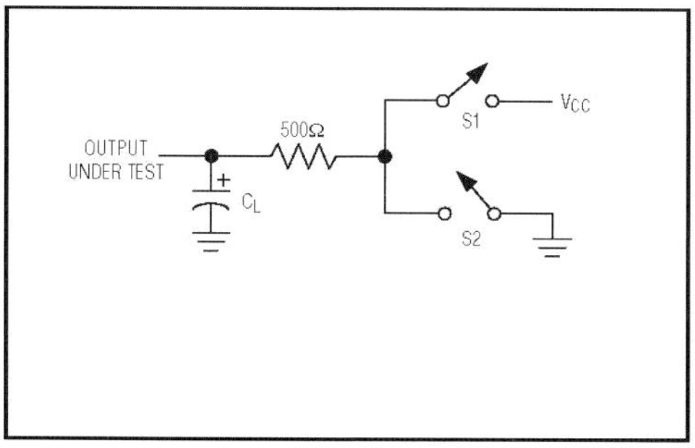

Figure 7. Driver Timing Test Load

MAX483/MAX487/MAX488/MAX489: Reduced EMI and Reflections

The MAX483 and MAX487–MAX489 are slew-rate limited, minimizing EMI and reducing reflections caused by improperly terminated cables. Figure 12 shows the driver output waveform and its Fourier analysis of a 150kHz signal transmitted by a MAX481, MAX485, MAX490, MAX491, or MAX1487. High-frequency harmonics with large amplitudes are evident. Figure 13 shows the same information displayed for a MAX483, MAX487, MAX488, or MAX489 transmitting under the same conditions. Figure 13's high-frequency harmonics have much lower amplitudes, and the potential for EMI is significantly reduced.

Low-Power, Slew-Rate-Limited RS-485/RS-422 Transceivers

Switching Waveforms

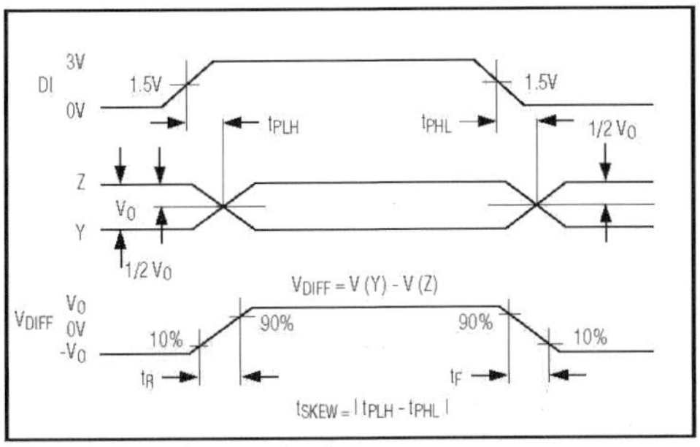

Figure 8. Driver Propagation Delays

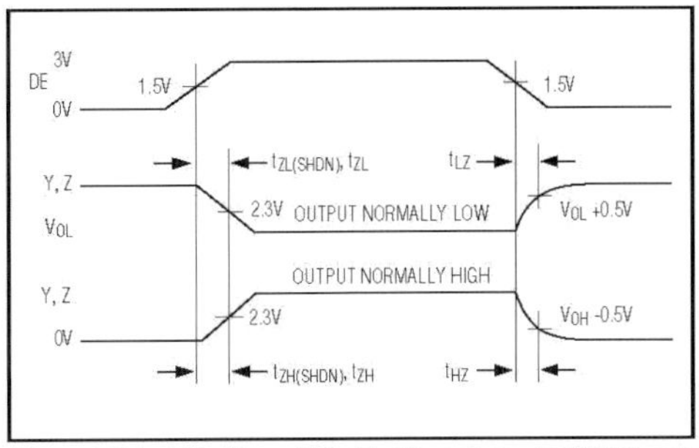

Figure 9. Driver Enable and Disable Times (except MAX488 and MAX490)

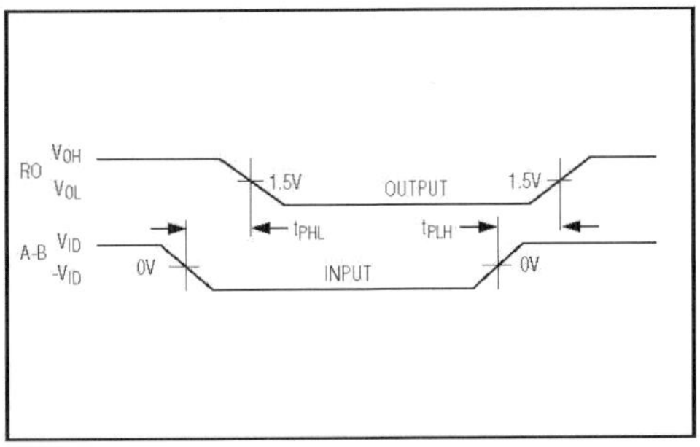

Figure 10. Receiver Propagation Delays

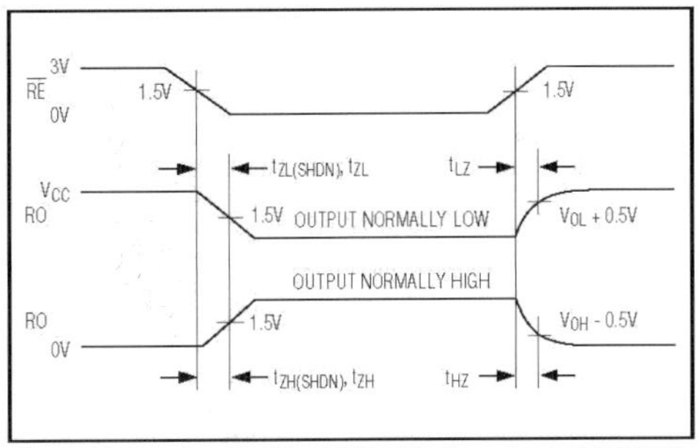

Figure 11. Receiver Enable and Disable Times (except MAX488 and MAX490)

Function Tables (MAX481/MAX483/MAX485/MAX487/MAX1487)

Table 1. Transmitting

INPUTS			OUTPUTS	
$\overline{RE}$	DE	DI	Z	Y
X	1	1	0	1
X	1	0	1	0
0	0	X	High-Z	High-Z
1	0	X	High-Z*	High-Z*

X = Don't care
High-Z = High impedance
* Shutdown mode for MAX481/MAX483/MAX487

Table 2. Receiving

INPUTS			OUTPUT
$\overline{RE}$	DE	A-B	RO
0	0	≥ +0.2V	1
0	0	≤ -0.2V	0
0	0	Inputs open	1
1	0	X	High-Z*

X = Don't care
High-Z = High impedance
* Shutdown mode for MAX481/MAX483/MAX487

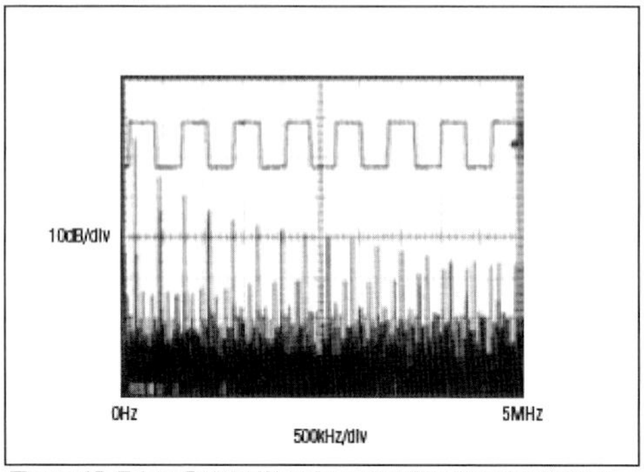

Figure 12. Driver Output Waveform and FFT Plot of MAX481/MAX485/MAX490/MAX491/MAX1487 Transmitting a 150kHz Signal

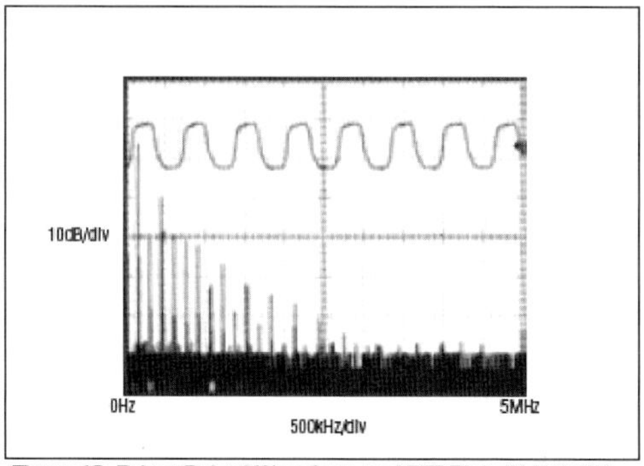

Figure 13. Driver Output Waveform and FFT Plot of MAX483/MAX487–MAX489 Transmitting a 150kHz Signal

Low-Power Shutdown Mode (MAX481/MAX483/MAX487)

A low-power shutdown mode is initiated by bringing both $\overline{RE}$ high and DE low. The devices will not shut down unless both the driver and receiver are disabled. In shutdown, the devices typically draw only 0.1µA of supply current.

$\overline{RE}$ and DE may be driven simultaneously; the parts are guaranteed not to enter shutdown if $\overline{RE}$ is high and DE is low for less than 50ns. If the inputs are in this state for at least 600ns, the parts are guaranteed to enter shutdown.

For the MAX481, MAX483, and MAX487, the t_{ZH} and t_{ZL} enable times assume the part was not in the low-power shutdown state (the MAX485/MAX488–MAX491 and MAX1487 can not be shut down). The $t_{ZH(SHDN)}$ and $t_{ZL(SHDN)}$ enable times assume the parts were shut down (see *Electrical Characteristics*).

It takes the drivers and receivers longer to become enabled from the low-power shutdown state ($t_{ZH(SHDN)}$, $t_{ZL(SHDN)}$) than from the operating mode (t_{ZH}, t_{ZL}). (The parts are in operating mode if the $\overline{RE}$, DE inputs equal a logical 0,1 or 1,1 or 0, 0.)

Driver Output Protection

Excessive output current and power dissipation caused by faults or by bus contention are prevented by two mechanisms. A foldback current limit on the output stage provides immediate protection against short circuits over the whole common-mode voltage range (see *Typical Operating Characteristics*). In addition, a thermal shutdown circuit forces the driver outputs into a high-impedance state if the die temperature rises excessively.

Propagation Delay

Many digital encoding schemes depend on the difference between the driver and receiver propagation delay times. Typical propagation delays are shown in Figures 15–18 using Figure 14's test circuit.

The difference in receiver delay times, $| t_{PLH} - t_{PHL} |$, is typically under 13ns for the MAX481, MAX485, MAX490, MAX491, and MAX1487 and is typically less than 100ns for the MAX483 and MAX487–MAX489.

The driver skew times are typically 5ns (10ns max) for the MAX481, MAX485, MAX490, MAX491, and MAX1487, and are typically 100ns (800ns max) for the MAX483 and MAX487–MAX489.

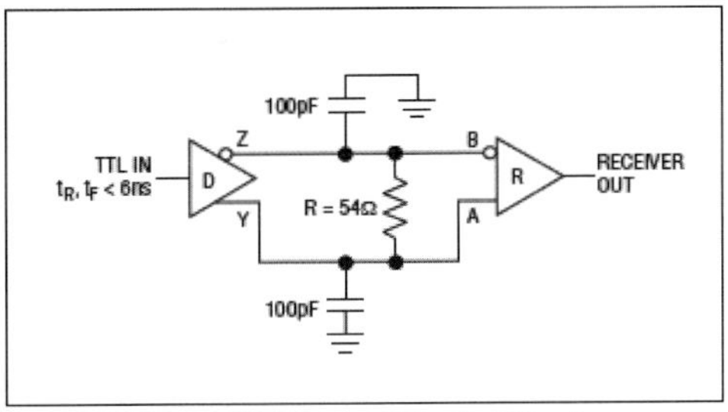

Figure 14. Receiver Propagation Delay Test Circuit

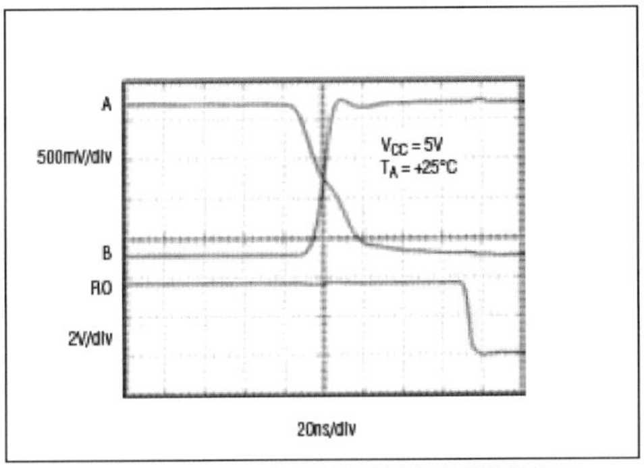

Figure 15. MAX481/MAX485/MAX490/MAX491/MAX1487 Receiver t_{PHL}

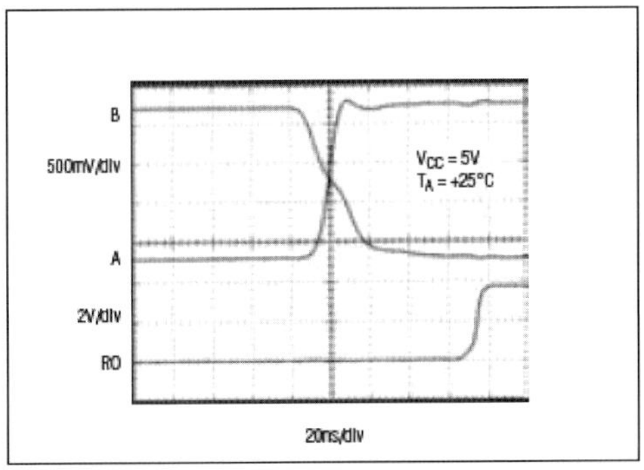

Figure 16. MAX481/MAX485/MAX490/MAX491/MAX1487 Receiver t_{PLH}

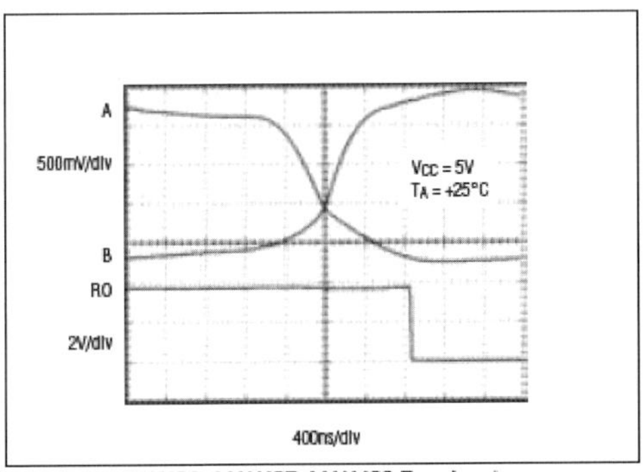

Figure 17. MAX483, MAX487–MAX489 Receiver t_{PHL}

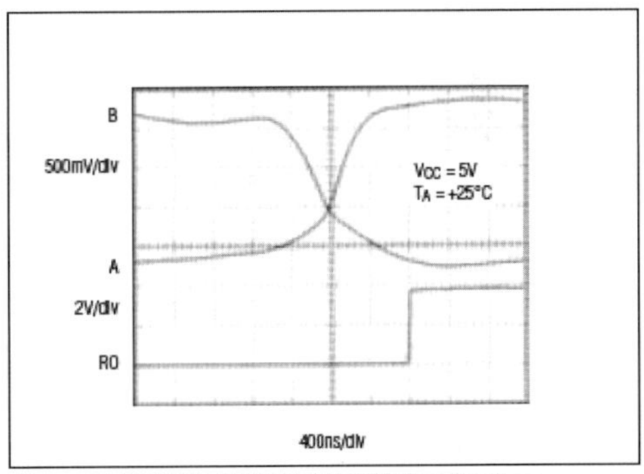

Figure 18. MAX483, MAX487–MAX489 Receiver t_{PLH}

Line Length vs. Data Rate

The RS-485/RS-422 standard covers line lengths up to 4000 feet. For line lengths greater than 4000 feet, see Figure 23.

Figures 19 and 20 show the system differential voltage for the parts driving 4000 feet of 26AWG twisted-pair wire at 110kHz into 120Ω loads.

Typical Applications

The MAX481, MAX483, MAX485, MAX487–MAX491, and MAX1487 transceivers are designed for bidirectional data communications on multipoint bus transmission lines. Figures 21 and 22 show typical network applications circuits. These parts can also be used as line repeaters, with cable lengths longer than 4000 feet, as shown in Figure 23.

To minimize reflections, the line should be terminated at both ends in its characteristic impedance, and stub lengths off the main line should be kept as short as possible. The slew-rate-limited MAX483 and MAX487–MAX489 are more tolerant of imperfect termination.

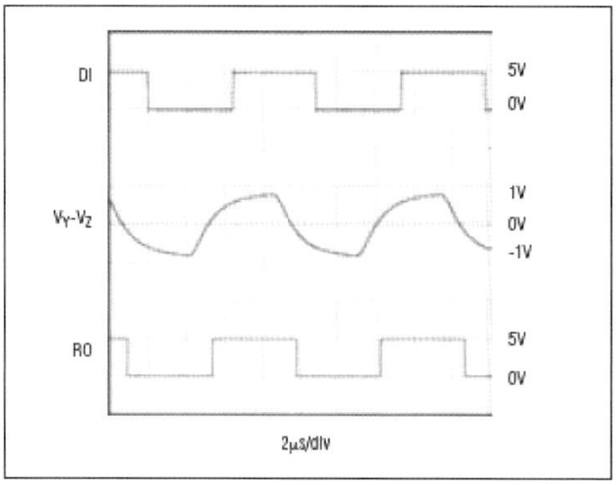

Figure 19. MAX481/MAX485/MAX490/MAX491/MAX1487 System Differential Voltage at 110kHz Driving 4000ft of Cable

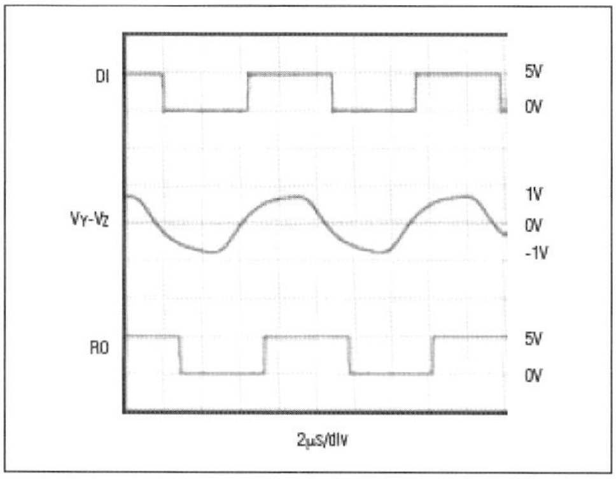

Figure 20. MAX483, MAX487–MAX489 System Differential Voltage at 110kHz Driving 4000ft of Cable

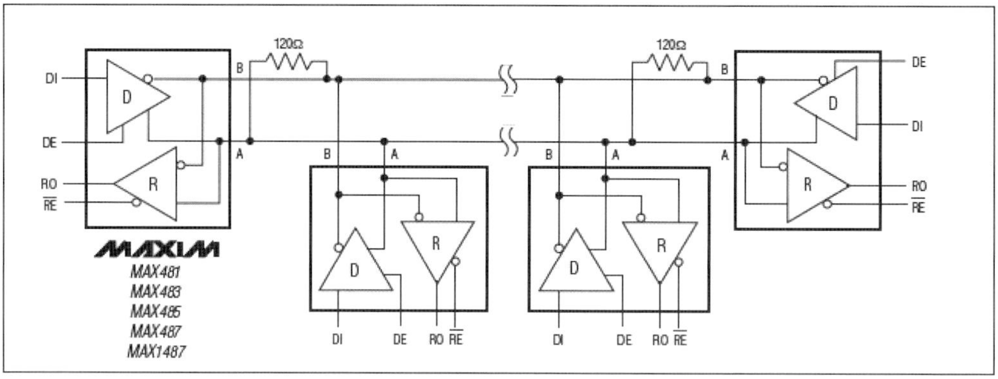

Figure 21. MAX481/MAX483/MAX485/MAX487/MAX1487 Typical Half-Duplex RS-485 Network

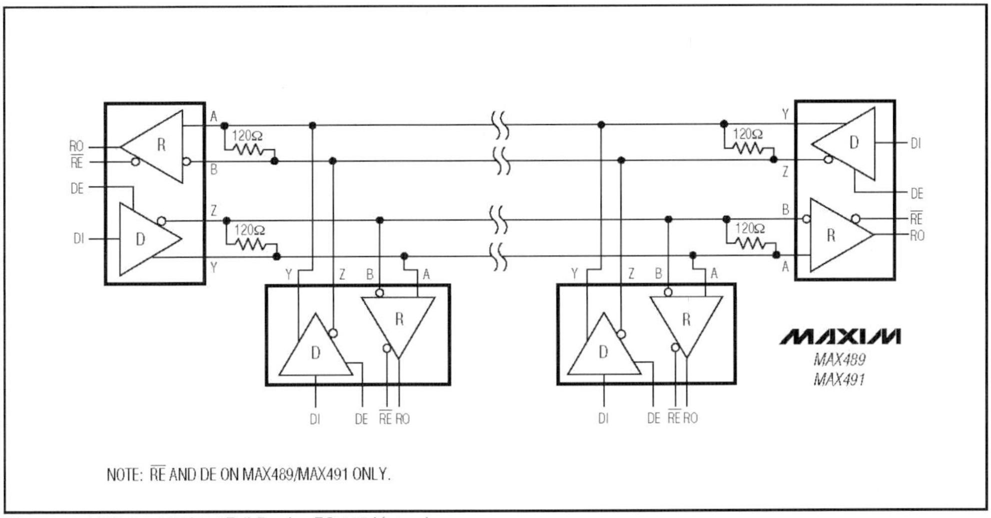

Figure 22. MAX488–MAX491 Full-Duplex RS-485 Network

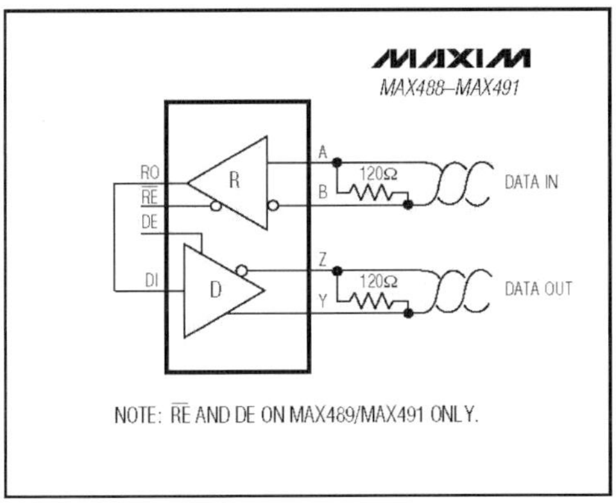

Figure 23. Line Repeater for MAX488–MAX491

Isolated RS-485

For isolated RS-485 applications, see the MAX253 and MAX1480 data sheets.

7. EEPROM: M24512

M24512-R
M24512-W M24512-DF

512 Kbit serial I²C bus EEPROM with three Chip Enable lines

Features

- Compatible with all I²C bus modes:
  - 1 MHz Fast-mode Plus
  - 400 kHz Fast mode
  - 100 kHz Standard mode
- Memory array:
  - 512 Kb (64 Kbytes) of EEPROM
  - Page size: 128 bytes
- M24512-DF: additional Write lockable Page (Identification page)
- Noise suppression
  - Schmitt trigger inputs
  - Input noise filter
- Write
  - Byte Write within 5 ms
  - Page Write within 5 ms
- Random and Sequential Read modes
- Write protect of the whole memory array
- Single supply voltage:
  - 1.7 V to 5.5 V
- Enhanced ESD/Latch-Up protection
- More than 1 million Write cycles
- More than 40-year data retention
- Packages
  - ECOPACK2® (RoHS compliant and Halogen-free)

SO8 (MW)
208 mils width

SO8 (MN)
150 mils width

TSSOP8 (DW)

UFDFPN8
(MB, MC)

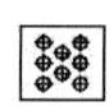

WLCSP (CS)

1 Description

The M24512 is a 512-Kbit I^2C-compatible EEPROM (Electrically Erasable PROgrammable Memory) organized as 64 K × 8 bits.

This I^2C EEPROM can operate with a supply voltage from 1.7 V up to 5.5 V.

The M24M02-DF offers an additional page, named the Identification Page (128 bytes) which can be written and (later) permanently locked in Read-only mode. This Identification Page offers flexibility in the application board production line, as it can be used to store unique identification parameters and/or parameters specific to the production line.

Figure 1. Logic diagram

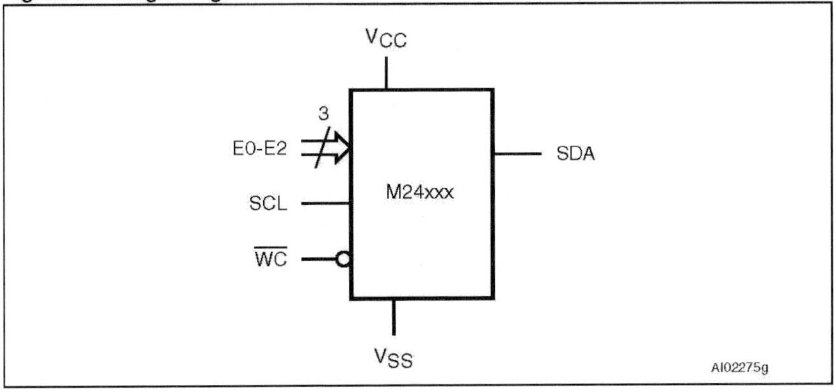

Table 1. Signal names

Signal name	Function	Direction
E0, E1, E2	Chip Enable	Inputs
SDA	Serial Data	I/O
SCL	Serial Clock	Input
$\overline{WC}$	Write Control	Input
V_{CC}	Supply voltage	
V_{SS}	Ground	

Figure 2. SO, UFDFPN and TSSOP connections

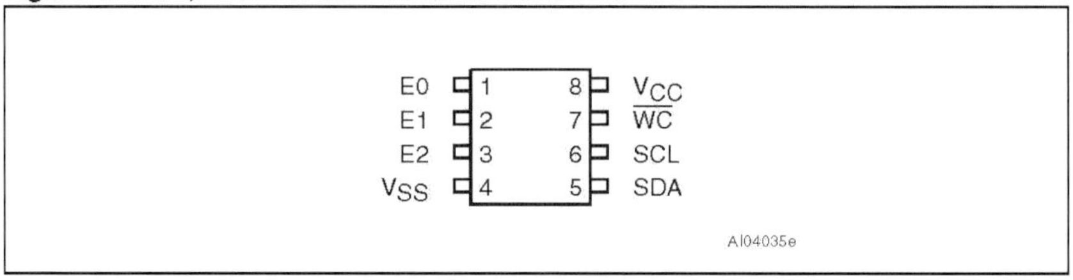

1. See *Package mechanical data* section for package dimensions, and how to identify pin-1.

Figure 3. WLCSP connections for "KA" die (top view, marking side, with balls on the underside

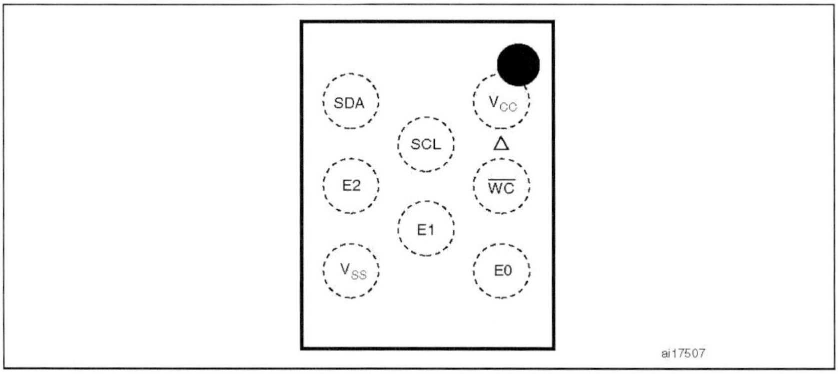

Figure 4. WLCSP connections for "KB" die (top view, marking side, with balls on the underside)

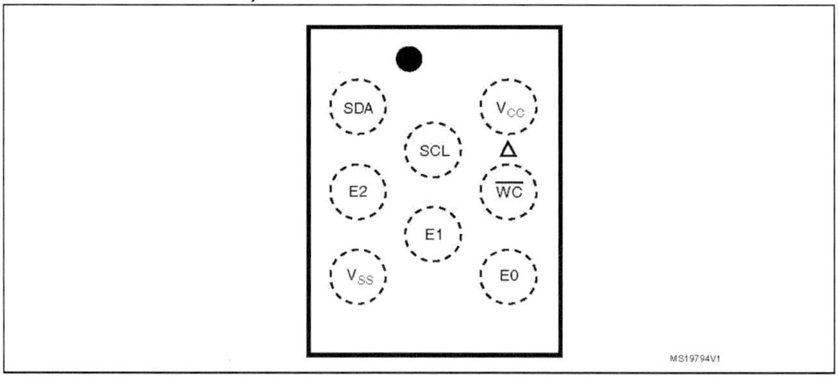

Caution: As EEPROM cells lose their charge (and so their binary value) when exposed to ultra violet (UV) light, EEPROM dice delivered in wafer form or in WLCSP package by STMicroelectronics must never be exposed to UV light.

2 Signal description

2.1 Serial Clock (SCL)

This input signal is used to strobe all data in and out of the device. In applications where this signal is used by slave devices to synchronize the bus to a slower clock, the bus master must have an open drain output, and a pull-up resistor must be connected from Serial Clock (SCL) to V_{CC}. (*Figure 6* indicates how the value of the pull-up resistor can be calculated). In most applications, though, this method of synchronization is not employed, and so the pull-up resistor is not necessary, provided that the bus master has a push-pull (rather than open drain) output.

2.2 Serial Data (SDA)

This bidirectional signal is used to transfer data in or out of the device. It is an open drain output that may be wire-OR'ed with other open drain or open collector signals on the bus. A pull up resistor must be connected from Serial Data (SDA) to V_{CC}. (*Figure 6* indicates how the value of the pull-up resistor can be calculated).

2.3 Chip Enable (E0, E1, E2)

These input signals are used to set the value that is to be looked for on the three least significant bits (b3, b2, b1) of the 7-bit device select code. These inputs must be tied to V_{CC} or V_{SS}, to establish the device select code. When not connected (left floating), these inputs are read as Low (0,0,0).

Figure 5. Device select code

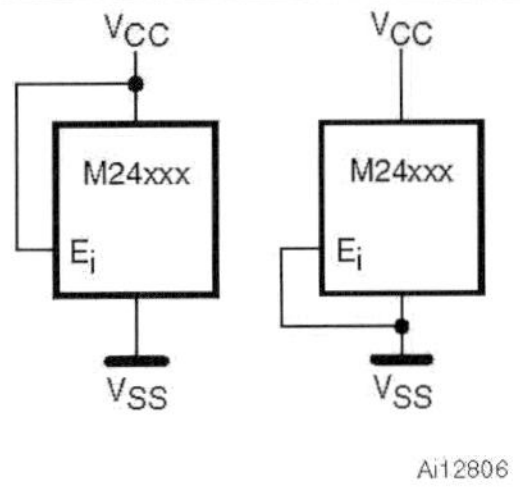

2.4 Write Control ($\overline{WC}$)

This input signal is useful for protecting the entire contents of the memory from inadvertent write operations. Write operations are disabled to the entire memory array when Write Control ($\overline{WC}$) is driven High. When unconnected, the signal is internally read as V_{IL}, and Write operations are allowed.

When Write Control ($\overline{WC}$) is driven High, device select and address bytes are acknowledged, Data bytes are not acknowledged.

2.5 V_{SS} ground

V_{SS} is the reference for the V_{CC} supply voltage.

2.6 Supply voltage (V_{CC})

2.6.1 Operating supply voltage V_{CC}

Prior to selecting the memory and issuing instructions to it, a valid and stable V_{CC} voltage within the specified [V_{CC}(min), V_{CC}(max)] range must be applied (see *Table 8*, *Table 9*). In order to secure a stable DC supply voltage, it is recommended to decouple the V_{CC} line with a suitable capacitor (usually of the order of 10 nF to 100 nF) close to the V_{CC}/V_{SS} package pins.

This voltage must remain stable and valid until the end of the transmission of the instruction and, for a Write instruction, until the completion of the internal write cycle (t_W).

2.6.2 Power-up conditions

V_{CC} has to rise continuously from 0 V up to V_{CC}(min) (see *Table 8*, *Table 9*), and the rise time must not vary faster than 1 V/µs.

2.6.3 Device reset

In order to prevent inadvertent write operations during power-up, a power on reset (POR) circuit is included. At power-up, the device does not respond to any instruction until V_{CC} reaches an internal reset threshold voltage. This threshold is lower than the minimum V_{CC} operating voltage defined in *Table 8*, *Table 9*.

When V_{CC} passes over the POR threshold, the device is reset and enters the Standby Power mode. However, the device must not be accessed until V_{CC} reaches a valid and stable V_{CC} voltage within the specified [V_{CC}(min), V_{CC}(max)] range.

In a similar way, during power-down (continuous decrease in V_{CC}), as soon as V_{CC} drops below the power on reset threshold voltage, the device stops responding to any instruction sent to it.

2.6.4 Power-down conditions

During power-down (where V_{CC} decreases continuously), the device must be in the Standby Power mode (mode reached after decoding a Stop condition, assuming that there is no internal Write cycle in progress).

Figure 6. **I^2C Fast mode (f_C = 400 kHz): maximum R_{bus} value versus bus parasitic capacitance (C_{bus})**

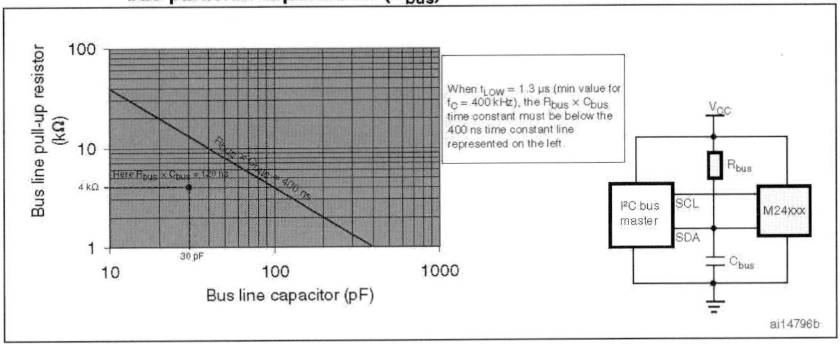

Figure 7. **I^2C Fast mode Plus (f_C = 1 MHz): maximum R_{bus} value versus bus parasitic capacitance (C_{bus})**

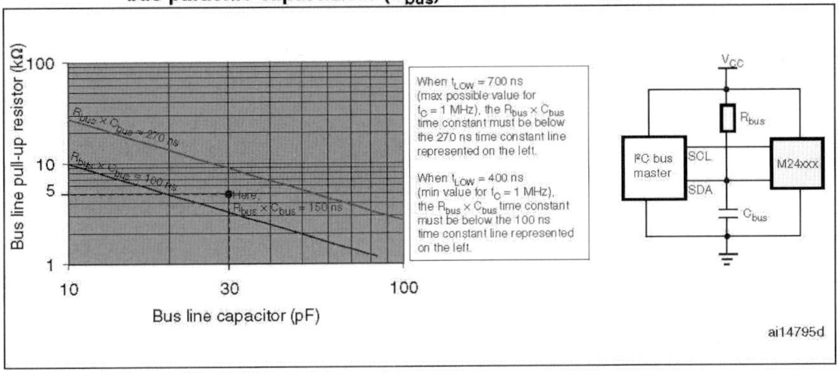

Figure 8. I²C bus protocol

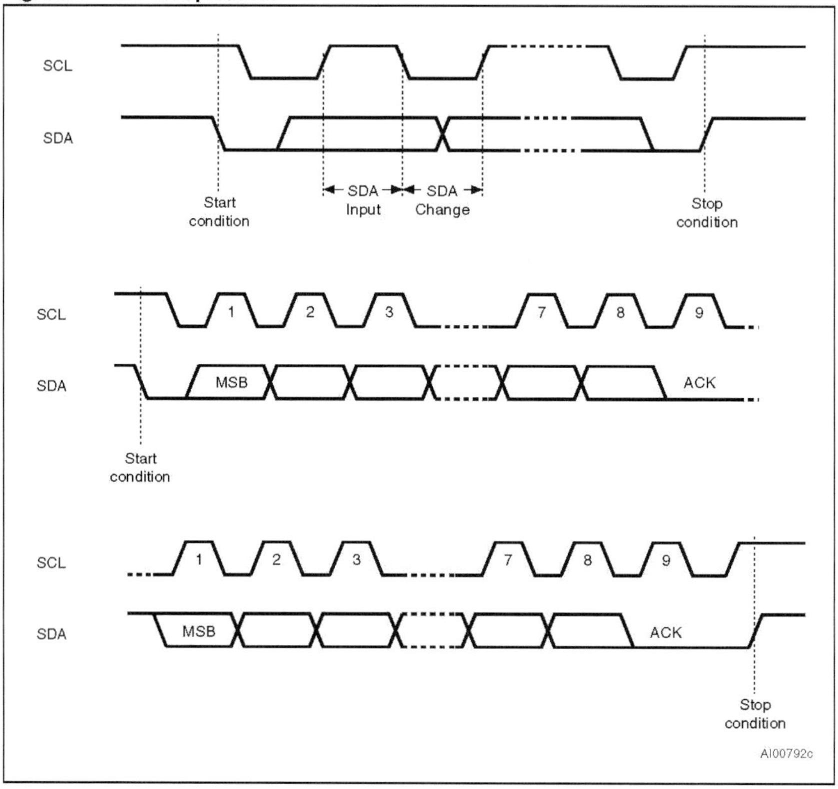

Table 2. Device select code (for memory array)

	Device type identifier[1]				Chip Enable address[2]			$R\overline{W}$
	b7	b6	b5	b4	b3	b2	b1	b0
Device select code	1	0	1	0	E2	E1	E0	$R\overline{W}$

1. The most significant bit, b7, is sent first.
2. E0, E1 and E2 are compared against the respective external pins on the memory device.

Table 3. Device select code to access the Identification page (M24512-DF only)

	Device type identifier[1]				Chip Enable address[2]			$R\overline{W}$
	b7	b6	b5	b4	b3	b2	b1	b0
Device select code	1	0	1	1	E2	E1	E0	$R\overline{W}$

1. The most significant bit, b7, is sent first.
2. E0, E1 and E2 are compared against the respective external pins on the memory device.

Table 4. Most significant address byte

b15	b14	b13	b12	b11	b10	b9	b8

Table 5. Least significant address byte

b7	b6	b5	b4	b3	b2	b1	b0

3 Device operation

The device supports the I^2C protocol. This is summarized in *Figure 7*. Any device that sends data on to the bus is defined to be a transmitter, and any device that reads the data to be a receiver. The device that controls the data transfer is known as the bus master, and the other as the slave device. A data transfer can only be initiated by the bus master, which will also provide the serial clock for synchronization. The device is always slave in all communications.

3.1 Start condition

Start is identified by a falling edge of Serial Data (SDA) while Serial Clock (SCL) is stable in the High state. A Start condition must precede any data transfer instruction. The device continuously monitors (except during a Write cycle) Serial Data (SDA) and Serial Clock (SCL) for a Start condition.

3.2 Stop condition

Stop is identified by a rising edge of Serial Data (SDA) while Serial Clock (SCL) is stable and driven High. A Stop condition terminates communication between the device and the bus master. A Read instruction that is followed by NoAck can be followed by a Stop condition to force the device into the Standby mode. A Stop condition at the end of a Write instruction triggers the internal Write cycle.

3.3 Acknowledge bit (ACK)

The acknowledge bit is used to indicate a successful byte transfer. The bus transmitter, whether it be bus master or slave device, releases Serial Data (SDA) after sending eight bits of data. During the 9th clock pulse period, the receiver pulls Serial Data (SDA) Low to acknowledge the receipt of the eight data bits.

3.4 Data input

During data input, the device samples Serial Data (SDA) on the rising edge of Serial Clock (SCL). For correct device operation, Serial Data (SDA) must be stable during the rising edge of Serial Clock (SCL), and the Serial Data (SDA) signal must change *only* when Serial Clock (SCL) is driven Low.

3.5 Addressing the memory array

To start communication between the bus master and the slave device, the bus master must initiate a Start condition. Following this, the bus master sends the device select code, shown in *Table 2* (on Serial Data (SDA), most significant bit first).

The device select code consists of a 4-bit device type identifier, and a 3-bit Chip Enable "Address" (E2, E1, E0). To address the memory array, the 4-bit Device Type Identifier is 1010b.

Up to eight memory devices can be connected on a single I^2C bus. Each one is given a unique 3-bit code on the Chip Enable (E0, E1, E2) inputs. When the device select code is received, the device only responds if the Chip Enable Address is the same as the value on the Chip Enable (E0, E1, E2) inputs.

The 8th bit is the Read/$\overline{\text{Write}}$ bit ($R\overline{W}$). This bit is set to 1 for Read and 0 for Write operations.

If a match occurs on the device select code, the corresponding device gives an acknowledgment on Serial Data (SDA) during the 9th bit time. If the device does not match the device select code, it deselects itself from the bus, and goes into Standby mode.

Table 6. Operating modes

Mode	$R\overline{W}$ bit	$\overline{WC}^{(1)}$	Bytes	Initial sequence
Current Address Read	1	X	1	Start, device select, $R\overline{W}$ = 1
Random Address Read	0	X	1	Start, device select, $R\overline{W}$ = 0, Address
	1	X		re-Start, device select, $R\overline{W}$ = 1
Sequential Read	1	X	≥ 1	Similar to Current or Random Address Read
Byte Write	0	V_{IL}	1	Start, device select, $R\overline{W}$ = 0
Page Write	0	V_{IL}	≤ 128	Start, device select, $R\overline{W}$ = 0

1. X = V_{IH} or V_{IL}.

3.6 Addressing the Identification page (M24512-DF only)

The M24512-DF features an additional memory page, referred to as Identification page. Read and write operations can be performed on this page, except if a Lock instruction has been issued to permanently write protect it.

The M24512-DF Identification page is addressed in the same way as the memory array, except that the 4-bit device type identifier of the device select code is 1011b (see *Table 3*).

Figure 9. Write mode sequences with $\overline{WC}$ = 1 (data write inhibited)

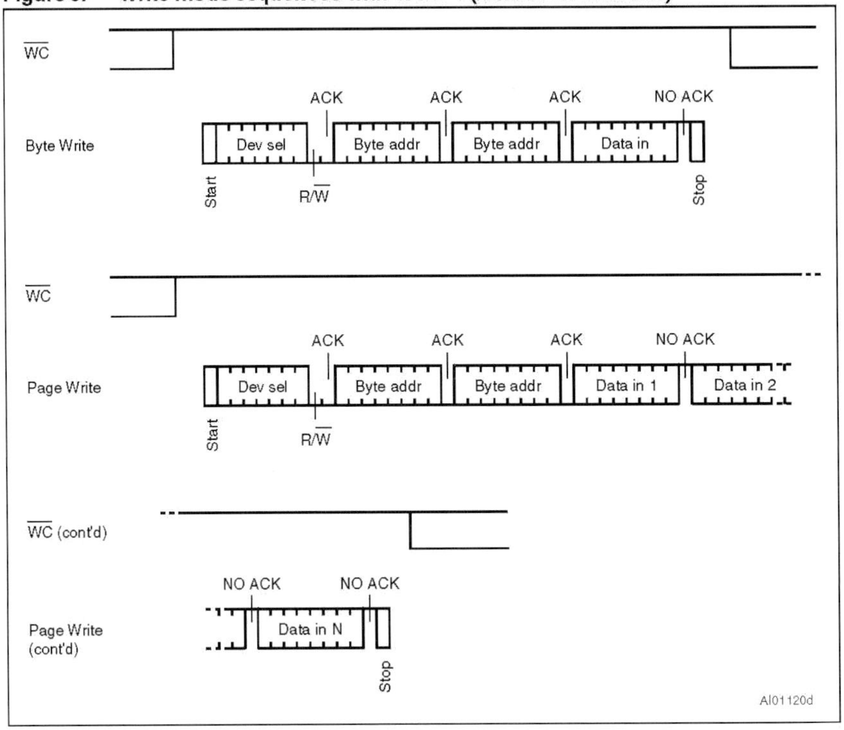

3.7 Write operations

Following a Start condition the bus master sends a device select code with the Read/$\overline{\text{Write}}$ bit (R$\overline{\text{W}}$) reset to 0. The device acknowledges this, as shown in *Figure 9*, and waits for two address bytes. The device responds to each address byte with an acknowledge bit, and then waits for the data byte.

Each data byte in the memory has a 16-bit (two byte wide) address. The most significant byte (*Table 4*) is sent first, followed by the least significant byte (*Table 5*). Bits b15 to b0 form the address of the byte in memory.

When the bus master generates a Stop condition immediately after a data byte Ack bit (in the "10th bit" time slot), either at the end of a Byte Write or a Page Write, the internal Write cycle is triggered. A Stop condition at any other time slot does not trigger the internal Write cycle.

After the Stop condition, the delay t_W, and the successful completion of a Write operation, the device's internal address counter is incremented automatically, to point to the next byte address after the last one that was modified.

During the internal Write cycle, Serial Data (SDA) is disabled internally, and the device does not respond to any requests.

If the Write Control input (WC) is driven High, the Write instruction is not executed and the accompanying data bytes are *not* acknowledged, as shown in *Figure 8*.

3.8 Byte Write

After the device select code and the address bytes, the bus master sends one data byte. If the addressed location is Write-protected, by Write Control ($\overline{\text{WC}}$) being driven High, the device replies with NoAck, and the location is not modified. If, instead, the addressed location is not Write-protected, the device replies with Ack. The bus master terminates the transfer by generating a Stop condition, as shown in *Figure 9*.

3.9 Page Write (memory array)

The Page Write mode allows up to or 128 bytes to be written in a single Write cycle, provided that they are all located in the same 'row' in the memory: that is, the most significant memory address bits (b15-b7) are the same. If more bytes are sent than will fit up to the end of the row, a condition known as 'roll-over' occurs. This should be avoided, as data starts to become overwritten in an implementation dependent way.

The bus master sends from 1 to or 128 bytes of data, each of which is acknowledged by the device if Write Control ($\overline{\text{WC}}$) is Low. If Write Control ($\overline{\text{WC}}$) is High, the contents of the addressed memory location are not modified, and each data byte is followed by a NoAck. After each byte is transferred, the internal byte address counter (the 7 least significant address bits only) is incremented. The transfer is terminated by the bus master generating a Stop condition.

3.10 Write Identification Page (M24512-DF only)

The Identification Page (128 bytes) is an additional page which can be written and (later) permanently locked in Read-only mode. The identification page is written by issuing an Write Identification Page instruction. This instruction uses the same protocol and format as Page Write (into memory array), except for the following differences:

- Device type identifier = 1011b
- MSB address bits A15/A7 are don't care except for address bit A10 which must be '0'.

LSB address bits A6/A0 define the byte address inside the identification page.

If the Identification page is locked, the data bytes transferred during the Write Identification Page instruction are not acknowledged (NoAck).

3.11 Lock Identification Page (M24512-DF only)

The Lock Identification Page instruction (Lock ID) permanently locks the Identification page in read-only mode. The Lock ID instruction is similar to Byte Write (into memory array) with the following specific conditions:

- Device Type Identifier = 1011b
- Address bit A10 must be '1'; all other address bits are don't care
- The data byte must be equal to the binary value xxxx xx1x, where x is don't care.

If the Identification Page is locked, the data bytes transferred during the ID Write instruction are not acknowledged (NoAck).

3.12 ECC (error correction code) and write cycling

The M24512-x devices offer an ECC (error correction code) logic which compares each 4-byte word with its six associated ECC EEPROM bits. As a result, if a single bit out of 4 bytes of data happens to be erroneous during a Read operation, the ECC detects it and replaces it by the correct value. The read reliability is therefore much improved by the use of this feature.

Note however that even if a single byte has to be written, 4 bytes are internally modified (plus the ECC bits), that is, the addressed byte is cycled together with the other three bytes making up the word. It is therefore recommended to write by word (4 bytes) at address 4*N (where N is an integer) in order to benefit from the larger amount of Write cycles.

The M24512-x devices are qualified at 1 million (1 000 000) Write cycles, using a cycling routine that writes to the device by multiples of 4-bytes.

Figure 10. Write mode sequences with $\overline{WC}$ = 0 (data write enabled)

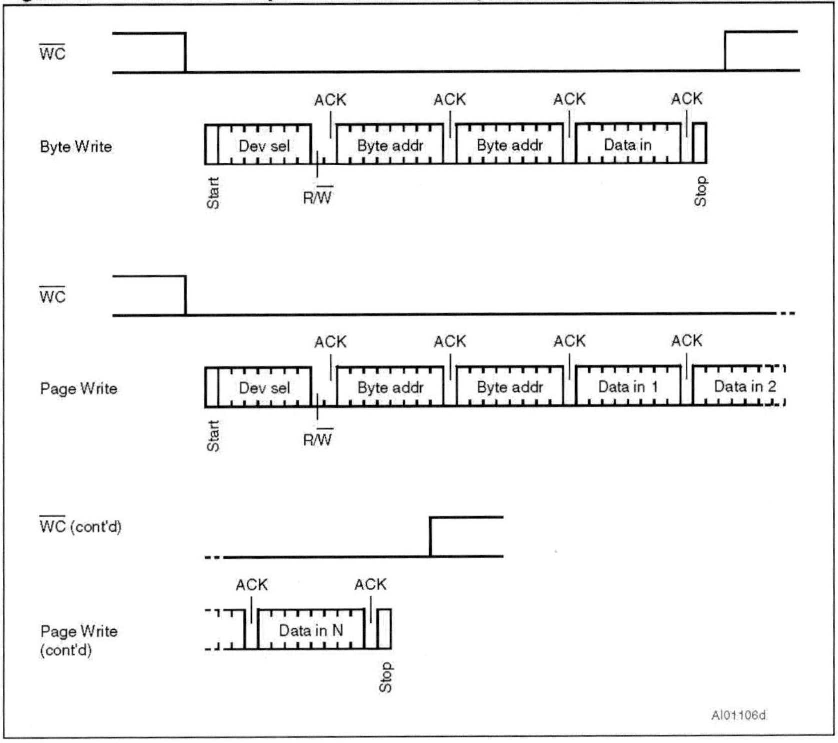

Figure 11. Write cycle polling flowchart using ACK

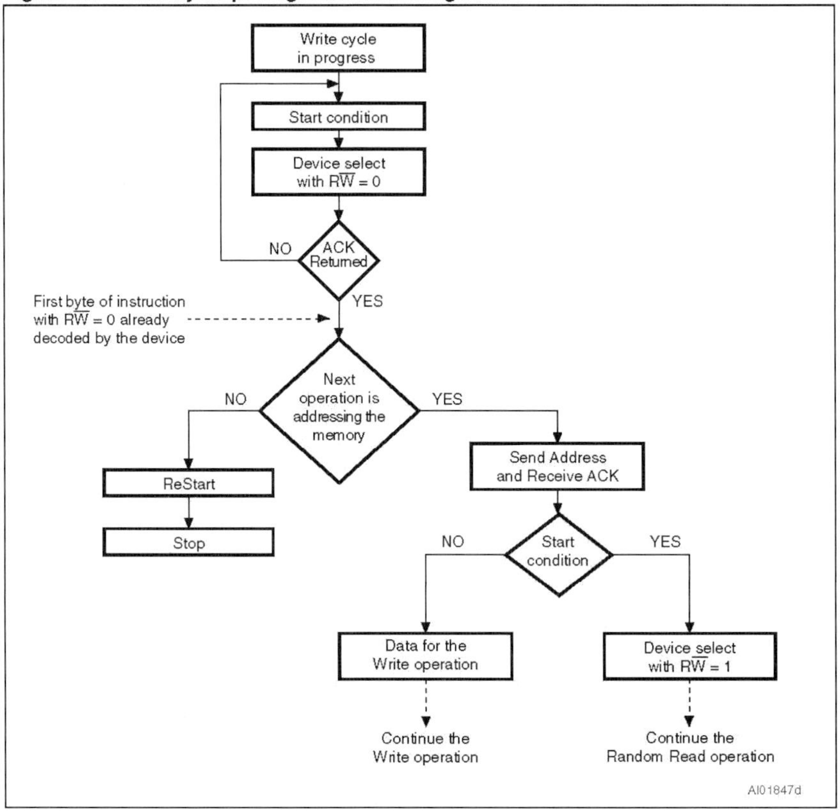

3.13 Minimizing system delays by polling on ACK

During the internal Write cycle, the device disconnects itself from the bus, and writes a copy of the data from its internal latches to the memory cells. The maximum Write time (t_W) is shown in *Table 14*, but the typical time is shorter. To make use of this, a polling sequence can be used by the bus master.

The sequence, as shown in *Figure 10*, is:

- Initial condition: a Write cycle is in progress.
- Step 1: the bus master issues a Start condition followed by a device select code (the first byte of the new instruction).
- Step 2: if the device is busy with the internal Write cycle, no Ack will be returned and the bus master goes back to Step 1. If the device has terminated the internal Write cycle, it responds with an Ack, indicating that the device is ready to receive the second part of the instruction (the first byte of this instruction having been sent during Step 1).

3.14 Read operations

Read operations are performed independently of the state of the Write Control ($\overline{WC}$) signal.

After the successful completion of a Read operation, the device's internal address counter is incremented by one, to point to the next byte address.

Figure 12. Read mode sequences

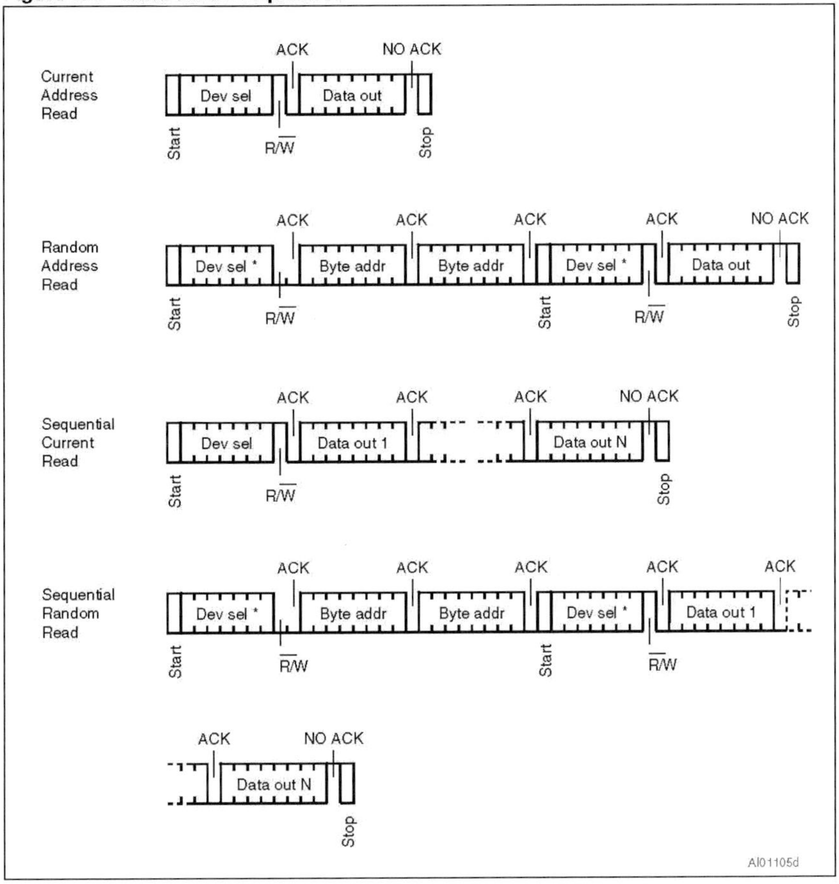

3.15 Random Address Read (in memory array)

A dummy Write is first performed to load the address into this address counter (as shown in *Figure 11*) but *without* sending a Stop condition. Then, the bus master sends another Start condition, and repeats the device select code, with the Read/$\overline{\text{Write}}$ bit (R$\overline{\text{W}}$) set to 1. The device acknowledges this, and outputs the contents of the addressed byte. The bus master must *not* acknowledge the byte, and terminates the transfer with a Stop condition.

3.16 Current Address Read (in memory array)

For the Current Address Read operation, following a Start condition, the bus master only sends a device select code with the Read/$\overline{\text{Write}}$ bit (R$\overline{\text{W}}$) set to 1. The device acknowledges this, and outputs the byte addressed by the internal address counter. The counter is then incremented. The bus master terminates the transfer with a Stop condition, as shown in *Figure 11*, *without* acknowledging the byte.

3.17 Sequential Read

This operation can be used after a Current Address Read or a Random Address Read. The bus master *does* acknowledge the data byte output, and sends additional clock pulses so that the device continues to output the next byte in sequence. To terminate the stream of bytes, the bus master must *not* acknowledge the last byte, and *must* generate a Stop condition, as shown in *Figure 11*.

The output data comes from consecutive addresses, with the internal address counter automatically incremented after each byte output. After the last memory address, the address counter 'rolls-over', and the device continues to output data from memory address 00h.

3.18 Read Identification Page (M24512-D only)

The Identification Page (128 bytes) is an additional page which can be written and (later) permanently locked in Read-only mode.

The Identification Page can be read by issuing an Read Identification Page instruction. This instruction uses the same protocol and format as the Random Address Read (from memory array) with device type identifier defined as 1011b. The MSB address bits A15/A7 are don't care, the LSB address bits A6/A0 define the byte address inside the Identification Page.The number of bytes to read in the ID page must not exceed the page boundary (e.g.: when reading the Identification Page from location 100d, the number of bytes should be less than or equal to 28, as the ID page boundary is 128 bytes).

If the Identification Page is locked, the data bytes are read as FFh.

3.19 Read the lock status (M24512-D only)

The locked/unlocked status of the Identification page can be checked by issuing a specific truncated instruction consisting of the Identification Page Write instruction (see *Section 3.10*) followed by one data byte. The data byte will be acknowledged if the Identification page is unlocked, while it will not be acknowledged if the Identification page is locked.

Once the acknowledge bit of this data byte is read, it is recommended to generate a Start condition followed by a Stop condition, so that:

- The instruction is truncated and not executed as the Start condition resets the device internal logic.
- The device is set to Standby mode by the Stop condition.

3.20 Acknowledge in Read mode

For all Read instructions, the device waits, after each byte read, for an acknowledgment during the 9th bit time. If the bus master does not drive Serial Data (SDA) Low during this time, the device terminates the data transfer and switches to its Standby mode.

4 Initial delivery state

The device is delivered with all bits in the memory array set to 1 (each byte contains FFh).

5 Maximum rating

Stressing the device outside the ratings listed in *Table 7* may cause permanent damage to the device. These are stress ratings only, and operation of the device at these, or any other conditions outside those indicated in the operating sections of this specification, is not implied. Exposure to absolute maximum rating conditions for extended periods may affect device reliability.

Table 7. Absolute maximum ratings

Symbol	Parameter	Min.	Max.	Unit
	Ambient temperature with power applied	–55	130	°C
T_{STG}	Storage temperature	–65	150	°C
T_{LEAD}	Lead temperature during soldering	See note (1)		°C
V_{IO}	Input or output range	–0.50	6.5	V
V_{CC}	Supply voltage	–0.50	6.5	V
I_{OL}	DC output current (SDA = 0)		5	mA
V_{ESD}	Electrostatic discharge voltage (human body model) (2)		4000(3)	V

1. Compliant with JEDEC Std J-STD-020D (for small body, Sn-Pb or Pb assembly), the ST ECOPACK® 7191395 specification, and the European directive on the restriction of the use of certain hazardous substances in electrical and electronic equipment (RoHS) 2002/95/EC.
2. AEC-Q100-002 (compliant with JEDEC Std JESD22-A114, C1 = 100 pF, R1 = 1500 Ω, R2 = 500 Ω)
3. 4000 V for new devices identified with process letters KB and 3000 V for previous devices identified with process letters KA and AB.

6 DC and AC parameters

This section summarizes the operating and measurement conditions, and the dc and ac characteristics of the device. The parameters in the DC and AC characteristic tables that follow are derived from tests performed under the measurement conditions summarized in the relevant tables. Designers should check that the operating conditions in their circuit match the measurement conditions when relying on the quoted parameters.

Table 8. Operating conditions (voltage range W)

Symbol	Parameter	Min.	Max.	Unit
V_{CC}	Supply voltage	2.5	5.5	V
T_A	Ambient operating temperature (device grade 6)	–40	85	°C
	Ambient operating temperature (device grade 3)	–40	125	°C

Table 9. Operating conditions (voltage range R)

Symbol	Parameter	Min.	Max.	Unit
V_{CC}	Supply voltage	1.8	5.5	V
T_A	Ambient operating temperature	–40	85	°C

Table 10. Operating conditions (voltage range F)

Symbol	Parameter	Min.	Max.	Unit
V_{CC}	Supply voltage	1.7	5.5	V
T_A	Ambient operating temperature	–40	85	°C

Table 11. AC test measurement conditions

Symbol	Parameter	Min.	Max.	Unit
C_{bus}	Load capacitance	100		pF
	SCL input rise/fall time, SDA input fall time		50	ns
	Input levels	$0.2V_{CC}$ to $0.8V_{CC}$		V
	Input and output timing reference levels	$0.3V_{CC}$ to $0.7V_{CC}$		V

Figure 13. AC test measurement I/O waveform

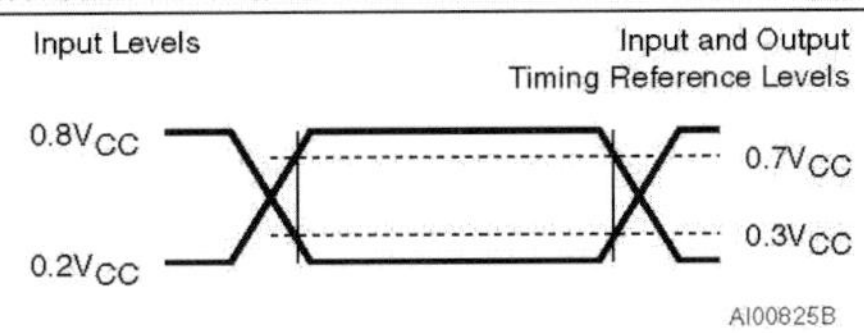

Table 12. Input parameters

Symbol	Parameter(1)	Test condition	Min.	Max.	Unit
C_{IN}	Input capacitance (SDA)			8	pF
C_{IN}	Input capacitance (other pins)			6	pF
Z_L(2)	Input impedance (E2, E1, E0, $\overline{WC}$)	$V_{IN} < 0.3V_{CC}$	30		kΩ
Z_H(2)	Input impedance (E2, E1, E0, $\overline{WC}$)	$V_{IN} > 0.7V_{CC}$	500		kΩ

1. Sampled only, not 100% tested.
2. E2,E1,E0: Input impedance when the memory is selected (after a Start condition).

Table 13. DC characteristics (voltage range W)

Symbol	Parameter	Test conditions (see *Table 8* and *Table 11*)	Min.	Max.	Unit
I_{LI}	Input leakage current (SCL, SDA, E0, E1, E2)	$V_{IN} = V_{SS}$ or V_{CC} device in Standby mode		± 2	µA
I_{LO}	Output leakage current	SDA in Hi-Z, external voltage applied on SDA: V_{SS} or V_{CC}		± 2	µA
I_{CC}	Supply current (Read)	$V_{CC} = 2.5$ V, $f_c = 400$ kHz (rise/fall time < 50 ns)		1(1)	mA
		$V_{CC} = 5.5$ V, $f_c = 400$ kHz (rise/fall time < 50 ns)		2	mA
		$2.5\text{ V} < V_{CC} < 5.5$ V, $f_c = 1$ MHz (rise/fall time < 50 ns)		2.5	mA
I_{CC0}	Supply current (Write)	During t_W, $2.5\text{ V} < V_{CC} < 5.5$ V		5(2)	mA
I_{CC1}	Standby supply current	Device not selected(3), $V_{IN} = V_{SS}$ or V_{CC}, $V_{CC} = 2.5$ V — Device grade 3		5	µA
		Device not selected(3), $V_{IN} = V_{SS}$ or V_{CC}, $V_{CC} = 2.5$ V — Device grade 6		2	µA
		$V_{IN} = V_{SS}$ or V_{CC}, $V_{CC} = 5.5$ V		3	µA
V_{IL}	Input low voltage (SCL, SDA, $\overline{WC}$)		–0.45	$0.3V_{CC}$	V
V_{IH}	Input high voltage (SCL, SDA)		$0.7V_{CC}$	6.5	V
	Input high voltage ($\overline{WC}$, E0, E1, E2)		$0.7V_{CC}$	$V_{CC}+0.6$	V
V_{OL}	Output low voltage	$I_{OL} = 2.1$ mA, $V_{CC} = 2.5$ V or $I_{OL} = 3$ mA, $V_{CC} = 5.5$ V		0.4	V

1. For devices identified by process letter K: I_{CC}(max) = 2 mA.
2. Characterized value, not tested in production.
3. The device is not selected after power-up, after a Read instruction (after the Stop condition), or after the completion of the internal write cycle t_W (t_W is triggered by the correct decoding of a Write instruction).

Table 14. DC characteristics (voltage range R)

Symbol	Parameter	Test conditions (in addition to those in *Table 9* and *Table 11*)[1]	Min.	Max.	Unit
I_{LI}	Input leakage current (E1, E2, SCL, SDA)	$V_{IN} = V_{SS}$ or V_{CC} device in Standby mode		± 2	µA
I_{LO}	Output leakage current	SDA in Hi-Z, external voltage applied on SDA: V_{SS} or V_{CC}		± 2	µA
I_{CC}	Supply current (Read)	V_{CC} = 1.8 V, f_c= 400 kHz (rise/fall time < 50 ns)		0.8[2]	mA
		V_{CC} = 1.8 V, f_c= 1 MHz (rise/fall time < 50 ns)		2.5	mA
I_{CC0}	Supply current (Write)	During t_W, V_{CC} = 1.8 V,		5[3]	mA
I_{CC1}	Standby supply current	Device not selected[4], $V_{IN} = V_{SS}$ or V_{CC}, V_{CC} = 1.8 V		1	µA
V_{IL}	Input low voltage (SCL, SDA, $\overline{WC}$)	1.8 V $\leq V_{CC}$ < 2.5 V	–0.45	0.25 V_{CC}	V
V_{IH}	Input high voltage (SCL, SDA)	1.8 V $\leq V_{CC}$ < 2.5 V	0.75 V_{CC}	6.5	V
	Input high voltage ($\overline{WC}$, E0, E1, E2)	1.8 V $\leq V_{CC}$ < 2.5 V	0.75 V_{CC}	V_{CC}+0.6	V
V_{OL}	Output low voltage	I_{OL} = 1 mA, V_{CC} = 1.8 V		0.2	V

1. If the application uses the voltage range R device within 2.5<V_{CC}<5.5 V and -40°C<T_A<85°C, please refer to *Table 12: DC characteristics (voltage range W)* instead of this table.
2. For devices identified with process letters KA: I_{CC}(max) = 1.5 mA.
3. Characterized value, not tested in production.
4. The device is not selected after power-up, after a Read instruction (after the Stop condition), or after the completion of the internal write cycle t_W (t_W is triggered by the correct decoding of a Write instruction).

Table 15. DC characteristics (voltage range F)

Symbol	Parameter	Test conditions (in addition to those in *Table 10* and *Table 11*)(1)	Min.	Max.	Unit
I_{LI}	Input leakage current (E1, E2, SCL, SDA)	$V_{IN} = V_{SS}$ or V_{CC} device in Standby mode		± 2	µA
I_{LO}	Output leakage current	SDA in Hi-Z, external voltage applied on SDA: V_{SS} or V_{CC}		± 2	µA
I_{CC}	Supply current (Read)	V_{CC} = 1.7 V, f_c= 400 kHz (rise/fall time < 50 ns)		0.8(2)	mA
		V_{CC} = 1.7 V, f_c= 1 MHz (rise/fall time < 50 ns)		2.5	mA
I_{CC0}	Supply current (Write)	During t_W, V_{CC} = 1.7 V,		5(3)	mA
I_{CC1}	Standby supply current	Device not selected(4), $V_{IN} = V_{SS}$ or V_{CC}, V_{CC} = 1.7 V		1	µA
V_{IL}	Input low voltage (SCL, SDA, $\overline{WC}$)	1.7 V ≤ V_{CC} < 2.5 V	–0.45	0.25 V_{CC}	V
V_{IH}	Input high voltage (SCL, SDA)	1.7 V ≤ V_{CC} < 2.5 V	0.75 V_{CC}	6.5	V
	Input high voltage ($\overline{WC}$, E0, E1, E2)	1.7 V ≤ V_{CC} < 2.5 V	0.75 V_{CC}	V_{CC}+0.6	V
V_{OL}	Output low voltage	I_{OL} = 1 mA, V_{CC} = 1.7 V		0.2	V

1. If the application uses the voltage range R device within 2.5<V_{CC}<5.5 V and -40°C<T_A<85°C, please refer to *Table 12: DC characteristics (voltage range W)* instead of this table.
2. For devices identified with process letters KA: I_{CC}(max) = 1.5 mA.
3. Characterized value, not tested in production.
4. The device is not selected after power-up, after a Read instruction (after the Stop condition), or after the completion of the internal write cycle t_W (t_W is triggered by the correct decoding of a Write instruction).

Table 16. 400 kHz AC characteristics

Test conditions specified in *Table 8*, *Table 9* and *Table 10*					
Symbol	**Alt.**	**Parameter**	**Min.**(1)	**Max.**(1)	**Unit**
f_C	f_{SCL}	Clock frequency		400	kHz
t_{CHCL}	t_{HIGH}	Clock pulse width high	600		ns
t_{CLCH}	t_{LOW}	Clock pulse width low	1300		ns
t_{QL1QL2}(2)	t_F	SDA (out) fall time	20(3)	120	ns
t_{XH1XH2}	t_R	Input signal rise time	(4)	(4)	ns
t_{XL1XL2}	t_F	Input signal fall time	(4)	(4)	ns
t_{DXCX}	$t_{SU:DAT}$	Data in set up time	100		ns
t_{CLDX}	$t_{HD:DAT}$	Data in hold time	0		ns
t_{CLQX}(5)	t_{DH}	Data out hold time	100		ns
t_{CLQV}(6)	t_{AA}	Clock low to next data valid (access time)		900	ns
t_{CHDL}	$t_{SU:STA}$	Start condition setup time	600		ns
t_{DLCL}	$t_{HD:STA}$	Start condition hold time	600		ns
t_{CHDH}	$t_{SU:STO}$	Stop condition set up time	600		ns
t_{DHDL}	t_{BUF}	Time between Stop condition and next Start condition	1300		ns
t_{WLDL}(7)	$t_{SU:WC}$	WC set up time (before the Start condition)	0		µs
t_{DHWH}(8)	$t_{HD:WC}$	WC hold time (after the Stop condition)	1		µs
t_W	t_{WR}	Write time		5	ms
t_{NS}(2)		Pulse width ignored (input filter on SCL and SDA) - single glitch		80	ns

1. All values are referred to V_{IL}(max) and V_{IH}(min).
2. Characterized only, not tested in production.
3. With C_L = 10 pF.
4. There is no min. or max. values for the input signal rise and fall times. It is however recommended by the I²C specification that the input signal rise and fall times be less than 120 ns when f_C < 1 MHz.
5. The I²C-bus specification does not define a min value for the data hold time (tHD;DAT). The min value for t_{CLQX} (Data out hold time) of the M24xxx devices offers a safe timing to bridge the undefined region of the falling edge SCL.
6. t_{CLQV} is the time (from the falling edge of SCL) required by the SDA bus line to reach either 0.3 V_{CC} or 0.7 V_{CC}, assuming that $R_{bus} \times C_{bus}$ time constant is within the values specified in *Figure 7*.
7. WC=0 set up time condition to enable the execution of a WRITE command.
8. WC=0 hold time condition to enable the execution of a WRITE command.

Table 17. 1 MHz AC characteristics(1)

Test conditions specified in *Table 9* and *Table 10*					
Symbol	Alt.	Parameter	Min.(2)	Max.(2)	Unit
f_C	f_{SCL}	Clock frequency	0	1	MHz
t_{CHCL}	t_{HIGH}	Clock pulse width high	300	-	ns
t_{CLCH}	t_{LOW}	Clock pulse width low	400	-	ns
t_{XH1XH2}	t_R	Input signal rise time	(3)	(3)	ns
t_{XL1XL2}	t_F	Input signal fall time	(3)	(3)	ns
t_{QL1QL2}(4)	t_F	SDA (out) fall time	-	120	ns
t_{DXCX}	$t_{SU:DAT}$	Data in setup time	80	-	ns
t_{CLDX}	$t_{HD:DAT}$	Data in hold time	0	-	ns
t_{CLQX}(5)	t_{DH}	Data out hold time	50	-	ns
t_{CLQV}(6)	t_{AA}	Clock low to next data valid (access time)		500	ns
t_{CHDL}	$t_{SU:STA}$	Start condition setup time	250	-	ns
t_{DLCL}	$t_{HD:STA}$	Start condition hold time	250	-	ns
t_{CHDH}	$t_{SU:STO}$	Stop condition setup time	250	-	ns
t_{DHDL}	t_{BUF}	Time between Stop condition and next Start condition	500	-	ns
t_{WLDL}(7)	$t_{SU:WC}$	WC set up time (before the Start condition)	0	-	µs
t_{DHWH}(8)	$t_{HD:WC}$	WC hold time (after the Stop condition)	1	-	µs
t_W	t_{WR}	Write time	-	5	ms
t_{NS}(4)		Pulse width ignored (input filter on SCL and SDA)	-	50	ns

1. Only new devices identified by the process letter K are qualified at 1 MHz (refer to TN0440 for more information).
2. All values are referred to V_{IL}(max) and V_{IH}(min).
3. There is no min. or max. values for the input signal rise and fall times. It is however recommended by the I²C specification that the input signal rise and fall times be less than 120 ns when $f_C < 1$ MHz.
4. Characterized only, not tested in production.
5. The I²C-bus specification does not define a min value of the data hold time ($t_{HD:DAT}$). The min value of t_{CLQX} (Data out hold time) of the M24xxx devices offers a safe timing to bridge the undefined region of the falling edge SCL.
6. t_{CLQV} is the time (from the falling edge of SCL) required by the SDA bus line to reach either $0.3V_{CC}$ or $0.7V_{CC}$, assuming that the $R_{bus} \times C_{bus}$ time constant is within the values specified in *Figure 6*.
7. WC=0 set up time condition to enable the execution of a WRITE command.
8. WC=0 hold time condition to enable the execution of a WRITE command.

Figure 14. AC timings

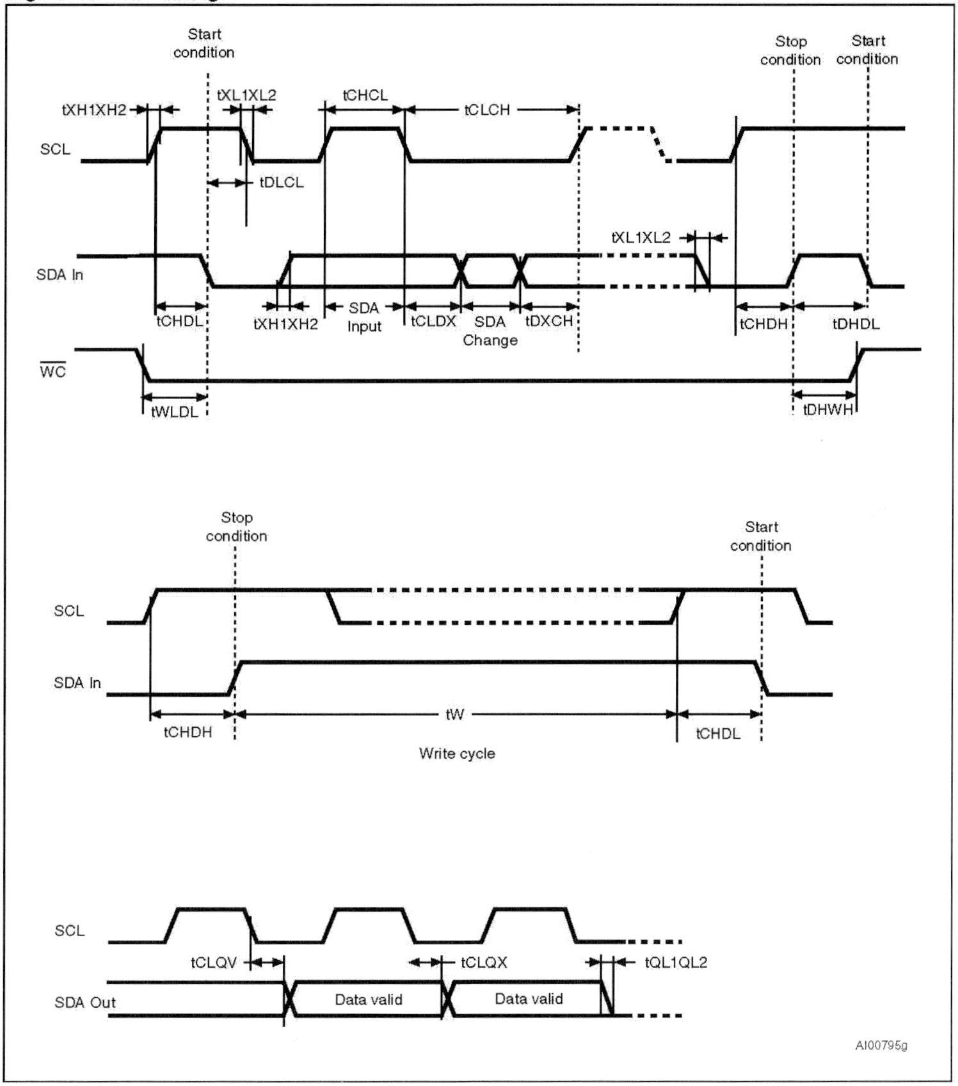

8. Temperature Sensor: TMP36

ANALOG DEVICES

Low Voltage Temperature Sensors

TMP35/TMP36/TMP37

FEATURES

Low voltage operation (2.7 V to 5.5 V)
Calibrated directly in °C
10 mV/°C scale factor (20 mV/°C on TMP37)
±2°C accuracy over temperature (typ)
±0.5°C linearity (typ)
Stable with large capacitive loads
Specified −40°C to +125°C, operation to +150°C
Less than 50 μA quiescent current
Shutdown current 0.5 μA max
Low self-heating
Qualified for automotive applications

APPLICATIONS

Environmental control systems
Thermal protection
Industrial process control
Fire alarms
Power system monitors
CPU thermal management

GENERAL DESCRIPTION

The TMP35/TMP36/TMP37 are low voltage, precision centigrade temperature sensors. They provide a voltage output that is linearly proportional to the Celsius (centigrade) temperature. The TMP35/ TMP36/TMP37 do not require any external calibration to provide typical accuracies of ±1°C at +25°C and ±2°C over the −40°C to +125°C temperature range.

The low output impedance of the TMP35/TMP36/TMP37 and its linear output and precise calibration simplify interfacing to temperature control circuitry and ADCs. All three devices are intended for single-supply operation from 2.7 V to 5.5 V maximum. The supply current runs well below 50 μA, providing very low self-heating—less than 0.1°C in still air. In addition, a shutdown function is provided to cut the supply current to less than 0.5 μA.

The TMP35 is functionally compatible with the LM35/LM45 and provides a 250 mV output at 25°C. The TMP35 reads temperatures from 10°C to 125°C. The TMP36 is specified from −40°C to +125°C, provides a 750 mV output at 25°C, and operates to 125°C from a single 2.7 V supply. The TMP36 is functionally compatible with the LM50. Both the TMP35 and TMP36 have an output scale factor of 10 mV/°C.

FUNCTIONAL BLOCK DIAGRAM

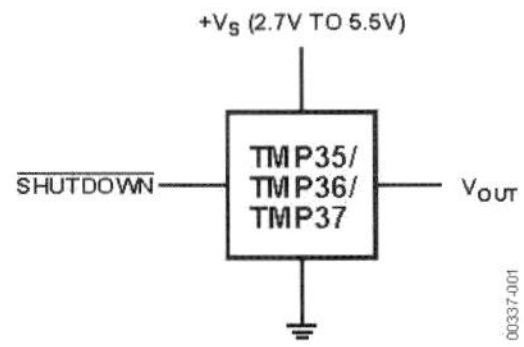

Figure 1.

PIN CONFIGURATIONS

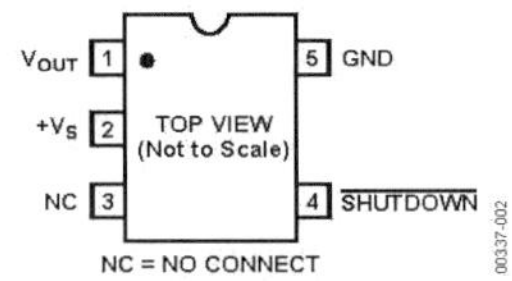

Figure 2. RJ-5 (SOT-23)

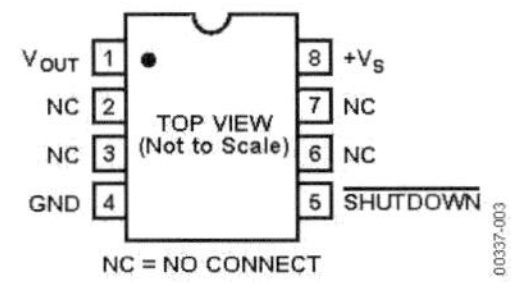

Figure 3. R-8 (SOIC_N)

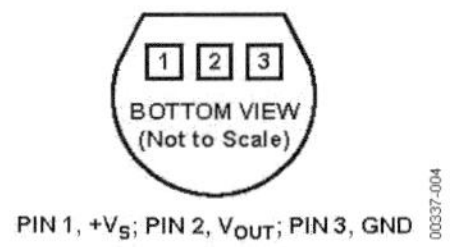

Figure 4. T-3 (TO-92)

The TMP37 is intended for applications over the range of 5°C to 100°C and provides an output scale factor of 20 mV/°C. The TMP37 provides a 500 mV output at 25°C. Operation extends to 150°C with reduced accuracy for all devices when operating from a 5 V supply.

The TMP35/TMP36/TMP37 are available in low cost 3-lead TO-92, 8-lead SOIC_N, and 5-lead SOT-23 surface-mount packages.

Rev. F

One Technology Way, P.O. Box 9106, Norwood, MA 02062-9106, U.S.A.
Tel: 781.329.4700 www.analog.com
Fax: 781.461.3113

SPECIFICATIONS

V_S = 2.7 V to 5.5 V, −40°C ≤ T_A ≤ +125°C, unless otherwise noted.

Table 1.

Parameter[1]	Symbol	Test Conditions/Comments	Min	Typ	Max	Unit
ACCURACY						
TMP35/TMP36/TMP37 (F Grade)		T_A = 25°C		±1	±2	°C
TMP35/TMP36/TMP37 (G Grade)		T_A = 25°C		±1	±3	°C
TMP35/TMP36/TMP37 (F Grade)		Over rated temperature		±2	±3	°C
TMP35/TMP36/TMP37 (G Grade)		Over rated temperature		±2	±4	°C
Scale Factor, TMP35		10°C ≤ T_A ≤ 125°C		10		mV/°C
Scale Factor, TMP36		−40°C ≤ T_A ≤ +125°C		10		mV/°C
Scale Factor, TMP37		5°C ≤ T_A ≤ 85°C		20		mV/°C
		5°C ≤ T_A ≤ 100°C		20		mV/°C
		3.0 V ≤ V_S ≤ 5.5 V				
Load Regulation		0 μA ≤ I_L ≤ 50 μA				
		−40°C ≤ T_A ≤ +105°C		6	20	m°C/μA
		−105°C ≤ T_A ≤ +125°C		25	60	m°C/μA
Power Supply Rejection Ratio	PSRR	T_A = 25°C		30	100	m°C/V
		3.0 V ≤ V_S ≤ 5.5 V		50		m°C/V
Linearity				0.5		°C
Long-Term Stability		T_A = 150°C for 1 kHz		0.4		°C
SHUTDOWN						
Logic High Input Voltage	V_{IH}	V_S = 2.7 V	1.8			V
Logic Low Input Voltage	V_{IL}	V_S = 5.5 V			400	mV
OUTPUT						
TMP35 Output Voltage		T_A = 25°C		250		mV
TMP36 Output Voltage		T_A = 25°C		750		mV
TMP37 Output Voltage		T_A = 25°C		500		mV
Output Voltage Range			100		2000	mV
Output Load Current	I_L		0		50	μA
Short-Circuit Current	I_{SC}	Note 2			250	μA
Capacitive Load Driving	C_L	No oscillations[2]	1000	10000		pF
Device Turn-On Time		Output within ±1°C, 100 kΩ‖100 pF load[2]		0.5	1	ms
POWER SUPPLY						
Supply Range	V_S		2.7		5.5	V
Supply Current	I_{SY} (ON)	Unloaded			50	μA
Supply Current (Shutdown)	I_{SY} (OFF)	Unloaded		0.01	0.5	μA

[1] Does not consider errors caused by self-heating.
[2] Guaranteed but not tested.

ABSOLUTE MAXIMUM RATINGS

Table 2.

Parameter[1, 2]	Rating
Supply Voltage	7 V
Shutdown Pin	GND ≤ $\overline{\text{SHUTDOWN}}$ ≤ $+V_S$
Output Pin	GND ≤ V_{OUT} ≤ $+V_S$
Operating Temperature Range	−55°C to +150°C
Die Junction Temperature	175°C
Storage Temperature Range	−65°C to +160°C
IR Reflow Soldering	
Peak Temperature	220°C (0°C/5°C)
Time at Peak Temperature Range	10 sec to 20 sec
Ramp-Up Rate	3°C/sec
Ramp-Down Rate	−6°C/sec
Time 25°C to Peak Temperature	6 min
IR Reflow Soldering—Pb-Free Package	
Peak Temperature	260°C (0°C)
Time at Peak Temperature Range	20 sec to 40 sec
Ramp-Up Rate	3°C/sec
Ramp-Down Rate	−6°C/sec
Time 25°C to Peak Temperature	8 min

[1] Digital inputs are protected; however, permanent damage can occur on unprotected units from high energy electrostatic fields. Keep units in conductive foam or packaging at all times until ready to use. Use proper antistatic handling procedures.

[2] Remove power before inserting or removing units from their sockets.

Stresses above those listed under Absolute Maximum Ratings may cause permanent damage to the device. This is a stress rating only; functional operation of the device at these or any other conditions above those indicated in the operational section of this specification is not implied. Exposure to absolute maximum rating conditions for extended periods may affect device reliability.

THERMAL RESISTANCE

θ_{JA} is specified for the worst-case conditions, that is, a device in socket.

Table 3. Thermal Resistance

Package Type	θ_{JA}	θ_{JC}	Unit
TO-92 (T-3)	162	120	°C/W
SOIC_N (R-8)	158	43	°C/W
SOT-23 (RJ-5)	300	180	°C/W

ESD CAUTION

ESD (electrostatic discharge) sensitive device. Charged devices and circuit boards can discharge without detection. Although this product features patented or proprietary protection circuitry, damage may occur on devices subjected to high energy ESD. Therefore, proper ESD precautions should be taken to avoid performance degradation or loss of functionality.

TYPICAL PERFORMANCE CHARACTERISTICS

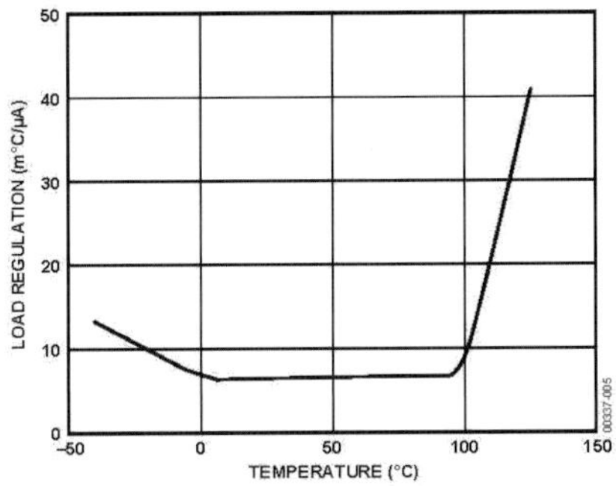

Figure 5. Load Regulation vs. Temperature (m°C/μA)

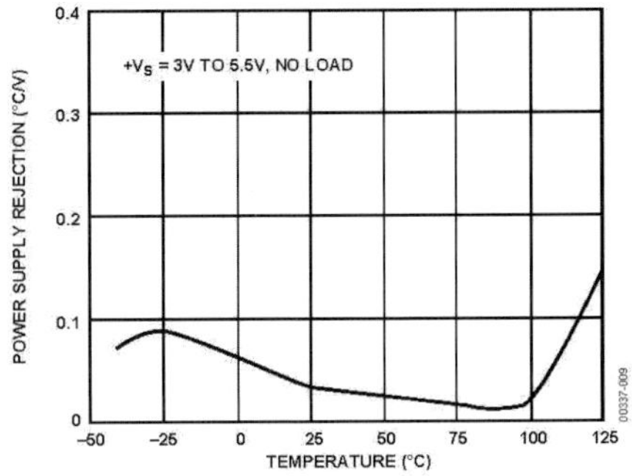

Figure 8. Power Supply Rejection vs. Temperature

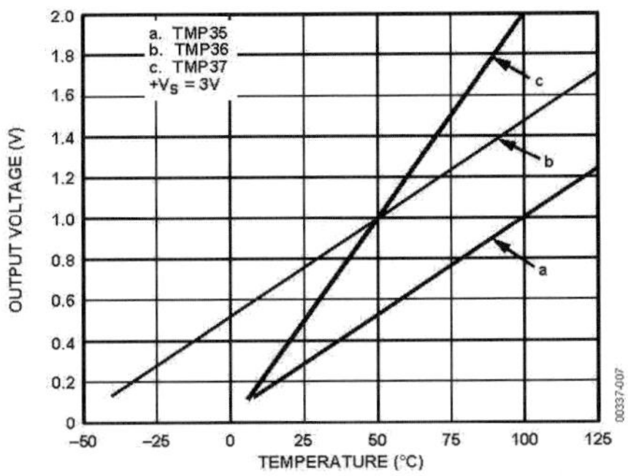

Figure 6. Output Voltage vs. Temperature

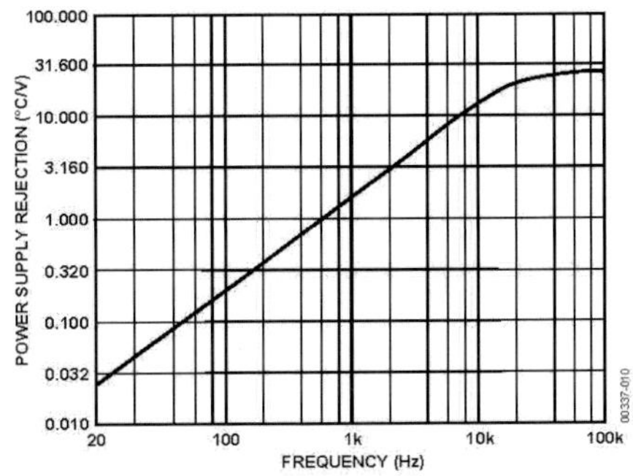

Figure 9. Power Supply Rejection vs. Frequency

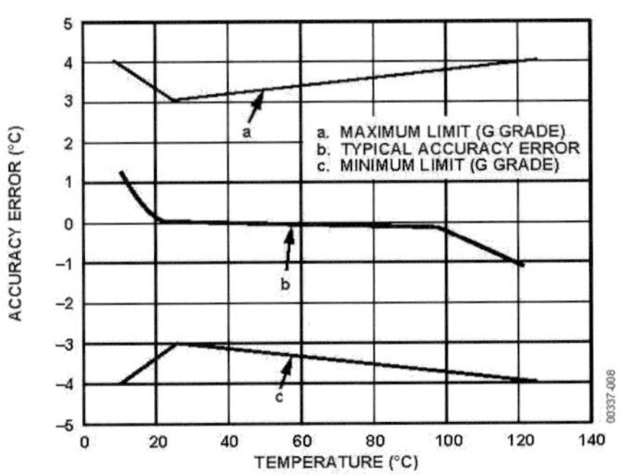

Figure 7. Accuracy Error vs. Temperature

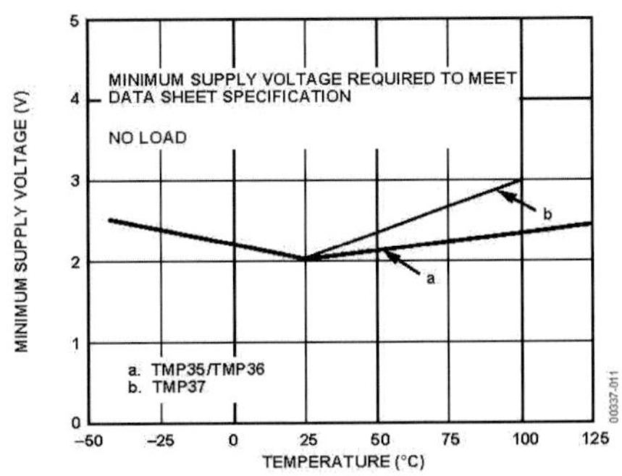

Figure 10. Minimum Supply Voltage vs. Temperature

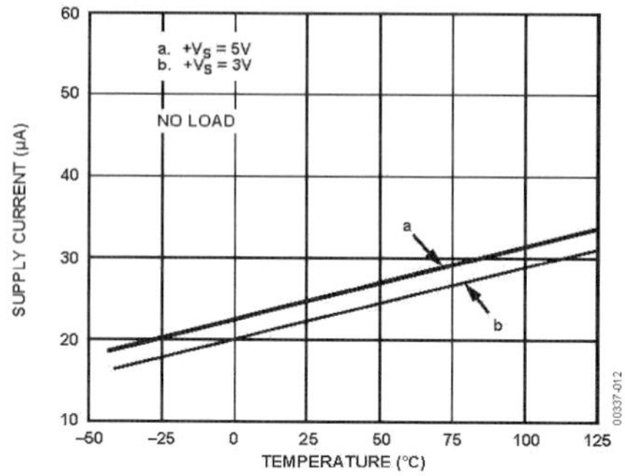

Figure 11. Supply Current vs. Temperature

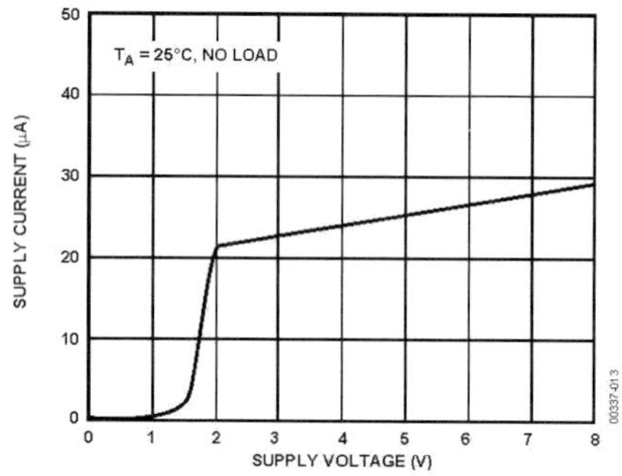

Figure 12. Supply Current vs. Supply Voltage

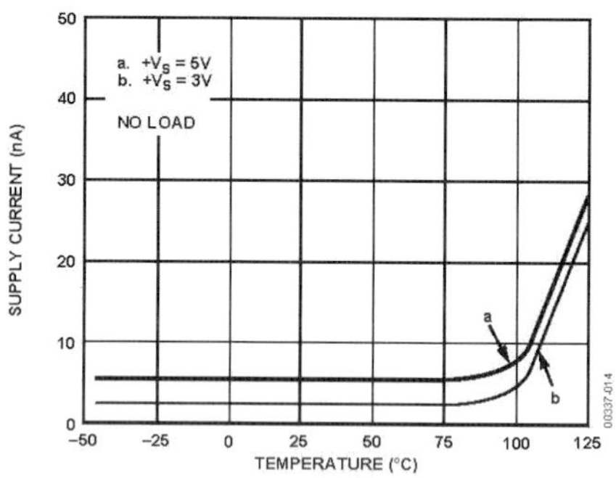

Figure 13. Supply Current vs. Temperature (Shutdown = 0 V)

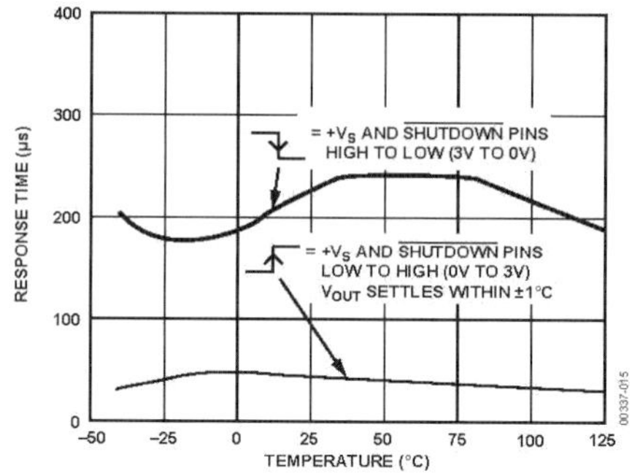

Figure 14. V_{OUT} Response Time for $+V_S$ Power-Up/Power-Down vs. Temperature

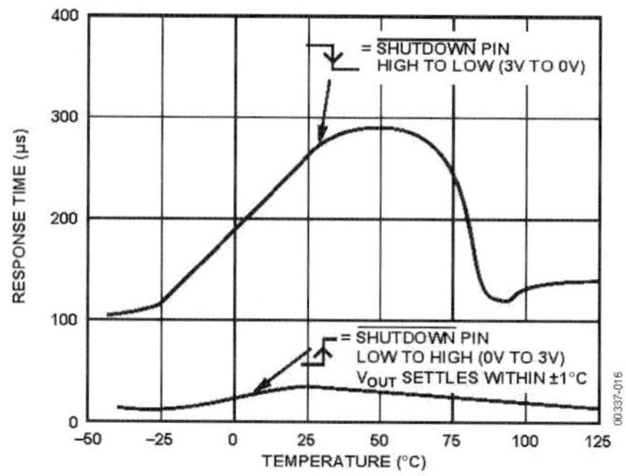

Figure 15. V_{OUT} Response Time for $\overline{SHUTDOWN}$ Pin vs. Temperature

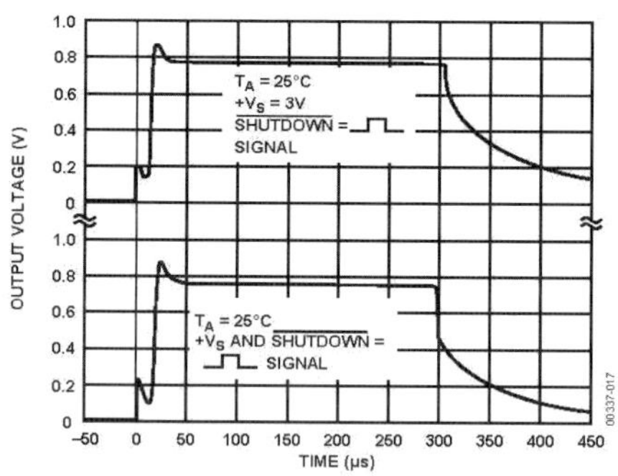

Figure 16. V_{OUT} Response Time to $\overline{SHUTDOWN}$ Pin and $+V_S$ Pin vs. Time

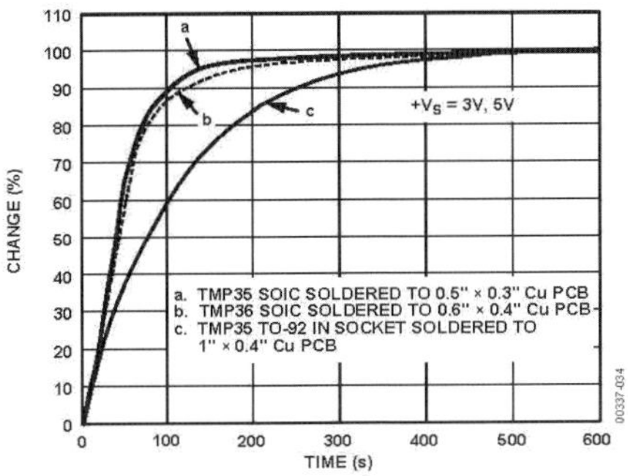

Figure 17. Thermal Response Time in Still Air

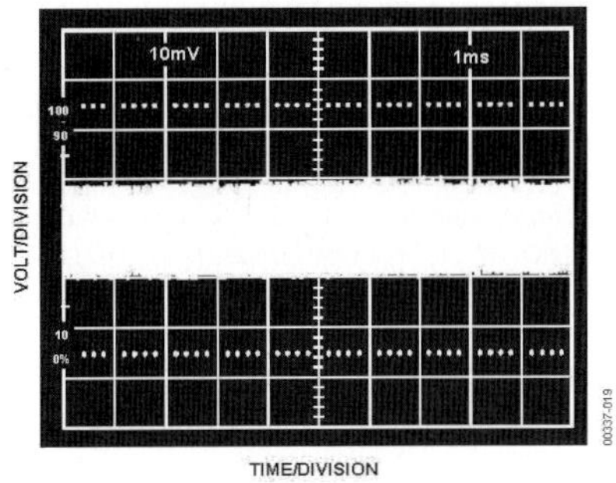

Figure 20. Temperature Sensor Wideband Output Noise Voltage; Gain = 100, BW = 157 kHz

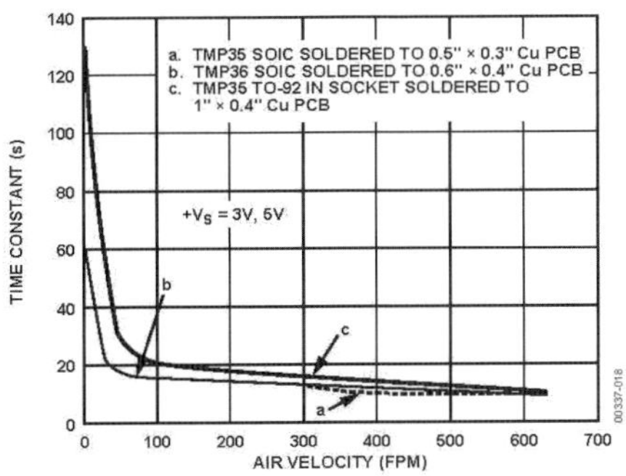

Figure 18. Thermal Response Time Constant in Forced Air

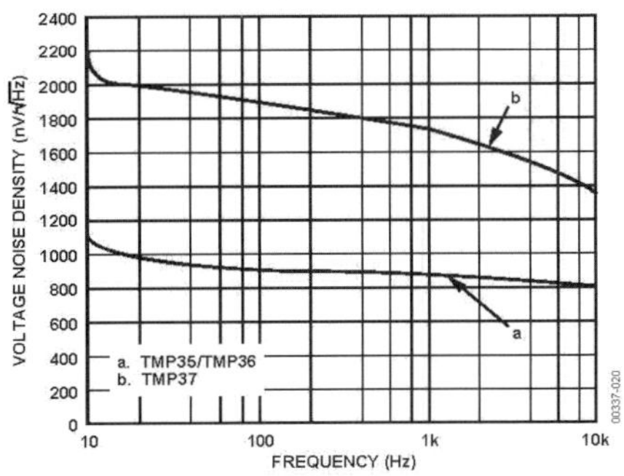

Figure 21. Voltage Noise Spectral Density vs. Frequency

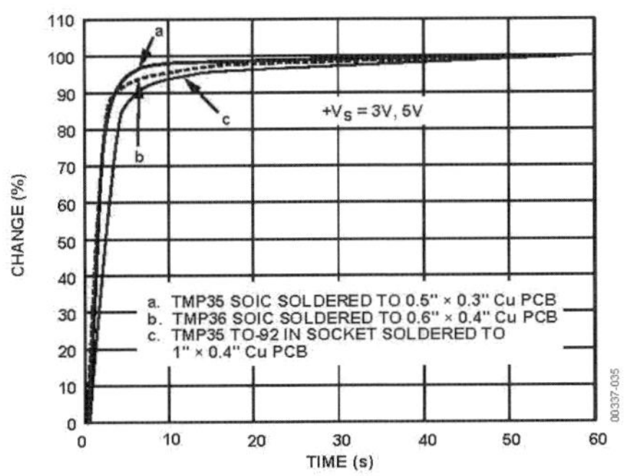

Figure 19. Thermal Response Time in Stirred Oil Bath

FUNCTIONAL DESCRIPTION

An equivalent circuit for the TMP3x family of micropower, centigrade temperature sensors is shown in Figure 22. The core of the temperature sensor is a band gap core that comprises transistors Q1 and Q2, biased by Q3 to approximately 8 μA. The band gap core operates both Q1 and Q2 at the same collector current level; however, because the emitter area of Q1 is 10 times that of Q2, the V_{BE} of Q1 and the V_{BE} of Q2 are not equal by the following relationship:

$$\Delta V_{BE} = V_T \times \ln\left(\frac{A_{E,Q1}}{A_{E,Q2}}\right)$$

Resistors R1 and R2 are used to scale this result to produce the output voltage transfer characteristic of each temperature sensor and, simultaneously, R2 and R3 are used to scale the V_{BE} of Q1 as an offset term in V_{OUT}. Table 4 summarizes the differences in the output characteristics of the three temperature sensors.

The output voltage of the temperature sensor is available at the emitter of Q4, which buffers the band gap core and provides load current drive. The current gain of Q4, working with the available base current drive from the previous stage, sets the short-circuit current limit of these devices to 250 μA.

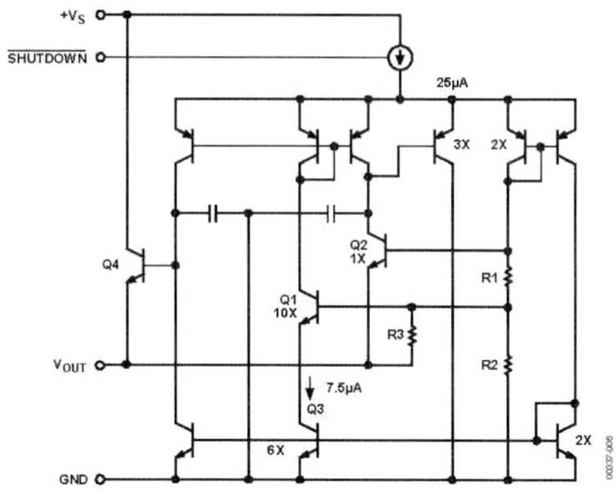

Figure 22. Temperature Sensor Simplified Equivalent Circuit

Table 4. TMP3x Output Characteristics

Sensor	Offset Voltage (V)	Output Voltage Scaling (mV/°C)	Output Voltage @ 25°C (mV)
TMP35	0	10	250
TMP36	0.5	10	750
TMP37	0	20	500

APPLICATIONS INFORMATION

SHUTDOWN OPERATION

All TMP3x devices include a shutdown capability, which reduces the power supply drain to less than 0.5 μA maximum. This feature, available only in the SOIC_N and the SOT-23 packages, is TTL/CMOS level-compatible, provided that the temperature sensor supply voltage is equal in magnitude to the logic supply voltage. Internal to the TMP3x at the $\overline{\text{SHUTDOWN}}$ pin, a pull-up current source to $+V_S$ is connected. This allows the $\overline{\text{SHUTDOWN}}$ pin to be driven from an open-collector/drain driver. A logic low, or zero-volt condition, on the $\overline{\text{SHUTDOWN}}$ pin is required to turn off the output stage. During shutdown, the output of the temperature sensors becomes high impedance where the potential of the output pin is then determined by external circuitry. If the shutdown feature is not used, it is recommended that the $\overline{\text{SHUTDOWN}}$ pin be connected to $+V_S$ (Pin 8 on the SOIC_N; Pin 2 on the SOT-23).

The shutdown response time of these temperature sensors is shown in Figure 14, Figure 15, and Figure 16.

MOUNTING CONSIDERATIONS

If the TMP3x temperature sensors are thermally attached and protected, they can be used in any temperature measurement application where the maximum temperature range of the medium is between −40°C and +125°C. Properly cemented or glued to the surface of the medium, these sensors are within 0.01°C of the surface temperature. Caution should be exercised, especially with T-3 packages, because the leads and any wiring to the device can act as heat pipes, introducing errors if the surrounding air-surface interface is not isothermal. Avoiding this condition is easily achieved by dabbing the leads of the temperature sensor and the hookup wires with a bead of thermally conductive epoxy. This ensures that the TMP3x die temperature is not affected by the surrounding air temperature. Because plastic IC packaging technology is used, excessive mechanical stress should be avoided when fastening the device with a clamp or a screw-on heat tab. Thermally conductive epoxy or glue, which must be electrically nonconductive, is recommended under typical mounting conditions.

These temperature sensors, as well as any associated circuitry, should be kept insulated and dry to avoid leakage and corrosion. In wet or corrosive environments, any electrically isolated metal or ceramic well can be used to shield the temperature sensors. Condensation at very cold temperatures can cause errors and should be avoided by sealing the device, using electrically nonconductive epoxy paints or dip or any one of the many printed circuit board coatings and varnishes.

THERMAL ENVIRONMENT EFFECTS

The thermal environment in which the TMP3x sensors are used determines two important characteristics: self-heating effects and thermal response time. Figure 23 illustrates a thermal model of the TMP3x temperature sensors, which is useful in understanding these characteristics.

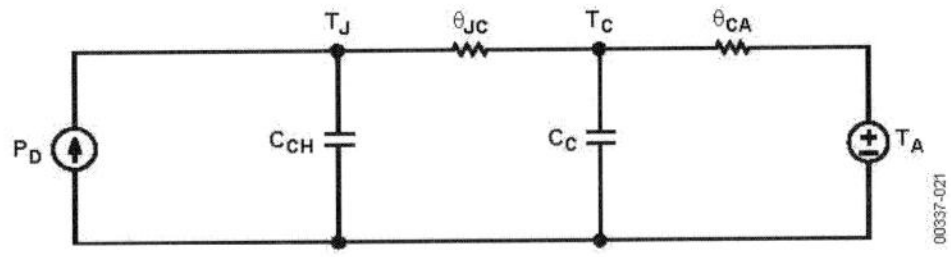

Figure 23. Thermal Circuit Model

In the T-3 package, the thermal resistance junction-to-case, θ_{JC}, is 120°C/W. The thermal resistance case-to-ambient, C_A, is the difference between θ_{JA} and θ_{JC}, and is determined by the characteristics of the thermal connection. The power dissipation of the temperature sensor, P_D, is the product of the total voltage across the device and its total supply current, including any current delivered to the load. The rise in die temperature above the ambient temperature of the medium is given by

$$T_J = P_D \times (\theta_{JC} + \theta_{CA}) + T_A$$

Thus, the die temperature rise of a TMP35 SOT-23 package mounted into a socket in still air at 25°C and driven from a 5 V supply is less than 0.04°C.

The transient response of the TMP3x sensors to a step change in the temperature is determined by the thermal resistances and the thermal capacities of the die, C_{CH}, and the case, C_C. The thermal capacity of C_C varies with the measurement medium because it includes anything in direct contact with the package. In all practical cases, the thermal capacity of C_C is the limiting factor in the thermal response time of the sensor and can be represented by a single-pole RC time constant response. Figure 17 and Figure 19 show the thermal response time of the TMP3x sensors under various conditions. The thermal time constant of a temperature sensor is defined as the time required for the sensor to reach 63.2% of the final value for a step change in the temperature. For example, the thermal time constant of a TMP35 SOIC package sensor mounted onto a 0.5" × 0.3" PCB is less than 50 sec in air, whereas in a stirred oil bath, the time constant is less than 3 sec.

BASIC TEMPERATURE SENSOR CONNECTIONS

Figure 24 illustrates the basic circuit configuration for the TMP3x family of temperature sensors. The table in Figure 24 shows the pin assignments of the temperature sensors for the three package types. For the SOT-23, Pin 3 is labeled NC, as are Pin 2, Pin 3, Pin 6, and Pin 7 on the SOIC_N package. It is recommended that no electrical connections be made to these pins. If the shutdown feature is not needed on the SOT-23 or on the SOIC_N package, the $\overline{\text{SHUTDOWN}}$ pin should be connected to $+V_S$.

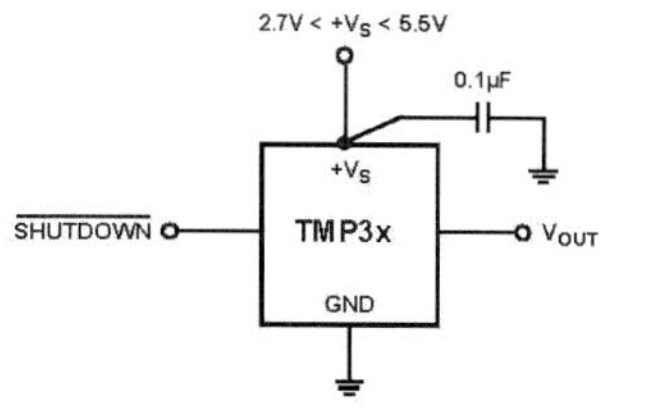

PIN ASSIGNMENTS

PACKAGE	$+V_S$	GND	V_{OUT}	$\overline{\text{SHUTDOWN}}$
SOIC_N	8	4	1	5
SOT-23	2	5	1	4
TO-92	1	3	2	NA

00337-022

Figure 24. Basic Temperature Sensor Circuit Configuration

Note the 0.1 μF bypass capacitor on the input. This capacitor should be a ceramic type, have very short leads (surface-mount is preferable), and be located as close as possible in physical proximity to the temperature sensor supply pin. Because these temperature sensors operate on very little supply current and may be exposed to very hostile electrical environments, it is important to minimize the effects of radio frequency interference (RFI) on these devices. The effect of RFI on these temperature sensors specifically and on analog ICs in general is manifested as abnormal dc shifts in the output voltage due to the rectification of the high frequency ambient noise by the IC. When the devices are operated in the presence of high frequency radiated or conducted noise, a large value tantalum capacitor (±2.2 μF) placed across the 0.1 μF ceramic capacitor may offer additional noise immunity.

FAHRENHEIT THERMOMETERS

Although the TMP3x temperature sensors are centigrade temperature sensors, a few components can be used to convert the output voltage and transfer characteristics to directly read Fahrenheit temperatures. Figure 25 shows an example of a simple Fahrenheit thermometer using either the TMP35 or the TMP37. Using the TMP35, this circuit can be used to sense temperatures from 41°F to 257°F with an output transfer characteristic of 1 mV/°F; using the TMP37, this circuit can be used to sense temperatures from 41°F to 212°F with an output transfer characteristic of 2 mV/°F. This particular approach does not lend itself to the TMP36 because of its inherent 0.5 V output offset. The circuit is constructed with an AD589, a 1.23 V voltage reference, and four resistors whose values for each sensor are shown in the table in Figure 25. The scaling of the output resistance levels ensures minimum output loading on the temperature sensors. A generalized expression for the transfer equation of the circuit is given by

$$V_{OUT} = \left(\frac{R1}{R1+R2}\right)(TMP35) + \left(\frac{R3}{R3+R4}\right)(AD589)$$

where:

TMP35 is the output voltage of the TMP35 or the TMP37 at the measurement temperature, T_M.

AD589 is the output voltage of the reference, that is, 1.23 V.

The output voltage of this circuit is not referenced to the circuit's common ground. If this output voltage were applied directly to the input of an ADC, the ADC common ground should be adjusted accordingly.

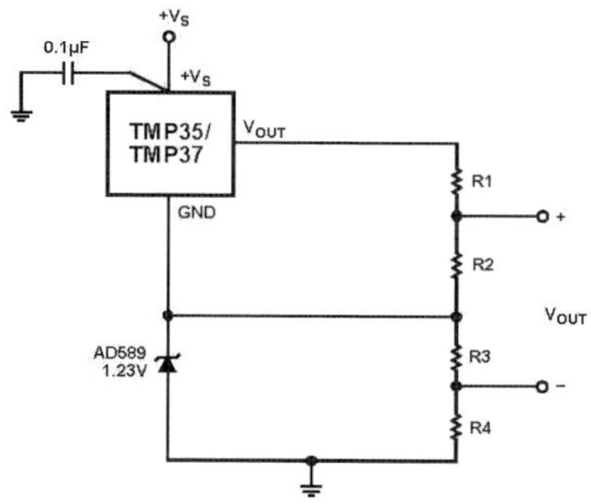

SENSOR	TCV_{OUT}	R1 (kΩ)	R2 (kΩ)	R3 (kΩ)	R4 (kΩ)
TMP35	1mV/°F	45.3	10	10	374
TMP37	2mV/°F	45.3	10	10	182

00337-023

Figure 25. TMP35/TMP37 Fahrenheit Thermometers

The same circuit principles can be applied to the TMP36, but because of the inherent offset of the TMP36, the circuit uses only two resistors, as shown in Figure 26. In this circuit, the output voltage transfer characteristic is 1 mV/°F but is referenced to the common ground of the circuit; however, there is a 58 mV (58°F) offset in the output voltage. For example, the output voltage of the circuit reads 18 mV if the TMP36 is placed in a −40°F ambient environment and 315 mV at +257°F.

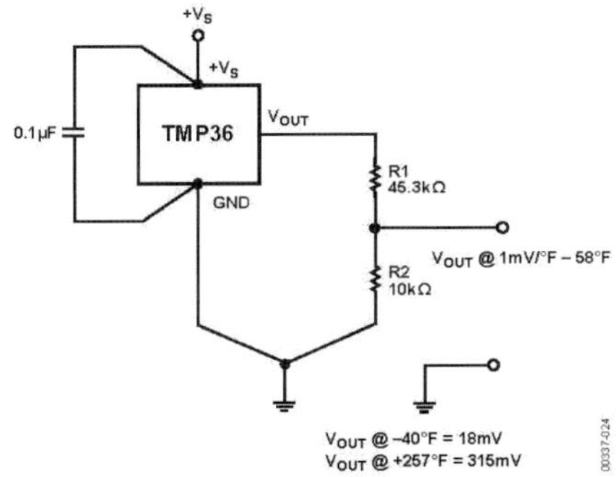

Figure 26. TMP36 Fahrenheit Thermometer Version 1

At the expense of additional circuitry, the offset produced by the circuit in Figure 26 can be avoided by using the circuit in Figure 27. In this circuit, the output of the TMP36 is conditioned by a single-supply, micropower op amp, the OP193. Although the entire circuit operates from a single 3 V supply, the output voltage of the circuit reads the temperature directly, with a transfer characteristic of 1 mV/°F, without offset. This is accomplished through an ADM660, which is a supply voltage inverter. The 3 V supply is inverted and applied to the V− terminal of the OP193. Thus, for a temperature range between −40°F and +257°F, the output of the circuit reads −40 mV to +257 mV. A general expression for the transfer equation of the circuit is given by

$$V_{OUT} = \left(\frac{R6}{R5 + R6}\right)\left(1 + \frac{R4}{R3}\right)(TMP36) - \left(\frac{R4}{R3}\right)\left(\frac{V_S}{2}\right)$$

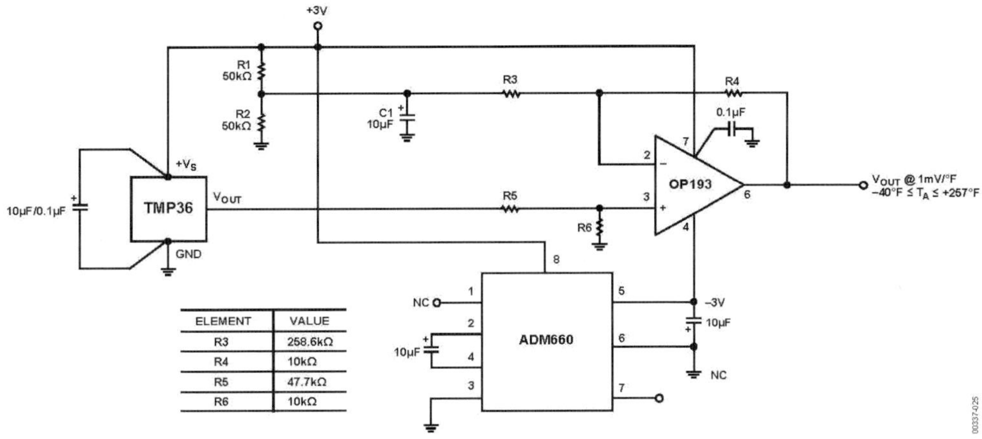

Figure 27. TMP36 Fahrenheit Thermometer Version 2

AVERAGE AND DIFFERENTIAL TEMPERATURE MEASUREMENT

In many commercial and industrial environments, temperature sensors often measure the average temperature in a building, or the difference in temperature between two locations on a factory floor or in an industrial process. The circuits in Figure 28 and Figure 29 demonstrate an inexpensive approach to average and differential temperature measurement.

In Figure 28, an OP193 sums the outputs of three temperature sensors to produce an output voltage scaled by 10 mV/°C that represents the average temperature at three locations. The circuit can be extended to include as many temperature sensors as required as long as the transfer equation of the circuit is maintained. In this application, it is recommended that one temperature sensor type be used throughout the circuit; otherwise, the output voltage of the circuit cannot produce an accurate reading of the various ambient conditions.

The circuit in Figure 29 illustrates how a pair of TMP3x sensors used with an OP193 configured as a difference amplifier can read the difference in temperature between two locations. In these applications, it is always possible that one temperature sensor is reading a temperature below that of the other sensor. To accommodate this condition, the output of the OP193 is offset to a voltage at one-half the supply via R5 and R6. Thus, the output voltage of the circuit is measured relative to this point, as shown in Figure 29. Using the TMP36, the output voltage of the circuit is scaled by 10 mV/°C. To minimize the error in the difference between the two measured temperatures, a common, readily available thin-film resistor network is used for R1 to R4.

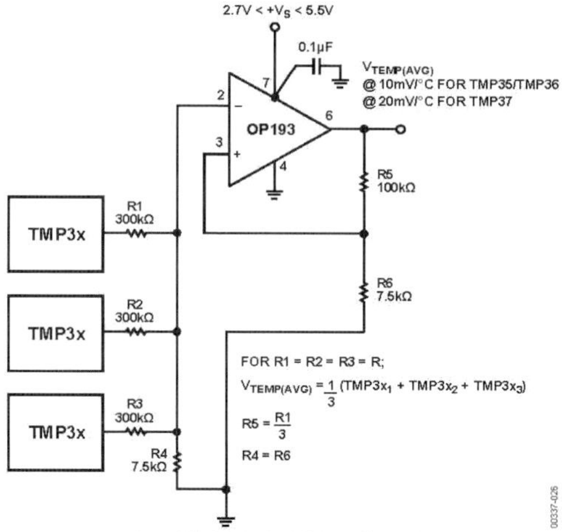

Figure 28. Configuring Multiple Sensors for Average Temperature Measurements

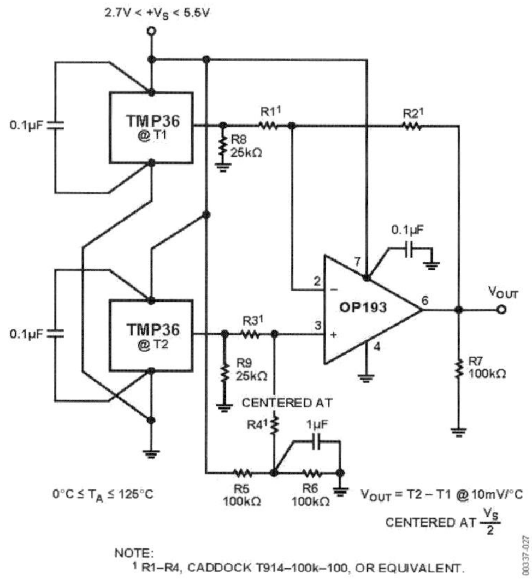

Figure 29. Configuring Multiple Sensors for Differential Temperature Measurements

MICROPROCESSOR INTERRUPT GENERATOR

These inexpensive temperature sensors can be used with a voltage reference and an analog comparator to configure an interrupt generator for microprocessor applications. With the popularity of fast microprocessors, the need to indicate a microprocessor overtemperature condition has grown tremendously. The circuit in Figure 30 demonstrates one way to generate an interrupt using a TMP35, a CMP402 analog comparator, and a REF191, a 2 V precision voltage reference.

The circuit is designed to produce a logic high interrupt signal if the microprocessor temperature exceeds 80°C. This 80°C trip point was arbitrarily chosen (final value set by the microprocessor thermal reference design) and is set using an R3 to R4 voltage divider of the REF191 output voltage. Because the output of the TMP35 is scaled by 10 mV/°C, the voltage at the inverting terminal of the CMP402 is set to 0.8 V.

Because temperature is a slowly moving quantity, the possibility for comparator chatter exists. To avoid this condition, hysteresis is used around the comparator. In this application, a hysteresis of 5°C about the trip point was arbitrarily chosen; the ultimate value for hysteresis should be determined by the end application. The output logic voltage swing of the comparator with R1 and R2 determines the amount of comparator hysteresis. Using a 3.3 V supply, the output logic voltage swing of the CMP402 is 2.6 V; therefore, for a hysteresis of 5°C (50 mV @ 10 mV/°C), R1 is set to 20 kΩ, and R2 is set to 1 MΩ. An expression for the hysteresis of this circuit is given by

$$V_{HYS} = \left(\frac{R1}{R2}\right)\left(V_{LOGIC\ SWING,\ CMP402}\right)$$

Because this circuit is probably used in close proximity to high speed digital circuits, R1 is split into equal values and a 1000 pF capacitor is used to form a low-pass filter on the output of the TMP35. Furthermore, to prevent high frequency noise from contaminating the comparator trip point, a 0.1 μF capacitor is used across R4.

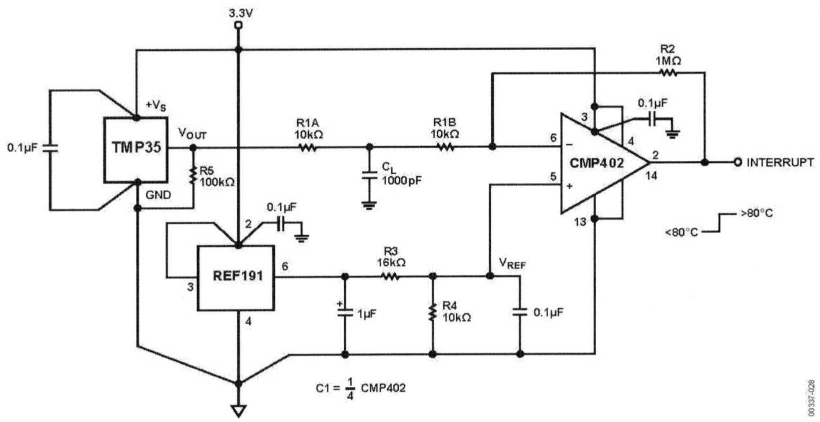

Figure 30. Microprocessor Overtemperature Interrupt Generator

THERMOCOUPLE SIGNAL CONDITIONING WITH COLD-JUNCTION COMPENSATION

The circuit in Figure 31 conditions the output of a Type K thermocouple, while providing cold-junction compensation for temperatures between 0°C and 250°C. The circuit operates from a single 3.3 V to 5.5 V supply and is designed to produce an output voltage transfer characteristic of 10 mV/°C.

A Type K thermocouple exhibits a Seebeck coefficient of approximately 41 μV/°C; therefore, at the cold junction, the TMP35, with a temperature coefficient of 10 mV/°C, is used with R1 and R2 to introduce an opposing cold-junction temperature coefficient of −41 μV/°C. This prevents the isothermal, cold-junction connection between the PCB tracks of the circuit and the wires of the thermocouple from introducing an error in the measured temperature. This compensation works extremely well for circuit ambient temperatures in the range of 20°C to 50°C. Over a 250°C measurement temperature range, the thermocouple produces an output voltage change of 10.151 mV. Because the required output full-scale voltage of the circuit is 2.5 V, the gain of the circuit is set to 246.3. Choosing R4 equal to 4.99 kΩ sets R5 equal to 1.22 MΩ. Because the closest 1% value for R5 is 1.21 MΩ, a 50 kΩ potentiometer is used with R5 for fine trim of the full-scale output voltage. Although the OP193 is a superior single-supply, micropower operational amplifier, its output stage is not rail-to-rail; therefore, the 0°C output voltage level is 0.1 V. If this circuit is digitized by a single-supply ADC, the ADC common should be adjusted to 0.1 V accordingly.

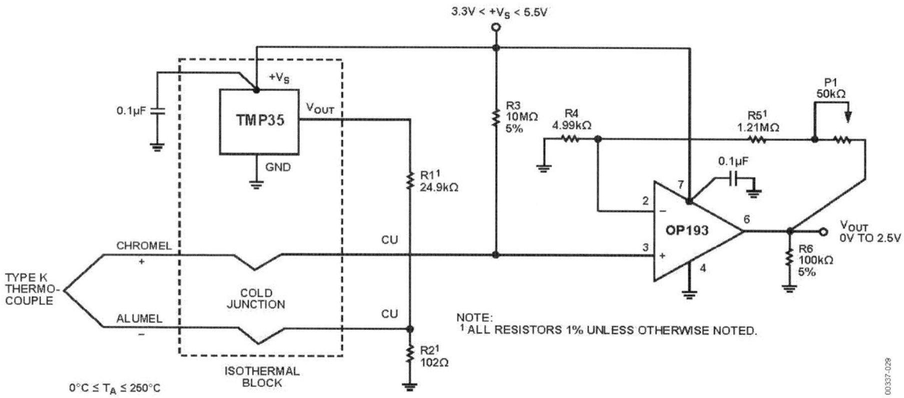

Figure 31. Single-Supply, Type K Thermocouple Signal Conditioning Circuit with Cold-Junction Compensation

USING TMP3x SENSORS IN REMOTE LOCATIONS

In many industrial environments, sensors are required to operate in the presence of high ambient noise. These noise sources take many forms, for example, SCR transients, relays, radio transmitters, arc welders, and ac motors. They can also be used at considerable distances from the signal conditioning circuitry. These high noise environments are typically in the form of electric fields, so the voltage output of the temperature sensor can be susceptible to contamination from these noise sources.

Figure 32 illustrates a way to convert the output voltage of a TMP3x sensor into a current to be transmitted down a long twisted pair shielded cable to a ground referenced receiver. The temperature sensors are not capable of high output current operation; thus, a standard PNP transistor is used to boost the output current drive of the circuit. As shown in the table in Figure 32, the values of R2 and R3 were chosen to produce an arbitrary full-scale output current of 2 mA. Lower values for the full-scale current are not recommended. The minimum-scale output current produced by the circuit could be contaminated by ambient magnetic fields operating in the near vicinity of the circuit/cable pair. Because the circuit uses an external transistor, the minimum recommended operating voltage for this circuit is 5 V. To minimize the effects of EMI (or RFI), both the circuit and the temperature sensor supply pins are bypassed with good quality ceramic capacitors.

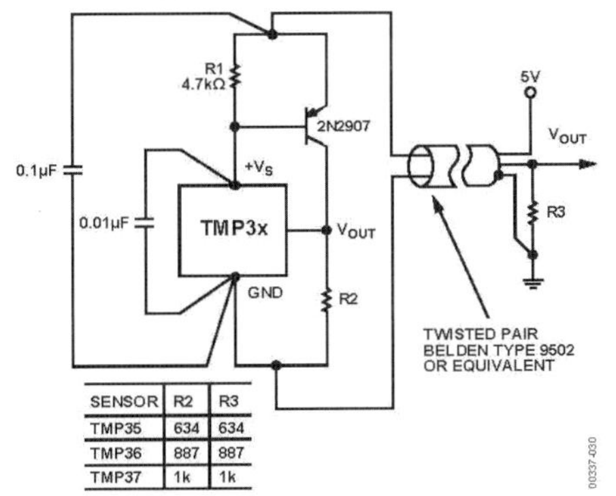

Figure 32. Remote, 2-Wire Boosted Output Current Temperature Sensor

TEMPERATURE TO 4–20 mA LOOP TRANSMITTER

In many process control applications, 2-wire transmitters are used to convey analog signals through noisy ambient environments. These current transmitters use a zero-scale signal current of 4 mA, which can be used to power the signal conditioning circuitry of the transmitter. The full-scale output signal in these transmitters is 20 mA.

Figure 33 illustrates a circuit that transmits temperature information in this fashion. Using a TMP3x as the temperature sensor, the output current is linearly proportional to the temperature of the medium. The entire circuit operates from the 3 V output of the REF193. The REF193 requires no external trimming because of its tight initial output voltage tolerance and the low supply current of the TMP3x, the OP193, and the REF193. The entire circuit consumes less than 3 mA from a total budget of 4 mA. The OP193 regulates the output current to satisfy the current summation at the noninverting node of the OP193. A generalized expression for the KCL equation at Pin 3 of the OP193 is given by

$$I_{OUT} = \left(\frac{1}{R7}\right) \times \left(\frac{TMP3x \times R3}{R1} + \frac{V_{REF} \times R3}{R2}\right)$$

For each temperature sensor, Table 5 provides the values for the components P1, P2, and R1 to R4.

Table 5. Circuit Element Values for Loop Transmitter

Sensor	R1	P1	R2	P2	R3	R4
TMP35	97.6 kΩ	5 kΩ	1.58 MΩ	100 kΩ	140 kΩ	56.2 kΩ
TMP36	97.6 kΩ	5 kΩ	931 kΩ	50 kΩ	97.6 kΩ	47 kΩ
TMP37	97.6 kΩ	5 kΩ	10.5 kΩ	500 Ω	84.5 kΩ	8.45 kΩ

The 4 mA offset trim is provided by P2, and P1 provides the full-scale gain trim of the circuit at 20 mA. These two trims do not interact because the noninverting input of the OP193 is held at a virtual ground. The zero-scale and full-scale output currents of the circuit are adjusted according to the operating temperature range of each temperature sensor. The Schottky diode, D1, is required in this circuit to prevent loop supply power-on transients from pulling the noninverting input of the OP193 more than 300 mV below its inverting input. Without this diode, such transients can cause phase reversal of the operational amplifier and possible latch-up of the transmitter. The loop supply voltage compliance of the circuit is limited by the maximum applied input voltage to the REF193; it is from 9 V to 18 V.

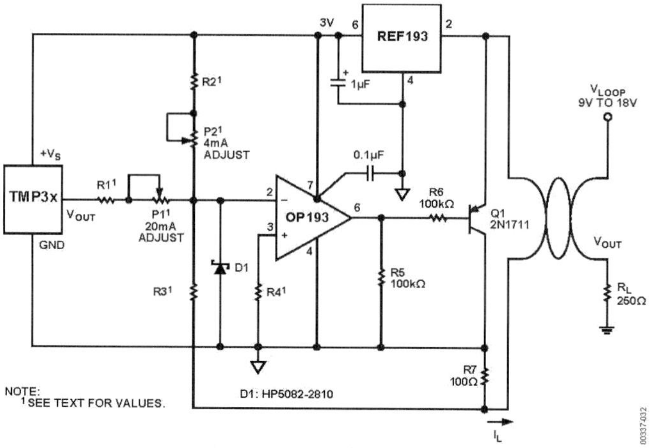

Figure 33. Temperature to 4–20 mA Loop Transmitter

TEMPERATURE-TO-FREQUENCY CONVERTER

Another common method of transmitting analog information from a remote location is to convert a voltage to an equivalent value in the frequency domain. This is readily done with any of the low cost, monolithic voltage-to-frequency converters (VFCs) available. These VFCs feature a robust, open-collector output transistor for easy interfacing to digital circuitry. The digital signal produced by the VFC is less susceptible to contamination from external noise sources and line voltage drops because the only important information is the frequency of the digital signal. When the conversions between temperature and frequency are done accurately, the temperature data from the sensors can be reliably transmitted.

The circuit in Figure 34 illustrates a method by which the outputs of these temperature sensors can be converted to a frequency using the AD654. The output signal of the AD654 is a square wave that is proportional to the dc input voltage across Pin 4 and Pin 3. The transfer equation of the circuit is given by

$$f_{OUT} = \left(\frac{V_{TPM} - V_{OFFSET}}{10 \times (R_T \times C_T)} \right)$$

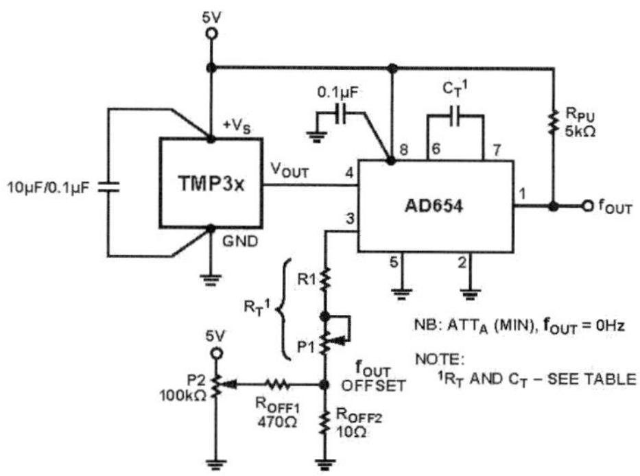

SENSOR	R_T (R1 + P1)	C_T
TMP35	11.8kΩ + 500Ω	1.7nF
TMP36	16.2kΩ + 500Ω	1.8nF
TMP37	18.2kΩ + 1kΩ	2.1nF

00337-031

Figure 34. Temperature-to-Frequency Converter

An offset trim network (f_{OUT} OFFSET) is included with this circuit to set f_{OUT} to 0 Hz when the minimum output voltage of the temperature sensor is reached. Potentiometer P1 is required to calibrate the absolute accuracy of the AD654. The table in Figure 34 illustrates the circuit element values for each of the three sensors. The nominal offset voltage required for 0 Hz output from the TMP35 is 50 mV; for the TMP36 and TMP37, the offset voltage required is 100 mV. For the circuit values shown, the output frequency transfer characteristic of the circuit was set at 50 Hz/°C in all cases. At the receiving end, a frequency-to-voltage converter (FVC) can be used to convert the frequency back to a dc voltage for further processing. One such FVC is the AD650.

For complete information about the AD650 and the AD654, consult the individual data sheets for those devices.

DRIVING LONG CABLES OR HEAVY CAPACITIVE LOADS

Although the TMP3x family of temperature sensors can drive capacitive loads up to 10,000 pF without oscillation, output voltage transient response times can be improved by using a small resistor in series with the output of the temperature sensor, as shown in Figure 35. As an added benefit, this resistor forms a low-pass filter with the cable capacitance, which helps to reduce bandwidth noise. Because the temperature sensor is likely to be used in environments where the ambient noise level can be very high, this resistor helps to prevent rectification by the devices of the high frequency noise. The combination of this resistor and the supply bypass capacitor offers the best protection.

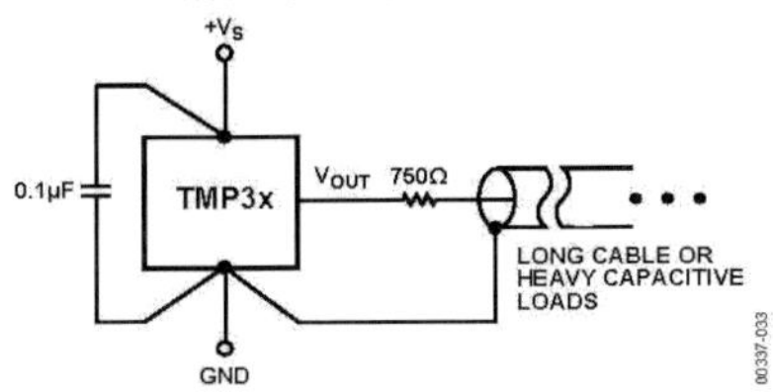

Figure 35. Driving Long Cables or Heavy Capacitive Loads

COMMENTARY ON LONG-TERM STABILITY

The concept of long-term stability has been used for many years to describe the amount of parameter shift that occurs during the lifetime of an IC. This is a concept that has been typically applied to both voltage references and monolithic temperature sensors. Unfortunately, integrated circuits cannot be evaluated at room temperature (25°C) for 10 years or more to determine this shift. As a result, manufacturers very typically perform accelerated lifetime testing of integrated circuits by operating ICs at elevated temperatures (between 125°C and 150°C) over a shorter period of time (typically, between 500 and 1000 hours).

As a result of this operation, the lifetime of an integrated circuit is significantly accelerated due to the increase in rates of reaction within the semiconductor material.

9. Buzzer: BTG

Magnetic Buzzer_Ext'l [ver. 2015.04]

BTG-47

RoHS compliant

ORDERING CODE	BT G – 47 ①② ③

① Magnetic Buzzer
② Series Number
③ Coil Resistance

No	Specification	Data
1	Rated Voltage (V)	5
2	Operating Voltage (V)	4~8
3	Coil Resistance (Ω)	45±5
4	Resonant Frequency (Hz)	2400±300
5	*Sound Output at 10cm (dB)	Min 85
6	*Current Consumption (mA)	Max 40
7	Operating Temperature (°C)	-40 ~ +85
8	Storage Temperature (°C)	-40 ~ +85
9	Weight (g)	1.5g
10	Housing Material	PPO/Black
11	RoHS	Yes
12	Packing Quantity	100pcs/box

*Applying rated voltage (Resonant frequency, 1/2 duty, Square wave)

DIMENSIONS (unit : mm)

*Tolerance : ±0.5mm Except Specified

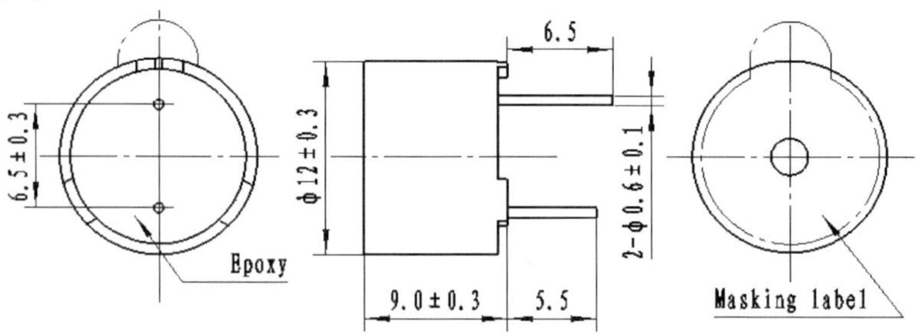

저자 소개

이창주

서울대학교 전자공학과 학사
서울대학교 전자공학과 석사
한국방송공사 기술연구소 연구원
서울대학교 전자공학과 박사
현재 동양미래대학교 정보통신과 교수

박군종

연세대학교 전자공학과 학사
연세대학교 전자공학과 석사
동양정밀공업(주) 중앙연구소 연구원
삼성종합기술원 정보시스템연구소 선임연구원
연세대학교 전기컴퓨터공학과 박사
현재 동양미래대학교 정보통신과 교수

정성순

연세대학교 전자공학과 학사
연세대학교 전자공학과 석사
삼성전자 정보통신연구소 선임연구원
연세대학교 전기전자공학과 박사
현재 동양미래대학교 정보통신과 교수

전봉신

연세대학교 전자공학과 학사
한국과학기술원 정보및통신공학과 석사
LG정보통신연구소 책임연구원
㈜디브이테크놀로지 대표이사
현재 ㈜제이랩 대표이사
현재 동양미래대학교 정보통신과 겸임교수